KB165222

세상이 탐한

보석의 역사

세상이 탐한
보석의 역사

에이자 레이든 지음 | 이가영 옮김

다른

조가비 구슬을 화폐로 쓰던 원주민 부족의 족장들. 1871년 언어 및 민족학자이자 저술가인 호레이쇼 에먼스 헤일Horatio Emmons Hale이 왐펌(Wampum: 조가비 구슬) 생산 지대에 사는 여섯 부족의 족장을 한자리에 모았다. 10년이 조금 더 지난 뒤 헤일은 이로쿼이 인디언의 역사와 풍속을 담은 《이로쿼이족의 의례Iroquois Book of Rites》를 펴냈다.

샤위시 다이아몬드 반지.
제네바에 본사를 둔 스위스 보석 회사 샤위시에서 만든 이 반지는 150캐럿 다이아몬드로 가격이 7천만 달러인데, 깎는 데 일 년이 걸렸다.
손가락을 넣을 수 있도록 구멍이 뚫려 있을 뿐 여러 면으로 세공한 커다란 다이아몬드다.

신대륙 에메랄드와 금으로 만들어진 펜던트. 1680년부터 1700년 사이에 제작된 것으로
보이는 이 커다란 펜던트는 콜럼버스의 항해 이후에 나타난 전형적인 에스파냐 보석이다.
당시 에스파냐에서는 에메랄드를 잔뜩 쓴 크고, 무겁고, 정교한 장신구를 많이 만들었다.

프랑스혁명의 계기가 된 목걸이. 목걸이 제작자가 남긴 판화다. 잔 드 라모트는 목걸이를 빼돌리자마자 여기에 박힌 다이아몬드를 빼내 외국에 팔아 큰돈을 벌었다. 그 후 이 목걸이를 본 사람은 아무도 없었다.

Le Serment d'Amour.

팸플릿 언론pamphlet literature은 파리와 프랑스 전역은 물론 일부 유럽 국가에까지 퍼져 나갔다. 지면은 주로 왕가를 상스럽고 음란하고 역겹게 그린 만화로 채워졌다. "무슨 수를 써서라도 이 악랄한 자들을 막아라."라는 왕의 특명에도 불구하고 전혀 손 쓸 방도가 없었다

청혼 선물, 라 페레그리나. 펠리페 2세가 선물한 라 페레그리나가 달린 장신구를 한 '피의 메리' 여왕. 펠리페 2세는 영국과 동맹을 맺고자 메리 1세에게 라 페레그리나를 청혼 선물로 보냈다. 이 보석은 모든 이들의 부러움을 샀는데 진주를 좋아했던 메리의 여동생 엘리자베스는 특히 이 진주를 흠모했다.

에스파냐 무적함대의 패배. 에스파냐 무적함대에게 영국 해안은 낯선 곳이었다. 영국은 해적을 활용한 새로운 해군력과 개량된 선박, 허를 찌르는 공격으로 에스파냐 함대를 빠르게 전멸시켰다. 무적함대의 패배로 에스파냐와 영국의 운명은 뒤바뀌었다.

엘리자베스 테일러의 진주 목걸이.
오늘날 라 페레그리나가 유명한 이유는
이 진주의 마지막 주인인 또 다른 엘리자베스,
엘리자베스 테일러 때문이다. 1969년 엘리자베스
테일러의 남편 리처드 버턴은 아내에게 줄
밸런타인데이 선물로
라 페레그리나를 샀다. 그 당시 모습이다.

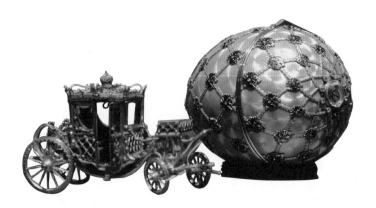

대관식 달걀은 비극적인 재앙으로 기록된 니콜라이 2세와 알렉산드라 황후의 실제 대관식과는 신기할 정도로 대조적이다. 1897년 제작 당시 대관식 달걀은 파베르제가 만든 달걀 가운데 가장 크고 복잡하고 사치스러웠다.

모자이크 달걀은 십자수처럼 보이도록 만들어졌다. 보석을 고정하기 위해 만든 벌집 같은 프레임은 수십 년이나 시대를 앞선 놀라운 기술로 제작됐다.

겨울 달걀은 달걀인 동시에 하나의 조각 작품이다. 달걀은 크고 투명한 크리스털로 되어 있다. 달걀 안쪽은 에칭으로 성에가 낀 유리창을 섬세하게 표현했다.

세상에서 가장 크고 완벽한 진주 목걸이 다이쇼렌.
미키모토 고키치는 회장의 진주 목걸이를 뜻하는 '다이쇼렌'이라는 이름이 붙은 목걸이를 제작했다. 그는 양식진주 가운데서도 다른 진주와 비교할 수 없을 만큼 아름답고 품질이 좋은 진주만 모아 다이쇼렌을 만들었다.

일본의 진주잡이 해녀, 아마.
아마는 얼음장처럼 찬물에 뛰어들어 최대 2분 동안 숨을 참으며 수심 25미터까지 잠수해 진주를 채취했다. 양식진주를 개발한 미키모토 고키치는 아마를 고용해 아코야 조개를 채취하고 거기에 진주 핵을 심어 바다 양식장에 다시 넣었다.

진주를 태우고 있는 미키모토 고키치. 미키모토가 고베상공회의소에 모인 사람들 앞에서 진주를 양동이째 불에 태우고 있다. 그는 흠이 있는 진주는 저급이며 "땔감으로나 써야" 한다고 외쳤다.

최초의 손목시계. 1876년 11월 13일, 파테크 필리프가 헝가리의 코스코비츠 백작 부인에게 판 첫 번째 손목시계. 키를 사용해 태엽을 감는 이 여성용 손목시계는 황금, 에나멜, 다이아몬드로 만들어졌으며 특히 중앙의 다이아몬드가 박힌 판 아래에 완벽하게 작동하는 시계가 숨어 있다.

초기의 끈 시계. 회중시계를 손목시계로 쓰려던 참전 군인들의 노력을 엿볼 수 있다. 군인들은 양손을 자유롭게 쓰면서도 시간을 확인할 수 있어야만 했다. 제1차 세계 대전 기간 중에 코스코비츠 백작 부인의 리슬릿에서 발전한 형태의 끈 시계는 주요 기술제품이자 군인의 가장 좋은 친구로 여겨졌다.

1914년 나온 엘렉타 시계 광고. 군인들은 전투 현장에서 필수로 사용하던 군용 손목시계를 집으로 가져갔다. 손목시계는 참전용사와 전쟁 영웅, 이들에게 감사를 표하는 모든 시민 사이에서 인기를 끌면서 단순한 군용 필수품이 아닌 남성성을 대표하는 새로운 상징으로 거듭났다.

서문
세계사는 욕망의 역사다

아름다운 물건을 보면 눈만 즐거운 것이 아니라 실제로 '몸이 움직인다'. 랜스 호지Lance Hosey는 뉴욕타임스New York Times 기사에서 다음과 같은 뇌 영상 연구 결과를 소개했다. "아름다운 물건을 보면 손의 움직임을 관장하는 소뇌에 자극이 갈 수 있다는 사실이 밝혀졌다. 사람은 본능적으로 아름다운 물건에 손을 뻗는다. 아름다움이 실제로 사람을 움직이는 셈이다."♦

　인간의 모습과 행동을 결정하는 것은 재난도 이주도 전쟁도 제국도 왕도 예언자도 아닌 아름다움을 향한 욕망이다. 개개인을 움직이는 이 욕망은 나아가 세상을 움직이는 원동력이 된다.

　세계사는 욕망의 역사다.

　'갖고 싶다'는 말보다 더 원초적인 말은 없다.

　불행히도 나는 모든 것을 갖고 싶어 하는 사람으로 태어났고 평생

♦ Lance Hosey, "Why We Love Beautiful Things," *New York Times*, February 15, 2013.

이 욕망에 시달렸다.

돈이 세상을 움직인다고들 하지만, 돈은 단지 아름다운 물건을 손에 쥐고 영원히 지키고자 하는 우리의 광적인 욕망을 충족시키는 수단일 뿐이다.

모든 인간사는 '귀하다', '탐하다', '가지다'라는 세 동사로 요약할 수 있다. 이 사실을 보석의 역사보다 더 잘 보여주는 사례가 또 있을까? 역사 속의 여러 제국은 욕망의 경제를 기반으로 세워졌고 보석은 오랫동안 주요 화폐로 통용됐다.

나는 어렸을 때도 보석을 특히 사랑하는 아이였다. 어렸을 적 우리집에는 보석함이 없었다. 보석만 담아두는 장을 따로 둬야 할 정도로 엄마의 보석이 많았기 때문이다. 장에 든 보석 중에는 진짜도 있었고 가짜도 있었다. 하지만 진짜든 아니든 엄마의 보석은 모두 나를 사로잡는 진정한 보물이었다. 내가 착하게 굴면 엄마는 보석이 든 서랍과 상자를 정리할 수 있게 해주셨다. 그러면 나는 안방의 넓은 침대에 앉아 보석을 여러 개의 반짝이는 더미로 나눈 다음 다시 정리해 넣었다. 이렇게 보석을 정리하면 보석을 직접 몸에 두를 때보다 오히려 더 마음이 벅차올랐다. 나는 반짝이는 보석을 하나하나 만져가며 어떤 보석이 얼마나 있는지 마음속으로 목록을 만들었다. 엄마의 보석이 모두 내 것이 되길 '간절히' 바랐지만, 공허한 바람일 뿐이었다.

보석 디자이너로서 지난 십 년 동안 보석에 둘러싸여 살았는데도 여전히 엄마의 보석은 내 눈에 마법처럼 빛나 보인다. 나는 '아직도' 엄마의 보석이 가지고 싶다. 엄마와 취향이 정반대인 데다 내 장롱 속에 꽤 많은 보석이 쌓여 있는데도 그렇다. 엄마가 새로 산 반짝이는 보석을 보여줄 때마다 나는 넓은 침대 위에 앉아 화려한 80년대풍 액세서리를 가득 늘어놓고는 반짝이는 보석을 마치 성배라도 되는 양 작은 손에 꼭 쥔 어린아이로 돌아간다.

왜 그런 걸까? 왜 나는 엄마가 산 보석이라면 다 갖고 싶은 걸까? 왜 나는 엄마의 보석에 황당할 정도로 높은 가치를 매기는 걸까?

바로 엄마의 보석이 그저 평범한 물건이 아니기 때문이다. 보석은 절대 그냥 물건이 아니다. 보석은 무형의 개념을 대표하는 유형의 기호이자 상징이다. 보석은 부와 권력을 드러내기도 하지만, 때로는 집이나 안정감을 상징하기도 한다. 보석은 화려함이나 성공을 나타내기도 하지만, 때에 따라서는 어머니의 침대를 떠올리게 할 수도 있다.

이 책에 실린 여러 이야기에는 아름다운 보석과 이 보석을 가지고 싶어 하는 사람들이 등장한다. 이 책은 욕망과 소유, 갈망과 탐욕에 대한 이야기다. 하지만 그저 아름다운 보석에 대한 이야기는 아니다. 욕망이라는 창을 통해 역사를 들여다보고 수요와 희소성의 경제가 만들어낸 놀라운 결과물을 살펴보려는 시도다. 이 책은 모두가 탐내는 진귀한 보석이 사람의 인생과 역사 전반에 어떤 파급 효과를 미치는지 다룬다. 보석은 언제나 정치와 군사 분쟁을 일으키는 주요 원인이었다. 심지어 보석 때문에 문화 운동이 시작되고 왕조가 바뀌고 전쟁이 일어나기도 했다.

제1부 '귀하다'에서는 가치의 본질과 욕망에 대해 다룬다. 물건의 실제 가치와 사람들이 생각하는 물건의 가치, 그리고 둘 사이의 차이가 제1부의 주제다. 우리는 어떤 물건을 가지고 싶어 할 때 그 물건의 가치가 높다고 생각한다. 반대로 가지고 싶지 않은 물건의 가치는 낮다고 생각한다. 미국 원주민인 알곤킨족Algonquin은 네덜란드인들에게 겨우 유리구슬 따위를 받고 맨해튼을 폐업 처분 가격으로 넘겼다고 한다. 이

원주민들은 완벽히 속아 넘어간 것일까? 아니면 우리의 생각보다는 좋은 거래를 한 것일까? 돌멩이 하나의 값어치는 얼마나 될까? 무엇이 돌멩이를 보석으로 만드는 걸까? 보석은 어떻게 값을 매길 수 없을 정도로 귀중한 존재가 된 걸까? 여러분의 손가락 위에 얹혀 있는 다이아몬드와 미국 재향군인지원법GI Bill 사이에는 어떤 관련이 있을까? 제1부에서 다루게 될 세 이야기를 보면 가치는 어떻게 정해지고 형성되는지, 가상 가치는 어떤 과정을 통해 생기는지, 또 이렇게 정해진 가치에 따라 인류의 역사가 어떻게 변하는지 답을 찾게 될 것이다.

제2부 '탐하다'에서는 인간을 좀먹는 남의 물건을 탐내는 성향에 대해 다룬다. 사람들이 '가질 수 없는' 것을 가지고 싶어 할 때 일어나는 일들이 주제다. 여기서는 국가 전체에 반향을 불러일으킬 정도로 중대한 역사적 사건들의 이면에 숨어 있는 충족되지 못한 욕망에 대해 살펴본다. 마리 앙투아네트는 다이아몬드 목걸이에 목숨을 걸었을까? 이 매혹적인 다이아몬드 목걸이가 정말 프랑스혁명을 일으켰을까? 약 500년 전 영국에서 벌어진 진귀한 진주를 둘러싼 자매간의 신경전은 현대 중동의 지도에 무슨 영향을 미쳤을까? 한 제국의 몰락과 또 다른 제국의 출현을 재촉한 사건의 이면에는 아름다운 물건에 약한 인간의 본능이 숨어 있다. 제2부를 보면 인간이 무엇을 원하는지, 왜 원하는지, 원하는 것을 가지기 위해 무슨 짓까지 벌일 수 있는지 알 수 있다.

제3부 '가지다'에서는 분위기를 바꿔 전쟁이나 파괴가 아닌 '창조'에 대해 이야기한다. 우리는 아름다움을 향한 끈질기고 강박적인 사랑이 꽃피운 몇 가지 결실을 살펴볼 것이다. 세계 모든 여성이 진주 목걸이를 찰 수 있게 하겠다는 소망을 이뤄 사라져가는 일본 전통문화를 지키고 일본이라는 작은 섬을 세계경제 대국으로 만든 한 우동 장수, 그

리고 패션 액세서리 하나로 남성성을 새롭게 정의하고 이 과정에서 현대 전쟁의 모습까지 바꿔버린 유럽의 한 여성을 만나보자.

끝은 또 다른 시작이라는 말처럼 욕망이 충족된 후에도 이야기는 계속된다. 제3부는 원하는 것을 얻은 사람에게 일어나는 일들에 초점을 맞춘다. 개인의 바람이 이뤄지면서 벌어진 믿기 어려울 만큼 대단한 사건들에 대해 알아보자.

세계사는 욕망의 역사다. 이 책은 욕망의 역사를 기술한 보고서다.

또한 욕망과 세계사를 바꾼 능력에 관한 이야기다.

Part 2 탐하다
강박, 소유, 전쟁의 메커니즘

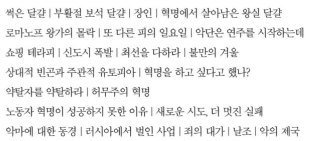

Part 1

◆

귀하다

욕망, 착각, 희소성 효과

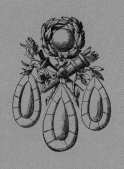

보석의 가격은 얼마일까? 당연한 말이지만, 보석마다 다르다. 그렇다면 보석의 가격을 매기는 기준은 무엇일까? 보석의 가격은 어떻게 정할까? 얼마나 아름다운지에 따라 정할까? 아름다움은 분명 한 가지 기준이지만, 항상 그런 것은 아니다. 게다가 아름다움을 기준으로 정한다고 답하고 나면 그 기준이 무엇이냐는 첫 질문으로 되돌아갈 수밖에 없다. 보석의 아름다움을 어떻게 정확히 평가할 수 있을까? 아름다움은 물론 중요한 기준이지만, 너무 주관적이다.

크기도 중요하다. 하지만 크기는 보석의 절대 가치가 정해진 다음의 문제다. 물론 큰 루비와 작은 루비 중에는 큰 루비가 더 비싸지만, 조그만 루비의 가격이 커다란 대리석보다 더 비싼 것을 보면 크기는 절대 믿을 만한 기준이 될 수 없다. 품질도 마찬가지다. 석영이 아무리 흠집 없이 매끈해봤자 석영은 석영일 뿐이다.

대체 보석의 가격은 어떻게 정할까? 어떤 기준으로 돌과 보석을 나누는 것일까? 보석이 귀중한 이유는 무엇일까? 더 범위를 넓혀 옥수수, 보리, 쌀, 원유 같은 자원의 가격 변화를 살펴보면 쉽게 답을 찾아낼 수 있다. 언제 물건 가격이 오를까? 물량이 부족할 때다. 언제 물건 값이 떨어질까? 공급이 너무 많아서 수요를 앞지를 때다.

보석도 마찬가지다. 물론 다른 기준도 중요하지만, 보석의 가격을 정하는 가장 중요한 기준은 아름다움◆이나 크기, 품질이 아니라 희소성이다. 사람들이 보석을 가지지 못해 안달하는 이유는 보석이 아주 희귀한 돌이기 때문이다. 보석의 가치는 우리에게 소수만 가지고 있거나 아무도 가지지 못한 물건을 가지고 있다는 도취감을 준다는 데 있다.

석영이 싼 이유는 너무 흔해서다. 희귀하다는 인식이 가격을 높이듯이 흔하다는 인식은 가격을 떨어뜨린다. 물건은 쉽게 손에 넣을 수 있게 되는 순간 광채를 잃는다. 매우 구하기 힘든 월석은 비슷하지만 흔한 운석과 달리 다이아몬드보다 훨씬 비싸다. 얼마나 얻기 힘든지에 따라 사람들이 가지고 싶어 하는 보석이 달라지고 돌과 보석이 나뉜다.

보석의 실제 가치는 곧 우리가 상상해낸 가상 가치다. 말도 안 된다고? 한번 생각해보자. 역사가 되풀이해 알려주듯, 대다수 물건의 가치는 사람들이 그 물건을 얼마나 가치 있다고, 즉 희소하다고 생각하는지에 따라 달라진다. 앞으로 나올 세 가지 이야기에서는 사람이 가치를 어떻게 정하고 만들어내고 상상하는지, 이 과정이 인류 역사에 어떻게 영향을 미쳤는지 살펴볼 것이다.

♦ 아름다움이라는 개념은 잘 변하므로 기준으로 삼기가 어렵다. 1800년대에 미인이라 칭송 받았을 만한 여성은 오늘날 러닝머신 위를 뛰고 있을 것이다. 산업혁명이 일어나기 전인 몇 백 년 전에는 몸에 굴곡이 있는 통통한 여자가 뼈와 가죽밖에 안 남은 여자들보다 적었지만, 21세기에는 통통한 여자가 많기 때문이다. 어떤 시대에는 아름답다는 기준 '안'에 들었던 것이 다음 시대에는 기준 밖으로 밀려난다. 변하지 않는 것은 희귀한 것을 지니고자 하는 충동뿐이다.

한 인류학자가 원주민에게 백인이 오기 전에
미 대륙을 원주민어로 뭐라고 불렀느냐고 묻자
원주민이 간단히 답했다. "우리 땅.Ours"

_바인 들로리아Vine Deloria Jr.

누군가에겐 쓰레기지만 다른 사람에겐 보물이다.

_격언

chapter 01

거스름돈은 가져요

맨해튼과 바꾼 구슬

유럽인들은 차라리 대수탈시대라고 부르는 편이 더 나을 법한 대항해시대를 거치며 세계에 대한 지식을 넓혀나갔다. 이들이 세계에 대한 지식을 쌓는 방식은 바로 죄책감 없이 다른 나라를 정복하는 것이었다. 인도를 비롯한 아시아의 보물과 향신료 시장을 차지하기 위해 시작된 이 단순한 경주는 머지않아 세계를 손에 넣기 위한 경쟁으로 바뀌었다.

포르투갈은 야만적인 군대를 고용해 신대륙에 대한 소유권을 주장했고 에스파냐의 정복자들은 신이 자신을 신대륙의 지배자로 간택했다고 말했다. 영국은 정복의 정당성을 설명할 필요조차 못 느꼈다. 하지만 특이하게도 네덜란드는 정복보다는 '쇼핑'하길 더 즐겼다. 1626년 네덜란드인 페터르 미나위트Peter Minuit는 동부지방에 거주하는 델라웨어Delaware족 레나페Lenape 인디언에게 24달러어치의 유리구슬과 장신구를 주고 맨해튼 섬을 헐값에 사들였다.

맨해튼을 거래한 이 이야기는 미국 역사상 논란을 가장 많이 불러일으킨 이야기 가운데 하나다. 제일 큰 사기 행각으로 역사에 기록될 정도로 거래가가 형편없이 낮았기 때문이다. 이 이야기가 거짓임을 증명하기 위해 정밀한 분석과 재검증이 이어졌다. 출처가 불분명하다면서 실제로 일어나지 않았던 일이라고 생각하고 넘겨버리는 사람도 있다. 그런가 하면 너무 불공정하므로 맨해튼을 '원래' 주인에게 반환해야 한다고 주장하는 사람까지 있다.

하지만 이 사건의 가장 흥미로운 점은 따로 있다. 바로 거래가 일어난 1626년은 물론 그 이후에도 오랫동안 양쪽 다 거래에 아주 '만족'했다는 점이다.

공정한 거래

1626년 5월, 거래 당시 페터르 미나위트는 네덜란드 동인도회사voc: Vereenigde Oost-Indische Compagnie에서 일하고 있었다. 그는 회사에서 네덜란드 식민지 개척자들의 안전과 통합을 위해 넓고 위험하지 않은 땅덩이를 매입하라는 지시를 받았다.

미나위트는 신대륙에 발을 들인 첫 네덜란드인도 아니고 네덜란드 동인도회사에서 땅을 사라는 임무를 받은 첫 식민지 총독도 아니다. 그의 전임자는 네덜란드 개척자들 사이에서 인기가 없었던 횡령꾼 빌럼 페르휠스트Willem Verhulst였다. 페르휠스트는 사업에도 재능이 없었는데 네덜란드 동인도회사로서는 이 점이 아주 골칫거리였다. 페르휠스트에게는 델라웨어족과 계약을 체결할 능력이 없었다.

모든 네덜란드 동인도회사 직원들과 신대륙에 있는 네덜란드 식민지배자들은 어떤 '원주민'이든 언제나 '정중하고 예의 바르게' 대하라는 지시를 받았다. 네덜란드는 신대륙을 새로운 사업 기회로 봤고, 사업 파트너를 배척해서 얻을 이익이 없다고 생각했다.[♦]

1626년 9월 23일, 주변 인물을 거의 다 적으로 돌린 페르휠스트가 불명예스러운 귀환길에 오르자마자 미나위트가 새 식민지 총독이 됐다. 1626년 5월, 미나위트는 오늘날의 맨해튼 섬을 지체 없이 사들여 뉴암스테르담New Amsterdam이라 이름 붙였다. 그 후 다른 네덜란드인 다섯 명과 함께 비슷한 방식으로 현재의 스태튼 섬(Staten Island: 미국 뉴욕만 서쪽의 섬_옮긴이)을 카나시Carnarsee 부족에게 사들이기도 했다. 스태튼 섬의 거래 증서는 아직 암스테르담에 남아 있다. 출처가 불분명하다고 하기에는 거래를 유추할 수 있는 증거가 너무 많아 보인다. 사실 미나위트는 뉴암스테르담 부지를 매입하기 위해 맨해튼 섬에 있던 원주민들[●]과 처음 접촉할 때부터 그 땅에 사는 원주

♦ 페르휠스트는 식민지 건설 자금을 지원하는 네덜란드 동인도회사에서 다음처럼 분명하게 지시받았다. "앞서 말한 토지에 살고 있거나 그 토지 또는 우리가 사용하는 토지에 대해 소유권을 주장하는 원주민이 있으면, 무력이나 위협을 가해 추방하지 말고 좋은 말로 달래고 수긍할 만한 대가를 지급해 떠나게 하거나 아니면 함께 살도록 허락해야 하며 이에 대한 계약서를 작성하고 상대방의 서명을 받아야 한다. 다른 일을 할 때 이 계약서를 회사에 매우 유리하게 쓸 수 있기 때문이다."[A. J. F. van Laer, trans., *1924 Documents Relating to New Netherlands 1624-1626 in the Huntington Hartford Library*, San Marino, CA: 51-52] 즉, 네덜란드 동인도회사는 나쁜 사람처럼 보이지 말라고 지시하고 있다. 거짓말하지 말고 훔치지 말고 누구도 화나게 해선 안 되고 꼭 죽여야 할 사람이 아니면 죽이지 말라. 한마디로 처신을 잘하라는 말이었다.

● 레나페 인디언도 그랬는지는 모르겠지만, 카나시 인디언은 자신이 우연히 발 디디고 있던 땅을 사고자 하는 사람이 나타나면 무조건 팔아넘기는 행동을 계속한 것으로 알려져 있다. 역사가 레이먼드 포겔슨에 따르면 네덜란드 동인도회사는 맨해튼과 주변 지역을 여러 판매자에게 중복해서 사들여야 했다. 사기를 당한 사람은 과연 누구일까?

민이라면 모두 적당하다고 여길 만한 가격을 지급하고 땅을 매입하려는 생각이었다.

그런데도 1626년 5월 4일, '원주민'들은 60길더(약 24달러로 환산할 수 있다.)어치의 구슬과 단추를 받고 맨해튼을 네덜란드 동인도회사로 넘겼다.

말도 안 되는 가격 아닌가? 틀림없는 사기처럼 들린다. 하지만 정말 그럴까? 미국 원주민 연구의 권위자인 시카고대학교 레이먼드 포겔슨Raymond Fogelson 교수는 이 거래가 실제로 있었던 일이며, 정말 구슬로 값이 치러졌다고 말한다. 혹시 미나위트와 흥정했던 레나페 인디언들이 땅에 대한 배타적 소유권이 아니라 단순히 거주권이나 자원 사용권을 넘긴다고 생각했던 건 아닐까? 사실 레나페 인디언들도 땅의 소유주라기보다는 땅에서 살며 자원을 이용하던 사람들에 가까웠다. 이 문제에 대해 포겔슨 교수는 나와 인터뷰하면서 레나페 인디언들이 땅의 소유권을 거래하고 있다는 사실을 알고 있었던 것이 분명하며 특히 "가격에 매우 만족했을 것"이라고 말했다.

이런 얘기를 들으면 당혹감과 함께 쉽게 풀리지 않는 의구심이 든다. 평범한 지적 수준과 건강한 정신을 가진 레나페 인디언들이 왜 유리구슬과 단추만 받고 섬을 팔아넘겼을까? 만에 하나 섬의 사용권만 거래한다고 생각했다 하더라도 이해하기 힘든 일이다.

여러 가지 이유가 있겠지만, 가장 단순하면서도 분명한 대답은 가치가 상대적이라는 것이다. 만일 미나위트가 레나페 인디언에게 다이아몬드 한 자루를 줬더라면 이 거래의 정당성에 의문을 제기하는 사람은 아무도 없을 것이다. 요즘 사람들이 원주민이 사기를 당했다고 생각하는 이유는, 우리가 당시 네덜란드 사람들보다 유리구슬의 가치를 더 낮게 평가하기 때문이다. 흔한 물건은 언제나 하찮게 여겨진다. 만일 루비의 국제 가격을 모른다면, 미얀마 사람들은 미얀마에 풍부한 루비의 가치를 유리구슬만큼이나 낮게 평가할 게 틀림없다.

보석은 사실 색깔 있는 돌에 불과하다. 그저 특별한 이름이 붙은 돌일 뿐이다. 아름답고 희귀한 돌만이 진짜 '보석'이 된다. 사람들이 보석을 가지고 싶어 하는 것은 보석을 가질 수 있는 사람이 별로 없기 때문이다. 그러니 특히 멀리 떨어진 타국에서 온 보석이라면 더욱 가지고 싶을 것이다. 예나 지금이나 보석이 가진 가치의 90퍼센트는 사람이 만들어낸 가상 가치다.

욕망의 경제학

가상 가치는 교묘하다. 얼마든지 '실제' 가치가 될 수 있기 때문이다. 1630년대에 나타난 튤립 광기tulipomania 파동은 작은 기대감이 만든 가상 가치가 예쁜 꽃봉오리 하나를 거대한 거품경제로 부풀릴 수도 있다는 사실을 잘 보여준다.

튤립 광기는 1630년대 네덜란드를 소용돌이 속으로 몰아넣고 한 주 만에 국가 경제를 붕괴시켜버린 믿기 힘든 사건이다. 튤립 광기가 불러온 역풍은 가상의 일이 아니었다.

튤립 하면 흔히 네덜란드를 떠올리지만 사실 튤립의 원산지는 유럽이 아니다. 튤립은 유럽과 가깝지만, 이국적이고 매혹적인 아시아의 나라, 터키에서 왔다. 심지어 튤립은 1559년까지는 유럽에 알려지지도 않은 꽃이었다. 튤립에 대한 유럽의 관심은 10년에 걸쳐 아주 느리게 뿌리내렸다. 하지만 새롭고 예쁜 물건이 으레 그렇듯 부자와 경쟁심 강한 사람들 사이에서 튤립의 인기는 꾸준히 높아졌고 시장도 계속 커졌다.

오스트리아를 거쳐 1600년경 영국에 처음 들어온 튤립은 이후 서유럽 전역으로 퍼졌다. 그 후 30년 동안 튤립의 인기는 빠르게 올랐다. 하지만 1637년 2월에서 5월까지 석 달 동안 튤립의 인기는 절정에 도달했고 곧 튤립 가격이 폭락하면서 이 사건은 역사상 첫 거품경제로 기록됐다.♦

1630년 네덜란드에서 부자들은 모두 튤립을 수집했다. 튤립은 부자라면 가져야만 하는 '바로 그것'이었다. 당시 네덜란드 상류사회에서 배척당하지 않으려면 적어도 봐줄 만한 튤립 정원 하나는 가지고 있어야 했다. 튤립의 가치가 오르면서 사회적 지위를 유지하려면 튤립이 더욱더 필요해졌다. 튤립 가격이 하늘 높은 줄 모르게 치솟아서 알뿌리 하나가 믿기 힘들 정도로 높은 가격에 거래됐다. 1637년에 정점을 찍기 전까지 단 몇 년 만에 튤립을 향한 광기는 중산층으로까지 퍼져나갔고 결국 알뿌리 하나가 '웬만한 집 한 채 가격을 넘어섰다'.[1] 튤립은 오늘날의 다이아몬드처럼 괜찮은 계층에 속한 사람이라면 적어도 한 송이는 가지고 있어야 하는 물건이었다. 심지어 값을 지급할 능력이 안 되어도 가져야만 했다. 광기가 극에 달한 1636년 후반, 중산층과 하층민들은 튤립 알뿌리 하나를 장만하기 위해 집과 농장을 팔았다. 요즘 부동산 투기꾼들처럼 이들도 튤립 알뿌리의 가치가 진짜이며 계속 오를 것이라고 믿었다.

역사상 가장 비싸게 거래된 튤립 알뿌리로 기록된 붉은색과 흰색이 섞인 꽃을 피우는 '셈페르 아우구스투스Semper Augustus'는 '12에 이커(약 48,562제곱킬로미터)짜리 노른자 땅'과 교환됐다. 1636년 2월 광기가 극에 달했을 때, 튤립 알뿌리는 이 정도로 어이없이 부푼 가격에 거래되고 있었다. 돈을 번 사람도 있었지만, 거래자 대부분은 앞으로 모든 것을 잃게 될 거란 사실을 모른 채 튤립에 눈이 멀어 감당할 수 없는 수준까지 돈을 끌어모아 투자한 상황이었다.

같은 달 충격적인 일이 벌어졌다. 하를럼에서 열린 비공개 소규모 튤립 경매에 사람이 모이지 않은 것이다. 이 호화로운 행사가 실패로 돌아간 것은 아마 같은 시기에 경매장 주변 지역에서 발생한 흑사병 때문이었을 것이다.

사람들은 공포에 사로잡혔다. 흑사병이 아니라 튤립 때문이었다. 경매에 기대만큼 군중이 모이지 않자 튤립 알뿌리의 매력과 금전적 가치에 대해 의심하기 시작했다. 이 작은 사건이 촉매가 되어 튤립 가격은 폭락했다.

사람들은 더는 튤립을 사지 않았고 갚기로 약속한 튤립 대금을 체납하기 시작했다. 신분과 상관없이 모든 투자자가 갑자기 휴지 조각이 돼버린, 양파처럼 생긴 알뿌리만을 손에 쥔 채 빈털터리로 거리에 나앉았다. 사람들은 정부와 법원에 도움을 요청했지만, 상황이 워낙 다단계 금융 사기Ponzi처럼 복잡하게 얽혀 있어서 헤이그 시조차 피해를 본 실정이었다. 결국 네덜란드 정부는 튤립 매입비용을

♦ 이 사건이 처음으로 자세히 기록된 거품경제인 것은 확실하다. 1841년 찰스 매카이Charles Mackay는 이 튤립 광기 당시 거품이 어떻게 생성되고 팽창하고 터져버렸는지 기록한 1,000쪽 분량의《대중의 미망과 광기》를 펴냈다. 매우 영향력 있는 책으로 아직도 서점에서 볼 수 있으며 경제학과 학생이 읽는 필수 권장 도서이기도 하다.

도박 빚으로 규정하고 개입을 거부했다.

두 달 만에 네덜란드 국민의 반이 빈곤층으로 내려앉았고 사람들은 터무니없는 가격의 알뿌리에 더 이상 관심을 보이지 않았다. 소수의 알뿌리 거래 전문가들이 시장을 되살리려 노력했지만, 소용없는 일이었다. 겨울철 꽃처럼 시들어버린 튤립 시장을 되살릴 방법은 없었다.

이 사례는 희소성과 가상 가치가 빚어낸 가장 잔인한 결말을 보여준다. 가치는 다음과 같은 경제학적 연역법을 거쳐 형성된다. '모든 사람은 그 물건을 가지고 있다. 그러므로 사람이라면 모두 그 물건을 가져야 한다.' 우리는 다른 사람이 가지고 싶어 하는 물건일수록 그 물건을 얻기 위해 더 많은 돈을 낸다. 그리고 우리가 돈을 더 많이 낼수록 이를 보고 그 물건이 가치 있다고 믿은 다른 사람들이 같은 물건을 더 많은 돈을 주고 산다. 사람들이 선망하는 희귀한 물건의 가격은 이런 근거 없는 상상을 거쳐 '폭발하듯' 올라간다.

희소성 효과의 흥미로운 점은 실제로 물건이 부족하지 않아도 그 효과가 나타난다는 것이다. 고작 한 번 경매에 사람이 많이 몰리지 않았단 이유로 튤립 거품이 빠진 사건은 생각만큼 놀라운 일이 아니다. 다이아몬드 같은 보석과 마찬가지로 당시 사람들이 탐내던 튤립 알뿌리의 가치는 단지 이국적이라거나 아름답다는 데 있지 않았다. 그렇다고 너무 희귀해서 가격이 엄청나게 오른 것도 아니었다. 튤립의 가격은 남과 같은 물건을 소유하려는 경쟁심 때문에 올랐다. 물건의 수가 한정돼 있기만 하면, 사람은 그 물건이 희소하다고 '생각'하는 것만으로도 이성을 잃는다.

우리 머릿속부터 들여다보자

연구자들은 수요와 공급이 뇌에 미치는 영향을 연구하기 위해 피험자들에게 두 가지 쿠키(편의상 빨간색과 파란색 쿠키라고 부르자.)를 보여주고 각 쿠키가 얼마나 맛있어 보이는지 평가하도록 하는 실험[2]을 했다. 어떤 색깔의 쿠키든 수가 적을수록 더 높은 평가를 받았다. 물론 여기까지는 희소성이 가치 인식에 미치는 영향에 따른 당연한 결과이므로 별로 놀랍지 않다.

하지만 다음 실험은 꽤 흥미롭다. 연구자들은 방식을 바꿔 처음에 같은 숫자의 빨간색과 파란색 쿠키를 보여준 뒤 실험 도중에 피험자 몰래 빨간색 쿠키 몇 개를 빼고 파란색 쿠키를 더 넣었다.

쿠키의 수가 일정한 첫 실험에서 피험자들은 수가 부족한 쿠키를 가치 있다고 여겼다. 그리고 같은 쿠키라도 수가 많으면 별로 가치 있다고 보지 않았다. 그런데 진짜 흥미로운 부분은 이제부터다. 쿠키의 수를 점점 줄여나간 두 번째 실험에서 피험자들은 처음엔 많았지만 점점 수가 줄어드는 쿠키의 가치를 '비정상적으로' 높게 평가했다.

그저 빨간색 쿠키의 수가 줄어드는 모습을 본 것 외에 다른 증거가 없는데도 피험자들은 다른 실험 참가자들이 좋아해서 빨간색 쿠키를 선택하고 있다고 믿었고, 이 '생각'은 모든 피험자가 빨간색 쿠키를 가장 가치 있는 쿠키라고 여기게 하기에 충분했다.

이 결과를 보면 단순히 어떤 물건을 못 가질 수도 있다는 생각보다 내가 못 가진 물건을 다른 사람은 '가질 수 있다'는 생각이 우리의 이성을 더 마비시키는 듯하다. 옹졸해 보일 수도 있지만, 우리의 뇌는 거의 언제나 속이 좁다.

이보다 한 발짝 더 나아가 희소성에 대한 인지가 우리 뇌에 미치는 영향을 다음과 같이 정리한 연구도 있다. "[희소성에 대한 인지는] 우리의 사고 능력을 저해하며 …… 원하는 물건을 점점 가지기 힘들어지는 상황을 보면 …… 신체적 동요가 시작되어 …… 혈압이 상승하고 시야가 좁아지며 …… 인지와 이성 측면은 후퇴하고 …… 인지과정은 억제된다. 상황에 대한 진중한 분석 능력이 낮아지고 머리가 뿌옇게 되는 흥분이 뒤따른다."[3] 이처럼 어떤 물건을 가지고 싶다는 욕망뿐만 아니라 그 물건을 다른 사람들도 가지고 싶어 할 것이라는 믿음에서 비롯된 질투도 우리의 사고를 마비시킨다. 질투는 뇌의 '생화학적' 조건을 바꿔 우리의 신체를 투쟁-도피 반응(fight-or-flight response: 어떤 자극이 주어졌을 때 이에 반응하기 위해 몸의 근육 활동력을 높이는 반응_옮긴이) 상태로 만들어버린다. 물건이 진짜 부족한 경우든 아니면 충분한데도 부족하다고 오해하는 경우든 상관없이 부족해 보이는 물건을 가지고 싶다는 욕망은 사람의 신체 상태를 바꿔놓는다. 욕망은 우리를 생각 없이 행동하게 한다. 그리고 이런 행동을 본 주변 사람들도 같은 행동을 하기 시작한다. 우리의 광기가 다른 사람의 광기를 불러오고 다른 사람의 광기가 다시 우리에게 더 큰 광기를 불러오는 이 현상은 가히 행동과학적 악순환이라 할 만하다.

역설적으로 이런 흥분되고 혼란스러운 신체조건 아래에서도 부족해 보이는 물건에 대한 우리의 주의력은 오히려 더 높아진다. "물건의 양이 제한되어 있으면 제시 조건이 적절한지 판단하는 인지 자원cognitive resource이 활성화된다."[4] 만일 물건을 여러 개 쌓아놓고 판다면 물건에 관심을 보이는 사람도 있고 그냥 넘기는 사람도 있을 것이다. 하지만 한두 개만 내놓으면 단지 그 물건이 부족해 보이기 때문에 훨씬 주의 깊게 살펴보는 사람이 많아질 것이다.

요약하자면 욕망은 물리적, 화학적으로 우리의 뇌를 둔하게 만든다. 욕망은 우리 뇌를 특정한 물건에 집중하게 하는 동시에 이성적인 판단 능력까지 저해한다. 마치 가속 페달과 브레이크를 동시에 밟는 것과 같다. 여러분은 과부하에 빠진 작은 엔진처럼 통통대는 뇌로 가능한 한 이성적인 선택을 하려고 애쓰겠지만, 뇌는 이미 이성적인 판단 능력을 거의 상실한 상태다.

인간이 희귀한 물건을 가지고 싶어 하는 이유를 논리적으로 설명할 수는 없다. 그저 생물학적 충동일 뿐이다.

맨해튼의 부동산 가격

희소성에 대한 신경생리학 연구가 페터르 미나위트와 레나페 인디언 사이의 맨해튼 거래와 무슨 상관이 있는 걸까?

지금이야 맨해튼이 전 세계에서 가장 인기 있는 부동산이지만, 항상 그랬던 것은 아니다. 사실 처음에 네덜란드인들이 뉴암스테르담을 조성하기 위해 사들이려 했던 섬은 다른 곳이었다. 레나페 인디언들조차 맨해튼에 살지는 않았다. '맨해튼'이라는 지명은 인디언 말로 '모두가 술에 취하는 곳'이라는 뜻의 'Manahachtanienk'에서 왔는데(지금도 꽤 잘 어울리는 이름이다.) 초기에 네덜란드 사람들이 원주민을 만나면 술을 줬기 때문에 이런 이름이 붙었다.[5] 가끔 섬을 찾아와 물고기를 잡거나 굴을 캐는 사람은 있었지만, 맨해튼에 사는 사람은 없었다. 당시 훗날 맨해튼이 될 이 섬을 가지고 싶어 한 사람은 아무도 없었다.

현재 맨해튼을 덮고 있는 은행, 증권가, 상권, 예술 거리 등 뉴욕을 대표하는 모든 것을 걷어내고 나면 약 59.57제곱킬로미터의 작은 땅덩어리는 그리 좋은 땅이라 할 수 없다. 물론 바다가 보이는 만이 하나 있기는 하지만, 지난 300년 동안 쓰레기 더미로 메워 지탱해야 했을 정도로 힘없고 잘 부서지는 넓은 모래톱일 뿐이다. 실제로 현재 맨해튼은 증권가 부지의 대부분을 비롯한 약 15퍼센트 이상이 수백 년에 걸쳐 의도적으로 쓰레기를 매립해 조성한 땅으로 이뤄져 있다.

또한 맨해튼에는 지구의 마지막 빙하기가 끝날 때 빙하가 지나가며 남긴 화강암 퇴적물이 가득하다. 센트럴파크에 있는 커다란 바위들은 그야말로 빙산의 일각일 뿐이다. 화강암 퇴적물이 땅 깊숙이까지 없는 곳 없이 들어차 있어서 맨해튼의 땅은 경작지로 전혀 쓸 수 없다.♦ 게다가 겨울에는 얼어붙을 만큼 춥고 여름에는 지독히 덥다. 허리케인과 홍수도 자주 일어난다. 맨해튼은 무척 작은 데다, 차갑고 파도가 일렁이는 물에 둘러싸여 있다. 약간의 목재를 빼면 천연자원이라 할 만한 것도 없다.

하지만 뉴욕은 오랫동안 미국의 수도 역할을 해왔다. 게다가 1925년 런던을 제치고 세계에서 가장 인구가 많은 도시가 된 이후에는 비공식적인 세계의 수도가 되었다. 신기하게도 이제 맨해튼은 지구상에서 가장 탐나는 땅이 됐다.

오늘날 맨해튼이 이렇게 높이 평가받는 이유는 무엇일까? 맨해튼의 부동산 가격은 희소성 효과의 기본 원칙을 충실히 따른다. 다른 도시에서는 변두리에 건물을 지을 수 있다. 하지만 맨해튼은 섬이다. 맨해튼에서는 그저 건물을 더 높이 올릴 수 있을 뿐이다. 개발할 만한 땅은 거의 남아 있지 않다. 지금까지 맨해튼의 부동산 가격은 거의 전적으로 면적의 희소성에 의해 결정됐다.

한정된 자원의 힘은 이렇게나 강하다. 작을수록 좋을 때가 있다. 맨해튼의 핵심 가치는 '섬의 크기'다. 뉴욕의 땅은 그야말로 보석이다. 몇 캐럿의 다이아몬드든 몇 평의 땅이든 간에 희소성 효과는 모든 물건에 적용된다.

맨해튼의 가치는 공간이 부족해지기 시작하면서 올라갔다. 자본주의와 건설 산업의 합작으로 월스트리트를 비롯한 금융가가 조성되기 전까지만 해도 땅이 넓고 천연자원이 풍부한 미대륙에서 맨해튼의 가치는 별로 높지 않았다.

이런 사정을 고려하면 희귀하고 이국적인 '보물' 한 자루와 혹독한 기후의 늪지대 섬을 교환하는 일이 더는 불공정해 보이지 않는다.

향신료 경쟁

맨해튼은 그렇다 치고 대체 네덜란드인들은 신대륙에서 뭘 했던 걸까? 바위와 늪지로 덮인 작은 섬이 왜 필요했을까? 신대륙 땅을 차지하려는 경쟁이 한창이긴 했지만, 맨해튼은 바하마처럼 인기 있는

♦ 하지만 맨해튼을 경작지로 부적합하게 만든 이런 화강암 지반은 현재 맨해튼의 트레이드마크인 '마천루'들을 지탱하기에는 딱 알맞은 조건이 되어주었다.

땅은 아니었다.

돈 냄새를 따라가다 보면 '마약'이라는 답이 나온다. 향신료는 인간에게 강력한 영향을 미친 몇 안 되는 교역 물품 가운데 하나다. 향신료는 먼 곳까지 빠르게 퍼져나가 그것을 가지려는 사람들을 필사적으로 매달리게 했다. 왜 그랬을까?

향신료가 가진 매력 가운데 일부는 보석과 마찬가지로 배타성에 있었다. 과거에 향신료를 얻으려면 위험하고 어려운 일을 감내해야 했다. 게다가 향신료는 대부분 보석처럼 먼 타국에서 수입됐고 믿기 어려울 정도의 노력과 때로는 피의 대가를 치른 후에야 얻을 수 있었다. 물론 보석과 달리 여러 곳에 실용적으로 쓰인다는 사실도 한몫했다. 옛날에는 향신료가 질병을 치료하거나 음식을 저장하는 데는 물론 마약으로도 쓰였다. 실제로 '평범한' 향신료 중에도 잘만 쓰면 꽤 괜찮은 환각 효과를 볼 수 있는 것이 많다.

네덜란드인 같은 탐험가이자 상인, 자본가는 무엇보다 '수요'가 많다는 점 때문에 향신료나 보석에 끌렸다. 중세시대에는 구매자 한 명당 열 명의 상인이 몰릴 정도로 향신료를 사고파는 시장을 차지하기 위한 경쟁이 무척 과격하고 치열했다. 앞서 보았듯 사람들은 모두 얻기 힘든 빨간색 쿠키를 가지고 싶어 한다. 더욱이 남들이 나보다 앞서 쿠키를 채 갈 수 있다는 생각이 들면 빨간색 쿠키를 가지고 싶다는 욕망은 더 커진다.

서구 열강은 수백 년 동안 같은 경로를 통해 동아시아 향신료 시장을 오갔다. 향신료 시장으로 가는 길은 유럽에서 시작해 콘스탄티노플의 주요 상업도시를 모두 거치고 동양에 다다른 뒤 유명한 비단길을 따라 중국으로 이어졌다. 주로 육로였지만 사막, 강, 해협을 건너는 고생을 해야 했다. 길은 있었지만 길고 고통스러운 여정이었다.

1453년 오스만 제국의 술탄 메흐메트 2세Mehmet II가 두 달간의 포위작전 끝에 콘스탄티노플의 수도를 함락했다. 그리고 모든 유럽인의 향신료 교역로 출입을 금지했다. 이제 유럽 국가들은 동양까지 빠르게 갈 수 있는 길을 새로 찾아야만 하는 처지에 몰렸다. 이렇게 되자 마치 출발 신호가 울리기라도 한 듯 대항해시대가 시작됐다.

마치 1960년대 우주탐사 경쟁 때처럼, 당시 온 유럽은 새로 발견한 넓은 세계에 대한 흥분에 휩싸여 있었다. 경쟁할 여력이 있는 나라는 모두 뛰어들었고 경쟁에 끼지 못한 다른 나라도 전에 없이 열광적으로 관심을 보였다.

대항해시대의 유명한 항해 기록 몇 개를 요약하자면 이렇다. 1492년 콜럼버스는 진주와 향신료를 약속하며 인도를 향해 서쪽으로 배를 몰았다. 미대륙이 없었어도 인도가 아닌 중국에 먼저 도달했을 방향으로 항해했으니 멍청한 짓이었다. 콜럼버스의 가장 큰 경쟁자 바스쿠 다가마Vasco da Gama는 1497년 남쪽으로 내려가 아프리카 희망봉 주변을 항해하는 데 성공했다. 공식 목표 달성을 기준으로 따지자면 다가마의 항해가 콜럼버스보다 훨씬 더 성공적이었다. 다가마는 포르투갈 대표로 인도에 도착한 후 단 2년 만에 배가 휘청댈 정도의 진귀한 물건을 가득 싣고 당당하게 귀환했다. 1520년에는 마젤란이 세계 일주에 성공했다. 정확히 하자면 마젤란의 배가 성공했다. 마젤란은 염원하던 인도네시아 향료 제도Spice Islands에 도달하기 직전 서쪽 항로를 찾던 중 전사했다.

기록을 보면 알 수 있듯 초기에는 주로 에스파냐와 포르투갈이 동양으로 가기 위해 노력했다. 에스파냐와 포르투갈은 다른 나라보다 돈이 많았고 더 좋은 배를 가지고 있었으며 위험을 무릅쓰려는 모험가도 많이 배출했다. 여기에 가톨릭 국가라는 특별한 이점이 더해져 초기 향신료 경쟁에서 유리한 위치를 차지할 수 있었고 결국 사회 경제적으로 세계 최고의 패권국 자리에 올랐다.♦

네덜란드가 신대륙에 늦게 도착한 데는 그럴 만한 이유가 있었다. 네덜란드는 15세기부터 16세기까지 에스파냐의 지배를 받았기 때문에 먼저 거기서 벗어나기 위해 1568년에서 1648년까지 독립전쟁을 치러야 했다. 전쟁이 끝난 다음에야 한 국가로서 다른 국가와 패권을 다투고 향신료 경쟁에 참여할 수 있었던 것이다. 한편, 당시 영국은 돈이 별로 없는 힘이 약한 나라였다. 1558년 엘리자베스 1세가 왕위를 물려받았을 때, 영국은 부도 직전이어서 다른 나라를 탐험할 만한 처지가 못 됐다.

하지만 엘리자베스 여왕이 기발한 꾀를 내어 비공식적으로 해적질을 허락한 덕분에 영국은 약 10년 동안 에스파냐를 괴롭히며 힘을 키울 수 있었다. 엘리자베스 여왕은 에스파냐를 조롱하고 에스파냐의 배를 침몰시켰을 뿐 아니라 당시 신대륙에서 영국 해적들이 벌이던 엄청난 규모의 약탈을 용인하고 지원하기까지 했다. 이 전략으로 영국은 부유해졌고 에스파냐는 총력을 기울여 영국을 공격했지만, 결과는 에스파냐 무적함대의 전멸로 끝났다. 결국 에스파냐는 영국과 네덜란드에 의해 무대 밖으로 완전히 밀려났고 영국과 네덜란드가 새로운 강자로 자리 잡았다.

이처럼 영국과 네덜란드는 1600년대가 되어서야 세계 정복을 위한 무한 경쟁에 뛰어들었다. 사실 어떻게 보면 두 나라는 이로써 적성에 맞는 일을 찾은 셈이었다. 영국과 네덜란드의 강점은 신대륙 발견이 아니라 '식민지화'에 있었다. 영국과 네덜란드는 탐험이 아니라 점령지를 가꿔 부를 생산해내는 데 놀라운 재능을 보였다. 두 나라는 주로 경제적 이해관계가 상충할 때 충돌하는 경향을 보였다. 장사를 중시하는 상업주의 국가인 네덜란드와 영국은 약탈할 곳이 아니라 '지속해서 수익을 창출할 수 있고' 값진 자원이 있는 곳, 농경지나 식민지로 삼을 수 있는 곳, 광산을 개발해 사업할 수 있는 곳 같은 '가꿀' 장소를 찾았다. 물론 미래에 교역로가 될 수 있거나 현재 교역로를 지키기는 데 필요한 전략적 요충지도 이들이 좋아하는 땅이었다. 그래서 네덜란드 동인도회사와 영국 동인도회사는 위치가 좋은 섬을 차지하기 위해 여러 번 부딪쳤는데 맨해튼도 예외 없이 이 다툼에 말려들었다.

헨리 허드슨Henry Hudson은 네덜란드 동인도회사에서 일하는 영국인 탐험가였다. 허드슨은 신대륙에서 동양으로 곧장 갈 수 있는 항로지만, 위험하다고 소문난 북서 항로를 개척하는 임무를 수행하던 중에 우연히 뉴욕을 지나가게 됐다. 하지만 동양으로 가는 길에만 관심이 있던 허드슨은 뉴욕에는 별 신경을 쓰지 않았다.

어쨌든 허드슨은 뉴욕과 주변 지역을 네덜란드 동인도회사가 쓸 토지로 선언하는 현명한 행동을 했다. 하지만 이런 선언을 했다 해

♦ 이때까지만 놓고 보면 아메리카 대륙에 사는 모든 사람이 에스파냐어와 포르투갈어를 써야 맞을 것 같다. 하지만 경쟁을 시작한 지 200년이 지나자 에스파냐와 포르투갈이 처음으로 발 디뎠던 땅에 있던 사람들은 대부분 '해가 지지 않는 나라' 대영제국의 말을 주고받게 된다. 대체 무슨 일이 벌어졌던 걸까? 어쩌다 에스파냐와 포르투갈이 소유권을 잃고 지구의 대부분이 영국의 통치를 받게 된 걸까? 미리 말해누자면 보석 때문이다. 다만 영국의 행운과 에스파냐의 불행은 유리구슬이 아닌 진주나 에메랄드와 관련 있다. 이에 대해서는 제3장 '돈의 색, 에메랄드', 제5장 '안녕, 뱃사람들'에서 자세히 다룬다.

서 네덜란드 동인도회사가 그 토지에 원래 있던 원주민이나 자치국의 소유권까지 무시할 수 있는 토지 소유 권한을 가지는 것은 아니라는 점을 알아둘 필요가 있다. 네덜란드 동인도회사는 단지 다른 유럽 국가가 그 지역을 자기 땅이라 주장하지 못하도록 방어막을 쳤을 뿐이다. 낯선 곳에 갑자기 나타나 그곳을 에스파냐가 '쏠' 땅이 아니라 에스파냐 '소유'의 땅이라고 주장한 에스파냐 같은 국가의 선언과는 전혀 의미가 다르다. 네덜란드인들은 개발 기회를 잡기 위해 신생국을 말 그대로 '찜해'뒀을 뿐이다.

에스파냐보다 덜 호전적이고 더 상업적인 방법이었지만 착각이기는 매한가지였다. 1612년 뉴욕을 지나던 허드슨이 갑판 위에서 영역 표시를 하긴 했지만, 그로부터 10년이 더 지나 신대륙에 있는 네덜란드인을 모을 수 있는 장소를 찾고 있던 네덜란드 동인도회사가 페터르 미나위트를 통해 실제로 맨해튼을 사기 전까지 뉴욕은 네덜란드 땅이 아니었다. 땅값을 지급한 행위는 단순한 선의의 표시가 아닌 실제로 거래를 공식화하기 위한 방편이었다.

교황의 칙서

네덜란드인들은 왜 맨해튼을 사기 위해 돈을 썼던 걸까? 어떤 멍청이가 신대륙 땅에 돈을 낸단 말인가? 대항해시대는 땅을 공짜로 차지하기 위한 무한 경쟁 시대였다. 여기서 '공짜'라는 말에 주목하자. 앞서 말했듯 모든 유럽 국가가 미대륙으로 몰려와 당연한 권리를 행사하듯 땅을 손에 넣었다. 실제로 '신'이 이런 권리를 내려줬다고 주장한 나라마저 있었다. 네덜란드는 정복자라기보다는 장사꾼에 가까웠지만 그렇다고 아예 힘없는 나라는 아니었다. 게다가 다이아몬드가 나는 남아프리카를 비롯해 다른 지역에 있는 원주민들에게는 네덜란드도 오랫동안 믿기 힘들 정도로 잔혹한 태도를 보였다. 그런 네덜란드가 왜 신대륙에서는 그렇게 신사처럼 굴었을까? 왜 소위 빌던(네덜란드인들이 모든 원주민을 통칭해 부르는 말이었다.)을 상대로 가격을 흥정하고 계약서를 쓰고 서명까지 했을까?

미국 원주민이 특별해서가 아니다. 이유는 네덜란드가 가톨릭 국가가 아니라는 데 있다. 더 정확히 말하자면 토르데시야스조약Treaty of Tordesillas 때문이었다. 악명 높은 보르자 가문의 수장이자 교황 알렉산데르 6세Alexander VI는 1481년을 기점으로 가톨릭의 결정을 전달하는 자신의 신성한 권한을 남용해 많은 칙서를 내리기 시작했다. 이 중에는 서로 의미가 충돌하는 칙서도 있었고 아예 말이 안 되는 칙서도 많았다. 엄밀히 따지면 교황의 칙서는 로마 교황이 공식 직인을 찍어 대중에 공표한 문서일 뿐이었다. 하지만 현실에서는 교황의 칙서가 곧 법이었다. 칙서를 내리길 즐기던 알렉산데르 6세는 마치 부도수표를 발행하듯 칙서를 찍어냈다. 그는 가톨릭교회의 역사에 그리 영예로운 이름을 남기지 못했다.

나중에 알렉산데르 6세는 지구 전체를 가상의 구역으로 나누어 에스파냐와 포르투갈의 땅으로 양분하는 내용의 칙서, 인테르 카에테라Inter Caetera를 공표했다. 이 칙서는 나중에 토르데시야스조약으로 공식 비준됐다. 물론 에스파냐와 포르투갈에게 두둑한 보상을 받아 챙긴 대가였다. 가톨릭교회에서 파문당할지도 모른다는 두려움에 사로잡힌 다른 나라는 신대륙에 배를 보내거나 전초기지를 만들거나 교역로를 닦을 수 없었다. 여기서 신대륙이란 미대륙 외에도 동서양을 통틀어 아직 발견되지 않은 지역 전체를 뜻했다. 에스파냐 구역과 포르투갈 구역을 나누는 선을 밀고 당기는 실랑이가 몇 번 벌어지기도 했는데 현재 남아메리카 국가 가운데 브라질만 에스파냐어가 아닌 포르투갈어를 쓰는 것은 이런 다툼의 결과다.

토르데시야스조약은 교황과 에스파냐, 포르투갈에는 멋진 계획이었을지 몰라도 다른 나라로서는 짜증 나는 일이었다. 하지만 네덜란드는 애초에 가톨릭 국가가 아니었으므로 교황령을 그리 심각하게 받아들이지 않았다. 사실 네덜란드 동인도회사의 비공식 좌우명은 "예수님도 좋지만, 장사가 더 좋다Christus is goed maar handel is beter."였다. 교황이 가톨릭 소속이 아닌 나라를 파문시킬 방법은 없었기에 네덜란드에게 가톨릭교회의 파문은 위협이 되지 못했다. 네덜란드는 토르데시야스조약을 거의 무시한 채 일을 진행했다. 하지만 교황의 명령을 심각하게 받아들이고 따르는 다른 나라에 자신의 토지 소유권을 증명하기 위한 수단은 있어야 했다.

네덜란드 동인도회사는 해적도 탐험가도 아니었다. 이들은 계약에 특별한 재능을 가진 사업가였다. 결국 원주민과의 협상, 계약서 작성, 땅값 지급 등은 가톨릭 국가들이 네덜란드가 식민지를 정당하게 취득하지 않았다고 주장할 때를 대비해 법적 장치를 갖추기 위한 술책이었던 셈이다.

섬 하나 사실래요?

그렇다면 네덜란드는 맨해튼을 얼마에 살지 어떻게 정했을까? 왜 구슬로 값을 치렀을까? 왜 보석이나 튤립 같은 물건을 주지 않았을까? 네덜란드가 맨해튼의 값을 구슬로 치른 것은 별로 특이하거나 놀라운 일이 아니다. 사실 네덜란드에 있던 구슬 제조업자들은 대부분 '베네치아'에서 온 사람들이었다. 베네치아 상인들은 아프리카와 인도네시아 등지에서 신대륙이 발견되기 훨씬 전부터 구슬을 화폐처럼 사용했다. 유리구슬은 예쁘기도 했지만, 유럽을 벗어나면 희귀한 상품이기까지 했다.

사실 16, 17세기에 구슬은 귀중품이었고 모든 곳에서 화폐처럼 취급됐다. 구슬은 화폐로 사용할 목적으로 만들어졌고 르네상스 시대에는 여행자 수표처럼 사용되기도 했다. 지금도 그렇지만 옛날에도 익숙하지 않은 외국 화폐를 가지고 거래하기는 힘들었다. 물론 금과 보석은 어디서나 환영받았지만 유럽 입장에서 이런 보석들은 애초에 다른 대륙에서 '들여온' 것인 경우가 많았고, 그 대륙에 사는 원주민들은 주변에 많이 있는 보석의 가치를 유럽 사람이 생각하는 가치에 비해 훨씬 낮게 쳐줬다. 금이야 모든 곳에서 귀중하게 여겨졌지만, 무거워서 많이 운반하기 어려웠으며 도둑맞기 쉬웠다.

반면 유리구슬은 운반하기 간편하고 가치를 표준화하기도 쉬웠다. 특히 서유럽을 '제외한' 다른 곳에서는 보기 힘들었고 따라서 더 가치가 높았다. 거래할 때 당연히 상대방이 더 비싸다고 생각하는 물건으로 값을 치르면 훨씬 유리하다. 유리 제작 기술이 없는 신대륙에서 한 번도 본 적 없는 유리구슬은 값을 따질 수 없다 해도 좋을 정도로 희귀하고 이국적인 보물이었다.

유리구슬이 별 가치가 없다고 생각하는 요즘 사람들은 원주민이 유리구슬을 받고 맨해튼을 팔아넘겼다는 주장을 잘 받아들이지 못한다. 하지만 사실 유리구슬을 이용한 거래는 전혀 이상한 일이 아니다. 유리구슬을 값으로 받은 원주민이 멍청하다는 생각은 이야기 자체에 깔린 가정이 아니라 이야기를 듣는 사람의 머릿속에서 나온 것일 뿐이다. 우리가 이런 가정을 하는 이유는 문화적 죄책감 때문이기도 하지만, 물건의 가치를 현대인의 시각으로 따져서 그렇다. 유리구슬이 전혀 가치 없다고 생각해서 원주민이 아무 쓸모없는 유리구슬 따위를 받고 땅을 팔았다고 생각한다면, 이는 곧 그 땅에 살던 원주민의 지능과 위상을 깎아내리는 행위나 마찬가지다.

구슬이 싸다는 통념은 산업화 이후에 생겨났다. 흔해져서 어디서나 볼 수 있게 되는 순간 물건의 가치는 폭락한다. 한때는 귀중품 축에 들던 단추와 구슬도 이 법칙을 피하지는 못했다. 공장에서 기계로 단추와 구슬을 만들 수 있게 되면서 한 명의 판매자가 만들 수 있는 단추와 구슬의 '양'이 폭발적으로 증가했다. 산업혁명 이전에 단추나 구슬을 만드는 사람이 한 달에 100개를 만들 수 있었다면 산업혁명 이후에는 10,000개를 만들 수 있었다. 역설적으로 이런 기술 발전은 단추와 구슬의 과잉생산을 야기해 결국 이 산업을 사양길로 이끌었다. 수가 많은 물건은 하찮아 보이고 조만간 '실제로도' 가치가 떨어진다.

예쁜 구슬과 단추에 대한 수요가 줄면서 가격이 내려갔고 제조사들은 내려간 가격에 맞추기 위해 더 싼 재료를 사용했다. 재료의 저급화와 계속되는 기계 발전이 맞물리면서 제품을 대량으로 생산

하기가 더더욱 쉬워졌다. 아이러니하게도 구슬을 여러 개 만들기에
딱 맞는 대량생산 설비가 등장하는 순간 단지 대량생산이 가능하다
는 이유만으로 구슬의 인기는 떨어져버렸다.

여러 똑똑한 사람들이 당시의 24달러를 오늘날의 화폐가치로 환
산해 24달러어치의 '구슬로 맨해튼을 샀다'는 이야기의 의문점을 풀
려고 시도했지만, 사실 24달러를 오늘날의 화폐가치로 환산한다 해
도 의문은 풀리지 않는다. 당시 '구슬'이 지니고 있던 가치를 간과했
기 때문이다. 구슬의 가치 변화에는 희소성 효과의 핵심이 담겨 있
다. 요즘 유리구슬은 흔하고 값이 싸서 간단히 쓰고 버릴 수 있는 물
건이다. 구슬은 아무나 살 수 있고 그래서 아무 가치도 없다. 하지만
이 문제를 풀려면 '그때 당시' 구슬의 가치를 알아야 한다.

반짝이는 모든 것

나는 사회 초년생 시절에 시카고에 있는 보석 경매소 하우스 오브
칸House of Kahn의 감정 부서에서 일했다. 출근 첫날, 사전을 찾아가며
반지 수십 개에 찍힌, 그림으로 치면 화가의 서명에 해당하는 제작
사 직인을 검증하는 일을 맡았다. 그런데 반지마다 어김없이 새겨진
두세 자리 숫자가 날 혼란스럽게 했다.

점심을 먹으러 가다가 우연히 칸 소장님을 만난 나는 자기소개를
한 뒤 나를 괴롭히던 숫자 가운데 하나를 보여드리며 그 의미를 여
쭤봤다. 소장님은 그 숫자는 순도이며 귀금속의 몇 퍼센트가 순수한
금 또는 은인지를 표시하기 위해 장신구에 찍는 숫자라고 설명했다.

나는 어째서 경매소에서 이 숫자를 지우고 다른 숫자를 써넣지 않는지 물었다. 그렇게 하면 귀금속의 값을 올릴 수 있지 않을까? 너무 이상한 눈으로 보진 말길 바란다. 나는 어렸고 그날은 첫 출근 날이었다.(게다가 내 범죄 성향을 자백하기까지 했다.)

소장님은 영특한 녀석이라고 말하면서 내 머리를 톡 쳤다. 그러더니 엄한 얼굴로 그런 짓은 금지라며 지나친 꾀는 감옥으로 가는 지름길이라고 말했다. 순도를 바꾸는 짓은 100달러짜리 지폐에 0을 더하는 범죄와 똑같이 취급된다. 반지는 여러분의 것일지 몰라도 이 작은 숫자는 중앙은행 소유다. 반지나 팔찌 안쪽을 보면 92.5퍼센트 은으로 이뤄진 순은을 뜻하는 925나 72.5퍼센트의 금과 27.5퍼센트의 합금으로 만든 18K 금을 뜻하는 725 따위의 숫자가 보일 것이다. 설사 반지가 '내 소유'라도 마음대로 이 숫자를 지우는 행위는 범죄다. 전당포가 이 숫자를 지우거나 바꾸는 것도 물론 불법이다. 보석을 만드는 사람이 순도를 기록하지 '않거나' 일부러 틀린 순도를 기록하는 행위 또한 범죄로 취급받는다.♦

참고로 침대 매트리스 따위에 붙은 '제거하면 법의 제재를 받을 수 있습니다.'라고 쓰인 꼬리표는 떼어도 불법이 아니다. 하지만 순도를 변조하는 일은 화폐위조와 같은 중죄다. 귀금속은 진짜 돈이다. 우리는 귀금속에 박혀 있는 보석을 뺀 다음 녹여서 금괴나 은괴로 만들 수 있다. 당장 화폐로 사용하지 않아도 언제든지 화폐로 바꿀 수 있는 것이다. 물론 귀금속은 아름다운 돈이다. 무척 매력적이기도 하다. 하지만 결국에는 금도 보석도 그저 돈일 뿐이다.

마찬가지로 오래전 신대륙에서는 '왐펌(wampum: 조가비 구슬)'이라는 매우 특별한 구슬이 돈으로 취급받았다.

작은 굴 섬

지금은 잠들지 않는 도시가 되었지만, 옛날의 뉴욕은 동쪽 해안에 잠자고 있는 작은 진흙탕에 불과했다. 지난 400년 동안 해안선마저 엄청나게 변해서 현재의 맨해튼에서 옛날의 모습을 떠올릴 수는 없지만, 그래도 요즘 불야성의 거리로 유명한 브로드웨이는 옛날부터 있었다.

브로드웨이는 뉴욕을 만들며 새로 닦은 게 아니라 전부터 있던 길이다. 오늘날 브로드웨이가 자연스럽게 구부러진 재미있는 모양으로 뉴욕을 대각선으로 가로지르고 있는 이유는 이 길이 자연히 만들어졌기 때문이다. 뉴욕을 찾는 관광객들의 집결지이자 뉴욕 거주민의 골칫덩이인 이 유명한 대로는 수백 년 전에는 강 상류와 하류를 잇는 발자국으로 잘 다져진 강변길이었다. 원주민들은 아주 오랫동안 굴을 따기 위해 이 길을 오갔다.

하얀 강(강에 굴이 많아서 언제나 하얀색이었다.)에는 손을 뻗어 따기만 하면 될 정도로 굴이 매우 많았다. 사실 원주민들은 맨해튼 섬을 작은 굴 섬, 그 옆의 스태튼 섬을 큰 굴 섬이라고 불렀다.

원주민들은 굴을 그냥 먹기만 하지 않았다. 레나페 인디언들은 예쁜 굴 껍데기를 이용해 '왐펌'이라는 아주 특별한 구슬을 만들었다. '왐펌'이라는 말은 내러갠싯Narragansett 인디언말로 '하얀 조개껍데기 구슬'을 뜻하지만, 사실은 흰색과 보라색 두 종류가 있었다. 흰색 구슬은 북대서양 쇠고둥 껍데기로 만들었고, 보라색 구슬은 주변

♦ 미국 금은 각인법National Gold and Silver Stamping Act은 1906년에 생겼다.

에서 나는 대합의 한 종류인 북서 대서양 대합조개의 성장륜growth ring을 이용해 만들었다. 완성된 왐펌은 매끄럽고 빛나는 표면을 가진 튜브 모양이었다.

작은 굴 섬, 즉 뉴욕 주변의 북아메리카 동부 산림지대에 살던 토착민들은 전통적으로 왐펌을 만들어 팔았다. 왐펌은 멀리 서쪽 대평원에 있는 수족Sioux 거주지를 포함한 주변 지역에서 돈으로 거래되고 통용됐다. 어떻게 보면 그 지방 동전이나 다름없었다. 1626년에는 구슬이 '보편성'을 가진 통화였던 셈이다.

왐펌은 다양한 모양으로 만들어졌지만, 대개는 길고 매끈한 튜브 모양이었다. 하얀 왐펌은 긴 줄에 꿰어 단위 길이를 정해 화폐로 사용했다. 하얀색과 보라색 왐펌을 엮어서 납작한 모양의 화려한 허리띠나 목걸이를 만들기도 했다. 왐펌을 엮어 만든 이런 장신구는 중요한 거래를 성사시키는 데 쓰였다. 어쩌면 토지 거래에도 사용했을지 모른다.

'왐펌'을 뭐라고 부르면 좋을까? 바로 돈이다. 즉, 보석이다. 흔히 말하는 보석과 마찬가지로 왐펌은 신성한 징표이자 조약, 약속, 기록물의 역할을 했다. 왐펌이라는 조개껍데기 구슬은 사실 그 시절엔 다이아몬드나 다름없었다. 왐펌과 다이아몬드는 모두 자연에서 나온 물질이다. 둘 다 아름답고 상대적으로 수가 적어 귀중하게 다뤄지며 소수만 알고 있는 세공 기술로 다듬으면 가치가 올라간다. 세공 기술은 희귀한 천연자원의 아름다움을 더해주기도 하지만, 천연자원의 '희귀함을 기하급수적으로 증가시키는' 더 중요한 역할을 한다. 세공을 마친 귀금속은 경화(hard currency: 국제적으로 통용되는 금 또는 각국의 통화와 늘 바꿀 수 있는 화폐_옮긴이)로 사용되기도 하고, 많은 사람들이 가지고 싶어 하는 아름다운 장식물에 사용되거나 높은 사회적 신분을 상징하는 정교하고 화려한 물건에 쓰인다.

미국 최초의 중앙은행

특정 귀금속을 정해 상거래를 하고 동시에 장식이나 징표로 사용하는 행동은 미국 원주민이나 유럽인에게서만 찾아볼 수 있는 관습이 아닌 인간의 보편적인 행동이다.

대다수 문화권에서 보석은 종교적 목적(상징)으로 쓰이는 동시에 실용적 목적(거래)으로도 쓰였다. 종교적으로는 찬미, 숭배, 종교의식을 하는 데 사용됐고 실용적으로는 대개 물건을 교환할 때 이용됐다. 종교적으로 사용되든 실생활에서 사용되든 언제나 '장식'으로도 쓰였다.

이로쿼이족Iroquois이나 델라웨어족에게는 하얀 조개껍데기가 돈이었다. 요즘 유럽 사람들에게는 투명한 다이아몬드가 돈이다. 델라웨어족에게 보라색 대합조개 껍데기는 종교적 상징이었다. 반면 유럽인들은 참회왕 에드워드Edward the Confessor 이래 모든 교황의 반지를 사파이어로 장식했다.

묵직하고 파란 사파이어는 기독교권에서는 중요한 종교적 의미를 가졌지만, 중동에서는 그저 예쁜 장식물 취급을 받았다. 중동의 종교는 시대별로 바뀌었지만, 종교적으로 중요한 의미를 가진 보석은 언제나 에메랄드였다. 동양 사상에 더 가까운 이 종교들이 모두 초록색을 부활과 영생, 윤회를 상징하는 색으로 보아 숭배했기 때문에 중동에서는 항상 에메랄드를 더 선호했다. 그런가 하면 중동에서 전통적으로 화폐 기능을 담당한 보석은 흰색 진주였다. 진주는 에메랄드보다 종교적 의미는 덜했지만, 주변 바다에서 비교적 많이 나왔다. 실제로 바레인은 지금으로부터 백만 년도 더 전에 진주 교역의 중심지 역할을 했다.♦

캘리포니아의 추마시Chumash 원주민들은 밤색 띠고둥 껍데기를 조각해 둥글고 얇은 판 모양의 '안춤anchum'이라는 구슬을 만들어 왐펌처럼 표준 단위 화폐로 썼다. 초록색과 보라색 전복 껍데기는 화폐는 아니지만 주로 종교적인 의미로 사용했다. 안춤과 전복 껍데기는 모두 장신구로도 사용됐다.

덧붙여서 추마시 인디언은 지역 대표제를 시행하고 있었고 상당히 정교한 은행 제도도 가지고 있었다. 이들은 땅의 영구 소유권과 임시 소유권, 증여 토지 소유권에 대해서는 물론이고 이보다 더 추상적인 개념인 소유권 없는 토지 사용권(임대), 가장 추상적인 개념이라 할 수 있는 소유권 없는 자원 사용권 등의 개념과 차이를 모두 이해하고 있었다.

물론 천연가스 채굴이나 석유 시추를 하진 않았지만, 땅 위에서 도토리 채집이나 낚시, 사냥 등을 할 권한을 가진 사람과 소유권자가 다른 경우는 종종 있었다. 레이먼드 포겔슨 교수는 추마시 인디언이 사용할 수 있지만 자기 소유가 아닌 토지와 소유권을 가지고 있지만 사용할 수 없는 토지의 개념에 대해 알고 있었다고 말한다.

이로쿼이 인디언도 크게 다르지 않았다. 이로쿼이 인디언들은 추마시 인디언들이 안춤을 쓰는 방식과 거의 동일하게 왐펌을 사용했다. 추마시 인디언이 태평양산 밤색 띠고둥 껍데기를 돈으로 사용했다면, 이로쿼이 인디언은 대서양산 흰고등 껍데기를 주로 사용했다. 보라색 대합 껍데기는 종교적인 목적으로 썼다.

　신대륙을 오가며 원주민의 문화에 대해 자세히 기록한 에스파냐 사람들과 달리, 영국인들은 자세하고 흥미로운 기록을 별로 남겨두지 않았기 때문에 레나페 인디언들에게도 중앙은행 제도가 있었는지는 확실치 않다. 하지만 미국 원주민 부족들의 문화는 서로 비슷했을 뿐 아니라 우리와도 닮은 점이 많았던 것 같다. 사실 돈과 귀금속을 다루는 방식은 모든 문화권에서 비슷하다. 돈에 관한 한 모든 인간의 행동은 심지어 세부 사항까지도 그리 다르지 않다. 어디서나 가치는 상대적이고, 희귀하고 새로운 물건일수록 더 높은 가격을 매긴다.

　아무래도 금고에 돈과 보석을 함께 두듯, 우리 마음속에도 돈과 보석이 같은 곳에 놓여 있는 듯하다.

구슬 화폐

앞서 한 이야기에서 알 수 있는 사실은 무엇일까? 먼저 동쪽 해안에 살고 있던 북미 원주민들은 '돈' 개념을 가지고 있었고 금융거래에 대해서도 알고 있었다. 더욱이 네덜란드와 영국이 신대륙에 발을 들였을 때는 원주민들이 이미 조개껍데기 구슬을 대륙 공통의 통화처

♦ 20세기 초 일본의 한 똑똑한 우동집 주인이 양식진주를 개발하면서 진주 거래의 중심지가 동아시아로 넘어갔다. 이에 대해서는 제7장 '회장님의 목걸이'에서 상세하게 다룬다.

럼 사용하고 있던 시기였다. 원주민들이 구슬을 통화로 사용한 것은 다른 사람에게 속아서가 아니었다. '왐펌'은 그저 아름다운 구슬이 아니라, 신중하게 규제되는 표준화된 통화였다. 우리가 보석을 돈으로 바꿀 때 보석의 크기와 색, 무게를 고려해 가격을 매기듯 왐펌의 가치도 기준에 따라 정해졌다. 또한 다이아몬드 같은 보석과 마찬가지로 왐펌은 화폐가치와 상징적 의미를 동시에 지니고 있어서 장신구로 쓸 수도 있고 거래를 하거나 저축을 하는 데 사용할 수도 있었다.

페터르 미나위트가 맨해튼을 사는 데 사용했던 구슬은 남아 있지 않지만, 네덜란드인들이 신대륙에 가지고 간 구슬이라면 베네치아식 유리구슬이었을 것이다. 거래 구슬 또는 '노예 구슬slave beads'이라 불리는 베네치아식 유리구슬은 네덜란드가 아프리카, 아시아, 미대륙 원주민을 상대로 유리한 거래를 하기 위해 특별히 생산한 제품이다. 초기에 만들어진 구슬 중에는 보색을 써서 선명한 소용돌이, 점무늬, 줄무늬를 넣은 제품◆이 많다. 나중에는 천 개의 꽃이라는 뜻의 밀레피오리millefiori 구슬이 나왔는데 유리 속에 무지개색 복잡한 꽃 그림이 들어 있는 구슬로 지금 봐도 매우 인상적이다.

당시 레나페 인디언을 포함한 델라웨어족 사이에서 표준화된 왐펌, 즉 구슬을 통화로 쓰는 화폐제도가 '이미' 통용되고 있었으므로 이들이 네덜란드인의 구슬을 외국 통화로 받아들인 것도 그럴 만하다. 유리가 개발되지 않은 신대륙에서 놀랄 만큼 투명하고 선명한 색을 지닌 데다 대칭이 완벽히 맞는 원통 모양의 유리구슬은 분명 무척 아름다운 보석처럼 보였을 것이다. 게다가 처음 보는 이국적인 보석은 대개 더 귀중하게 여겨진다.◆

원주민들은 유리구슬을 훌륭한 보석으로 받아들였고 1626년 5

월 4일, 작은 굴 섬은 네덜란드 동인도회사에 팔렸다. 섬을 판 원주민들은 거래 당시는 물론이고 그 후로도 오랫동안 거래에 매우 만족했다고 전해진다. 이들이 받은 구슬이 '인디언들에겐' 평생 처음 보는 물건인 데다 신대륙에 어쩌면 단 하나뿐인 베네치아식 유리구슬이었을 수도 있다는 사실을 고려하면 이해가 된다.

맨해튼과 바꾼 구슬은 보석이 지닌 진짜 가상 가치에 대한 이야기다. 욕망이 뇌를 둔하게 만들고 예쁜 외래종 꽃에 대한 흥분이 단두 달 만에 한 나라의 경제를 무너뜨릴 수 있다는 사실을 생각하면 숨 막히게 아름다운 새로운 보석(게다가 전에 쓰던 통화와 비슷한 보석)으로 아무도 원치 않는 섬 하나를 사는 일은 충분히 가능해 보인다.

또 다른 섬

잘 알려지지는 않았지만, 네덜란드가 어떻게 맨해튼을 '잃었는지'도 이들이 어떻게 맨해튼을 샀는지에 대한 이야기만큼이나 중요하다. 끝이 있으면 시작도 있는 법이다. 네덜란드인이 맨해튼을 어떻게 잃었는지 이해하기 위해 이 일의 발단이 된 향료 전쟁Spice War 시절로 돌아가보자.

♦ 베네치아식 거래 구슬 가운데 그 시절 특히 흔하고 인기 있었던 구슬로 실제로 많은 거래 상대방들이 좋아했다.

● 유럽인들과 접촉이 없었을 때 이야기다. 나중에 온 다른 유럽인과 마찬가지로 콜럼버스도 유리를 가지고 갔다.

17세기에 포르투갈은 향료 제도라고 불리던 르네상스 시대 마약 교역의 중심지, 반다 제도Banda Islands에 대한 통치권을 잃었다. 반다 제도는 남태평양에 있는 화산섬으로 이뤄진 작은 군도로, 지구상에서 유일하게 육두구nutmeg가 많이 나는 지역이었다. 반다 제도에 대한 포르투갈의 영향력이 약해지자 네덜란드는 기쁜 마음으로 그 자리를 차지했다. 1599년 네덜란드 동인도회사는 반다 제도 전역에서 포르투갈인을 몰아내고 육두구 공급권을 손에 넣었다.

육두구 시장에서 독점적 지위를 유지하는 데 골몰한 네덜란드인들은 반다 제도의 원주민뿐 아니라 '육두구'까지 못살게 굴며 공급량을 규제했다. 육두구는 그냥 둬도 반다 제도 같은 화산토 지역에서만 자랄 수 있었지만, 네덜란드인들은 다른 곳에서 육두구를 기를 가능성을 완벽히 차단하기 위해 육두구를 독성 물질에 담가 싹을 틔우지 못하게 만들었다.♦ 이렇게 하면 육두구가 자랄 수 있는 토양에 씨앗을 심어도 발아가 되지 않는다.●

육두구라는 순진한 이름에 속지 말자. 육두구라고 하면 흔히 크리스마스에 난롯가에 둘러앉아 마시는 살모넬라균이 득시글거리는 음료(에그노그: 달걀을 넣은 우유에 브랜디나 럼주를 섞은 칵테일_옮긴이)에 들어가는 향신료만 떠올리겠지만, 사실 그렇지 않다. 육두구는 요리책뿐만 아니라 약물이나 독을 소개하는 책에도 이름이 올라 있다. 실제로 양만 제대로 조절하면 강력한 환각제로 쓸 수 있다. 음식 역사가 캐슬린 월Kathleen Wall의 말에 따르면 "[육두구에는] 실제로 사람의 기분을 좋아지게 하는 화학 성분이 들어 있다."고 한다.6) 육두구는 마약이었다. 게다가 손에 넣기 힘든 이국적인 마약이었다.

그런데 네덜란드에 골칫거리가 하나 있었다. 향료 제도에는 작은 암초에 불과하지만, 네덜란드령이 아닌 아주 작은 섬 하나가 포함돼 있었다. 런 섬island of Run이라는 이름의 이 영국령 섬은 반다 제도의 다른 섬과 비교해도 유독 육두구 나무가 많았다. 심지어 산비탈에 매달린 나무에서 열매가 바다로 떨어져 내릴 정도였다.

네덜란드는 영국에게 런 섬을 빼앗거나 사들일 수 없었다. 영국 해군은 강력한 군사력만큼이나 사나운 전술로도 유명했다. 육두구를 둘러싼 네덜란드와 영국의 팽팽한 경쟁은 1619년 다혈질인 얀 피터르스존 쿤Jan Pieterszoon Coen이 네덜란드 육두구 농장을 관리하게 되면서 전환점을 맞았다. 쿤은 군사력에서 밀린다면 영국으로 가는 육두구 공급 자체를 끊어버리겠다고 결심했다. 당시 네덜란드가 런 섬에 거주하는 영국인에게 무력을 행사하는 일은 네덜란드 동인도회사와 영국 동인도회사가 유럽에서 맺은 임시 협정에 의해 명확히 금지되어 있었다. 그래서 쿤은 전쟁을 일으키는 대신 부하들을 데리고 몰래 런 섬에 잠입해 육두구 나무든 뭐든 가리지 않고 섬 전체를 불태워버렸다.

제2차 영국 네덜란드 전쟁이 한창이던 1666년에 영국은 런 섬의 불타버린 잔해에 대한 지배권을 네덜란드에 마지못해 넘길 수밖에 없었다. 하지만 네덜란드 또한 1664년에 영국 선단에 뉴암스테르담 식민지 지배권을 넘긴 터였다.

♦ 정확히 말하자면 산화칼슘이나 수산화칼슘에 담갔다. 이는 맹독으로 공동묘지를 살균하는 데 자주 쓰였다.

● 옛날 사람들이 독성 물질에 담갔던 육두구를 먹었다는 사실에 불편함을 느낀다면, 그 시설엔 납이 잔뜩 든 화장품으로 화장하고 건강을 위해 비소가 든 약을 마셨다는 사실을 기억하자. 이에 비하면 육두구의 독성 물질은 별문제도 아니었다.

영국이 그저 네덜란드를 괴롭히는 게 즐거워서 뉴암스테르담 식민지를 빼앗은 것은 아니었다. 영국의 목적은 숙적인 에스파냐 군대를 공격하기 위한 군사 집결지를 만드는 데 있었다. 나중에 영국은 네덜란드가 런 섬에 남은 재에 대한 공식 지배 권한을 계속 가지는 대신 그만큼 쓸모없는 섬인 뉴암스테르담의 지배권을 계속 유지하는 데 합의했다.

처음에 영국인들은 이 거래를 그리 달갑게 여기지 않았다. 당시 맨해튼은 런 섬보다 가치가 낮은 섬으로 평가받았다. 영국은 사실 맨해튼 대신 남아메리카에 있는 설탕이 나는 섬을 노렸지만, 협상에 실패했다. 당시 설탕은 귀했고 맨해튼에 있는 바위와 조개는 흔했다. 당연히 네덜란드는 설탕이 나는 섬을 넘기지 않았다.

영국은 나중에 뉴욕이 될 맨해튼 섬을 받고 물러나는 수밖에 없었다. 하지만 최후의 승자는 영국이었다. 요즘엔 육두구를 환각제로 사용하지 않고 맨해튼이 세계에서 가장 비싼 땅이 되어서만은 아니다. 섬을 교환하고 몇 년 뒤, 카리브 해의 그라나다 섬island of Granada이 육두구로 뒤덮이면서 네덜란드의 육두구 독점은 끝났고 결국 거래로 이득을 본 쪽은 영국이었다. 분명 누군가 거세되지 않은 육두구 씨앗을 불타버리기 전의 런 섬에서 빼내어 지구 반대편에 이 예민한 식물의 새 보금자리를 찾아주었을 것이다.

그런데 이 육두구 잔혹사가 맨해튼을 산 구슬과 무슨 관련이 있을까? 맨해튼을 산 구슬 이야기처럼 육두구에 얽힌 섬 교환 이야기도 미래에 세계의 수도가 될 맨해튼이 또 한 번 가치가 미심쩍은 물건에 팔려나간 사건이다. 하지만 두 이야기에는 이보다 더 중요한 공통점이 있다. 바로 인간이 가치를 어떻게 '정하는지' 보여준다는 점이다. 가치는 물론 변치 않는 수요공급 법칙에 따라 정해지지만, 어떤 물건이 희소하다는 믿음에 의해 일그러진 우리의 가치 관념에도 크게 영향받는다.

레나페 인디언은 구슬을 받고 맨해튼을 넘겼다. 멋진 거래였다. 사실 레나페 인디언은 섬의 소유권자가 아니라 그저 섬을 드나들며 낚시를 하던 사람들이었다. 게다가 구슬은 그 시절의 화폐였다. 맨해튼을 산 네덜란드인들은 원래 원하던 곳은 아니었지만 '별수 없이' 맨해튼에 터를 잡았고 맨해튼에 뿌리를 내리고 식민지를 세웠다. 그리고 1664년, '육두구'를 얻기 위해 영국에 이 섬을 넘겼다.

가치는 취향에 따라 변하는 게 틀림없어 보인다.

다이아몬드는 깊은 정신적인 욕망을 충족해줄 뿐,
본질적으로는 무가치하다.

_니키 오펜하이머Nicky Oppenheimer, 드비어스De Beers 회장

광고는 합법적인 거짓말이다.

_허버트 조지 웰스H. G. Wells

chapter 02

다이아몬드는 영원히

첫 다이아몬드는 약혼반지

1976년 경제학자이자 저술가인 프레드 허시Fred Hirsch는 단지 다른 사람들이 가질 수 없다는 이유만으로 어떤 물건을 가지고 싶어 하는 사람들의 성향을 설명하기 위해 '지위적 재화positional goods' 이론을 내놓았다. 경제학에서 말하는 지위적 재화는 1636년 네덜란드 사람들의 혼을 나가게 한 튤립 알뿌리처럼 공급량과 상관없이 다른 사람들이 얼마나 가지고 싶어 하느냐에 따라 일부 또는 전체 가치가 결정되는 상품이다.

　부러움과 욕망, 제한된 신분 이동을 설명하는 데 쓰이는 이 추상적인 경제 이론이 과연 다이아몬드와 관련이 있을까? 물론이다. 다이아몬드는 모든 면에서 지위적 재화다. 다이아몬드는 영원하지 않다. 다이아몬드 약혼반지는 그저 80년 정도 전통을 가진 '필수 사치품'일 뿐이다. 우리는 다이아몬드 약혼반지가 결혼 자체만큼이나 오래된 전통이라 믿는다. 하지만 이는 사실이 아니다. 다이아몬드 약혼반지의 역사는 전자레인지의 역사만큼이나 짧다.

이 장은 '이야기'에 대한 이야기다. 엄밀히 따지면 두 가지 이야기에 대한 이야기다. 첫 번째는 1477년 막시밀리안 대공Maximilian I이 부르고뉴의 마리Marie de Bourgogne에게 프러포즈하며 건넨 첫 번째 다이아몬드 약혼반지에 대한 이야기다.

그리고 두 번째 이야기는 이로부터 약 500년 후, 세계 다이아몬드의 99퍼센트를 손에 넣은 드비어스가 그전까지 다이아몬드에 시큰둥하던 전 세계 사람들을 모두 다이아몬드 반지를 사고 싶어 하는 사람들로 만들어버린 과정에 대한 이야기다. 드비어스가 어떻게 역사에 남을 만한 거대한 사기극에 성공해 그 대가로 수백만 달러 규모의 다이아몬드 왕국을 건설할 수 있었는지 살펴보자.

왕국 건설

150년 전까지만 해도 다이아몬드는 정말 희귀했다. 남아프리카에서 다이아몬드 러시가 시작되기 전까지 보석으로 쓸 만한 품질의 다이아몬드는 일 년에 고작 몇 킬로그램밖에 생산되지 않았다. 가끔 인도나 브라질의 강바닥에서 다이아몬드가 발견되긴 했지만, 이는 산발적으로 일어났고 발견되는 양도 적었다. 이런 다이아몬드는 요즘의 흔한 다이아몬드에 비해 크기가 컸고 개중에는 선명한 색을 띤 것도 있었다.

최고 중의 최고로 쳤던 다이아몬드는 인도 골콘다Golconda 지방에서 나는 골콘다 다이아몬드였다.♦ 골콘다 다이아몬드의 품질은 다른 다이아몬드에 비할 바가 아니어서 골콘다 다이아몬드의 공급이 중

단된 이후 그 전에 쓰던 다이아몬드 감정 기준 가운데 하나를 아예 폐지해야 할 정도였다. 이 폐지된 기준은 다이아몬드가 물처럼 순수하게 빛나야 한다고 기술해 흔히 '물water'이라 불렸다. 물이 있는 다이아몬드는 결정이 너무 완벽해서 빛이 전혀 방해받지 않고 통과하는 것처럼 보인다. 요즘 나오는 남아프리카 다이아몬드는 이런 '물' 기준을 전혀 만족하지 못한다. 요즘 쓰는 다이아몬드 품질 판단 기준인 4C(색color, 선명도clarity, 컷cut, 캐럿carat)는 사실 중산층이 작은 저품질 다이아몬드를 사면서도 만족할 수 있게 할 목적으로 1960년대에 바꾼 것이다.

잘 알려진 호프 다이아몬드Hope diamond를 비롯해 모든 골콘다 다이아몬드는 다른 다이아몬드와는 비교할 수 없을 정도로 품질이 좋았다. 골콘다 다이아몬드는 전에도 희귀하긴 했지만, 1800년대 초부터는 아예 씨가 마른 듯했다. 그러던 중 1870년, 호기심 가득한 이래즈머스 제이컵스Erasmus Jacobs라는 소년이 남아프리카 오렌지 강Orange River에서 이상하게 생긴 커다란 광물 결정 하나를 건져 올리면서부터 갑자기 다이아몬드는 더는 특별하거나 희귀한 보석이 아니게 됐다. 이 발견으로 세상을 바꿔버릴 다이아몬드 러시의 서막이 올랐고 웨딩플래닝 산업에도 엄청난 변화가 생겼다. 순식간에 남아프리카로 사람이 몰렸고 다이아몬드 광산이 오렌지 강 일대를 뒤덮었다. 얼마 되지 않아 다이아몬드가 '톤' 단위로 채굴되기 시작했다.

드비어스는 1853년 목사의 아들이자 실패한 목화 농장주인 세실

♦ 골콘다는 원래 세계 다이아몬드 거래의 중심지이기도 했다. 지금으로부터 150년 전까지만 해도 거의 모든 다이아몬드가 골콘다를 거쳤다.

로즈Cecil Rhodes가 창립했다. 드비어스라는, 세계에서 가장 성공적인 독점 회사를 세우기 전에도 로즈는 '원대한' 제국의 꿈을 품은 젊은 청년이었다. 결국 1890년 케이프 식민지의 총독이 되는 데 성공했지만, 아직 로즈에게는 여러 아프리카 국가를 영국 국기 아래 합병하거나 남아프리카와 카이로를 잇는 대륙횡단 열차를 놓는 더 큰 야망이 남아 있었다. 총독으로 재임하는 동안 로즈는 제국주의적 악행을 제법 많이 저질렀다. 심지어 자신의 이름을 따 로디지아Rhodesia라는 나라를 세울 정도였다. 결국 미수에 그쳤지만, 쿠데타가 일어났고 로즈는 총독 자리에서 물러나야 했다.

하지만 로즈는 제국을 향한 야망을 버리지 않았다. 오히려 이후 그의 행보를 보면 국가 합병이나 꼭두각시 정부에 대한 구상은 그저 시작에 불과했음을 알게 된다. 로즈는 총독에서 퇴임한 후 훨씬 대단한 일을 벌였다. 상황이 받쳐주지 않는 데 분개한 그는 영국 정부의 제국주의에 협력하는 대신 직접 사업을 차리기로 했다. 1889년 로즈는 서구 열강이 천연자원과 재물을 차지하기 위해 생각 없이 무턱대고 아프리카를 나누어 가져버린 사건인 '아프리카 분할'을 틈타 영국 남아프리카회사BSAC: British South Africa Company를 차린다. 로즈는 원래 아프리카 중남부에 매장된 금을 착취할 생각이었다. 그러던 중에 자신의 주 활동지역인 오렌지 강에서 이래즈머스 제이컵스라는 작은 소년이 야구공만 한 다이아몬드를 꺼내 올렸을 때 로즈가 얼마나 경탄하고 기뻐했을지 상상해보라. 로즈는 먼저 다이아몬드 광산 광부들에게 홍수로 무너진 광산의 물을 빼내는 데 필요한 장비를 대여해주면서 다이아몬드 사업에 발을 들였다. 그는 이렇게 번 돈으로 광산을 사들이기 시작했고 계속 광산을 늘려나가 유례를 찾기 힘들 정도로 엄청난 시장 점유율을 자랑하는 독점기업을 일궜다. 시간이 지나고 시장이 점점 가닥을 잡아가면서 1888년이 되자 남아프리카 다이아몬드 산업에는 거대 기업 몇 곳만이 남게 됐다. 그중에서 가장 큰 회사는 아프리카 원주민 농부에게 헐값에 땅을 사들여 일군 로즈의 드비어스 연합 광산회사였다. 하지만 처음부터 드비어스의 목표는 단순히 다이아몬드 공급량이 아니라 이에 대한 사람들의 '인식'을 조정하는 회사가 되는 것이었다.

진실의 상대성

진실은 이렇다. 다이아몬드는 희귀하지도 않고 그 자체로는 가치도 없다. 다이아몬드가 가진 가치는 대부분 소비자의 마음이 만들어낸 것이다. 지위적 재화 이론은 가치 있는 물건이라서 가지고 싶어지는 것이 아니라 사람들이 '가지고 싶어 하기 때문에' 물건의 가치가 생긴다고 말한다. 흔히 '지위적 성격positionality'을 가졌다고 일컬어지는 지위적 재화는 꼭 필요하거나 특별한 기능이 있다기보다는 단순히 많은 사람들이 가지고 싶어 하기 때문에 가치 있는 물건으로 여겨진다. 즉 지위적 재화는 절대적인 기준이 아니라 '상대적인' 기준으로 가치가 평가되는 상품이다. 보석은 대부분 지위적 재화에 속한다.

제1장에서 이미 살펴봤듯이 희귀한 물건은 가치가 높다. 사람의 뇌는 어떤 물건의 공급이 부족한 상황을 보면 본능적으로 그 물건을 가지고 싶어 한다. 이것이 희소성 효과다. 지위적 재화는 여기서 한 걸음 더 나아가 '소수'의 다른 사람들이 가지고 있기 때문에 물건의

값이 올라가는 특이한 현상을 설명해준다. 다이아몬드는 수가 적어서 '더' 가치 있는 것이 아니다. 수로만 따지면 다이아몬드는 너무 많아서 '아무 가치도 없어야 한다'. 다이아몬드 반지는 지위적 재화의 전형이다. 다이아몬드 반지가 가진 기능은 남이 가진 다이아몬드와 비교해 자신의 더 우월한 지위를 보여주는 것 외에는 전혀 없다. 다이아몬드의 가치는 그 자체의 가치나 객관적인 기준이 아닌 소유자가 속한 그룹의 다른 사람들이 가진 다이아몬드와 비교했을 때 얼마나 큰지, 얼마나 더 비싼지에 따라서만 결정된다.

원리는 이렇다. 우리는 다른 사람들이 모두 다이아몬드를 가지고 싶어 하므로 다이아몬드를 가지고 싶어 한다. 그리고 다른 모든 사람이 다이아몬드를 가지고 싶어 하는 까닭은 누군가 다이아몬드를 가지고 있기 때문이다. 만일 모든 사람이 다이아몬드를 살 수 있다면 아무도 다이아몬드에 관심이 없을 것이다. 결국 제한된 다이아몬드를 놓고 자리를 차지하려는 게임이 벌어진다. 지위적 재화의 가치는 전적으로 제한성에 있으므로 원하는 사람보다 물건의 수가 적게 유지되어야 하며 그렇지 않으면 물건의 가치는 떨어진다. 앞서 다이아몬드는 완벽한 지위적 재화라고 했다. 그렇다면 지위적 재화의 가치를 유지하기 위해 꼭 필요한 희소성이 사라졌을 때 다이아몬드에 어떤 일이 벌어졌을까?

벼랑 끝에서

1882년 다이아몬드 시장은 무너졌다. 그로부터 10년 전인 1872년부터 남아프리카에서 '매년' 백만 캐럿(보석의 무게를 잴 때 쓰는 단위. 1캐럿은 약 200그램.)의 다이아몬드가 쏟아지기 시작했다. 그때까지 다른 곳에서 산출된 다이아몬드를 모두 합한 양의 다섯 배에 해당하는 양이었다. 인도산 다이아몬드의 양과는 비교도 할 수 없었다. 그 결과 '케이프 다이아몬드Cape diamonds'♦는 오명을 얻었다. 남아프리카산 다이아몬드는 오래전 광맥이 말라버린 골콘다 다이아몬드만큼 아름답지 않기도 했지만, 그저 너무 많았다. 다이아몬드는 흔해졌다. 땅에서 계속 몇 톤 단위의 다이아몬드가 채굴되자 광산업자들은 머지않아 시장이 포화되어 다이아몬드가 준보석이나 다름없는 신세가 될 거라는 사실을 알아챘다. 돌이 보석 취급을 받는 가장 큰 이유는 '희귀해서'다.

당시 파리의 저명한 은행가 조르주 오베르Georges Aubert는 미래에 다이아몬드 광산을 발견하게 될 가능성을 추측하는 글에서 지위적 재화의 핵심과 세실 로즈를 괴롭히는 악몽의 근원을 요약해 다음과 같은 말을 했다. "사람들이 다이아몬드를 사는 것은 다른 사람이 가질 수 없는 사치품이기 때문이다. 다이아몬드의 가치가 지금의 4분의 1로 떨어진다면 부자들은 더는 다이아몬드를 사지 않고 다른 보석이나 사치품으로 관심을 돌릴 것이다."

1888년 로즈는 이 문제를 해결할 멋진 방법을 찾아냈다. 다이아몬드가 더 이상 희귀하지 않아서 문제라면 새로 세운 왕국을 지킬 방법은 사람들이 다이아몬드를 희귀하다고 착각하게 하는 것밖에

♦ 케이프 다이아몬드는 남아프리카산 다이아몬드를 뜻한다. 남아프리카 희망봉Cape of Good Hope의 이름을 따 이렇게 불렸다.

없었다. 로즈는 회사를 하나로 합병해(카르텔이라고 부를 수도 있다.) 다이아몬드의 시장 공급량을 규제하자고 다른 업체들을 설득했다. 땅에서 나는 다이아몬드의 양을 조절하기 힘들다면 재고 물량을 조절해서라도 공급을 규제해야 했다.

1890년 합병을 통해 탄생한 드비어스 연합 광산회사는 남아프리카에 있는 모든 다이아몬드 광산을 소유하고 있었으므로 마음대로 공급량을 조절할 수 있게 됐다. 공급량을 조절할 수 있는 이상 수요를 유지하는 일은 식은 죽 먹기였다. 다이아몬드를 가지고 싶어 하는 사람들은 여전히 다이아몬드가 희귀하다고 믿었다. 하지만 그 후로도 새로운 광산이 계속 발견되면서 드비어스는 점점 궁지에 몰렸다. 1891년 드비어스는 사람들이 다이아몬드가 희귀하다고 믿게 하려고 생산량을 전년도의 3분의 1로 줄였다.

완벽한 독점기업

'이 수법'은 얼마간 잘 먹혔다. 하지만 1908년 두 번째 다이아몬드 파동이 일어나면서 다이아몬드 시장은 붕괴 직전까지 몰렸다. 제1차 세계 대전이 일어나기 몇 년 전부터 다이아몬드의 가격은 내려가기 시작했다. 사람들은 전쟁에 대비해 물자를 비축했다. 다이아몬드는 음식, 전기, 철 같은 필수품이 아니었다. 상황이 안 좋아질 때를 준비해 보석을 사려는 사람은 아무도 없었다. 게다가 그즈음 거대한 다이아몬드 지하 광맥이 하나 더 발견됐다. 드비어스에서 정찰하려고 보낸 측량기사의 안색이 창백해질 만큼 거대한 광맥이었다. 로즈가 사망한 해인 1902년에도 또 새로운 광맥이 발견됐다. 이 광산의 주인인 어니스트 오펜하이머Ernest Oppenheimer는 순순히 드비어스와 협력하지 않았다. 나중에는 오펜하이머 소유의 컬리넌 광산Cullinan Mine이 드비어스의 모든 광산에서 생산하는 다이아몬드를 합한 양보다 더 많은 양을 생산하기에 이르렀다.

드비어스는 공포에 질렸다. 뾰족한 수를 쓰지 않는 한, 은행가 오베르의 예측이 곧 현실이 될 터였다. 1914년 오펜하이머의 행동을 보다 못한 로즈의 후임자가 다시 다이아몬드 회사 대표들을 불러들여 가격 고정 협약을 맺었다. 다시 한 번 합병을 통해 다이아몬드 공급 회사를 단일화하고 가능한 한 적은 양만 시장에 내놓아 다이아몬드가 별로 없다는 환상을 유지하자는 말이었다. 이들은 전에 쓰던 이 방법이 이번에도 성공할 거라고 믿었다. 제1차 세계 대전이 끝나갈 무렵 드비어스는 컬리넌 광산과 합병했고 오펜하이머가 회장 자리에 앉았다. 드비어스는 지구상에 매장된 모든 다이아몬드의 90퍼센트를 소유한 완벽한 독점기업이 됐다.

역사상 최초로 전 세계 다이아몬드의 공급권이 하나의 목표를 가진 한 사람의 손에 쥐어졌다. 오펜하이머의 목표는 무엇이었을까? 바로 가치가 영원히 절대 떨어지지 않는 상품을 만들어내는 것이었다. 1910년 오펜하이머는 이렇게 말했다. "상식적으로 생각할 때 다이아몬드의 가치를 높이려면 다이아몬드를 더 희귀하게 만드는 수밖에 없다. 즉 공급을 줄이는 것이다."

하지만 계속 쏟아져 나오는 다이아몬드를 막을 뾰족한 수가 없었다. 드비어스의 광산에서는 마치 자갈처럼 다이아몬드가 쏟아져 나왔다. 게다가 드비어스가 새로운 광산을 계속 사들이고는 있었지만, 하나를 사고 나면 또 다른 다이아몬드 광산이 새로 발견되곤 했다. 너무 흔해진 다이아몬드 때문에 드비어스 왕국은 독점기업이 된 지 몇 년 만에 다시 한 번 벼랑 끝으로 내몰렸다. 오펜하이머는 전에 하던 대로 다이아몬드가 희귀하다는 '환상을 홍보'하는 것만으로는 다이아몬드의 가치를 유지할 수 없다는 사실을 깨달았다. 이제 드비어스는 또 다른 환상을 홍보해야 했다. 바로 다이아몬드가 꼭 '필요하다'는 환상이었다.

절대 알고 싶지 않은 다이아몬드의 진실

다이아몬드란 어떤 물질일까? 과학적으로 말하면 다이아몬드는 탄소 동소체다. 이 말은 다이아몬드가 탄소가 가질 수 있는 여러 형태 가운데 하나라는 뜻이다. 탄소가 취할 수 있는 다른 형태로는 석탄과 검댕 그리고 흔히 연필심으로 많이 알려진 흑연이 있다. 탄소는 거의 '모든 것'에 들어 있다. 우리의 몸을 이루는 원소이기도 하다. 우리 몸의 99퍼센트는 단 세 종류의 원자로 이뤄져 있는데 탄소는 그중 하나다.♦ 탄소는 육지와 바다를 불문하고 지구상에 있는 모든 유기 생명체(사실 유기라는 말 자체가 탄소를 기반으로 한다는 뜻이다.)의 구성 요소다. 그저 흔하다는 말로는 부족할지 모른다. 탄소는 우주에서 네 번째로 많이 존재하는 원소다.

　현재 지구상에 있는 모든 다이아몬드는 10억 년도 더 전에 약 160킬로미터 깊이의 땅속에서 강한 열과 압력을 받아 생성됐다. 분명 이 가운데 대부분은 여전히 지하 깊은 곳에 묻혀 있을 것이다. 현재 지표면 가까운 곳에서 발견되거나 채굴되는 다이아몬드는 '킴벌라이트 관kimberlite pipes'을 타고 지표면으로 올라온 것들이다. 킴벌라이트 관은 세인트헬렌스 산(약 2,550미터)의 세 배 정도 되는 깊이의 지구 맨틀 깊숙이까지 뻗쳐 있는 작지만 강력한 화산들의 '뿌리'다.

영어의 탄소carbon는 '석탄'을 뜻하는 라틴어 '카르보carbo'에서 왔다. 다이아몬드는 사실 엄청나게 압축된 석탄의 한 종류일 뿐이다. 역시 참 고급스럽다. 그렇지 않은가? 표준 기압, 표준 온도에서 탄소는 흑연 형태를 띤다. 흑연 속의 탄소 원자는 각각 세 개의 다른 탄소 원자와 연결되어 육각형 고리로 이뤄진 얇은 그물 같은 모양을 이룬다. 잘 이해되지 않는다면 땅 위에 벌집 모양 그물망이 놓여 있는 모습을 생각해보자. 육각형의 꼭짓점 부분에 탄소 원자가 하나씩 놓여 있다고 생각하면 된다. 이 그물망 위에 똑같은 그물망을 차곡차곡 성글게 쌓으면 흑연과 비슷한 구조가 된다.

같은 탄소 동소체인 흑연과 다이아몬드는 무엇이 다를까? 바로 '구조'다. 고온 고압 상태에서 탄소 원자는 흑연과 비슷하지만, 더 튼튼한 구조를 형성하며 다이아몬드가 된다. 이 경우에는 그물망이 그저 쌓여 있기만 한 것이 아니라 육각형의 꼭짓점마다 서로 '아래 위로'도 연결돼 있다. 다이아몬드의 격자 구조는 모든 면을 꼭 맞춰 쌓은 등방격자로 모든 방향으로 대칭이다. 이런 구조 덕분에 다이아몬드는 독특한 성질을 가지고 있다. 가장 잘 알려진, 프리즘처럼 빛을

♦ 실제로 사람의 몸은 대부분 탄소로 이뤄져 있어서 사랑하는 사람을 화장하고 남은 재를 맡기면 이를 가열하고 압축해(실험실에서 만든 것이긴 하지만) 다이아몬드로 만들어주는 라이프젬Life Gem이라는 회사가 2001년 설립됐을 정도다. 사실 나도 해볼까 생각 중이다. 그렇게 하면 사람들이 서로 가지려 다투는 비싼 보석으로 '영원히' 남을 수 있을 게 아닌가.

산란시키는 성질도 격자 구조 덕분이다. 다이아몬드 속으로 들어간 빛은 촘촘한 격자를 이루고 있는 탄소 원자의 높은 밀도로 인해 여러 색으로 나뉘어 산란되고 이곳저곳으로 튕긴다. 분자 구조로만 보면 다이아몬드는 예쁘다는 말로는 부족한 완벽한 물질이다.

하지만 그렇다고 다이아몬드가 희귀하다는 말은 아니다. 1998년 전 세계 다이아몬드 유통량은 15년 전과 비교해 두 배로 늘어났다. 게다가 1998년 이후에도 거대한 다이아몬드 광맥의 발견이 이어졌다. 미국 보석감정 연구소GIA: Gemological Institute of America는 1870년 남아 프리카 다이아몬드 러시 이후에 채굴된 다이아몬드의 누적 무게가 45억 캐럿에 달할 것으로 추정했다.[1] 이는 0.5캐럿짜리 다이아몬드 반지를 '70억 지구 사람에게 모두 하나씩 나눠줘도' 충분할 정도다.

게다가 '다이아몬드는 영원히'라는 드비어스의 광고 문구와는 달리 다이아몬드는 영원하지도 않다. '다이아몬드'라는 말은 '파괴할 수 없는'을 뜻하는 단어 '애더맨틴(adamantine: 철석같은)'에서 왔다. 다이아몬드 외의 물질로 다이아몬드를 정교하게 자를 수 없다는 말은 사실이지만, 그렇다고 다이아몬드를 부술 수 있는 물질이 없다는 뜻은 아니다. 사실 다이아몬드는 강함과 영원함을 대표하는 명성과는 달리 그다지 내구성이 강하지 않다. 물론 단단하긴 하다. 완벽한 등방 격자 구조 덕분에 광물 가운데 가장 단단하며 두 번째로 단단한 광물인 사파이어보다 50배나 더 단단하다. 하지만 단단함과 내구성은 다르다.

다이아몬드는 쉽게 흠집이 난다. 한 보석함 안에 다이아몬드가 여러 개 들어 있으면 서로 부딪혀 긁힐 수도 있다. 온도를 1,400도까지 올리면 태울 수도 있다. 농담이 아니라 이 온도에서 다이아몬드는 흔적도 없이 사라진다. 아니면 망치로 내려쳐 부술 수도 있다. 실제로 내 아버지는 여섯 살 무렵 다이아몬드가 가장 강한 물질이라는 말을 듣고 호기심이 동한 나머지 할머니의 하나뿐인 다이아몬드 반지를 망치로 내리쳐 산산조각 냈다.(할머니는 평생 후유증에 시달리셨다.) 다이아몬드는 잘 부서질 뿐만 아니라 열역학적으로 불안정하다. 지금 이 순간에도 지상에 있는 다이아몬드는 모두 조금씩 흑연으로 변하고 있다. 물론 실온에서는 믿기 힘들 정도로 느리게 변하므로 다이아몬드가 흑연으로 변할 때까지 살아 있을 사람은 없겠지만 말이다.

그런데도 이번 크리스마스 선물로 이 탄소 덩어리를 받았으면 좋겠다고 생각하는 사람이 있을까? 당연히 '모두' 받고 싶어 할 게 틀림없다. 선물의 실체를 알기 전까지는 말이다. 사람들은 보통 다이아몬드의 화학 구조에 대해 잘 모르거나 전혀 알지 못한다. 사실 이런 무지에는 그럴 만한 이유가 있다. 지난 80년 동안 다이아몬드를 판 사람은 아무도 없었다. 드비어스가 판 것은 다이아몬드가 아니라 다이아몬드라는 '개념'이었다. 그리고 당연히 이 개념이 어떻게 만들어졌는지 신경 쓰는 사람은 아무도 없다.

갖고 싶은 단 하나의 보석

1930년대에 드비어스는 전례 없는 수준으로 다이아몬드 공급을 통제했다. 이렇게 인위적으로 희소성을 만들어내는 수법을 통해 드비어스는 공급뿐 아니라 수요도 어느 정도 통제(교묘하게 조작)할 수 있었다. 하지만 전쟁으로 인한 경기까지 관리할 순 없었다. 대공황 이후 제2차 세계 대전을 앞둔 시기에 사람들은 다이아몬드를 사지 않았을 뿐만 아니라 가진 다이아몬드를 내다 팔기 시작했다.

시한폭탄이 터진 셈이었다. 다이아몬드 산업에 대해 사람들이 잘 모르는 사실 가운데 하나는 다이아몬드를 되팔기가 무척 힘들다는 것이다. 여러분이 다이아몬드 약혼반지를 산 보석상에 가서 반지를 되팔려고 하면 보석상은 반지를 사주지 않을 가능성이 높다. 여러분이 산 다이아몬드의 가치가 사실 구입가의 극히 일부밖에 되지 않는다고 말해야 하는 무척 난처한 처지일 것이기 때문이다. 변치 않는 투자라더니, 배신감이 들지 않는가? 때문에 사람들이 다이아몬드를 되팔기 시작하면 다이아몬드 수요가 급격하게 줄어들 수 있다.

게다가 지금까지 캐낸 모든 다이아몬드는 거의 다 개인이 소유하고 있다. 이 다이아몬드들은 보석함 속, 손가락 위, 박물관 안에 자리를 차지하고 빛을 내기 위한 목적으로 구매됐다. 이런 다이아몬드를 합친 양은 엄청나게 많으므로 많은 사람이 다이아몬드를 되팔기 시작하면 공급 과잉이 될 게 뻔하다. 1636년에서 37년까지 네덜란드에서 일어난 튤립 광기 사건의 결과를 보면 알 수 있듯, 지나친 공급과 부족한 수요가 만나면 다이아몬드의 가치는 아예 사라지거나 폭락할 터였다. 어디에나 있는 평범한 준보석이라는 다이아몬드의 실체가 드러나면 다이아몬드 산업은 절대 회복될 수 없었다. 사실 오늘날 다이아몬드의 경제적 가치는 너무 거대해서 그 가치가 사라져버릴 경우 세계 경제 전체가 멈출 지경이다.

어떻게 하면 다이아몬드 산업을 지킬 수 있을까? 드비어스는 이미 인위적으로 가격과 공급량을 조작해 수요를 조종하고 있었다. 사람들의 생각과 지갑에도 손을 대고 있었다. 이제 사람들의 감정을 통제할 차례였다. 다이아몬드는 여자의 가장 좋은 친구라는 말이 있다. 일반 성인들 사이에서 필수품처럼 여기는 보석은 다이아몬드 반지 뿐이다. 평생 동안 몸에 지닐 사적이고 낭만적인 애착의 대상이 되는 보석도 다이아몬드 반지뿐이다. 다이아몬드 반지는 모든 사람이 언젠가 사거나 받기를 '고대하는' 단 하나의 보석이다. 어른이 되어 티아라(작은 왕관 모양의 장신구_옮긴이)를 사게 될 날을 상상하는 데 몰두하는 아이는 없다.(물론 나라면 그런 생각을 했을지도 모르겠다.) 하지만 다이아몬드 약혼반지는 성공한 어른의 삶을 대표하는 중요한 물건이다.

이런 사고는 누군가 우리에게 '심은' 것일 뿐 우리가 스스로 해낸 생각은 아니다. 사실 다이아몬드 약혼반지라는 개념은 드비어스가 심리검사 결과, 소비자 연구, 유년기 노출, 간접 광고, 대중 홍보 등을 세계 최초로 마케팅에 도입하고 속속들이 활용해 지난 80년 동안 신중하게 가꿔온 의도적인 마케팅 전략에 불과하다. 드비어스의 이런 홍보 전략은 담배를 포함한 모든 현대 광고의 본보기가 되었으며 세계경제에도 영향을 크게 미쳤다. 다이아몬드 약혼반지를 위해 드비어스가 사용한 수법은 단순한 수요와 공급량 조정을 넘어선 것이었다. 이에 비하면 수요와 공급량 조정은 어린아이 장난에 불과해 보일 정도다. 드비어스는 바로 '우리'를 조종했다.

드비어스는 별로 값어치 없는 다이아몬드를 귀중품의 완벽한 본보기로 만들었다. 베인앤컴퍼니Bain & Company는 2011년 컨설팅 보고서에서 다음과 같이 평했다. "아직 세계 경기에 대한 불안이 남아 있음에도 불구하고 2011년 다이아몬드 산업은 놀라울 만한 회복능력을 보였다. 불황으로 인해 다이아몬드 제품의 매출 증가 속도가 느려지기는 했으나 전체 수요는 계속 증가하고 있다."[2) 다이아몬드 소매상으로서 드비어스는 80년 전 다이아몬드 산업을 지배하기 시작한 이래 단 한 번도 가치가 떨어지지 않은 상품을 만들어냈다. 진짜 '필수재'조차 시장 변화에 영향받는다는 사실을 고려하면 이는 믿을 수 없을 만큼 놀라운 성과다.

현재 드비어스의 실체는 무엇일까? 아무도 아니다. 동시에 여럿이기도 하다. 드비어스는 중앙판매기구Central Selling Organization, 신디케이트Syndicate, 다이아몬드 무역회사Diamond Trading Company, 포레버마크Forevermark 같은 다양한 간판을 단 여러 회사로 이뤄져 있다.♦ 드비어스는 인류 역사상 가장 성공적인 카르텔이다. 게다가 보이지 않는 손으로 다이아몬드가 가장 희귀하고 귀중한 보석이라는 분위기를 조성했을 뿐 아니라 '우리가 다이아몬드를 꼭 사야만 한다고 믿도록 만들기'까지 했다. 어떻게 이런 일이 가능했을까? 드비어스는 전례를 만들었다.

나와 합병해주시겠습니까?

1477년 훗날 신성로마제국의 황제가 될 18세의 막시밀리안 대공은 역사상 처음으로 세공된 다이아몬드 약혼반지를 들고 영원한 사랑 부르고뉴의 마리에게 청혼했다. 그리하여 이 연인은 그 후 539년 동안 계속된 깨지지 않는 약속과 빛, 입맞춤을 상징하는 다이아몬드 약혼반지라는 멋진 전통을 열었다. 휴……

여기까지가 드비어스가 말하는 약혼반지의 유래다. 1477년 막시밀리안 대공은 '실제로' 대사와 사절단을 보내 부르고뉴의 마리에게 청혼했다. 하지만 둘은 단 한 번도 만난 적이 없고 대공에게는 신부를 선택할 권한조차 없었을 것이다. 부르고뉴 공작부인 마리가 아닌 그녀의 아버지 용담공 샤를Charles le Téméraire에게 보내긴 했지만, 세공된 다이아몬드 약혼반지를 보낸 것도 맞다. 여기까지는 사실에 기초한 이야기다. 그런데 이 반지는 여러분이 생각하는 커다란 알 하나가 박힌 티파니 다이아몬드 반지가 아니었다. 반지에는 작은 다이아몬드 여러 개가 M자를 그리며 박혀 있었다.

이 M은 돈Money의 M이나 제왕Monarchy의 M으로 해석하는 편이 더 타당해 보이기는 하지만, 어쨌든 마리Mary를 뜻하는 M으로 생각할 수도 있다. 하지만 사실 이 M의 진짜 의미는 합병Merger을 뜻하는 M일 수밖에 없다. 이 결혼은 사실 당시 대다수 왕족의 결혼이 그랬듯 정성 들여 포장한 국가 간 토지 거래에 불과했다. 다이아몬드 반지는 이런 공적인 의미를 담기 위해 머리를 써서 고안해낸 상징적인 제스처에 불과했다.

당시는 브루게Brugge에서 최신 다이아몬드 세공 기술이 발명된 직후였고 마리의 아버지인 용담공 샤를은 이 기술에 '흠뻑 빠져' 있었다. 사실 그 시절에 이 다이아몬드 세공 기술에 관심을 보이지 않는 사람은 없었다. 하지만 다른 사람들과 달리 기술에 대한 애정을 표현할 만한 돈이 있었던 샤를은 커다란 최상품 다이아몬드들을 골

♦ 2012년 오펜하이머 일가는 드비어스 지분의 40퍼센트를 차지하고 있던 앵글로아메리칸 Anglo American 광산회사에 가문이 소유한 드비어스 지분 전체에 해당하는 45퍼센트를 현금 51억 달러에 넘겼다. 그런데 오펜하이머 일가가 지분을 판 앵글로아메리칸 광산회사는 느 비어스의 투자자인 어니스트 오펜하이머가 세운 회사였다. 이러니 카르텔이 깨지기는 어려워 보인다.

라 마침 자신의 영토였던 브루게°로 보내 '새로운 스타일'로 다시 세
공해 달라고 주문할 수 있었다.

브루게 스타일로 세공된 다이아몬드는 전통이 아니라 '기술'이었
다. 막시밀리안은 로맨틱한 청혼이 아니라 미래 장인어른에게 잘 보
이기도 할 겸 앞으로를 고려해 계산적으로 행동했을 뿐이다. 막시밀
리안은 약삭빠른 사람이었고 이런 성격은 훗날 신성로마제국의 황
제로 등극하는 데도 분명 도움이 됐을 것이다. 마리와 결혼하기에
앞서 막시밀리안은 결혼 지참금으로 '저지대'를 받아내기 위해 협상
했다. 벨기에와 네덜란드 대부분을 아우르는 저지대에는 당시 신기
술과 명품 산업의 중심지로 주목받던 브루게가 속해 있었다.

손가락 족쇄

막시밀리안과 마리의 합병, 아니 결혼 이야기를 더 하기에 앞서 약혼
반지의 역사에 대해 간단히 살펴보자. 여러분은 별로 낭만적이지 않
은 약혼반지의 기원에 놀랄지도 모른다. 약혼반지는 고대 그리스 로
마 사람들이 처음 만들었다. 하지만 동그라미나 반지를 '약속'과 결부
짓는 행동은 여러 문화권에서 보편적으로 나타나는 오래된 풍습이
다. 8세기에서 11세기 사이에 바이킹들은 금속 팔찌로 왕에 대한 충
성이나 약속의 이행, 서로 간의 의리 등을 맹세했다. 극동 지방의 많
은 문화권에서는 전통적으로 헐렁하고 동그랗게 생긴 단단한 팔찌인
뱅글bangle로 결혼을 서약했다. 결혼한 여성이 뱅글을 차지 않고 남의
눈에 띄는 것을 금할 정도로 뱅글은 힌두 문화에서 상징성이 크다.

하지만 고대 로마인들의 반지는 좀 달랐다. 원이 상징하는 의미는 똑같았지만, 손에 꼭 끼는 작은 고리는 로마인들의 발명품이었다. 로마인들은 현대인과 마찬가지로 왼쪽 네 번째 손가락에 결혼반지를 꼈다. 현대 결혼반지의 전통은 여기서 유래했다. 로마인들은 '사랑의 혈관'을 뜻하는, 심장으로 바로 이어지는 특별한 혈관, 베나 아모리스 vena amoris가 네 번째 손가락에 있다고 믿었다. 콘크리트와 실내 배관을 발명한 사람들의 과학 수준이 이 정도밖에 안 됐다니 실망이다.

'모든 길이 로마로 통하는' 것처럼 모든 혈관은 심장으로 통한다는 말을 누군가 해줬더라면 좋았을 텐데 말이다. 모든 혈관과 동맥은 피로 가득 차 있다. 이 피는 한 방울도 빠짐없이 거대하고 복잡한 생물학적 원을 그리며 혈관을 따라 돈다. 그리고 모든 혈관은 다시 심장으로 돌아온다.

하지만 로마인의 결혼반지와 현대인의 약혼반지의 공통점은 여기까지다. 먼저 로마인들의 단순한 금속 반지에는 절대 다이아몬드가 박혀 있지 않았다. 로마인들의 반지는 강인함을 상징하기 위해 무쇠로 만드는 경우가 많았다. 일부 역사가의 말에 따르면 이 반지는 소유권을 표시하는 물건이었을 수도 있다.(로맨스의 오십 가지 그림자라고나 할까?) 로마인들은 친구나 동맹자끼리 신의의 징표로 약속의 반지를 주고받기도 했다. 놀랍게도 연인이 주고받는 단순한 금속 반지보다 남자들 사이의 우정 반지가 더 반짝반짝 빛나고 화려했다.

● 용담공 샤를은 새로운 다이아몬드 세공법을 가능하게 한 기술을 발명해낸 로데비크 판베르컨Lodewyk van Bercken의 엄청난 팬이자 가장 큰 후원자였다. 샤를이 다시 세공해 달라고 맡긴 '최상품 다이아몬드들' 가운데 하나는 상시Sancy라는 이름의 아름답게 세공된 커다랗고 희미한 노란빛이 도는 다이아몬드로 여전히 유명하다.

어쩌면 현대의 약혼반지는 로마의 우정 반지와 결혼반지를 합친 데서 유래했을지도 모른다. 실제로 요즘의 약혼반지는 로마 시대에 대개 남성끼리 정신적인 사랑으로 주고받았던 화려한 보석이 박힌 약속 반지와 더 비슷해 보인다. 로마 시대 약속 반지들에 쓰인 다양한 재료를 보면 반지를 만드는 방식과 재료가 시기와 장소에 따라 크게 달라졌다는 사실을 알 수 있다. 하지만 초기에 반지는 대개 변변치 않은 재료로 만들어졌다. 로마 시대에 반지는 경제력의 상징이라기보다는 사회적인 표식에 가까웠다. 강철 반지는 "내가 얼마나 돈이 많은지 보라."고 말하지 않는다. 그저 "이 사람은 임자가 있어. 다른 데 가서 알아봐."라고 할 뿐이다. 천 년의 역사를 거치는 동안 결혼반지가 점점 호사스러워지긴 했지만, 주요 목적은 어디까지나 임자가 있는 사람임을 모두에게 알리는 것이었다.

하지만 약속의 징표로서 반지를 주고받는 전통은 로마제국의 멸망과 함께 사라져 그 후 수백 년 동안 다시 등장하지 않았다. 가톨릭 교회가 개입하기 전까지는 말이다.

성스러운 혼인

사실 의도적으로 약혼반지를 '만들어낸' 첫 번째 독점기업은 드비어스가 아니다. 교황 인노첸시오 3세Innocentius III는 교황의 영향력과 권한이 무척 셌던 중세 유럽의 교황으로 13세기 초에 유럽에서 가장 강한 권력을 가진 사람 가운데 한 명이었다. 인노첸시오 3세는 십자군전쟁에 참가한 군인들이 성지Holy Land에 도착해서나 오가는 길에

규율을 어기고 제멋대로 행동할까봐 걱정했다. 집을 떠나면 다른 사람과 동침하기 쉽고 이는 자연스러운 본능이다.(게다가 중동은 더우니까 옷을 덜 걸쳐 일이 터질 가능성도 컸다.) 이는 교황을 무척 심란하게 만들었다. 결국 인노첸시오 3세는 가톨릭교회가 영적으로만 결혼을 관리하는 것을 넘어 강화된 행정절차를 도입해 결혼 제도를 통제해야 한다는 결론을 내렸다.

1215년 인노첸시오 3세는 가톨릭교회를 혼인과 결혼식에 대한 면허증을 발급하는 기관으로 만드는 데 성공했다. 사람들은 결혼 허락을 받기 위해 공문서를 써서 신청하고 그것이 받아들여질 때까지 기다려야 했다. 이 시간은 '약혼' 기간으로 불리게 되었다. 현재 약혼반지 또는 '정혼반지'라 불리는 반지는 이렇게 시작됐다.

약혼반지는 결혼에 항의하거나 이의를 제기하거나 더 좋은 조건을 제시하는 상대방이 나타날 것에 대비해 '임자 있음. 아직 결혼은 안 함.'이라고 알리기 위해서만 사용됐다. 인노첸시오 3세는 "일정 기간 동안 성당의 사제를 통해 결혼을 공표해 혼인 장애 요인이 있으면 찾아내도록 하라고 명했다." 반지는 결혼하려 한다고 알리는 필수적인 공식 선언이었다. 그리고 남성과 여성 모두 착용했다.

교황이 꼭 사회질서 유지만을 위해 약혼제도를 도입한 것은 아니었다. 수백 년 후 드비어스가 그랬듯 가톨릭도 결혼 제도를 활용해 돈 버는 데 관심이 있었다. 이전까지 '나와 결혼해주겠소?'라는 말은 항상 '지금 당장 결혼하겠소?'라는 뜻으로 받아들여졌다. 약혼은 의무가 아니었다. 물론 관습은 있었지만, 약혼자 중 한쪽이나 양쪽 모두의 순결을 보장하기 위해 결혼 당사자가 아닌 제삼자에 의해 맺어지는 게 대부분이었다.

이런 경우를 제외하면 결혼을 전제로 서로 알아가면서 결혼 조건을 상의하고 결혼식을 위해 친척들을 모으고 예쁜 드레스를 만들고 장소를 정할 시간을 벌기 위해 편의상 행해지는 약혼이 대부분이었다. 인노첸시오 3세가 명령을 내리기 전까지는 결혼 준비를 꼭 성당에서 해야 한다는 법도 없었다. 하지만 인노첸시오 3세 이후 가톨릭교도는 '반드시' 성당에서 결혼해야 한다는 규칙이 생겼다.

그럼 드비어스에게는 어떤 힘이 있었던 걸까? 약혼반지의 인기에는 약혼반지를 통해 차별화된 경제적 신분을 드러낼 수 있다는 이유가 한몫했다. 옛날에 보석이 박힌 약혼반지를 살 수 있는 계층은 상류층뿐이었다. 경제적 신분이 높을수록 보석은 더 크고 화려해졌다.

하지만 다이아몬드는 약혼반지에 흔히 쓰는 보석이 아니었다. 한 가지 이유는 다이아몬드가 그리 아름다운 보석으로 여겨지지 않았기 때문이다. 다이아몬드는 무색이고 화려하게 빛을 내뿜지도 않았으며 별다른 특징도 없었다. 오팔이나 월장석처럼 보는 각도에 따라 다른 색을 내뿜지도 않았고 루비나 에메랄드처럼 빛나지도 않았으며 몇몇 사파이어나 금록석처럼 별무늬 빛을 내뿜지도 않았다. 다이아몬드는 그저 반짝이는 보석 중 하나일 뿐이었다. 그렇다고 엄청나게 반짝이지도 않았다. 적어도 브루게에서 세공 기술을 발명하기 전까지는 그랬다.

다이아몬드 세공

정확히 따지자면 최초의 진정한 다이아몬드 반지는 겨우 2011년에 만들어졌다. 제네바에 본사를 둔 스위스 보석 회사 샤위시Shawish Genève에서 만든 이 반지는 가격이 7천만 달러로 150캐럿 다이아몬드로 되어 있으며 깎는 데 일 년이 걸렸다. 여기서 '만드는 데'가 아니라 '깎는 데' 일 년이 걸렸다고 말한 이유는 반지 전체가 하나의 다이아몬드로 만들어졌기 때문이다. 금속이나 다른 보석은 쓰이지 않았다. 이 반지는 손가락을 넣을 수 있도록 구멍이 뚫려 있을 뿐 사실 여러 면으로 세공한 커다란 다이아몬드에 불과하다.

샤위시 다이아몬드 반지를 만들려면 특수 레이저 기계가 필요하다. 이런 면에서 샤위시 다이아몬드 반지는 첫 번째 다이아몬드 약혼반지와 다르지 않다. 부르고뉴의 마리가 받은 반지처럼 샤위시 다이아몬드 반지도 기술을 자랑하기 위해 만들어졌다.

1400년대 말 브루게에서는 무슨 일이 벌어졌던 걸까? 브루게의 유대계 다이아몬드 세공인 로데비크 판베르컨은 '스카이프scaif'라는 기계를 도입해 다이아몬드 세공 기술의 혁신을 이뤘다. 스카이프는 빠르게 돌아가는 동그란 연삭기다. 다이아몬드는 너무 단단해서 다른 다이아몬드로밖에 깎을 수 없다는 유명한 이야기를 들어봤을 것이다. 다이아몬드와 관련된 많은 유언비어와 달리 이는 사실이다.

스카이프는 평범한 연삭기와 비슷하게 생겼지만, 날에 다이아몬드 가루와 기름을 섞어 넣었다는 면에서 참신했다. 다이아몬드 가루로 다른 다이아몬드의 표면을 갈아내는 것이다. 이 방식을 사용하면 다이아몬드의 세밀한 대칭면을 정밀하게 세공할 수 있다. 스카이프는 현대 다이아몬드 세공 기법의 기초가 됐다.

천연 상태의 다이아몬드에는 별로 눈길을 줄 만한 구석이 없다. 19세기까지는 다이아몬드 채굴 기술이 부족해서 대부분 충적토에서 채취했다. 즉 강둑을 따라 씻겨 내려와 자갈처럼 쌓여 있는 다이아몬드를 주웠다. 이런 다이아몬드는 지표면으로 올라오는 동안 험한 여정을 거친 탓에 상처가 많이 나 있어 칙칙하고 질감이 거칠었다.

실제로 1908년 영국의 에드워드 7세는 무게가 3,106캐럿에 달하는 세계에서 가장 큰 다이아몬드 원석 컬리넌을 보고도 흥미를 보이지 않았다고 한다. 이후 영국 왕실 보물 가운데 가장 귀중한 보물 '여러 개'를 만드는 데 사용된 이 다이아몬드 원석은 너무 밋밋한 나머지 왕에게 이런 평을 받았다. "길에서 봤다면 발로 차버렸겠군."3)

다이아몬드는 탄소 원자가 격자 모양으로 단단히 결합된 결정 구조 때문에 흠집을 내기 매우 어렵지만, 적절한 각도로 치면 매끈한 절단면으로 깔끔하게 쪼개진다. 보석 세공사들은 이를 '완벽한 클리비지cleavage'라고 부른다. 브루게에서 기술 혁신이 일어나기 전에는 이런 성질을 이용해 끌 따위로 원석을 내리쳐 조금씩 잘라내는 수준의 세공 기술을 사용했다. 그저 날카로운 면을 조금 쳐내고 매끄러운 면 몇 개를 만드는 것이 세공의 전부였다. 물론 없는 것보단 나은 기술이었고 반짝임도 조금 생겼다. 스카이프의 등장은 이런 다이아몬드 세공 기술에 혁신을 불러일으켰고 브루게는 다이아몬드 거래의 중심지가 되었다. 스카이프의 발명 덕분에 브루게의 땅값은 당시 네덜란드에서 가장 비싼 수준으로 올랐다.

막시밀리안 대공에게 부르고뉴의 마리와의 결혼은 브루게를 손에 넣는 성공을 뜻했다. '최초의 다이아몬드 약혼반지'는 막시밀리안 대공이 신성로마제국의 황제가 되기 위한 첫 발걸음이었던 셈이다. 이 합병(결혼)은 결국 성공했지만, 그리 낭만적이지는 않았다. 게다가 다이아몬드 약혼반지는 전통이 되지 못하고 일회성에 그쳤다.

최초의 다이아몬드 약혼반지

'최초의 다이아몬드 약혼반지'의 도움을 받은 사람은 미래 신성로마 제국 황제뿐만이 아니었다. 475년 후 이 반지는 또 다른 제국의 기틀을 다지는 데 사용됐다. 이번에는 상업 제국이었다.

제2차 세계 대전이 끝나갈 무렵, 백 년 가까이 재계의 무법자로 군림하던 세계 유일의 천연 다이아몬드 생산자 드비어스는 안타깝게도 시장을 잃어가고 있었다. 전쟁은 거의 끝났지만, 세상이 변해버렸다. 귀족이 사라지면서 가문을 대표하는 보물도 없어졌다. 영국 숙녀들의 만찬 모임에 쓸 티아라나 이미 죽어버린 불행한 로마노프 왕조가 좋아했던 보석으로 덮인 외투는 이제 쓸모없어졌다. 귀족을 대상으로 한 시장이 사라지면서 전혀 다른 성격의 소비자가 그 자리를 채웠다. 뉴딜 이후부터 미국 재향군인지원법이 시행될 때까지 세를 키운 중산층이 가장 큰 경제 문화적 영향력을 행사하는 주체가 됐다.

1946년 드비어스의 소비자 조사에서 우려할 만한 결과가 나왔다. 새롭게 부상한 중산층은 구매력은 있었지만, 큰 재산을 가지고 있진 않았고 다이아몬드나 반지 같은 보석에 관심이 없었다. 약혼반지를 착용하는 데 익숙한 사람도 거의 없었고 다이아몬드를 낭만이나 '결혼'과 연관 짓는 사람도 없었다. 다이아몬드는 여전히 유럽의 귀족이나 대단한 부자를 상징하는 보석으로 여겨지긴 했지만, 제2차 세계 대전 이후에 이런 이미지는 더 이상 모두의 선망의 대상이 아니었다.

독점기업 드비어스의 사업은 무너지기 직전까지 몰렸다. 드비어스는 다이아몬드에 관심이 없는 미국 대중에게 무색의 소형 저품질 다이아몬드를 팔아넘길 방법을 찾아야만 했다. 그러기 위해선 속임

수를 좀 써야 했다. 모두에게 익숙한 다이아몬드 약혼반지는 사실 드비어스와 광고대행사 N. W. 에이어N. W. Ayer의 발명품이다. 다이아몬드 약혼반지는 새로운 종류의 상품이었다. 다이아몬드 약혼반지는 다이아몬드가 필요한 물건이라는 생각을 심어 사도록 '강제하기 위한' 수단이었다. 세계에서 가장 구매력이 큰 소비 집단이면서도 다이아몬드에 관심이 없는 미국 중산층에게 다이아몬드를 팔아넘기기 위한 방법이기도 했다. 결정적으로 가장 작고 인기 없는 다이아몬드를 마치 특별하고 중요한 물건인 양 꾸며줄 수단이기도 했다.

드비어스는 어떻게 이런 일을 할 수 있었을까? 드비어스는 먼저 막시밀리안 대공이 부르고뉴의 마리에게 준 다이아몬드 약혼반지 이야기를 토대로 낭만적인 유래를 지어냈다. 드비어스는 다이아몬드 약혼반지의 전례를 찾기 위해 역사를 파고들었고 이 이야기를 찾아내어 대규모 선동 광고의 축으로 삼았다. '최초의 다이아몬드 약혼반지'는 장대한 역사적 배경을 지닌 낭만적인 이야기로 거듭났다.

그 후 드비어스는 정말 창의적인 전략을 폈다. 드비어스는 광고회사 N. W. 에이어를 고용해 18세 미만 대중을 집중 공략함으로써 소비자의 무의식에 다이아몬드 약혼반지의 개념을 심었다. 이미 공급량 조작으로 다이아몬드가 희귀하고 비싸다는 인식은 퍼져 있는 상태였다. 이제 남은 일은 고객을 조종하는 일뿐이었다.

당시 드비어스는 독점금지법 때문에 미국에서 직접 사업을 할수 없었지만, 약혼반지의 개념을 선전할 수는 있었다. N.W. 에이어는 다이아몬드라는 상품이 아닌 다이아몬드라는 '개념'을 팔았다. N.W. 에이어는 다이아몬드 약혼반지의 의미와 모든 사람이 다이아몬드 약혼반지를 가져야 하는 이유를 광고했다. 고객이 어디서 다이아몬드를 구입하든, 시중에 있는 다이아몬드는 거의 다 드비어스 제품이었기 때문에 특정 브랜드를 광고할 필요는 없었다.

1947년 N.W. 에이어는 '다이아몬드는 영원히'라는 드비어스의 대표 광고문구를 만들었다. 이들은 제품 조사와 사회심리학 연구 등 최신 기법을 동원했다. 시대를 훨씬 앞서 나가 간접광고까지 했다. 아마 세계 최초의 간접광고였을 것이다. 드비어스는 영화배우들에게 다이아몬드 반지를 선물로 나눠준 후 이를 착용하고 매체에 등장하는 대가로 돈을 지불했다.

드비어스는 그저 다이아몬드 약혼반지만 만들지 않았다. 이들은 한 발짝 더 나아가 다이아몬드 약혼반지에 얽힌 근거 없는 '전설'까지 만들어냈다.

"우리는 대중 심리와 관련된 문제의 답을 찾고자 합니다. 다이아몬드 약혼반지의 전통을 튼튼히 해서 다이아몬드 반지를 소매 시장에서 필수품이나 유용한 서비스와 경쟁할 만한 '심리적 필수재'로 만들 방법을 찾고 있습니다……."[4] 이 인용문은 1940년 N.W. 에이어와 드비어스 사이의 비밀 메모를 그대로 옮긴 것이다. 이 메모에서 에이어는 공략할 대상을 여럿 나열했는데 당연히 주요 공략층은 어린 소녀들이었다.♦ 에이어와 드비어스는 자라나는 사춘기 소녀들이 다이아몬드 반지를 받아야만 정말 결혼을 약속한 것이라는 생각을 의심할 나위 없는 '사실'로 받아들이게 하려고 머리를 맞댔다. 이 메모에는 다음과 같은 말도 적혀 있다. "오직 다이아몬드만이 모든

♦ '어릴 때 잡아라'는 담배 산업의 광고 기법으로 잘 알려져 있지만, 사실 담배 산업이 다이아몬드 산업을 따라 한 것이다.

곳에서 약혼의 징표로 인정되고 받아들여진다는 믿음을 지속해서 홍보해 소비자를 설득하는 게 중요합니다."

남자아이들도 공략 대상이었다. 다이아몬드 반지를 주지 않으면 진짜 프러포즈한 게 아니라는 생각을 주입했다. 당연히 다이아몬드의 크기와 가격에 따라 남성의 '가치'가 결정된다고 믿게 만드는 작업도 했다. 50년대에 작성된 드비어스의 또 다른 내부 기록에서는 "매우 사적인 면에서 남성의 성공한 인생을 드러내줄 수 있는 제품은 다이아몬드 하나뿐임을 알려야" 한다고 강조하고 있다.

드비어스는 시대를 앞선 시장조사 기법과 직간접적 광고를 절묘하게 조합해 다이아몬드 반지의 전설이 진짜이며 '언제나' 사람들이 이 전설을 믿어왔다고 생각하도록 소비자를 현혹했다. 드비어스는 이 근거 없는 전설의 힘으로 잘 팔리지도 않던 저품질 다이아몬드를 다이아몬드에 별로 관심도 없던 사람들에게 팔아 전례 없는 수준의 매출을 올릴 수 있었다.

대단한 여자들

사실 우리도 그저 다이아몬드에 얽힌 전설을 사고 싶었을 뿐이다. 그렇지 않은가? 안심하자. 우리가 꽤 큰돈을 내고 산 작은 돌은 중요하고 영원하며 '진짜 가치 있는' 상품이다. 1938년 드비어스는 N. W. 에이어에게 다음 100년 동안의 경제를 결정짓게 될 다음과 같은 질문을 던졌다. '다양한 선동' 전략이 제품을 파는 데 도움이 되는가?

N. W. 에이어 내에서 드비어스의 마케팅 전략을 도맡아 짠 핵심

인력은 도러시 디그넘Dorothy Dignam과 프랜시스 게러티Frances Gerety라는 두 여성이었다. 디그넘과 게러티는 수백만 명의 여성이 다이아몬드 약혼반지를 끼고 있는 현 상황을 만드는 데 엄청나게 기여했다. 요즘 결혼하는 신부 가운데 80~90퍼센트 정도가 다이아몬드 약혼반지를 받는다. 미국 소비자들은 작고 반짝이는 다이아몬드를 사는 데 작년 한 해 동안만 70억 달러를 썼다. 디그넘과 게러티는 이렇게 되기까지 역할을 했을 뿐 아니라 수백만 명의 여성이 자신의 다이아몬드 약혼반지에 엄청난 애착을 가지게 만들기까지 했다.

흔히 생각하는 것과는 반대로 3, 40년대에 N.W. 에이어 같은 대형 광고대행사는 주로 여성을 고용했다. 이렇게 채용된 직원들 가운데 대부분은 다른 '여성들에게' 상품을 팔기 위한 광고를 만들었다. 디그넘과 게러티는 먼저 여성들에게 다이아몬드 반지가 없는 청혼은 진정한 청혼이 아니라는 믿음을 심었다. 그리고 "두 달 치 월급으로 영원한 물건을 살 수 있다면?"5) 같은 광고문구를 통해 약혼반지의 가격 조건까지 직접 정해줬다. 물론 월급에 비례한 가격을 제시함으로써 모든 소비 계층을 공략했다.

1947년 게러티는 유명한 광고문구 '다이아몬드는 영원히'를 생각해냈다. 드비어스의 광고문구 가운데 대부분은 게러티가 N.W. 에이어에서 25년간 일하는 동안 만들었다. '다이아몬드는 영원히'는 게러티가 사망하기 2주 정도 전인 1999년의 어느 날, 《애드버타이징 에이지Advertising Age》가 선정한 세기의 광고문구로 선정되기도 했다.♦

♦ 게러티는 생전 마지막 인터뷰에서 대공황과 제2차 세계 대전 이후 경기가 겨우 되살아나기 시작한 상황에서 다이아몬드는 미국인들이 가장 살 법하지 않은 제품이었다고 말했다. 또 다이아몬드나 약혼반지는 "그야말로 하수구에 돈을 버리는 짓"으로 여겨졌다고도 했다.

게러티가 광고문구를 담당했다면 도로시 디그넘은 홍보를 맡았다. 특히 디그넘은 간접광고를 도맡아 했는데 사실 그가 간접광고를 발명한 것이나 다름없다. 디그넘은 영화 제작사에 찾아가 제목에 '다이아몬드'를 넣거나 다이아몬드가 등장하는 장면을 삽입해 달라고 요청했다. 또한 여배우들이 스크린 밖에서도 다이아몬드로 몸을 휘감도록 만들었다. 아카데미 시상식이나 영화 시사회, 켄터키 경마대회 등 사진을 찍는 행사에 참여하는 유명인에게 엄청난 양의 다이아몬드를 뿌리는 작업도 했다. 시간이 흐르면서 다이아몬드는 미국판 신흥 귀족 계층인 연예인을 연상시키는 보석이 됐다.

하지만 할리우드만 공략하지는 않았다. 디그넘은 상류층 여성과 사교계에 처음 진출한 여성에게도 다이아몬드를 빌려줬다. 다이아몬드 약혼반지를 써서 청혼하고자 하는 '적절한 인물'이 있을 때 이 이야기를 대중에게 알리는 일도 디그넘의 몫이었다. 그는 유명인이 반지를 구매하게 만들고 나서 언론사와 접촉해 잡지, 신문 등 모든 매체에 반지의 사진과 반지에 얽힌 이야기를 싣기 위해 노력했다.

마치 불을 질러놓고 신고전화를 하는 방화범처럼, 디그넘은 유명인들에게 다이아몬드를 무료로 나눠준 뒤 멋진 유명인들은 다이아몬드를 두른단 사실을 대중에게 알렸다. 그러니까 게러티가 창의적이고 혁신적인 세기의 광고문구로 대중의 심금을 울리는 동안, 디그넘은 대중이 선망하는 사람들이 언제나 다이아몬드를 두르고 나타나도록 만들었다. 21세기의 가장 로맨틱한 전설을 만들고 선전한 이 두 여성이 평생 미혼이었다는 사실은 그리 놀랍지 않다. 이들은 일과 결혼한 사람들이었다. 어쨌든 우리가 다이아몬드를 보는 시각과 다이아몬드 약혼반지에 갖는 감정은 모두 이들의 작품이다. 게러티와 디그넘이 고안하고 개선한 현대 광고기법과 언론홍보 기술은 모두 다른 곳에서는 흔하다고 취급받는 너무 작은 보석을 미국에서 팔아보려 시도한 한 회사를 위해 일하는 과정에서 나왔다.

이로서 드비어스가 제안한 '다양한 선동'은 생각보다 훨씬 더 유용하다는 사실이 밝혀졌다. 이는 경제의 법칙을 바꾼 사건이었다.

사랑을 돈으로 살 수는 없어요

잠깐, 아니다. '돈으로 살 수 있다'. 적어도 드비어스의 말로는 그렇다. 드비어스는 전 세계가 다이아몬드를 사랑의 동의어라고 믿게 만드는 작업에 지난 반세기를 바쳤다. 모든 사람이 다이아몬드를 가지고 싶어 하지는 않겠지만 사랑은 '누구나' 갖고 싶어 한다. 파는 사람 입장에서 사랑의 가장 멋진 점은 원가가 무료라는 것이다. 가히 환상적인 이윤을 올릴 수 있는 상품이다!

다이아몬드를 사랑이라는 개념과 연관 짓는 작업이 이토록 완벽하게 성공한 데는 이유가 있다. 우리 뇌에서 사랑과 돈은 비슷한 위치에 놓여 있다. 이는 비교적 새로운 학문분야인 신경경제학의 연구 주제기도 하다. 신경경제학자들은 뇌가 물건의 가치를 정하는 방식을 알아내기 위해 사람의 행동이나 생리적인 변화를 관찰하는 대신 직접 뇌의 '구조'를 들여다본다. 최근 신경경제학자들이 그동안 찾아내려 노력하던 부분의 뇌 내 위치가 듀크대학교 연구팀에 의해 밝혀졌다. 전전두피질이라 불리는 이곳은 몇 센티미터 정도의 크기로 눈 사이에 위치한다.

이 특별한 뇌 부위는 어떤 일을 하는 걸까? 이곳은 물건의 가치를 매기고 무언가를 사랑하는 역할을 담당한다. 연구자들은 실제로 "감정과 가치를 결정하는 과정이 둘 다 전전두피질에서 이뤄진다."[6]는 사실을 밝혀냈다. 이는 우리가 감정적인 애착을 느끼는 과정과 물건의 가치를 결정하는 과정이 이 작은 뉴런 뭉치에 함께 묶여 있다는 의미다.

분명히 두 과정을 담당하는 뉴런이 어디선가 꼬여 있는 게 틀림없다. 친절한 판매원을 고용하거나 웃는 아기의 얼굴을 실은 광고를 내보내 사람들의 기분을 좋게 만들면 사람들이 돈을 더 많이 쓴다는 사실은 이미 잘 알려져 있다. 하지만 지금까지 이를 설명해주는 연구결과는 없었다. 이런 방식이 왜, 어떻게 효과가 있는지에 대한 근거가 없었던 셈이다. 하지만 전전두피질의 역할이 밝혀지면서 원인이 드러났다. 듀크대학교 학제 간 결정과학연구센터Center for Interdisciplinary Decision Science의 스콧 휴텔Scott Huettel 박사의 말에 따르면 전전두피질의 역할이 밝혀지기 전까지는 가치판단과 감정이 대뇌피질에서 독립적으로 일어난다는 주장이 정설로 받아들여졌고 두 과정 사이의 '물리적' 연결지점을 발견한 사람은 아무도 없었다. 하지만 드비어스는 이 사실을 이미 알고 있었던 것 같다.

얻기 힘들게 만들어라

튤립의 이름이 튤립이 아니었어도 네덜란드인들이 그렇게 열광했을까? 다이아몬드는 어느 모로 보나 큐빅 지르코니아cubic zirconia보다 더 아름다울까? 다이아몬드와 큐빅 지르코니아는 똑같이 생겼고 빛 반사 방식도 거의 같다. 굳이 비교하자면 큐빅 지르코니아가 더 희고 반짝거리고 깨끗하다.

다이아몬드가 정말 큐빅 지르코니아보다 더 좋을까? 자연스럽게 '그렇다'고 답할 수밖에 없다. 하지만 보석 전문가로서 말하건대 사실 전문가들도 대부분 세공 기술을 보고 구분할 뿐 외관만 봐서는 둘을 구분하지 못한다. 큐빅 지르코니아에는 한눈에 봐도 구별이 되는 값싼 세공이 되어 있다. 만일 비싼 기술로 세공한 큐빅 지르코니아를 잘 포장해 내게 보여준다면 전자펜을 이용해 빛을 보석에 쏘아 굴절률을 정확히 알아내기 전까지는 큐빅 지르코니아라고 정확히 구분해낼 자신이 없다.

그럼 왜 다이아몬드가 더 비싼 걸까? 다이아몬드를 손에 넣기 쉬워져도 지금처럼 다이아몬드가 사랑받을까? 물건이든 사람이든 빨간색 쿠키든 얻기 힘들수록 더 가지고 싶지 않은가?

다이아몬드가 비싼 것은 희소성 효과 때문이다. 쿠키 실험에서 연구자들이 쿠키를 슬쩍 빼돌렸듯이 드비어스가 창고에 다이아몬드를 쌓아만 두고 시중에 풀지 않아서 생긴 인위적인 희소성이기는 하지만, 인위적이든 진짜 희소하든 간에 뇌와 신체에 미치는 영향은 같다. 다이아몬드 약혼반지에 얽힌 전설은 희소성 효과와 지위적 재화의 특별한 결합을 단단히 묶는 역할을 했다.

가지고 싶은 것과 필요한 것은 다르다. 다이아몬드가 약혼반지에 '가장 어울리는 보석'이나 '가장 좋은 보석'이 아니라도 요즘처럼 '필수품'이 됐을까? 지금처럼 우리가 선망하는 사람이나 본받고 싶은 사람, 숭배하는 사람, 싫지만 부러운 사람을 떠올리게 하지 않는다면 어떨까?

세계에서 가장 단단한 것은 다이아몬드가 아니라 우리의 생각이다. 드비어스는 영리하게도 귀하다고 인정받는 물건을 살 수밖에 없게 하는 사회적인 강요가 존재한다는 사실을 이용했다. 드비어스는 인위적으로 희소성을 만들어내고 사람들에게 '다이아몬드가 귀하다는 인식을' 심는 방식으로, 다이아몬드 산업의 독점기업이 된 지 거의 백 년이 지난 지금까지 단 한 번도 가치가 떨어진 적이 없는 제품을 만들어냈다.♦

욕망의 돌 조각

국제경제의 패권을 오래도록 지키고자 하는 드비어스의 술책에 따라 500여 년 전 막시밀리안 대공이 미래의 부인 마리에게 한 정치적 구애는 로맨스로 영리하게 포장돼 전 세계로 팔려나갔다. 이 약혼반지 전설 덕분에 다이아몬드 반지는 로맨스와 성공을 대표하는 전 세계 공통의 상징이 되었음은 물론 '필수 사치재'의 반열에 올랐다.

드비어스는 다이아몬드가 귀중한 보석이라는 인식을 심은 뒤 다이아몬드를 자디잔 조각으로 나눠 이 작은 조각들을 가치 있는 보석인 양 급성장하는 중산층에게 팔았다. 그렇게 우리는 모두 돌 한 조각씩을 가지게 됐다. 베인앤컴퍼니의 컨설팅 보고서에 따르면 백 년 전 세실 로즈의 측량기사가 보고 놀란 광산보다도 더 큰 다이아몬드 광산이 캐나다와 호주에서 발견되면서 드비어스는 다이아몬드 원석에 대한 완벽한 독점권을 잃었다. 하지만 다이아몬드 사업은 여전히

♦ 드비어스의 의견은 어떨까? 나도 대답을 듣고 싶다. 이 책을 쓰며 많은 보석 회사와 인터뷰를 했다. 반응은 다양했다. 예민한 회사도 있었고 조심스러워하는 회사도 있었다. 빈틈없는 회사, 접근하기 어려운 회사는 물론 더할 나위 없이 솔직하고 유익한 말을 해주는 회사도 있었다. 드비어스와 인터뷰를 할 수 있을 거라고 기대하는 사람은 없다. 드비어스는 까다롭기로 유명하다. 투명하다는 말은 못 들어봤다. 그래서 드비어스의 언론 담당자에게 내가 드비어스에 대한 글을 쓰고 있고 드비어스의 역사와 최초의 다이아몬드 약혼반지에 관해 이야기를 나누고 싶다는 이메일을 보내긴 했지만, 답장을 기대하지는 않았다.

하지만 나는 아주 친절한 답장을 받았다. 언론담당 부서에 있는 한 여성은 내게 전화를 걸어 어떤 내용을 다루는 장에 드비어스가 등장하는지 물었다. 나는 내용을 솔직하고 짧게 요약해 말해주었다. 전화를 건 여성은 적극적으로 흥미를 보였으며 매우 많은 질문을 했다. 나는 혹시 드비어스의 대외관계 및 협력부문 총괄 책임자인 스테판 루시에르와 인터뷰를 할 수 있을지 물었다. 스테판 루시에르는 드비어스 보츠와나와 드비어스 나미비아의 회장이기도 하다. 할 수 있다는 대답이 돌아왔다. 그뿐만 아니라 다른 인터뷰 상대까지 추천받았다.

그러고는 "놀랄 만큼 재밌는 소재!"라며 더 자세한 이야기를 물어왔다. 그 후 3주를 기다렸지만, 드비어스에서 답변은 없었다. 결국 나는 그 여성에게 전화를 걸었다. 통화할 때마다 그는 항상 적극적이었다. 그러더니 자신이 너무 바빠서 잊었다며 기억을 상기시키기 위해 책에 실릴 글을 보내줄 수 있는지 물었다. 나는 인내심을 발휘해 지금 쓰고 있는 책의 내용을 누설하고 싶지 않으며 아직 글이 다 완성되지 않았다고 대답했다.

결국 드비어스에서 런던에서 있을 인터뷰 예정 날짜를 잡아주었고 마침 다른 일도 있었기에 런던으로 가는 비행기에 올랐다. 드비어스에서 인터뷰 약속을 두 개 잡아주긴 했지만, 드비어스에 대해 '정확히' 무엇을 쓰려고 하는지 이메일을 보내지 않았다는 이유로(내가 이메일을 보내지 않은 데는 그때까지는 아직 뭘 쓸지 정확히 정하지 않아서 이기도 했다.) 인터뷰는 약속 시각 직전에 취소됐다.

나는 마지막으로 이메일을 보냈다. 내 런던 체류 기간은 끝나가고 있었다. 나는 5주 동안이나 런던에 머물렀고 인터뷰를 아직 할 수 있는지 알아야만 했다. 드비어스에서는 내가 드비어스에 대해 다룬 장 전체를 보내 드비어스가 읽고 검토할 수 있어야만 '진짜' 인터뷰를 진행할 수 있다고 말했다. 책 내용을 보낼 경우 '인터뷰는 잡아주지 않고' 홍보팀에게 내 글을 보내 공식 답변을 알려줄 것이 틀림없어 보여서 이 제안을 거절할 수밖에 없었다. 나는 인터뷰를 하려고 했지 발표 전에 미리 검사받으려는 게 아니었기 때문이다.

드비어스가 하고 싶었던 말은 무엇이었을까? 물론 대화 조건을 완벽히 정해놓지 않고서야 아무 말도 하지 않았을 것이다. 나는 실망했지만 놀라지는 않았다. 최초의 다이아몬드 약혼반지를 만들었을 때부터 오늘날에 이르기까지 드비어스는 언제나 다이아몬드에 대한 생각, 사랑에 대한 생각, 필요성에 대한 생각 등 다른 사람의 생각을 통제해온 회사였다. 그러니 드비어스에 대한 사람들의 생각을 통제하는 것은 별로 놀랍지도 않은 일이다.

그 어느 때보다 순항 중이다.

이유는 이렇다. 처음부터 공급량이 문제가 아니었다. 문제는 인위적인 희소성과 수요 조작이었다. 드비어스만큼 수요를 조작하는 데 성공한 기업은 지금까지 단 한 곳도 없었다. 다이아몬드 약혼반지라는 개념은 놀라울 정도로 최근 들어 생겼다. 그런데도 다이아몬드 약혼반지는 믿기 힘들 정도로 우리 생활에 자연스럽게 녹아들어 있다. 우리는 미래에 받을 약혼반지에 대한 환상을 품고 꿈을 꾸도록 길들었고 이런 생각을 내 것이라 믿으며 자아정체성의 일부로 여긴다. 이런 사고방식은 언론 조작의 힘과 드비어스 마케팅 전략이 성공했음을 보여주는 증거다.

더욱이 옛날에 비슷한 지위를 누렸던 다른 보석과 달리 다이아몬드 약혼반지는 거의 모든 나라에서 통용되는 상징이다. 1967년까지만 해도 드비어스는 결혼반지와 약혼반지의 전통이 없는 아시아 시장에는 진출하려고 시도하지 않았다. 하지만 1978년이 되자 일본의 신부 가운데 절반이 다이아몬드 반지를 끼고 결혼하게 됐다. 현재 일본은 미국에 이어 두 번째로 큰 다이아몬드 반지 시장이다.

놀랍게도 우리는 다이아몬드 약혼반지를 단순히 '가지고 싶어 하는' 수준을 넘어 우리의 정체성과 미래 계획을 약혼반지와 결부시켜 생각하곤 한다. 담배 회사들도 이와 비슷한 일을 해내긴 했지만, 이 분야에서 드비어스를 따라갈 회사는 없다. 다이아몬드 반지만큼 개인의 미래상은 물론 아메리칸 드림에까지 이렇게 자연스럽게 녹아든 제품은 지금껏 한 개도 없었다. 다이아몬드 약혼반지가 오래전부터 내려온 전통이 아니라는 사실을 고려하면 더욱 신기하다. 다이아몬드 약혼반지는 그저 80년 정도의 역사를 가진 풍습일 뿐이다.

드비어스는 대체 언제, 어떻게 다이아몬드 약혼반지를 만들어냈을까? 사기라도 쳤던 걸까? 값싼 돌조각을 치켜세우고 찬양하며 숭배의 대상이나 신성한 물건이라도 되는 양 거기에 대고 사랑을 맹세하는 우리의 모습을 보면 벌거벗은 임금님 이야기에 나오는 임금님이 떠오른다.

하지만 드비어스가 정말로 가치를 만들어냈다면 어떨까? 가치를 만들어낼 수도 있는 것일까? 물론이다. 지위적 재화 이론을 기억하는가? 지위적 재화는 절대적인 가치를 정할 수 없고 상대적으로만 가치가 결정된다. 지위적 재화가 존재하는 근본적인 이유는 우리 뇌에서 가치를 판단하는 기관인 전전두피질이 가치를 혼동하거나 심지어 없는 가치를 만들어내고 이에 대한 애착까지 보이기 때문이다. 이런 상태를 극단적인 말로 표현하면 바로 사랑이다.

만일 한 사람이 어떤 물건을 가지고 싶어 하도록 만들었다면, 그 물건은 그 사람에게 가치 있는 물건이 된 것이다. 그러니 '모든 사람'이 어떤 물건을 가지고 싶어하도록 만들 수 있다면, 모든 사람이 가치를 인정하는 실제로 가치 있는 물건을 만들 수 있다.

드비어스가 만들어낸 것은 그저 다이아몬드에 얽힌 전설과 시장만이 아니다. 드비어스는 '욕망'을 만들었다. 우연히 우리의 뇌신경 가닥이 꼬여 있어서 일어난 일일지도 모르지만, 이 욕망은 실제로 가치를 만들어냈다. 어쩌면 이것이 모든 사랑의 본모습일지도 모른다.

반짝이는 것은 모두 금이라고 믿는 여자가 있었네.

그녀는 천국으로 가는 계단을 사려 했지.

_레드 제플린Led Zeppelin

지나친 약은 독이다.

_파라셀수스Paracelsus

chapter 03

돈의 색, 에메랄드

에스파냐 왕조의 시작과 끝

드비어스가 다이아몬드 약혼반지를 유일한 사랑의 징표로 선보이기 훨씬 전부터 모두의 숨을 잠시 멎게 할 정도로 특별히 사랑받는 보석이 있었다. 서양과 동양에서는 오랫동안 진주와 에메랄드, 그중에서도 특히 에메랄드가 지금의 다이아몬드와 비슷한 지위를 누렸다.

수천 년 동안 에메랄드는 고대 이집트, 나폴레옹 시대의 프랑스 등 시대와 장소를 가리지 않고 영롱한 광채, 희귀함, 신성함의 상징으로 추앙받았다. 하지만 초록빛의 이 반짝이는 보석과 가장 깊고 복잡한 관계를 맺은 곳은 16세기 에스파냐 왕조였다.

고대의 찬란한 황금 도시 엘도라도의 전설에 대해 들어봤을 것이다. 사실 엘도라도의 전설은 진정한 의미의 '전설'이 아니다. 이는 사실 현금이 부족한 에스파냐 왕가가 정성 들여 지어낸 홍보물에 불과했다. 하지만 이면에는 황금이 아닌 녹색으로 반짝이는 에메랄드 앵무새의 진짜 이야기가 숨어 있다. 이 앵무새가 있던 에메랄드로 뒤덮인 도시는 실제로 존재했고 이 도시의 발견은 에메랄드의 가치와 유럽 내 힘의 균형, 그리고 한 대륙에 살고 있던 주민의 삶을 완전히 뒤바꿔놓았다. 게다가 이로 인해 16세기 에스파냐 경제에 흘러들어온 부와 갑작스러운 부의 유입이 초래한 문제들은 400년 후에 지금 우리가 사용하는 현대 금융의 기초를 다지기까지 했다.

클레오파트라와 에메랄드

가벼운 연애 상대는 자주 바뀌지만, 첫사랑은 영원하다. 인류 역사의 모든 곳에 에메랄드를 가지고자 하는 사람들의 열망에 대한 기록이 남아 있을 정도로 에메랄드에 대한 인간의 사랑은 매우 깊고 오래됐다. 에메랄드는 신석기 시대에 만들어진 높은 지위를 상징하는 머리 장식에서 발견된 몇 안 되는 보석 가운데 하나다. 즉 에메랄드는 동굴에 살던 사람들의 왕관에까지 박혀 있었다.♦ 사실 '에메랄드'라는 이름도 수천 년 전에 붙여졌다.

　기록에 남아 있는 에메랄드 광산 가운데 서양에서 가장 오래된 광산은 이집트에 있었다. 이집트의 에메랄드 광산들은 적어도 클레오파트라가 집권하기 수 세기 전인 기원전 330년부터 존재했지만, 이집트에서 가장 유명한 여왕인 클레오파트라가 유독 에메랄드를 많이 썼기 때문에 현재는 클레오파트라 광산이라고 부른다. 지금으로부터 2천 년도 더 전에 클레오파트라는 에메랄드를 이용해 경제적으로 그리고 '정신적'으로 로마를 견제했다. 당시 권력이 있어 보이는 겉모습이 진짜 권력이 될 수 있다는 사실을 클레오파트라만큼 잘 알고 있는 지배자는 거의 없었다. 잠시 여왕 자리에서 물러났을 때조차 클레오파트라는 공식 지위가 어떻든 자신이 여왕임을 백성에게 상기시키기 위해 이집트 왕국의 상징인 에메랄드를 온몸에 휘감고 다녔다. 클레오파트라는 에메랄드를 이집트를 상징하는 보석으로 정해 모두에게 내보였고 에메랄드를 사용해 부를 과시함으로써 주변국들이 '에메랄드를 저만큼 살 돈이 있다면 군사나 전쟁을 치를 돈도 당연히 있지 않을까?'라고 생각하게끔 했다.

당시에는 주바라Zubarah에 있던 에메랄드 광산이 세계에서 가장 훌륭한 에메랄드 광산으로 이름을 날리고 있었다. 사실 어쩌면 이 광산이 세계에서 유일한 에메랄드 광산이었는지도 모른다. 고단수였던 클레오파트라는 평소보다 두 배는 더 사치스럽게 치장한 모습으로 나타나 카이사르를 기죽였다. 카이사르를 만날 때 클레오파트라는 황금 옷으로 몸을 휘감고 이집트의 탐스러운 녹색 에메랄드 더미 위에 누워 그를 맞았다.

카이사르는 이집트의 여왕과 에메랄드에 매료됐을 뿐 아니라 부를 영리하게 이용하면 풍요로움을 과시하는 수준을 넘어 '권력'을 상징하는 수단으로 삼을 수 있다는 새로운 깨달음을 얻고 로마로 돌아갔다. 그는 로마에 도착한 즉시 특정 사치품을 선택받은 소수의 사람만 사용할 수 있게 하는 새로운 사치규제법을 제정했다.●

카이사르의 후계자 아우구스투스는 클레오파트라를 죽이고 이집트의 권력을 차지함으로써 에메랄드 공급권을 손에 넣었다. 아우

♦ 북아프리카에서 발견된 오래된 왕관들에는 뼈, 송진 덩어리와 함께 투박하고 어두운 에메랄드가 박혀 있다.

● 예를 들어 카이사르는 보라색으로 염색된 토가(고대 로마의 남성이 시민임을 나타내기 위해 입었던 낙낙하고 긴 겉옷_옮긴이)는 자신만 입을 수 있도록 했다.

구스투스는 에메랄드를 사용해 이후 200년 동안 이어지는 팍스 로마나, 즉 '로마의 평화' 시기의 자금을 댔다. 팍스 로마나는 로마가 전례 없는 국내 안정, 사회 발전, 영토확장을 이룩한 로마의 전성기다. 에메랄드를 기반으로 오래 지속된 고대 로마의 팍스 로마나는 훗날 나폴레옹이 에메랄드에 집착하는 원인이 된다. 나폴레옹은 로마 제국이 황금기에 누린 부와 권력을 연상시키기 위해 자신과 황후와 궁전을 계획적으로 에메랄드로 치장했다.

한편 비잔티움제국의 유스티니아누스 1세는 허영심 때문이 아니라 나라의 경제를 위해 자신과 황후 테오도라 외에 다른 사람이 에메랄드를 보석으로 쓸 수 없게 했다. 국제적으로 통용되는 중요한 외화이자 가장 각광받는 무역품인 에메랄드가 보석함에 잠자고 있는 상황을 원하지 않았기 때문이다.[1]

이쯤 되면 전성기의 에메랄드가 오늘날의 다이아몬드와 비슷한 지위를 누렸다고 하기에 충분해 보인다. 게다가 에메랄드의 '전성기'는 아주 오래전 고대에서 시작되어 불과 수백 년 전까지 '계속' 이어졌다. 심지어 사람들이 녹색을 보고 부유함을 떠올리는 것도 어느 정도 에메랄드가 세계에서 가장 귀중한 보석으로 여겨지던 수천 년 동안의 인류 역사 때문이다.

인식의 힘

다른 모든 보석을 제치고 에메랄드가 돈과 불가분의 관계를 맺은 이유는 무엇일까? 어쩌면 색깔 때문일지도 모른다. 색깔 인식 효과에 대한 유명한 심리 실험 가운데 '빨간 옷 효과'라는 게 있다. 남성 집단에 여성의 사진을 여러 장 보여줬을 때 남성들은 대부분 빨간 옷을 입은 여성이 다른 색 옷을 입은 여성보다 훨씬 더 성적으로 개방적이라고 평가했다. 사진 속 여자가 옷만 바꿔 입었을 뿐 '같은' 여자일 때도 마찬가지였다.[2]

이 간단한 실험은 인간이 단순한 색 신호를 복잡한 사회적 메시지와 연관시키는 경향이 있다는 사실을 알려준다. 색깔에 상징성을 부여하는 인간의 특성은 아주 오래전에 진화를 통해 생겼다. 빨간색이 남성에게 '섹스'를 의미하는 이유는 여성이 섹스하고 싶을 때 빨간 옷을 입어서가 아니라 빨간색이 생식, 배란, 홍조 같은 생리 현상을 연상시키기 때문이다. 하지만 21세기를 사는 우리의 현대적인 사고방식이 2천5백만 년이나 된 진화한 본능에 따라 행동할 때, 우리는 둘을 쉽게 혼동한다.

초록색을 몇 초간 바라보기만 해도 혈관이 이완되고 심장 박동수가 느려져 혈압이 낮아지는 효과가 있다는 실험 결과가 있다. 녹색은 눈으로 보기에도 예쁘고 편안하지만, 건강에도 '좋다'. 많은 연구가 녹색 방에 있으면 혈압이 낮아진다는 결과를 내놓았다. 특정한 녹색 파장의 빛에 노출되면 뇌 속에서 우리를 '기분 좋게' 만드는 특정 전달물질이 늘어난다는 증거도 있다. 왜 많은 병원이나 정신병원, 감옥이 녹색으로 칠해져 있는지 궁금하지 않은가? 녹색이 실제로 사람을 안정시키기 때문이다.♦

♦ 네로 황제가 이집트산 에메랄드로 만든 얇은 판을 대고 책을 읽거나 내통 경기를 본 이유도 여기에 있는지 모른다. 물론 이 포악한 황제를 막는 데 이 정도로는 충분치 않았지만 말이다. 네로 황제는 완전히 미치광이였다.

이 신기한 현상은 분명 인간이 수백만 년 동안 녹색을 자연의 풍요로움과 연결 짓도록 진화해왔기 때문에 나타나는 것이다. 우리는 녹색을 보면 봄날을 떠올리고 봄은 겨울과 배고픔의 끝을 뜻한다. 또한 녹색을 '음식'과 연결하는데 음식은 풍요를 떠올리게 한다. 산업화 이전의 세상에서 음식만큼 풍요로움을 잘 나타내주는 것은 없었다. 반면 산업화된 현대사회에 사는 우리에게 풍요는 곧 돈을 뜻한다.♦

이게 다가 아니다. 먼저 생리학적 기초지식을 점검하고 넘어가자. 우리의 눈은 '원추세포'라는 특별한 세포를 사용해 색을 인지한다. 원추세포에는 세 종류가 있는데 각각 빨간색, 녹색, 파란색에 상대적으로 민감하게 반응한다. 하지만 모든 원추세포가 가장 민감하게 반응하는 빛은 510나노미터 파장을 가진 녹색 빛이다. 즉 우리 눈에는 다른 색보다 녹색이 더 선명하고 깨끗하게 보인다. 사람의 눈은 녹색을 인지하도록 설계됐다. 사람은 녹색을 찾도록 '진화했다'.

일상에서 녹색이 중요하게 쓰이는 사례를 하나 더 살펴보자. 녹색이 '출발' 신호이고 빨간색이 '정지' 신호라는 사실은 초등학교 1학년 아이들도 안다. 신호등은 왜 이렇게 설계됐을까? 지금 쓰는 교통 신호등은 기차 신호등을 본 따 만들어졌고 기차 신호등은 오래전에 사용하던 깃발 신호를 따라 만들어졌다. '정지' 신호와 '위험' 신호가 빨간색인 이유는 빨간색이 그냥 지나치기 어려운, 시선을 끄는 색이기 때문이다. 빨간색을 입으면 남자들의 이목을 끌 수 있는 것처럼 '정지'처럼 다급한 상황을 알리기 위해 누군가의 시선을 끌어야 할 때도 빨간색을 쓰면 좋다.

색상환에서 녹색은 빨간색의 맞은편에 놓여 있다. 이는 녹색이 빨간색과 확연히 달라서 쉽게 구분할 수 있다는 뜻이다. 이는 녹색과 빨간색이 신호등에 같이 쓰이는 한 가지 이유기도 하다. 하지만 신호등에 녹색이 쓰이는 가장 중요한 이유는 녹색이 안정적이면서도 자극적이고 사람 눈에 가장 잘 보이는 색이기 때문이다. 녹색은 '여기로 와. 여기가 좋아.'라고 말한다. 실제로 진화적 관점에서 봐도 빨간색이 아닌 녹색이 '이쪽으로 오라.'고 말하는 색이다. 녹색은 그냥 '안전하다'는 뜻이 아니라 가면 '좋다'는 뜻이기 때문이다.

　명백한 운명(Manifest Destiny: 텍사스 병합 당시 미국의 영토확장을 정당화하기 위해 언론인 존 오설리번이 주장한 개념_옮긴이)의 녹색 초원이 그랬고 데이지 뷰캐넌(소설 《위대한 개츠비》의 여주인공)의 저택 앞 선착장의 녹색 빛이 그랬듯 녹색은 인간의 마음에 자유, 확장, 가능성과 동의어로 자리 잡고 있다.

희귀한 녹색 보석

녹색은 거의 모든 문화권에서 중요하게 여겨지는 색이다. 중동에서 녹색은 마호메트가 입는 망토의 색깔이자 이슬람을 나타내는 성스러운 색이다. 훨씬 오래전인 고대 이집트에서 녹색은 죽음과 부활의 신 오시리스의 피부색이었다. 기독교를 믿기 전까지 숲의 정령 그린 맨Green Man을 숭배하던 켈트족에게도 녹색은 성스러운 색이었다. 지금도 중세에 지어진 이 지방 교회에 가면 나뭇잎으로 만들어진 그린

♦ 즉시 구매 버튼이 왜 거의 다 녹색인지 생각해본 적 있는가? 우리를 유혹하는 것이다. 진정하고 버튼을 눌러서 '돈을 쓰세요!'.

맨의 얼굴을 볼 수 있다. 동양에서 녹색은 왕족의 색이었으며 짙은 초록색 옥은 '황제의 옥'이라 불렀다.

인간이 지난 수백만 년 동안 다른 색보다 녹색을 쉽게 찾고 녹색을 무의식적으로 풍요, 자유, 선택권과 연결하도록 진화했다는 사실을 고려할 때, 미국에서 녹색이 돈을 뜻하는 색으로 여겨지는 것은 당연한 일일지도 모른다.

하지만 세상에 녹색 보석은 많다. 그중에 왜 에메랄드만 특별한 감정적, 경제적 가치를 인정받았던 걸까? 답은 단지 '희귀하기' 때문이다. 물건이 희귀할수록 사람은 그 물건의 가치를 높게 보거나 심지어 없는 가치를 만들어내기까지 한다. 다른 보석들과 달리 에메랄드는 역사적으로 언제나 정말로 희귀했다.

그러니까 이 선명한 녹색 보석은 '풍족하다'와 '부족하다'는 의미를 동시에 띠고 있었던 셈이다. 이 때문에 에메랄드와 에메랄드의 색깔은 자연의 풍부한 식량이 아니라 경제적 부를 뜻하는 상징으로 여겨졌다. 사실 에메랄드 앵무새가 에메랄드가 풍부한 콜롬비아의 광산으로 서양인들을 인도하기 전까지 에메랄드는 다른 보석과 비교가 안 될 정도로 희귀해서 오늘날의 다이아몬드만큼이나 한정된 자원의 대표격으로 여겨졌다.

다른 보석은 색이나 품질에 차이는 있지만, 세계 어디서나 조금씩은 생산된다. 하지만 다이아몬드, 사파이어, 루비 같은 다른 보석과 달리 천연 에메랄드는 매우 한정된 지역(주산지는 콜롬비아, 브라질, 이집트, 짐바브웨다.)에서만 나타나며 정말로 지구가 뒤흔들리는 상황이 아니면 만들어지지 않는다. 에메랄드를 만들려면 어떻게 해야 할까? 일단 서로 아주 멀리 떨어진 대륙판 두 개가 '무척 세게' 부딪혀야 한다.

세상이 흔들렸소?

에메랄드는 반짝이지 않는다. 에메랄드는 빛을 내뿜는다. 에메랄드가 내뿜는 이런 빛을 '유리질 광택'이라 부른다. 유리질 광택은 촉촉해 보이는 광택이다. 다이아몬드 속에서는 굴절된 빛이 수백 줄기의 가느다란 무지개 빛깔로 쪼개지지만, 에메랄드 속에서는 빛이 굴절되지 않는다. 대신 빛이 에메랄드의 평평한 녹색 판을 스쳐 튕겨 나가 아직 마르지 않은 매니큐어처럼 윤기 나는 광택을 만든다.

에메랄드가 가진 특별한 아름다움은 에메랄드의 화학적 성분 덕분에 생긴다. 에메랄드는 육방정계의 녹주석이 생성될 때 크로뮴이나 바나듐이 조금 섞여 들어가서 만들어진다. 베릴륨 알루미늄 사이클로규산염 또는 화학식으로 $[Be_3Al_2(SiO_3)_6]$이라 쓰는 녹주석 결정은 원자 배열과 구조로 인해 무색으로 눈부시게 빛나는데♦ 그리 흔하지 않다. 더군다나 보석으로 쓸 만한 좋은 품질의 깨끗한 녹주석은 더더욱 희귀하다.

무색의 녹주석 결정은 생성 과정에서 철로 오염되면 다양한 파란색을 띠는 아콰마린aquamarine으로 변한다. 망간으로 오염되면 분홍색으로 변해 모거나이트morganite가 된다.● 노란색은 헬리오도르heliodor, 하얀색은 고셰나이트goshenite라 불린다. 녹주석은 결정 생성 과정에서 어떤 미량 원소가 섞이는지에 따라 다양한 색으로 변한다.

♦ 영어로 녹주석을 뜻하는 '베릴beryl'은 광명을 뜻하는 '브릴리언스brilliance'와 어근이 같다.

● 짧은 시간 동안 열성적으로 보석을 모아 미국 자연사 박물관에 있는 모건 보석 기념관을 만든 20세기 초의 기업가 J. P. 모건을 기려 붙인 이름이다. 모건은 보석에 질리자 박물관에 소장품을 기부하고 다른 취미로 눈을 돌렸다.

이 중에서 가장 희귀하고 가치가 높은 보석은 특별한 초록색을 띠는 에메랄드다.♦ 에메랄드를 만드는 미량 원소는 크로뮴으로, 크로뮴은 에메랄드만의 독특한 색을 내며 많은 양이 들어 있을 경우 자연광 아래서 자외선을 받으면 형광을 내뿜는다. 즉 일부 에메랄드는 실제로 빛을 낸다.●

에메랄드의 구성성분인 크로뮴과 베릴륨 화합물은 지질학적 측면에서 보면 존재 자체가 신기한 물질이다. 일단 크로뮴과 베릴륨, 둘 다 매우 희귀하다. 게다가 두 물질은 서로 매우 다른 지각 속에 들어 있다. 크로뮴은 지각 생성 초기에 생긴 대양지각(바닷속에 있는 대양 지각은 부드럽고 끈적끈적한 지구 핵의 마그마를 마치 초콜릿 퐁당 케이크의 겉면처럼 둘러싸고 있는 지질 구조 판이다.)의 대부분을 차지하는 초염기성암 ultramafic rock에 소량 포함돼 있다. 이와 반대로 베릴륨은 비교적 최근에 생성된 화성암 속에서 발견되는 경우가 많다. 이 화성암을 페그마타이트pegmatite라 부르는데 페그마타이트는 땅 위에서 마그마가 식을 때 생성되며 주로 산악 동굴이나 절벽에서 발견된다.

크로뮴과 베릴륨은 그야말로 원자 세계의 로미오와 줄리엣 같은 존재다. 평범한 상황이라면 이 두 원소가 서로 만날 일은 전혀 없다. 심지어 일반적인 조건하에서 이 두 원소는 화학적으로 '양립 불가능'하다. 에메랄드가 생성되려면 지각 생성 초기에 생성된 대양지각에 있는 오래된 암석이 말 그대로 지구를 뒤흔들 만한 엄청난 속도로 대륙붕과 부딪히는 사건이 일어나야 한다. 이런 믿기 힘든 일이 실제로 일어난 적이 있다. 하지만 몇 번 일어나지 않았다.

이런 사건을 산을 만드는 충돌이라는 의미로 조산운동이라 부른다. 조산운동 때 벌어지는 일은 다음과 같다. 대륙판 두 개가 서로 충돌한다. 대륙붕이 구겨져 구불구불한 봉우리를 만들며 위로 솟는 동안 초고온으로 가열된 물과 녹은 광물이 땅 틈새로 비집고 들어간다. 히말라야나 안데스산맥 같은 거대한 산맥은 이런 과정을 통해 만들어졌다.

에메랄드도 마찬가지다. 두 지각이 압축되며 우리 눈에는 거대한 산맥으로 보이는 '봉합대suture zone'가 생성될 때, 대양지각에서 온 크로뮴이 녹아 있는 초고온으로 가열된 물 가운데 일부가 압축 셰일의 검은 찌꺼기를 타고 위로 올라가(커피 추출 과정을 거꾸로 한다고 생각해보라.) 나중에 산을 이룰 암석이 만들어지고 있는 곳에 침투한다. 물이 침투한 곳 중 일부에 우연히 녹주석 결정이 자라고 있었고 물에 녹아 있는 크로뮴이 낮은 확률을 뚫고 베릴륨 알루미늄 사이클로규산염(녹주석)의 알루미늄을 '대체'하면서 무색의 녹주석이 빛을 내뿜는 값진 녹색 에메랄드로 변한다.

에메랄드는 희귀한 보석이기도 하지만, 45억 4천만 년에 이르는 지구의 지질학적 역사에서도 '대사건'이다.

♦ 정확한 사실은 아니다. 붉은 에메랄드라 불리기도 하는 붉은 녹주석은 훨씬 더 희귀하고 가치가 높지만 거의 존재하지 않는 보석이나 마찬가지다. 무척 멋진 보석이지만 살면서 한 번도 보기 힘들 가능성이 크다. 붉은 녹주석 산지로는 최근에 발견된 아주 조그만 광맥이 몇 개 있을 뿐이다.

● 에메랄드가 어떤 이유로 빛을 내뿜는지에 대해서는 논쟁이 좀 있다. 한 전문가는 에메랄드의 특별한 빛이 물리적 구조 때문이라고 주장한다. 로널드 링스러스는 《에메랄느: 널성 안내서Emeralds: A Passionate Guide》에서 광물 구조 속에서 "증가하는 불규칙성이 빛을 구부리고 부드럽게 해" 빛을 더 넓게 분산시키고 형광을 내뿜게 된다고 설명한다.

충돌하는 세계

이제 지질학에서 눈을 돌려 언제나 인기 있는 주제인 돈과 정치, 경제로 넘어가보자. 에메랄드를 만들어낸 조산운동이 일어난 지 수십억 년 후, 세계는 다시 한 번 안데스산맥에서 충돌했다. 이번엔 구세계와 신세계의 충돌이었다. 하지만 충돌에 앞서 구세계가 직접 검은 찌꺼기를 굳혀 신세계로 가기 위한 길을 닦아야만 했다.

될 놈은 된다는 생각은 버리자. 언제 어느 곳에서나 결국 높은 사회적 위치에 오르는 사람은 '부자'다. 옳건 그르건 부자들은 적어도 어느 정도는 밑에 있는 모든 이들의 어깨를(또는 성실함을) 밟고 올라 그 자리에 선다. 이것이 경제다. 직원 없이는 사장이 될 수 없고 사장이 없으면 직원도 없다. 유토피아라는 개념은 좋지만, 인간은 아직 유토피아를 건설하지 못했다.

경제를 치어리더가 쌓는 피라미드형 탑에 비유하자면 맨 꼭대기에 부자가 설 것이다. 맨 윗자리의 문제점은 이 자리에 서면 위험한 논리적인 함정에 쉽게 빠진다는 데 있다. 계속 치어리더에 비유해서 말해보겠다.

꼭대기에 있는 소녀는 아래 있는 팀원들을 살피고 밑에 깔리지 않았다는 사실에 감사하며 땅을 내려다보면서 혹시 떨어지면 얼마나 아플지 걱정하는 대신 위만 바라보기 쉽다. 땅에서 멀리 떨어져 있다는 사실은 알아채지 못한 채 하늘과 가까이 있다고 믿기 시작하는 것이다.

자신이 신의 총애를 받아 특권 피라미드의 꼭대기에 있다고 생각하는 자기강화적 착각self-aggrandizing delusion은 수천 년 전부터 부자,

귀족, 왕, 여왕들이 가장 즐겨하는 주장이었다. 이들은 여기에 '천명 Mandate of Heaven'이라는 이름까지 붙였다. 천명이라는 표현의 유래는 주 왕조가 상 왕조를 쳐내고 권력을 잡았던 기원전 1046년의 고대 중국까지 거슬러 올라간다. 주 왕조는 신의 명령에 따라 옳은 일을 하는 것이라고 주장했다. 그러고는 상 왕조에 승리했다는 사실을 천명의 '증거'로 삼았다. 이에 따르면 당시 주 왕조가 하는 일은 우주가 이미 인정한 것이므로 좋은 일이든 나쁜 일이든 무조건 '옳은' 일이었다.

이 간단하고 편리한 개념을 처음으로 생각해낸 사람들은 기원전 1046년의 중국인들이었지만, 이 개념을 확실히 정립한 사람들은 그로부터 2천5백 년 후의 에스파냐 왕가였다.

사실 1468년에 에스파냐는 아직 자리 잡힌 왕국도 아니었다. 당시 에스파냐는 한 나라로 볼 수조차 없었다. 단지 서로 티격태격하는 느슨한 연합체에 불과했다. 게다가 당시 우리가 에스파냐라고 할 때 떠올리는 지역인 이베리아 반도의 대부분은 무어인의 왕국인 그라나다가 차지하고 있었다. 하지만 1469년 카스티야 왕국의 이사벨 Isabel 공주가 열여덟 살의 나이로 열일곱 살의 아라곤 왕자 페르난도 Fernando와 결혼하면서 에스파냐가 통합될 가능성이 처음으로 싹트기 시작했다.

왕자와 공주의 결혼이라니 마치 동화 속 이야기 같다고? 전혀 그렇지 않다.

에스파냐 종교재판◆

페르난도 왕자와 결혼한 지 5년이 됐을 때, 이사벨 공주는 카스티야의 왕관을 물려받았다. 행복해 보이는 이 커플은 사실 이사벨의 왕위 수여를 앞두고 꽤 다퉜다. 가장인 페르난도는 카스티야의 왕이 되길 바랐다. 하지만 실질적인 가장 역할을 했던 이사벨의 나이가 더 많았던 데다 카스티야는 원래 '이사벨의 왕국'이었다. 이사벨은 백성의 지지를 기반으로, 페르난도는 성차별적 관례에 기대 자신이 왕이 돼야 한다는 논리를 폈다. 결국 둘은 카스티야를 공동 통치하기로 했다.

또다시 5년이 흐른 뒤, 페르난도의 부모가 죽자 페르난도가 아라곤을 물려받았다. 페르난도는 잠깐 아라곤을 혼자 통치할 마음을 먹기도 했지만, 이미 이사벨과 함께 통치하는 데 익숙해진 후였으므로 (또는 단순히 이사벨이 치마 두른 남자라는 사실을 깨달아서 일지도 모른다.) 둘은 아라곤과 카스티야 모두를 계속 공동 통치하기로 한다.

역사상 처음으로 에스파냐가 진정한 통합을 이뤘다. 1481년, 페르난도와 이사벨은 에스파냐어로 가톨릭 군주를 뜻하는 '로스 레예스 카톨리코스Los Reyes Católicos'로 책봉된다. 전 세계 가톨릭 신자들은 여러모로 신이 났지만 다른 사람들에게는 무서운 일이었다. 특히 이사벨 여왕은 가톨릭을 믿지 않는 사람들에게 적개심을 갖고 있는 극단적인 종교주의자였다.

종교재판은 본래 가톨릭교회 고유의 권한으로 12세기에 이단자를 색출해 벌주기 위해 도입됐다. 종교재판은 페르난도와 이사벨이 태어나기 수 세기 전부터 계속되어온, 가톨릭교회의 권력을 뒷받침

하는 제도였다. 그런데 1478년, 교황 식스토 4세Sixtus IV가 페르난도와 이사벨에게 에스파냐에서 가짜 개종을 한 자에 대한 종교재판을 독립적으로 수행할 수 있는 권한을 주었다. 당시 에스파냐 주류 사회의 일원이 되려면 무조건 가톨릭을 믿어야 했으므로(물론 신변의 안전을 비롯한 다른 이유도 많았다.) 많은 사람이 개종을 강요받았다. 하지만 죽음이나 고문의 위협이 진실한 종교적 믿음이나 가톨릭교회에 대한 사랑을 기르는 데 효과적일 리 없었고 당연하게도 개종한 사람이 모두 독실한 신자가 된 것은 아니었다. 이는 이사벨 여왕의 심기를 매우 불편하게 했다. 이사벨은 가짜 가톨릭 신자가 심지어 유대인보다도 더 나쁘다고 생각했다.

가짜 개종은 특이하고 역설적인 문제였다. 이사벨은 가톨릭이 아니면 '혼쭐을 내겠다.'고 엄포를 놓으면서도 사람들이 공포심 때문에 가톨릭을 믿길 바라진 않았다. 그야말로 뭘 해도 못마땅해하는 성격이었다.

이사벨과 페르난도는 에스파냐에 사는 유대인에게 개종하거나 죽거나 에스파냐를 떠나라고 명령했다.● 심지어 에스파냐를 떠나려면 빈손으로 가야 했다. 매우 강경한 조치였다. 개종하지 않을 사람은 즉시 재산을 왕에게 넘기고 에스파냐를 떠날 수밖에 없었다.

수십만 명에 달하는 유대인이 개종했다. 하지만 상황은 그야말로 진퇴양난이었다. 고문이나 죽음을 피하려고 개종하는 순간, 유대인

♦ 적어도 내 조상들은 그랬던 것 같다. 우리 가문은 안 좋은 시기에 당연한 사실을 말했다는 것만으로 살던 곳에서 쫓겨난(적어도 에스파냐에 살던 시절까지 거슬러 올라가는) 긴 역사를 가지고 있다.

● 그로부터 10년 후에는 그라나다의 무어인들에게 같은 명령을 내렸다.

들은 바로 '종교재판'에 부쳐져 고문 끝에 죽거나, 또는 다시 생각해 보니 거짓말로 개종했다고 인정할 때까지 고문을 당해야 했다.

그나마 살아남은 유대인들은 빈손으로 추방당했다. 유대인이 떠나면서 에스파냐 정부는 부유해졌다. 얼마 지나지 않아 이베리아 반도 내의 이슬람교도도 에스파냐 왕가에서 비슷한 명령을 받았다. 이교도 추방은 왕족에게 경제적으로 큰 도움을 줬다. 하지만 10~20년 전까지만 해도 유럽에서 가장 다양한 사람이 살던 세련되고 관대한 나라였던 에스파냐는 급격히 가톨릭만 살 수 있는 '기피국가'로 변해버렸다.

남쪽으로의 영토확장

에스파냐 왕조에 대해 생각할 때 사람들은 흔히 콜럼버스, 신대륙, 정복자, 보물을 떠올린다. 몇몇은 종교재판이나 반유대주의를 떠올리기도 할 것이다. 미국에서 초등학교를 나온 사람이라면 분명, 이사벨 여왕과 그녀가 자신의 보석으로 콜럼버스의 항해 자금을 지원했다는 일화를 떠올릴 것이다. 에스파냐 왕국의 빠른 번영과 몰락의 과정에서 나온 이 이야기들을 하나로 묶는 보이지 않는 끈은 바로 '돈'이다. 이 돈은 어디서 왔을까? 그리고 어디로 갔을까?

이 시기 에스파냐의 역사를 보면 거품경제가 빠르게 생성되었다가 붕괴되는 것을 반복하는 모습을 볼 수 있다. 백 년 동안 거품이 생겼다 사라지길 거듭할수록 거품의 규모가 커지고 주기가 빨라졌으며 붕괴도 그만큼 더 크게 자주 일어났다. 모두 영토확장 때문에 시작된 일이었다.

1488년 에스파냐는 통일됐고 종교재판은 한창 활기를 띠었으며 '다 두고 떠나라'는 정책 덕분에 국고도 가득 찼다. 적어도 페르난도와 이사벨에게 상황은 매우 좋았다. 결혼 20주년을 맞은 가톨릭 군주, 이사벨과 페르난도는 결혼기념일 선물로 무엇을 받고 싶어 했을까? 이들이 가장 바라던 선물은 남쪽으로의 영토확장이었다. 이사벨과 페르난도는 이베리아 반도에서 유일하게 아직 손에 넣지 못한 땅인 그라나다를 가지고 싶어 했다.

그라나다는 학문, 교역, 예술, 과학, 그리고 혐오스러운 검은 얼굴의 이단을 보호하는 다문화의 수호자였다. 지중해 교역의 주요 중심지이자 북아프리카로 가는 관문이었던 그라나다에는 무어인, 터키인, 사라센인, 유대인이 가득했다. 에스파냐 영역에 자리 잡은 수백 년 역사의 아랍 왕국 그라나다는 에스파냐 국왕에게는 신발 속 돌멩이 같은 존재였다. 게다가 그라나다는 부유하기까지 해서 더욱 에스파냐의 구미를 당겼다. 이러니 에스파냐로선 그라나다를 침략할 수밖에 없었다.

1492년은 페르난도와 이사벨이 그라나다를 포위한 지 10년째 되던 해였다. 포위가 계속될수록 비용은 점점 부담스럽게 불어났다. 페르난도와 이사벨이 에스파냐 재정복(신의 명령에 의한 토지 회수)이라 이름 붙인 이 전쟁을 시작하기 전까지만 해도 국고에 돈이 충분했지만, 전쟁은 예상보다 길게 이어졌다. 1492년은 에스파냐 왕에게 경제적인 면에서 좋은 해는 아니었다. 페르난도와 이사벨은 이 해에 자금이 많이 드는 정책을 여러 번 폈는데 대부분 빚을 내서 그 비용을 충당했다.

에스파냐 재정복이 시작된 지 14년 후, 종교재판소장 토르케마다Torquemada♦는 페르난도와 이사벨에게 이번엔 에스파냐에서 유대인을 '모조리' 추방하자고 제안했다. 16만 명의 유대인들은 종교재판소장의 말에 따라 세속적 재산(특히 금과 보석 등의 재물)을 왕가에 몰수당한 채 떠나는 수밖에 없었다. 이렇게 다시 금고가 찼다.

얼마 지나지 않아 에스파냐는 유대인을 추방해서 올린 수입을 기반으로 그라나다 함락에 성공했다. 하지만 고등교육을 받은 용맹한 시민들로 구성된, 잘 정비된 오래된 왕국을 무너뜨리는 데 들어간 비용은 정말이지 어마어마했다. 수십만 명의 유대인과 이단자를 살해하고 추방해 부정하게 돈을 벌어들이긴 했지만, 그라나다 합병 비용과 다른 '성전聖戰' 비용을 대기에는 역부족이었다. 신은 수표를 끊어주지 않는다. 이는 가톨릭 군주에게도 다르지 않았다.

왕관도 전당포에 맡길 수 있을까?

이사벨 여왕은 보석을 담보로 자금을 마련해 콜럼버스의 첫 번째 동아시아 항해 자금을 마련했다. 오랫동안 이와 관련해 아무리 여왕이라도 왕실 보물을 전당포에 맡길 수는 없었을 것이라는 반론이 제기돼왔다. 사실 여왕은 왕실 보물을 저당 잡힐 수 없었다. 하지만 왕실 보물을 담보로 삼는 행동이 금지돼♦ 있어서가 아니라 이미 왕실 보물이 저당 잡힌 상태였기 때문이었다. 당시 이사벨 여왕은 이미 일년 전부터 그라나다의 무어인들과 싸우기 위해 왕실 보물을 담보로 맡긴 상태였다. 성전은 돈이 많이 드는 사업이었다.

왕실 역사학자 아이린 L. 플런킷Irene L. Plunket에 따르면 그라나다 군사작전 기간 동안 "왕실 보물은 이미 발렌시아와 바르셀로나의 상인에게 저당 잡혀 있었다."[3] 당시는 아직 에스파냐 국왕이 유대인의 재산을 몰수하고 모조리 추방하기 전이었다. 에스파냐 왕실은 급하게 돈이 필요한 시점이 되어서야 유대인 추방을 시작했다.

에스파냐의 빚은 빠르게 불어났다. 성전과 에메랄드는 둘 다 비슷한 방식으로 에스파냐 왕조의 시작과 끝을 이끌었다. 에스파냐 왕이 성전을 치를 돈을 대기 위해 신대륙의 보물을 찾아 나선 사건은 희대의 아이러니다. 나중에 가서는 신대륙의 보물이 그냥 전쟁 자금이 아니라 전쟁의 '당위성'을 말해주는 증거가 돼버렸기 때문이다. 이사벨과 페르난도는 신대륙에서 찾은 보물이 신이 에스파냐의 성스러운 전쟁을 지원하고 있다는 사실을 말해주는 물리적인 증거라고 믿었다. 앞에서 신은 수표를 끊어주지 않는다고 했던 말 기억나는가? 이 말은 잠시 넣어두자. 16세기 에스파냐 왕가의 생각은 정반대였다.

신대륙에서 발견된 보물이 쌓이면서 에스파냐는 더 많은 성전을 치를 수 있었고 덕분에 영토는 늘어났다. 에스파냐는 영토확장을 한 뒤 새로 얻은 영토를 이용해 '더 많은' 부를 약탈하고 이를 기반으로 '더 많은' 성전을 치르는 행동을 계속 반복했다. 이런 일은 에스파냐

♦ 토르케마다는 잔혹한 종교재판의 수장이자 이사벨 여왕의 고해신부였다. 신기하게도 토르케마다 자신은 '콘베르소스(conversos: 개종자)'의 손자였다. 고문과 학살은 어쩌면 자기혐오의 표출이었던 걸까.

● 빅토리아앨버트 미술관 큐레이터 휴버트 바리에 따르면 이 보물은 이사벨 개인 소유가 아닌 국가 소유였으므로 담보물로 삼아선 안 됐다. 여왕이 왕실 보물을 저당 잡히거나 파는 행동은 대통령이 백악관의 가구를 내다 파는 짓이나 마찬가지다. 아마 이사벨 여왕은 국가를 위한 전쟁 자금을 댄다는 이유로 특별 허가를 받았을 것이다.

의 영토가 도저히 유지될 수 없을 정도로 크고 거추장스러워질 때까지 계속됐다.

당시 콜럼버스는 몇 년 동안 여러 유럽 왕실을 돌며 아시아로 가는 지름길 이야기를 팔아대고 있었다. 그러던 중, 콜럼버스는 그라나다 재정복 전쟁이 끝날 무렵 자금난에 시달려 지푸라기라도 잡아야 하는 처지에 놓인 에스파냐 국왕을 만났다. 파산상태에 몰려 돈이 절실했던 이사벨 여왕은 진주와 보석, 향신료(앞서 말했다시피 1492년에 향신료는 마약이었다. 이미 육두구에 취해 제정신이 아닌 상태에서 한 게 아닌가 싶은 거래지만, 어떤 나라는 육두구와 섬을 맞바꾸기까지 했지 않은가.)를 약속한 콜럼버스에게 도박을 걸어보기로 했다.

이사벨 여왕은 이미 저당 잡힌 왕실 보물이 아닌 마지막 남은 개인 소유의 보석을 담보로 항해 자금의 4분의 1가량을 마련했다. 나머지 자금은 사실 개인 후원자에게서 나왔지만,♦ 이사벨 여왕이 콜럼버스의 말을 처음으로 믿어주었기 때문에 콜럼버스가 마련한 항해 자금은 대개 이사벨 여왕의 공으로 돌려진다.♠

결혼 20주년 선물로 도자기china를 주고받는 게 전통이니만큼 중국china을 선물로 주겠다는 조건이 나쁘지 않아 보였을 것이다.

빈손으로 돌아오지 말라

교과서에 쓰인 이야기처럼 위대한 탐험가 콜럼버스는 니나Nina, 핀타Pinta, 산타마리아Santa Maria호를 거느리고 향신료와 보석이 있는 동양의 항구에 닿기 위해 대양을 가로지르는 항해에 나섰다. 학교에서 배운 이야기는 어느 정도는 사실이다. 하지만 가장 재미있는 부분은 교과서에서 빠져 있다. 그중 하나는 콜럼버스가 했던 네 번의 항해 가운데 아메리카 대륙에는 발도 딛지 못하고 돌아온 첫 번째 항해가 콜럼버스의 인생에서 가장 성공한 항해였다는 사실이다.

첫 번째 항해에서 콜럼버스는 자신이 에스파냐를 기려 히스파니올라Hispaniola로 이름 붙인 섬에 내렸다. 섬에 에메랄드는 보이지 않았다. 물론 콜럼버스도 에메랄드를 기대하진 않았다. 콜럼버스는 자신이 동인도 제도의 발견되지 않은 섬에 내렸다고 생각했다.(콜럼버스는 죽을 때까지 히스파니올라가 일본과 무척 가깝다고 믿었다.) 실망스럽게도 그 섬에는 이사벨 여왕에게 약속했던 세 가지 보물 가운데 두 가지인 금과 진주조차 없었다.(세 번째로 약속한 재화는 향료 제도에서 나오는 마약이었다.) 원주민이 가지고 있는 소량의 금은 이미 장신구나 귀중품 형태였다. 원주민들은 이 금이 그 지역에서 난 것이 아니라 매우 멀리서

♦ 내 진짜 성은 사실 레이든Raden이 아니라 멜라메드Melamed다. 콜럼버스의 첫 번째 항해 자금을 댄 투자자 가운데 한 명인 메이어 멜라메드Meir Melamed와 성이 같다. 멜라메드는 나중에 보물선이 돌아오기 시작하자 자신과 친구들이 투자한 몫을 돌려받아야 한다고 주장했다. 하지만 그때는 이사벨과 페르난도가 유대인에게 개종을 강요하는 짓을 그만두고 '당장 여기서 나가!'라고 소리치며 에스파냐에서 유대인을 몰아낼 때였다. 우리 가문에 좋은 시절은 아니었다.

● 사회 초년생 시절이지만, 더 이상 귀금속을 이용한 경제 범죄를 제안하지는 않게 됐을 무렵 나는 하우스 오브 칸의 앤티크 보석 감정 부서장을 맡게 됐다. 내가 맡았던 가장 멋진 보석 가운데 하나는 에스파냐 이사벨 여왕의 소유였다고 추정되는 보물이었다. 나는 이 보석이 정말 여왕의 소유였는지 알아보는 일을 맡았다. 커다란 다이아몬드 하나가 박혀 있고 그 주변을 여러 개의 루비가 둘러싸고 있는 뱅글 모양의 금팔찌였다. 이 팔찌는 남아메리카산 에메랄드가 쓰이지 않아 흥미를 끌었다. 앤티크 보석 감정가의 시각으로 볼 때, 이는 이 팔찌가 콜럼버스의 항해 이전에 만들어졌다는 증거였다. 이 팔찌는 왕실 보물로 인정받은 상신구가 아닌 이사벨 여왕의 개인 장신구였는데 이 팔찌가 시장에 나온 사실에 비춰볼 때 이사벨의 개인 보석 가운데 적어도 하나는 항해 자금을 대기 위해 저당 잡혔을 확률이 높다.

온 사람들과 물물교환해서 얻은 물건이라고 최대한 명확히 말했다.

콜럼버스가 원했던 답은 아니었다. 콜럼버스가 얼마나 상심했을지 생각해보라. 동아시아 직항로를 개척하겠다고 호언장담하며 도박 같은, 긴 항해 자금을 지원받은 후에 아무런 가치도 없는 커다란 땅덩어리에 도착한 콜럼버스는 얼마나 아찔한 두려움을 느꼈을까. 당시 콜럼버스에게 돈을 준 사람은 '에스파냐 재정복' 전쟁 중인 에스파냐 '왕'이었다. 마치 할머니께서 빌려준 돈처럼 선량한 겉모습을 하고 있지만, 사실은 범죄 집단에게 받은 돈이나 마찬가지였다.

에스파냐에서 투자 자금을 회수하길 기다리고 있는 채권자들을 어떻게 달래야 할 것인가. 게다가 채권자 중에는 자신의 마지막 보석을 저당 잡혀가며 돈을 마련해준 심문을 즐기는 여왕도 포함돼 있었다. 콜럼버스는 원주민을 납치해 노예로 삼는 수밖에 없었다. 히스파니올라가 가진 자원은 인간 화물뿐이었다. 초등학교 때 배운 우리가 기억하는 영웅과는 전혀 딴판이었던 콜럼버스는 아무 거리낌 없이 원주민을 노예로 삼았다.

콜럼버스는 납치한 원주민과 원주민들에게 빼앗은 얼마 안 되는 금 장신구를 배에 싣고 언제나 그랬듯 의기양양한 모습으로 돌아왔다. 신대륙에서 온 이 원주민들이 이사벨 여왕의 주장대로 에스파냐의 국민이며 개종해서 신의 구원을 받아야 하는 사람들인지, 아니면 콜럼버스의 주장대로 그저 에스파냐 제국이 얻은 천연자원에 불과한지는 그 후 몇 세기 동안 논쟁의 대상이 됐다. 일부 에스파냐 사람은 노예를 얻게 될 수도 있어 기뻐했고 또 다른 사람들은 신대륙 자원에 대한 기대에 부풀었다. 반면 이사벨 여왕은 영적인 측면에서 신대륙 발견에 환호를 보냈다.

천국으로 가는 계단을 사다

잘 알다시피 정복자들은 모두 약탈을 하기 위해 신대륙으로 향했다. 비뚤어진 종교관을 가진 독실한 선교사들이 정복자를 따라가 원주민을 강제 개종했다는 사실도 알려져 있다. 하지만 상반된 목적을 지닌 정복자와 선교사 집단 둘 다 이사벨 여왕 한 사람에 의해 신대륙으로 간 사실은 잘 알려지지 않았다.

이사벨 여왕은 세속적인 여성이었으며 보석을 담보로 콜럼버스의 항해 자금을 댄 덕분에 역사상 가장 유명한 보석 수집가 가운데 한 명이다. 동시에 앞에서 본 것처럼 독실한 가톨릭 신자이기도 했다. 또한 이사벨 여왕은 흔치 않은 원대한 소망을 품은 인물이기도 했다. 이로 인해 세계정세가 바뀌었음은 물론, 당대와 이후 500년 동안의 세계경제가 재정립됐을 정도였다. 이런 여왕의 소망 가운데 하나는 무력을 동원해서라도 신세계의 모든 원주민을 가톨릭 신자로 만드는 것이었다.

그런데 여왕은 신대륙 원주민을 자신의 국민이라 말하며 가톨릭 신자로 만드는 사업을 한창 벌이면서도 사실은 그들에 대해 이중적인 감정을 품었다. 콜럼버스가 수많은 금은보화 대신 인간 화물을 싣고 돌아왔을 때 에스파냐 여론에는 커다란 분열이 생겼다. 이 분열은 나중에 5일에 걸친 두 진영 간의 공공 심판으로 이어져 결국 에스파냐를 둘로 나누고 왕을 끌어내리는 원인이 됐다.

콜럼버스는 유럽인이 본질적으로 더 우월하므로 남북 아메리카 원주민 같은 열등한 인종을 지배하고 노예로 삼을 수 있는 '자연권'을 가지고 있다고 생각했다. 콜럼버스는 금, 은, 에메랄드 등은 원래 에스파냐의 것으로 신대륙에서 되찾아온 재화라고 생각했으며 마찬가지로 원주민들 또한 원래 에스파냐의 소유라고 믿었다.

반면 이사벨 여왕은 원주민도 자신의 국민이므로 노예가 아니며 가톨릭 개종 대상이라고 주장했다. 하지만 여왕의 실제 감정은 이보다 더 복잡했고 훨씬 더 기묘했다. 이사벨 여왕은(이사벨 여왕이 다른 유럽인을 개종할 때 사용했던 '친절한' 방법을 생각해보면 앞뒤가 안 맞는 말이긴 하지만) 원주민들을 친절하게 대해 다른 유럽인과 마찬가지 방식으로 개종해야 한다고 주장했다. 또한 원주민의 개종이 하느님께서 신약성서에 따라 에스파냐를 심판하기 위해 내린 임무라고 진지하게 말했다. 이사벨은 이 임무가 예수가 재림하기 직전의 최후의 심판이라고 믿었다. 에스파냐가 신대륙 원주민을 모두 가톨릭 신자로 만들면 예수가 세상에 재림한다고 생각했던 것이다.

하지만 문제가 있었다. 통장 잔액을 확인한 여왕은 자신이 다시 무일푼이 된 것을 깨달았다.♦ 여왕은 과연 어떻게 처신했을까? 지극히 세속적이면서도 위선적인 성격을 지닌 이사벨 여왕은 기본적으로는 원주민을 개종하면 예수가 재림할 것이라는 주장을 유지했다. 대신 원주민을 국민의 한사람으로 여겨 다른 유럽인과 마찬가지로 친절히 대한다는 원칙은 무시하고 수많은 원주민을 노예로 삼고 학대하고 대량 학살하는 정복자들을 묵인함으로써 보석, 귀금속, 자원을 수탈했다.

이사벨 여왕은 이런 행동을 어떻게 정당화했을까? 눈 씻고 봐도 논리적인 이유는 찾을 수가 없다. 여왕은 자신의 경제적 잇속만 차리는 엉성한 논리를 폈다. 그는 천국으로 가는 계단을 사기 위해서는 같은 인간이자 자신의 백성인 남아메리카 원주민을 가톨릭 신자로 만들어야만 한다고 진심으로 믿었다. 하지만 단지 지금은 때가 아니라고 생각했다. 일단 이들을 노예로 만들고 나서 신대륙에서 금, 은, 에메랄드를 캐내어 다른 나라와 성전을 치르는 일이 더 중요했기 때문이다.

이사벨 여왕은 원주민을 노예로 삼고 이들의 돈을 수탈해 완벽한 서구 중심 제국을 달성한 다음에 살아남은 원주민과 메스티소(에스파냐인과 원주민의 혼혈_옮긴이)를 같은 인간으로(물론 여왕은 이들이 자신과 같은 인간으로 취급받는 것을 싫어할 리 없을 거라 생각했다.) 포용하기만 하면 자신은 여왕으로서 원주민들의 사랑을 받고 모든 원주민이 가톨릭 신도가 되어 예수가 재림해 에스파냐 제국의 승리를 축하하리라고 믿었다. 이사벨 여왕을 위해 덧붙이자면, 당시 그는 확실히 제정신이 아니었다.

황금 도시의 진실

에스파냐 정부와 여러 개인 투자자는 콜럼버스가 보물, 비단, 마약, 금을 가득 싣고 동아시아의 항구를 출발해 에스파냐로 돌아오길 기다리고 있었다. 하지만 콜럼버스는 태평양 한복판에 있는 신세계를

♦ 로마 가톨릭이 고리대금업을 금지했기 때문에 15세기 에스파냐 은행가 가운데 대부분은 가톨릭 신자가 아니었고 그래서 다른 나라로 추방당했다. 은행가들을 나라에서 몰아내면 당장은 재정난을 해결한 듯한 착각이 들지만, 보통은 재정난이 더 심각해지기 마련이다. 단기적으로는 부채와 엄청난 대출금이 채권자와 함께 사라지므로 이득이다. 하지만 장기적으로는 경제에 중요한 기능을 하는 '돈 빌려주는 사람이 없어서' 문제가 생긴다.

발견했다고 주장하며 돌아왔다. 아시아로 가는 항로로 쓰기에는 너무 불편했지만, 어쨌든 새로운 가능성을 연 흥미진진하고 신나는 일이었다. 하지만 콜럼버스가 싣고 온 화물이 인간과 채소뿐이라는 사실에 기다리던 사람들의 열기는 곧 식어버렸다.

나중에야 신대륙에 이들이 바라던 믿기 힘들 정도로 질 좋은 금, 은, 진주, 에메랄드가 가득하고 이에 더해(커피, 초콜릿, 담배, 코카인은 물론이고 하얀 악마라 불린 '설탕' 등 향신료를 대체할) '새로운' 마약까지 있다는 사실이 밝혀졌지만, 처음에 에스파냐 사람들은 이를 알지 못했다.

잘못된 말에 엄청난 돈을 걸었단 사실을 알게 되면 어떻게 해야 할까? 답은 간단하다. 다이아몬드가 값어치가 없다는 사실을 깨달은 드비어스의 로즈와 오펜하이머가 어떻게 했는지 기억하는가? 바로 거짓말이다. 일단 허풍을 떨고 모두가 허풍을 믿게 만들면 거짓은 사실로 둔갑한다.

이런 전략을 홍보라 부른다. 다이아몬드가 희소하다는 것이나 신세계의 무한한 보물에 대한 이야기는 모두 오래된 광고일 뿐이다. 남아메리카에 있는 유명한 황금 도시 엘도라도도 이렇게 탄생했다. 위대한 탐험가 폰세 데 레온Ponce de León이 플로리다에 있다고 주장했던 유명한 청춘의 샘도 마찬가지다. 물론 청춘의 샘 이야기가 사실이라면 다른 지역보다 높은 플로리다 주민 나이의 중앙값을 설명해주는 근거로 삼을 수는 있겠다.

참고 삼아 말하자면 엘도라도는 진짜 있었다. 하지만 엘도라도El Dorado는 '황금으로 빛나는 사람'이라는 뜻으로 장소가 아니라 '사람'인 무이스카Muisca족의 왕을 지칭하는 말이었다. 윌리 드라이Willie Drye는 이렇게 썼다. "과타비타Guatavita 호수에서 치르는 의식을 시작으로 새로 추대된 족장의 통치가 시작된다. 이 의식에 대한 사람들의 설명은 다양하지만, 일관된 말에 따르면 의식을 치르는 중간에 금과 귀중한 보석[에메랄드]을 호수로 던지며 새 족장이 금가루를 뒤집어 쓴다고 한다."[4]

시간이 흐르고 여러 사람의 입에 오르내리면서 엘도라도라는 사람은 장소로 변했고 이는 모든 곳이 빛나는 순금으로 만들어진 왕국에 대한 전설로 변했다. 엘도라도의 소문에 흥분한 보물 탐험가들은 존재하지 않는 장소를 찾기 위해 신대륙으로 떼 지어 몰려들었다. 이들이 발견한 것은 황금의 도시가 아니라 남쪽 정글에 살던 원주민과 북쪽 진흙 도시에 살던 푸에블로 원주민뿐이었다. 하지만 아무도 실패에 굴하지 않았다. 모든 곳에서 도시 전체가 금으로 만들어진 거대한 도시에 대한 감질나게 하는 소문이 돌았다. 이미 퍼진 소문을 다시 주워담기란 한번 짠 치약을 다시 넣는 일처럼 어려웠다.

사실 사람들이 엘도라도의 약속을 믿게 만들려는 인위적인 노력도 이야기가 퍼지는 데 한몫했다. 에스파냐 왕은 신대륙으로 이민 갈 사람을 찾고 있었고 선장들은 뱃삯을 치를 손님을 찾고 있었으며 상인들은 팔 물건을 찾고 있었다. 왕이든 선장이든 상인이든 이야기를 퍼뜨리는 세력은 보물 탐험가들을 남아메리카나 중앙아메리카로 보내 신대륙에 자원이 있는지 알아보기 위해 황금 도시 따위의 이야기를 일부러 조직적으로 퍼뜨렸다.

지위적 재화에 약한 인간의 근본적인 약점을 이용한 이런 교묘한 간접 홍보는 오늘날에도 사용된다. 텅 빈 클럽 앞에 사람들을 줄 서서 기다리게 하는 전략이 한 예다. 사람들을 줄 세우는 이유는 클럽을 사람으로 가득 채우기 위해서다. 줄은 자리가 없다는 사실을 알리는 역할을 할 뿐만 아니라 줄을 서서 기다릴 만큼 가볼 가치가 있는 곳처럼 보이게 만들어 더 많은 사람을 끌어모으는 효과가 있다. 결국 계획대로 클럽이 다 찰 정도로 사람들이 줄을 서면 사람이 다 찼다는 거짓말은 사실로 둔갑한다.

에스파냐가 채워야 할 공간은 작은 클럽 하나가 아니라 큰 대륙이었다. 이들은 분명 그 대륙에 있다고 호언장담하던 금이 진짜로 있는지 확인하기 위해 신대륙을 보물 탐험가들로 채우고자 했다. 지금과 마찬가지로 그때도 이 수법은 잘 먹혀들었다. 게다가 가끔 지어낸 말이 진짜로 밝혀지는 때가 있듯이 보물 사냥꾼들은 결국 보물이 있는 도시를 하나 찾아냈다. 다만 이 보물은 금이 아니었다. 보물은 녹색이었다.

엘 잉카와 에메랄드 도시

'엘 잉카El Inca'라는 이름으로 더 잘 알려진 가르실라소 데 라 베가Garcilaso de la Vega는 어떤 면에서 보면 에메랄드 같은 사람이었다. 폐위된 잉카 공주인 파야 침푸 오클로Palla Chimpu Occlo◆와 에스파냐 정복자 가르실라소 데 라 베가 이 바르가스Garcilaso de la Vega y Vargas 장군 사이에서 태어난 가르실라소는 두 대륙의 충돌로 태어난 놀랍고 희귀한 인물이었다.

더 놀라운 사실은 가르실라소가 성폭행으로 의도치 않게 태어나 호적에 오르지 못한 원치 않은 자식이 아니었다는 것이다. 가르실라소의 부모는 법적으로 결혼하지 않고 떨어져 살았지만, 둘 다 괜찮은 환경에서 살았다. 가르실라소는 양쪽 집을 자유롭게 오가며 자랐다. 그는 에스파냐어와 케추아어를 모두 구사했으며 자신에게 흐르는 잉카 왕족의 피와 에스파냐의 문화적 전통을 모두 자랑스럽게 여겼다. 어떤 자료를 보든 가르실라소는 부모 가까이에서 사랑받으며 행복하고 특혜받은 어린 시절을 보냈다고 기록돼 있다.

가르실라소는 1539년 4월 12일 페루 쿠스코에서 태어나 1616년 에스파냐 코르도바에서 죽었다. 고메즈 수아레즈 데 피구에로아Gómez Suárez de Figueroa라는 세례명을 받기는 했지만 페루에서 자랐고(나중에 에스파냐로 돌아갔지만, 그곳에 있는 친척들에게 냉대받았다.) 어머니의 민족을 기리는 의미에서 엘 잉카로 불리는 편을 더 좋아했다.

가르실라소는 시인이자 군인이었다. 이례적으로 훌륭하게 교육받은 지식인이자 여러 언어로 글을 쓰는 저술가이기도 했다. 말년에 에스파냐 군대에서 뛰어나게 활약했지만, 군인으로서보다는 조국인 페루의 민중사 연대기를 써 에스파냐 문학에 크게 기여한 작가 겸 번역가로 더 유명하다. 가르실라소는 잉카 사회와 종교를 가장 편견 없이 기록한 작가이자 잉카의 역사와 문화에 대한 최고로 완벽하고 정확한 기록을 남긴 인물로 평가받고 있다. 가르실라소의 글 가운데 대부분은 직접 겪은 일을 적은 경험담이거나 부모의 삶을 기록한 간접 경험담이다.

가르실라소는 《잉카에 관한 공식 보고서Royal Commentaries of the Incas》에 유명한 정복자 페드로 데 알바라도Pedro de Alvarado 밑에서 장교로

♦ 가르실라소 데 라 베가의 어머니는 잉카 왕족의 일원이었다. 그녀는 마지막 잉카 황제 아타우알파Atahualpa의 사촌이자 투팍 잉카 유팡키Túpac Inca Yupanqui의 손녀였다.

일한 아버지의 공적을 연대순으로 기록해두었다. 가르실라소의 아버지와 다른 에스파냐 군인들이 알바라도를 따라 신대륙에 온 이유는 '페루에 있는 신화의 땅'으로 추앙받던 전설 속 황금 도시 엘도라도를 찾기 위해서였다.

이들은 끝까지 엘도라도를 찾지 못했지만, 대신 오즈의 나라를 발견했다. 동화《오즈의 마법사》에 나오는 에메랄드 시 같은 곳을 찾아낸 것이다.

에메랄드 앵무새

《잉카에 관한 공식 보고서》에는 다음과 같은 문장이 쓰여 있다. "말하자면 이 일대 전체의 수도라고 할 수 있는 만타 계곡에는 거의 타조 알만한 거대한 에메랄드가 있었다고 전해진다." 가르실라소는 지역 주민들을 '우상숭배자'라고 일컬으며 "에메랄드를 숭배했다."고 썼다.[5] 이어서 이 마을 사람들이 거대하고 완벽한 에메랄드를 우상이자 살아 있는 여신으로 여겨 숭배했다고 설명했다. 이 에메랄드가 달걀♦처럼 생겼다고 기록한 자료도 있지만, 민간전승에 따르면 커다란 에메랄드 한 덩이를 세밀하고 완벽하게 깎아 만든 앵무새였다. 가르실라소의 기록에 의하면 "이 에메랄드는 커다란 축제 때 전시됐고 먼 곳에서 온 인디언들은 더 작은 에메랄드를 가져와 제물로 바치며 이 에메랄드를 숭배했다."[6]고 한다.

새 형상을 한 살아 있는 여신으로 숭배되던 이 에메랄드는 '수많은' 에메랄드로 가득 찬 자신만의 신전에 거주했다. 원주민들이 살아 있는 에메랄드 앵무새를 추앙하는 방식 가운데 하나는 "더 작은 에메랄드를 제물로 바치는 것이었는데 이는 만타 지도부의 사제들이 커다란 에메랄드인 여신이 자신의 딸인 작은 에메랄드를 보면 매우 흡족해한다고 말했기 때문"[7]이었다.

　실제로 알바라도의 군대를 만난 주민들은 마을 사제들이 '모든 에메랄드'가 위대한 에메랄드의 딸이므로 여신의 자식을 되돌려주는 것만큼 여신을 기쁘게 하는 선물은 없다고 가르쳤다고 말했다. 이런 종교적인 가르침이 있었고 에메랄드를 숭배하는 종교가 그 주변에 널리 퍼져 있었기 때문에 신전에는 에메랄드가 많았다. 가르실라소는 이렇게 쓰고 있다. "돈 페드로 알바라도와 나의 주인이신 가르실라소 데 라 베가[가르실라소의 아버지]를 비롯한 부대원들이 페루를 공격하며 발견한 그곳에는 원주민들이 모아둔 에메랄드가 무척 많이 있었다."[8]

　정황을 파악한 알바라도와 부대원들은 신전 안쪽을 보여달라고 말했다. 예상대로 신전 안에는 유럽에서 여태껏 봐온 그 어떤 에메랄드보다 훨씬 품질이 좋은 에메랄드가 가득했다.

거석 숭배

이때부터 이야기는 예상대로 진행됐다. 에스파냐 군인들은 많은 원

♦ 원자료에 이 에메랄드가 '타조 알 만큼 크다'고 적혀 있는 점에 비춰볼 때 번역과정에서 생긴 오류일 가능성이 크다.

주민을 고문하고 죽였으며 신전에 있던 에메랄드를 모두 **빼앗았다.** 하지만 예상치 못한 흥미로운 사건도 하나 벌어졌다. 에스파냐인들의 탐욕은 이미 그 일대에서 유명했기 때문에 원주민이 에메랄드 앵무새를 먼저 빼돌린 것이다. "[원주민은] 여신으로 숭배하던 [거대한] 에메랄드를 에스파냐 군대가 당도하자마자 다른 곳으로 옮겼다. …… 너무 신중히 감춰둬서 갖은 협박과 수색에도 절대 모습을 드러내지 않았다."[9]

신기하게도 잉카인들은 총을 들이대면 금과 은은 순순히 내줬다. 하지만 에스파냐 군대가 수십 년간의 정복 전쟁을 통해 갈고 닦은 인간이 상상할 수 있는 가장 잔혹한 심문 기술을 썼음에도 숨겨진 '여신'의 위치를 말한 원주민은 끝까지 아무도 없었다. 에스파냐인들은 이로부터 약 10년이 지난 후에야 잉카 에메랄드 광산 중 단 '한 군데'의 위치만 겨우 알아낼 수 있었을 뿐이다.

잉카인들은 에메랄드를 두고는 협상하려 하지도 않았다. 에스파냐인들은 이례적으로 교환 조건을 내걸기까지 했지만, 유리구슬이나 술 같은 값싼 이국적인 보물과 에메랄드를 바꾸고자 하는 잉카인은 없었다. 인류 역사에서 가장 선망받아온 보석인 에메랄드의 주광맥은 정작 에메랄드를 돈으로 보지 않던 세계인 남아메리카에 있었다.

앞서 말했듯 잉카 사람들은 자신들이 각각 태양과 달의 땀이라 믿던 금과 은을 에스파냐 사람들에게 넘겨주었다. 금과 은은 가지고 있으면 좋고 귀한 물건이었지만, 목숨을 내놓을 가치는 없었다. 하지만 잉카인들에게 에메랄드는 정말로 '살아 있는' 물건이었고 그래서 태양 아래서 그렇게 빛나는 것이었다.♦ 과학적으로 콜롬비아산 에메

랄드가 자외선을 받으면 형광을 내는 까닭은 에메랄드의 녹색 빛을
내는 크로뮴이 다른 에메랄드보다 많이 포함되어 있기 때문이다. 에
메랄드가 내뿜는 이 빛 때문에 잉카인들은 에메랄드 하나하나가 신
성한 빛을 담고 있는 살아 있는 신의 살점이라고 믿었다. 그러니 잉
카 사람들이 에메랄드에 더 애착을 보이는 것은 당연했다.

초록색 눈의 괴물

에메랄드를 발견한 첫 에스파냐 사람은 알바라도의 군대였지만, 이
소식을 에스파냐에 알린 사람은 다른 이였다. 콜롬비아 에메랄드의
존재는 인간계와 신계를 잇는 역할을 하던 한 인물 덕분에 '유럽'에
알려졌다.

욕심 많은 도미니크 수도회의 수사 레히날도 페드라사Reginaldo
Pedraza는 여러 정복자들 틈에 섞여 엘도라도를 찾기 위해 떠났다. 하
지만 이들이 찾아낸 것은 황금이 아닌 믿기지 않을 정도로 많은 에

♦ 잉카의 메시아 설화에 대해서는 17세기 프란체스코회 역사가 페드로 시몬Pedro Simón의 문
서에 가장 잘 기록돼 있다. 그의 글에 따르면 잉카의 위대한 지도자 가운데 한 명인 고란차
차Goranchacha는 처녀임신으로 태어났다. 그 일대를 다스리는 용맹한 수장의 순결한 딸인
고란차차의 어머니는 고란차차의 탄생을 예고한 예언자의 말에 따라 해가 뜰 때 다리를
벌리고 언덕 꼭대기에 누웠다. 고란차차의 어머니가 태양 빛에 의해 임신한 지 9개월 후에
치브차족 언어로 크고 빛나는 에메랄드를 뜻하는 과카타guacata가 태어났다. 어머니는 마
치 아기를 싸듯 과카타를 단단히 여며 집으로 데려갔고 며칠 후 에메랄드는 인간 아기로
변했다. 에스파냐인인 페드로 시몬은 고란차차를 '악마의 알'이라 칭하면서 이 위대한 독
재자가 죽으면서 "악취가 진동하는 연기 속으로 사라졌다."고 쓰고 있다. 다들 조금씩 말을
지어낸 게 틀림없다.

메랄드였다. 페드라사는 머리를 굴려 '진짜' 에메랄드는 때려도 반으로 쪼개지지 않는다는 헛소문을 퍼뜨렸다. 훔친 에메랄드가 모두 반으로 쪼개지는 예쁘고 값어치 없는 초록색 돌덩이에 불과하다는 사실을 깨달은 정복자들의 실망은 이만저만이 아니었다.

다른 정복자들보다 에메랄드에 대해 잘 알았던 페드라사는 쪼개졌지만 아직도 커다란 에메랄드 덩어리를 모아 사제복에 넣고 꿰맸다. 그리고 즉시 무리에서 떨어져 나와 파나마로 에메랄드를 밀반입했다. 하지만 그의 운은 거기까지였다. 페드라사는 에메랄드를 훔친 지 몇 달 만에 파나마에서 열병으로 죽었다. 동료였던 프란치스코 수도회 사제들은 페드라사의 장례식을 준비하며 밀반입한 에메랄드를 발견해 에스파냐로 보냈고 이 에메랄드는 "여왕의 관심을 끌었다."[10]고 한다.

물론 그랬을 것이다. 우연히 발견된 페드라사가 훔친 에메랄드는 이사벨 여왕이 신대륙에 보낸 성스러운 군대의 투자자금을 회수할 가능성을 보여주는 처음이자 가장 예상치 못한 성과였다. 에스파냐 정복자들은 잉카인들을 우상 숭배자이자 이교도, 더 나아가 악마 숭배자로 여겼다. 에스파냐인들은 항상 그랬듯 이번에도 종교의 차이를 들어 '우리는 착하고 너희는 나쁘다. 신은 우리 편이다.'라는 변명을 일삼으며 대규모 약탈을 합리화했다.

하지만 이런 무자비한 약탈의 이면에는 더 깊은 의미가 숨어 있다. 페드라사의 에메랄드 절도 사건은 단순히 구대륙의 전제군주인 이사벨 여왕이 신대륙 보물을 처음으로 발견한 것에 그치지 않는다. 이는 얼핏 봐선 닮은 점이 전혀 없어 보이는 두 종교 간의 중요한 유사점을 드러내는 일화다. 가톨릭과 무이스카라는 서로 완전히 다른 두 종교의 사제가 서로 맞부딪친 그 시점에 두 종교의 사제는 사실 똑같은 초록색 신을 숭배하고 있었다.

페르난데스 데 오비에도Fernandez de Oviedo는 에메랄드 광산의 발견을 비롯한 여러 가지 일화를 소개한《인디아의 역사와 자연사*Historia General y Natural de las Indias*》제7권에서 이렇게 썼다. "기독교도들이 이런 천연 광물을 발견한 것은 처음 있는 일이었다. 그 땅의 가치가 엄청나서 부가 흘러넘쳤다."[11]

에스파냐 사람들은 신대륙 에메랄드가 유럽이나 아시아산 에메랄드보다 훨씬 품질이 좋다는 사실을 깨닫고는 곧장 에메랄드의 '출처'를 찾기 위해 노력했다. 그 후 약 10년 동안 이곳저곳에서 작은 에메랄드 광맥을 찾아냈지만, 모두 광산으로 쓸 수 없거나 오래전 고갈된 광맥이었다. 하지만 1543년 배 가른 암탉의 내장에 가득 찬 작고 완벽한 에메랄드를 본 에스파냐 사람들은 드디어 진짜 광맥에 가까이 왔음을 직감했다. 잘 알려지지 않은 사실이지만, 닭 등의 조류는 소화를 돕기 위해 작은 돌을 삼킨다. 물론 우아한 닭은 보석도 먹을 것이다.

에스파냐인들의 주장에 따르면 에스파냐 정복자들은 식인종에다 입으로 쏘는 독침으로 무장한 무시무시한 원주민 무소Muzo족과 전투를 벌였다. 1560년 유럽발 흑사병이 돌아 원주민들이 거의 다 죽자 에스파냐는 몰락한 무소와 이웃 부족들의 땅에 라 트리나다드La Trinadad라는 도시를 세웠다. 에스파냐 사람들은 원주민과 에메랄드를 모두 전리품으로 생각했다.

전능한 해결사

라 트리나다드는 에스파냐에 정복당한 무소 원주민의 마을로 둘러싸여 있었다. 한때 용맹한 전사였던 무소인들은 이제 무거운 세금을 등에 지고 강제 노역을 하는 신세가 됐다. 하지만 페드로 데 아과도Pedro de Aguado 수사의 기록에 따르면 라 트리니다드에 살던 이삼백 명의 에스파냐 정복자들은 진정으로 고통받고 있는 사람은 바로 '자신들'이라고 생각했던 듯하다. 이들은 에메랄드 광산을 찾아내지 못했을 뿐만 아니라 공급 물자가 부족해 불편을 겪었으며 원주민을 진압하는 과정에서 수많은 동료를 잃었고 생각만큼 부자가 되지도 못했다. 그 땅의 원래 주인이었던 노예들에게 받는 따가운 눈총은 말할 것도 없었다. 에스파냐 정복자들은 1563년 겨울을 '대수난기'라 불렀다.

에스파냐인들은 수십 년 동안 고문, 종교재판, 노예화, 탐험, 전쟁을 계속했지만, 제대로 된 에메랄드 광산의 모습은 찾을 수 없었다. 하지만 그때 기독교 이야기에서 흔히 등장하는 기적이 일어났다. 때는 당연히 1564년 부활절 주간이었다. 에스파냐 주민 한 명이 마을 경계에서 땅에 떨어져 있는 완벽한 에메랄드를 발견했다. 그동안 그토록 찾아 헤맨 에메랄드 광산이 동네 지하에 있음을 깨달은 에스파냐 정복자들 사이에선 흥분이 산불처럼 번졌다.

가장 가까이에 있던 군대의 지휘관 알론소 라미레스Alonso Ramirez가 마을로 불려왔다. 아과도 수사는 당시를 이렇게 기록하고 있다. "[라미레스가] 이토코 원주민에게 에메랄드 광산이 어딘지 물었지만, 아무도 말하려 하지 않았다. 그래서 라미레스 밑에서 오랫동안 일하며 기독교로 개종한 후안이라는 작은 원주민 소년에게까지 차례가 돌아왔다. 이 원주민 소년은 주인에게 받은 좋은 대접에 대한 보답으로 자신의 부모를 포함한 마을 원주민들이 에메랄드를 캐던 곳으로 데려다주겠다고 약속했다. 라미레스는 그 즉시 광산을 등록할 법관을 포함해 따라나설 사람들을 모았다. 원주민 소년이 길을 인도했고 …… 소년의 도움으로 광산이 발견됐다."12)

당시 현장에 있었던 아과도의 말이 옳다면 무소족의 거대한 에메랄드 광산은 이렇게 발견됐다. 어떻게 보면 발견보다는 폭로에 가까웠다. 에스파냐 정복자들은 어린 소년의 손에 이끌려 콜롬비아에서 가장 거대한 성스러운 에메랄드 광산으로 인도됐다. 결국 에메랄드 광산은 10년 동안의 악몽 같은 지배 끝에 나타난 일종의 스톡홀름 증후군(인질들이 범인에 동화되어 범인을 지지하게 되는 증상_옮긴이)에 의해 발견된 셈이다.

여기에는 오래된 기독교의 기적 이야기에 흔히 등장하는 설정이 모두 담겨 있다. 시기는 부활절이었고 에스파냐 사람들을 고통과 무자비한 이교도에게서 구원한 사람은 다름 아닌 새로 기독교로 개종한 어리고 순진한 소년이었다. 소년은 자기 민족이 수십 년 동안 목숨을 바쳐가며 지킨 광산을 기쁜 마음으로 에스파냐인들에게 넘겨줬다. 물론 이는 사실이 아닐 수도 있지만, 에스파냐 정복자들이 직접 말한 정황은 그랬다.

하늘에서 내린 돈

에스파냐 정복자들은 신세계의 자원을, 도덕적으로 올바르고 부를 누릴 자격이 있는 자신에게 신이 '마음껏 쓰라고' 내려준 상이라고 생각했다. 이들은 마치 백지 수표처럼 신의 가호가 집단학살 같은 모든 죄를 사해줄 것이라고 굳게 믿었다. 이들의 이런 믿음은 1588년 '이교도 여왕'인 엘리자베스 1세Elizabeth I와 해군이라기보다는 해적에 더 가까운 영국 해군이 거대한 에스파냐 무적함대를 무찔러 에스파냐의 경제와 자신감을 짓밟기 전까지 계속 이어졌다.

유감스럽게도 에스파냐 국왕은 정말로 신이 죄를 사해준다고 믿었다. 옛날 사람이라 어리석다고 생각할지도 모르지만, 사실 현대의 금융과 도덕 논리도 16세기와 크게 다르지 않다. 요즘 사람들도 16세기 사람들과 마찬가지로 '부'와 '도덕적 정당성'을 헷갈린다. 사실 현재 우리가 쓰는 경제와 은행 시스템도 이런 혼동 속에서 탄생했다. 현대 금융 시스템은 남아메리카에서 쏟아져 들어오는 부로 인해 생긴 문제를 해결할 목적으로 1551년 에스파냐 세비야의 항구에서 시작됐다.

어떻게 이런 일이 일어났는지 처음부터 차근차근 살펴보자. 왜 대항해시대 유럽인들은 아메리카 등지에서 교역할 때 구슬을 사용했을까? 앞에서도 말했듯 그들에게는 별 소용이 없는 구슬이 정복지와 식민지에서는 가치를 크게 인정받았기 때문이다. 이런 이유로 구슬은 유럽인들이 사파이어가 풍부한 스리랑카를 비롯해 북미, 서아프리카 등 먼 대륙에서 물물교환할 때 유리하게 쓰였다.

두 시장, 또는 여러 시장 사이의 다른 점을 이용해 이득을 얻는 이런 거래를 '차익 거래'라고 부른다. 차익 거래는 요즘 금융 거래에서 자주 쓰이므로 아마 들어봤을 것이다. 사실 현재 우리가 이런 차익 거래를 할 수 있는 이유는 신대륙 보물이 에스파냐를 통해 빠르게 유럽에 유입된 덕분이다.

에스파냐가 신대륙 에메랄드(금과 은도 마찬가지다.)를 채굴하기 시작하면서 전에 본 적 없는 엄청난 규모의 부가 신대륙에서 유럽으로 홍수처럼 빠르게 밀려들어왔다. 그런데 당시에는 이 정도 규모의 부를 셈할 방법이 없었다. 이런 부를 '회계'할 방법이 없었던 것이다.

당시 신대륙에서 온 배가 정박할 수 있는 유일한 항구였던 세비야는 신대륙에서 들어온 보물선들로 가득 찼다. 오류, 절도, 수뢰, 밀수 때문에(대개 이 네 가지가 모두 일어났다.) 배에 실린 화물을 분류하고 기록하는 정식 선박 적하목록은 사실과 전혀 다른 경우가 많았다.♦ 특히 에메랄드의 경우 대개 수량을 훨씬 더 적게 기록하곤 했다. 페드라사 사제 이야기에서도 알 수 있듯 비싼 가격에 비해 상대적으로 작고 무게도 적게 나가는 에메랄드는 쉽게 빼돌릴 수 있어 암거래 시장에 팔기에 안성맞춤이었다.

선박 적하목록이 부정확한 것 외에도 남미와 유럽 사이에 실시간 통신을 주고받을 방법이 없어서 선적물의 양과 도착 시각을 미리 정확하게 알 수 없다는 문제도 있었다. 확실히 알 수 있는 사실은 에메랄드, 금, 은을 실은 여러 대의 배가 끊임없이 들어오리라는 것뿐이었다. 시간이 지날수록 에스파냐의 부는 불어났다. 하지만 아이러니하게도 에스파냐로 '유입된' 막대한 부는 너무 엄청나다는 사실 자체만으로 문제를 일으켰다. 유입된 부를 어떻게 추적해야 할까?

♦ 현대의 보물 탐험가인 멜 피셔Mel Fisher와 동료들이 침몰한 에스파냐 보물선 '아토차Atocha' 호의 잔해를 발견하면서 이런 추측이 사실로 밝혀졌다. 아토차호의 정식 적하목록은 실린 화물보다 훨씬 적었고 심지어 피셔와 동료들이 바다 밑에서 건져 올릴 수 있었던 양보다도 더 적게 기록되어 있었다.

가치는 어떻게 매겨야 할까? 거래는 어떻게 해야 할까?

　에스파냐가 지닌 또 다른 문제는 이사벨과 페르난도의 손자인 멍청한 카를 5세Karl V였다. 돈은 많지만 어리석은 상속자들이 다 그렇듯 카를 5세는 돈의 출처에는 전혀 관심이 없었다. 그(그리고 아들인 펠리페 2세)는 돈에 신경 쓰는 일을 좋아하지 않았다. 단지 돈이 절대 끊이지 않고 계속 들어오리라고 굳게 믿었다. 그래서 희대의 낭비벽을 발휘해 금고가 채워지는 속도보다 더 빠르게 돈을 써댔다.

　대체 어디에 돈을 썼을까? 프랑스 베르사유 궁전에서처럼 화려하고 방탕한 파티와 도박을 하느라 돈을 쓴 걸까? 아니다. 사치에 눈먼 러시아 로마노프 왕가처럼 보석을 사고 성을 짓는 데 쓴 걸까? 이것도 아니다. 빅토리아 여왕 시대의 영국처럼 끊임없이 식민지를 만들고 기반시설을 짓는 데 쓴 걸까? 이것도 아니다! 카를 5세는 할머니 할아버지가 했던 대로 더 많은 '성전'을 치르는 데 돈을 다 썼다.

　역시 사람 마음은 마음대로 되지 않는 법이다. 카를 5세는 평생 먹고살 수 있을 만한 돈을 물려받은 사람답게 무한정 들어오는 돈을 보며 과한 자신감을 품었다. 그 결과 그때까지 인류 역사상 가장 많은 사상자를 내고 제일 큰 비용을 치른 성과 없는 전쟁에 돈을 썼다.(이 기록은 그의 멍청한 아들 펠리페 2세가 엘리자베스 1세와 전쟁을 치르면서 깼다.) 카를 5세는 개신교도, 이슬람교도와 싸우기 위해 네덜란드와 지중해를 모두 공격했다. 나중에는 두 곳을 동시에 공격하기도 했다. 이런 전쟁들이 교착상태에 돌입하면서 전투를 치르는 데 엄청나게 많은 돈이 들어갔다. 카를 5세는 일단 파산을 선언하고 신대륙에서 들어온 배가 현금 흐름을 틔울 때까지 기다리는 일을 계속 반복해야만 했다.

미래를 건 도박

대체 이 이야기가 현대 금융 시스템과 무슨 관련이 있을까? 한번 살펴보자. 에스파냐 제국은 하늘의 명을 받아 전쟁을 치르다 결국 은행을 만들었다. 에스파냐 왕조는 과거에도 그랬듯 예상치 못한 행운으로 부당하게 착취해 얻은 막대한 부를 이교도와 전쟁하는 데 썼다. 할머니인 이사벨 여왕이 그랬고 아들인 펠리페 2세가 그랬듯 카를 5세도 신대륙에서 오는 부가 절대 끊이지 않으리라고 믿었다. 여기까지는 많은 부자들이 하는 착각과 비슷하다. 하지만 에스파냐 왕가는 신이 에스파냐 가톨릭교도를 제외한 모든 사람을 죽이길 '원했기 때문에' 에스파냐에 무한한 부를 내렸다는 기이하고 위험한 착각까지 하고 있었다. 하지만 부는 무한하지 않았고 에스파냐는 끊임없이 파산을 선언해야 했다.

하지만 정말 부가 무한하지 않았던 걸까? 돈이 떨어져도 몇 주만 지나면 귀금속과 에메랄드의 무게로 휘청대는 보물을 실은 선단이 세비야 항구 저편에 나타나리라는 사실을 모두 알고 있었다.

적어도 처음에는 돈이 문제가 아니었다. 중요한 건 현금 '흐름'이었다. 에스파냐는 단기운영자금 부족 사태의 선구자나 다름없었다. 에스파냐는 신대륙에서 배가 들어올 때까지 기다리지 않고도 중앙아메리카와 남아메리카에 있는 부를 담보로 활용해 빚을 낼 방법을 고안해야만 했다. 이런 일을 하려면 국제 규모의 신용이 필요했다. 결국 에스파냐는 '지금 우리가 쓰는' 현대 경제의 기초를 닦기 시작했다.

에스파냐는 국채인 후로juro를 발행해서 당시 겪고 있던 자금난의 해결책을 찾았다. 후로는 세계 최초로 이자 지급을 약속한 정부 채권으로 저널리스트 루벤 마르티네스Rubén Martínez와 칼 바이커Carl Byker는 후로를 두고 "미국 경제의 엔진이라 할 수 있는 단기재정증권(treasury bill: 국채의 일종)의 조상"13)이라 말했다. 후로는 조잡한 종이 쪼가리에 불과했지만, 유럽의 은행가들은 신대륙에서 오는 끊임없는 부를 믿고 위험을 감수하며 후로를 사들였다.

'의심 중지suspension of disbelief'(우리가 연극, 영화, 소설 등을 볼 때 의심 없이 그 내용을 현실이라 믿어버리는 현상을 뜻한다._옮긴이)라는 말을 들어본 적이 있는가? 어떤 면에서 보면 경제는 커다란 연극 무대나 다름없다. 경제는 구성원들이 가상 가치나 미래 가치 등에 대해 자발적으로 의심을 멈출 때, 즉 실제인지 따져 묻지 않고 눈감아줄 때만 지속될 수 있다. 예를 들어 연극을 볼 때 우리는 모두 무대에 있는 연기자가 우리를 보지 못하며 우리가 거기 있다는 사실을 모른다고 믿는 데 동의한다. 이런 동의가 없다면 무대라는 가상공간은 깨지고 연극은 끝날 것이다. 튤립 시장이나 부동산 시장의 거품이 꺼졌을 때, 처음에는 몇몇 사람들이 품고 있던 의심이 결국 '모든 사람'에게 퍼져 곧 모두가 현실을 직시하고는(다른 말로 '소비자 신뢰지수 충격'이라 부르는) 공황상태에 빠져버렸다. 이처럼 자발적 의심 중지 상태가 깨지면 뱅크런bank run이나 주식시장 폭락이 일어나 경제가 며칠 만에 무너질 수 있다.

후로는 돈을 빌리는 대가로 원금과 이자를 지급하겠다고 약속하는 글귀와 에스파냐의 공식 직인이 찍혀 있는 단순한 종잇조각이었다. 에스파냐 정부와 에스파냐에 투자한 외국인 투자자들은 선박을 주식처럼 다뤘을 뿐 아니라 이 주식을 두고 '돈까지 건' 셈이었다. 이들은 인스타그램은 물론 휴대전화나 전보도 없던 시절에 배가 해적에게 공격받지 않을 것이며 날씨가 나빠져 침몰하지도 않을 것이고 식민지에 불이 나거나 화산 폭발이 일어나거나 성난 원주민들의 폭동이 일어나는 일도 없을 거라고 믿고 돈을 걸었다. 언제나 평소와 마찬가지로 배가 보물을 가득 싣고 모습을 드러낼 거라고 장담했던 것이다. 즉, 이들은 선물先物에 투자하고 있었다.♦

에스파냐의 종이 채권 후로는 현대 경제의 시작을 열었다. 후로와 이의 영향을 받아 훗날 발행된 채권들은 은행, 대출, 투자 시스템을 완전히 바꿔버렸다. 역사가 샤론 M. 해넌Sharon M. Hannon은 이렇게 썼다. "신대륙 사람들의 피와 땀과 산업은 이렇게 유럽 자본주의의 발전 자금을 댔다."14)

이 모든 사건은 거대한 에메랄드와 신에 대한 모순된 생각에서 시작된 일이었다. 에스파냐는 예쁘고 희귀해서 값이 비싼 빛나는 녹색 보석에서 '미래' 가치를 보장하는 종잇조각으로 발을 옮겼다. 채권과 선물은 순수한 가상 가치밖에 가지고 있지 않다. 결국 '종이'가 보석, 구슬, 빛나는 귀금속을 대체하고 모든 이들이 가장 가지고 싶어 하는 가상 통화의 가치가 된 것, 이것이 바로 자발적 의심 중지다.

집단 망상의 해체

15세기 중엽, 에스파냐는 치보르Chivor, 무소Muzo, 소몬도코Somondoco

♦ 어떻게 보면 에스파냐는 언제나 선물에 돈을 걸고 있었다. 하늘의 명을 받았다고 가정해 성전에 계속 돈을 쓰는 행동 자체가 본질적으로 미래에 받을 구원을 걸고 도박 같은 투자를 한 것이나 다름없다.

를 비롯한 여러 곳에 커다란 에메랄드 광산을 열었다. 그때까지 유럽에서 남미산 에메랄드처럼 품질, 색깔, 수량 면에서 비교할 수 없이 뛰어난 에메랄드를 본 사람은 아무도 없었다. 지금도 남미 에메랄드는 다른 에메랄드와 비교할 수 없을 정도로 품질이 뛰어나다. 천연두로 동족을 거의 다 잃고 살아남은 잉카인들이 눈물을 흘리는 동안 에스파냐는 잉카의 살아 있는 신인 에메랄드를 깨부수고 '한 번에 오십 만 캐럿씩' 유럽으로 실어 날랐다.

에메랄드가 쏟아져 나오는 속도에 맞춰 보물 사냥꾼, 군인, 하인, 부인, 상인, 창녀 등 온갖 계층의 에스파냐 사람들이 뉴에스파냐(Nueva España: 에스파냐 식민지)로 밀려 들어왔다. 샤론 M. 해넌에 따르면 에스파냐 제국은 신대륙에서 얻은 엄청난 부 덕분에 16세기 내내 세계 유일의 초강대국 자리를 유지할 수 있었다. 에스파냐는 다른 유럽 국가가 해야 할 사업도 정했는데 이는 주로 비싼 대가를 치러야 하는 유혈 전쟁을 뜻했다. 에메랄드 앵무새의 딸을 팔아 얻은 돈으로 에스파냐는 백 년 넘게 세계에서 가장 크고 강한 부자 깡패 국가로 군림하게 된다.

하지만 끝없는 탐욕의 최후가 좋을 리 없었다. 델라웨어족을 현혹한 유리구슬처럼 외양의 아름다움이 가상 가치를 만들어낼 수도 있다. 하지만 모든 공상이 그렇듯 가상 가치의 매력은 현재가 아닌 정해지지 않은 가능성에 대한 기대 때문에 생긴다. 그런데 이런 정해지지 않은 가능성에 대한 집단의 기대는 매우 깨지기 쉽다. 가상 가치는 순식간에 사라질 수 있다. 에메랄드가 지닌 무척 특별한 가치조차 한 세기가 지나자 사라지고 말았다. 에메랄드의 공급량이 정점에 달하고 에메랄드가 흔해지자마자 시장은 포화됐고 '사상 최초로' 에메랄드의 가치가 폭락했다.

한때는 커다란 에메랄드 열두 개로 에스파냐 왕실 보물을 모두 살 수 있을 정도였다. 하지만 에스파냐가 에메랄드를 발견하고 채 백 년이 지나기도 전에 에메랄드의 가격은 에메랄드가 박혀 있는 금보다도 못한 수준으로 떨어졌다.

《보석: 숨겨진 역사 *Jewels: A Secret History*》에서 저자 빅토리아 핀레이 Victoria Finlay 는 에메랄드가 많아지면서 가치가 폭락하는 모습을 직접 본 영국의 보석전문가 토머스 니컬스 Thomas Nichols 가 쓴 글을 인용하고 있다. 니컬스는 보석상에게 '광채와 형태가 빼어난' 에메랄드를 내보인 한 에스파냐 사람을 예로 들었다. "보석상은 에메랄드의 가치를 100더컷 ducat 으로 평가했다. 그러자 그 에스파냐 사람은 더 크고 질 좋은 에메랄드를 꺼냈고 보석상은 이를 300더컷으로 평가했다. 이 말에 흥분한 에스파냐 사람은 보석상을 집으로 데려가 장식장에 가득 든 에메랄드를 보여줬다. 엄청나게 많은 에메랄드를 본 보석상은 에스파냐 사람에게 이렇게 말했다. '손님, 이 에메랄드는 한 개당 1크라운 crowne[1더컷의 약 1/8] 정도 될 것 같네요.'"[15]

무척이나 빠른 가치 하락이다. 이는 희소성 효과와 동전의 양면을 이룬다. 이러한 현상을 시장 포화라 부르는데 어떤 물건이 소위 '싸구려'가 되는 이유가 바로 여기에 있다. 에메랄드든 석유든 옥수수든 품목에 상관없이 언제나 지나친 풍족함은 시장가격을 떨어뜨린다. 공급이 넘쳐나는 물건은 무엇이든 싸진다. 만일 이 '물건'이 돈이라면 심한 인플레이션이 일어난다.

개신교를 탄압하고 오스만 왕조를 공격하고 유대인을 개종시키고 죽여대는 제정신이 아닌 듯한 일에 국가 자원을 지속적으로 낭비하면서 에스파냐는 무시무시한 빚을 떠안게 됐다. 여기에 신대륙에서 들어온 엄청난 양의 보물은 인플레이션을 일으켜 경제위기를 더욱 심각하게 만들 뿐이었다.[16)]

빠르게 성장한 에스파냐 제국은 무너질 때에도 빠르게 무너졌다. 16세기 후반부터 17세기 초반 사이에 에스파냐 제국이 빠르게 쇠락한 이유는 카를 5세와 펠리페 2세가, 다른 나쁜 경제정책도 있었지만 특히 적자 지출을 일삼아서였다. 돈이 끊이지 않고 들어오리라는 이들의 믿음은 옳았다. 다만 이들은 이 돈이 무용지물이 되리라는 생각까지는 못했다. 나중에는 아직 캐지 못한 에메랄드가 많이 남아 있는데도 대다수 광산의 문을 닫아야 했다. 광산 지역을 오가는 발길마저 끊어져 그 후 한 세기가 지나는 동안 기억에서 잊힌 폐광도 있었다.

에스파냐가 세계를 호령한 대가로 얻은 이득은 아주 적었다. 에스파냐의 물질적 풍요가 극에 달했을 때조차 평범한 에스파냐 국민의 생활수준은 그리 높아지지 않았다. 사실 그 이후는 물론 나라가 가장 번성했을 때도 에스파냐 국민의 평균 생활수준은 유럽에서 가장 낮은 수준이었다. 정상에 머문 기간은 짧았지만, 이 짧은 기간 동안 에스파냐는 많은 나라를 적으로 돌렸다. 16세기 말, 에스파냐의 위치는 경제 사다리의 아랫부분으로 다시 돌아왔다.

에스파냐 쇠망의 역사는 얼굴에 칠을 하고 깃털을 단 채 독침을 쏘는 야만인이나 도륙과 방화로 남미 정글에 길을 낸 피에 목마른 정복자보다 훨씬 더 무시무시한 경제법칙을 보여준다. 이 경제법칙의 힘은 에스파냐 종교재판 시대의 전제군주보다 더 강했고 그 값은 축구공 크기의 완벽한 에메랄드보다 더 비쌌다. 에스파냐의 이야기는 종교와 돈, 그리고 이 둘 사이의 복잡한 관계를 보여주기도 한다.

천상의 돈과 지상의 돈의 대립부터 가격과 실제 가치의 대립까지 다양한 신념과 이념의 대립이 담겨 있는 이 이야기에서 우리는 부와 정당성의 혼돈과 종교가 경제의 틀을 형성하는 데 미친 영향 그리고 이렇게 형성된 경제가 자본주의라는 완전히 새로운 종교의 기반을 다지는 과정을 살펴봤다. 따지고 보면 신의 가호보다 더 가상적인 가치가 어디 있겠는가?

지나친 약은 독이다

필리푸스 아우레올루스 테오프라투스 봄바스투스 폰 휜힘Philippus Aureolus Theoprastus Bombastus von Hoenhiem은 16세기 심령 연구가이자 점성술사이며 다재다능한 과학자였다. 이 장의 배경인 1530년대에 가장 왕성히 활동했던 이 기나긴 이름을 지닌 과학자에겐 이름을 바꿀 이유가 충분해 보인다. 그는 파라셀수스라는 예명으로 활동했다.

파라셀수스는 과학자가 아닌 일반인에게는 납을 금으로 바꾸는 '과학'인 연금술의 아버지로 널리 알려져 있다. 하지만 파라셀수스는 독을 연구하는 과학인 현대 독성학toxicology을 탄생시키며 연금술보다 더 중요한 업적을 남겼다.

식물학자 겸 화학자, 물리학자였던 파라셀수스는 아연에 이름을 붙인 사람이기도 하다.[17] 심지어 '가스'와 '화학'이라는 단어도 파라셀수스가 처음 만들어냈다. 그는 확실히 시대를 앞서간 사람이었다. 지금은 정설로 받아들여지고 있지만 정신병이 사실 신체에 생기는 진짜 병이라는 주장을 처음으로 한 사람도 파라셀수스였다. 점성학과 연금술에 관심이 있긴 했지만, 그는 엉터리 과학은 혐오했다. 1530년 파라셀수스는 당시 과학계에 널리 퍼져 있던 믿음과는 달리 광부병이 산의 정령이 건 주술이 아니라 광산 안의 독성 가스로 인해 생긴다는 주장을 펼쳐 학계를 뒤흔들었다.

파라셀수스가 남긴 명언 가운데 가장 널리 알려진 것은 독성학에 대해 한 말이지만, 돈에도 적용할 수 있다. 그는 "지나친 약은 독이다."라고 했다.♦ 파라셀수스는 소량일 때는 납이나 비소도 전혀 해롭지 않지만 과도하면 물이나 산소로도 뇌 손상을 일으킬 수 있으며 심지어 사람을 죽일 수 있다고 강조했다.

어쩌면 파라셀수스는 경제학자로 볼 수도 있을 것 같다. 신체에 작용하는 독이든 국가 경제를 망가뜨리는 독이든 간에 약과 독의 경계는 모호하다. 약과 독, 선교와 광기를 가르는 경계선에서는 아주 작은 변화가 모든 것을 바꿀 수 있다.

위대한 철학자인 코미디언 그루초 막스Groucho Marx는 "[나를] 받아줄 만한 클럽에는 별 관심이 없었다."라고 고백한 적이 있다. 보석에 대한 모든 사람의 태도도 이와 마찬가지다. 우리는 보석이 실제로(또는 인위적으로) 희귀할 때는 가치를 높게 치지만, 쉽게 손에 넣을 수 있으면 쓸모없는 것으로 취급한다. 희귀함은 가치를 만들고 가치는 부를 만든다. 희귀함과 부유함은 둘 다 좋은 약이 될 수도 있고 나쁜 독이 될 수도 있다. 돈이 너무 없어도 문제지만 돈이 너무 많아도 위험하다. 너무 많은 돈은 국가 경제를 일으켜 세우기도 하고 무너뜨리기도 한다.

에메랄드가 하찮아 보일 정도로 에메랄드 시장이 포화되고 '결국 가치가 폭락할 부'가 에스파냐 국가 경제에 넘실대던 그 시점에 에스파냐는 임계점에 도달했다. 1637년 튤립 거품이 붕괴했을 때처럼 에스파냐에서도 희소성 효과가 지탱하고 있던 환상이 깨져버렸다. 예쁘지만 흔한 돌을 거래하고 있다는 사실을 모든 사람이 깨달은 순간, 에메랄드의 가치는 증발했다.

에스파냐는 야망이 탐욕으로, 신앙이 원리주의로, 부가 도덕적 당위성으로 변하도록 허락함으로써 약과 독을 가르는 경계선을 넘었다. 에스파냐가 추진력과 탐욕, 탐욕과 정당화를 가르는 선을 넘은 때는 언제였을까? 사실 지금 이 순간에도 우리 주변에서는 이런 경계를 넘는 일이 끊임없이 벌어지고 있다.

여기서 다룬 이야기는 단순히 에스파냐, 에메랄드, 정복, 피에 대한 게 아니다. 에스파냐의 이야기는 '출발'을 의미하는 녹색 신호만을 바라보고 맹목적으로 가속 페달을 밟은 자에게 어떤 최후가 기다리고 있는지 알려준다. 어쩌면 녹색 신호만 보고 낭떠러지를 향해 가속 페달을 밟는 것 같은 행동을 하는 투기꾼이나 광신도 같은 사람들을 탓해봤자 소용없는 일인지도 모르겠다. 약이 지나치면 독이 된다는 사실은 자연의 섭리니까 말이다.

♦ 파라셀수스가 실제로 한 말은 대략 다음과 같이 번역할 수 있다. "모든 약은 독이며 독이 없는 것은 약이 아니다. 그저 투여량에 따라 독이 아니게 될 뿐이다."

Part 2

◆

탐하다

강박, 소유, 전쟁의 메커니즘

지금까지 발굴된 고대 장신구 가운데 가장 오래된 것은 붉은 황토로 색을 입히고 줄에 꿸 수 있도록 구멍을 뚫은 열세 개의 조가비 구슬이다. 구슬을 단단히 꿰고 있었을 실은 이미 수천 년 전에 사라져버렸지만, 아름답고 작은 조가비 구슬들은 모로코 동부 타포랄트 동굴Taforalt Cave에서 온전한 형태로 발굴됐다. 이 구슬은 8만 2천 년 전에 만들어졌는데 이와 비슷한 시기에 제작된 유사한 장신구가 남아프리카 끝자락의 블롬보스 동굴Blombos Cave에서 발견되기도 했다.

발굴 작업을 이끈 노르웨이 베르겐대학교의 크리스토퍼 헨실우드Christopher Henshilwood는 이 발견이 인류의 먼 조상이 추상적인 사고를 했다는 사실을 보여주는 중요한 사례 가운데 하나라고 말했다. "이 구슬에는 상징적인 의미가 있습니다. 상징성은 동굴 벽화나 장신구를 비롯한 정교한 예술의 근거입니다."◆

이 구슬을 만드는 데 사용된 조개껍데기와 비슷한 조개껍데기가 이스라엘에서 발견되기도 했는데 아직 연대가 확정되진 않았지만, 10만 년에서 13만 5천 년 전 사이의 것으로 추정하고 있다. 이로 미뤄볼 때 장식 행위는 태초부터 있었던 인류의 본능은 아닌 것 같다. 장신구를 만드는 행동은 인간이 직립 보행을 시작한 즉시 모든 곳에서 나타나지 않았다. 어쩌면 장신구의 발명은 인류가 더 현대적으로 사고하고 행동하기 시작했음을 알리는 사건일지도 모른다.

장식은 그 자체로 숭배의 한 형태다. 역사 기록이 시작된 이래 인류는 어느 시대 어느 곳에서나 보석에 매혹됐으며 보석을 최대한 많이 활용해 종교 물품을 만든 뒤 공물로 바치거나 전시하거나 심지어는 우상으로 숭배하기까지 했다. 장식 행위는 지금까지 나타난 모든 종교가 가진 단 하나의 공통점이자 모든 인간을 하나로 묶는 공통요소다.

제1부 '귀하다'에서 "보석의 가격은 어떻게 정해지는가?"를 물었다면, 제2부에서는 더 근본적인 질문인 "보석이란 무엇인가?"를 물을 것이다. 각 개인과 집단, 그리고 역사라는 거대한 무대에서 보석은 어떤 존재였을까?

문학, 영화, 유명한 구전 설화에 등장하는 보석에는 온갖 도덕적인 특성이 부여된다. 보석에 저주가 걸렸다거나 보석이 사람을 홀린다는 등 보석은 악마적인 성격을 띨 수 있는 존재로 묘사된다. 반대로 치유 능력으로 선한 이들을 보호하는 좋은 무기로 묘사되기도 한다. 심지어 보석이나 돌이 가진 치유력, 예지력, 인간의 삶을 바꾸는 능력을 믿는 종교가 생기기도 했다. 제2부에서는 보석이 가진 금전적, 내재적 가치가 어떻게 형성되는지 알아볼 뿐만 아니라, 보석이 도덕적 가치와 감정적 가치를 상징하는 물건이 된 이유와 보석에 부여된 상징성이 다시 보석의 가치를 어떻게 재정의하는지 살펴볼 것이다.

제2부에서 다룰 세 가지 이야기는 욕망의 어두운 측면인 부러움과 이 부러움이 불러올 수 있는 파멸에 대한 것이기도 하다. 부러움도 결국 남만큼 가지고 싶은데 가지지 못한 것을 향한 욕망의 한 형태이지 않을까?

아름다움은 어떤 힘으로 우리를 지배하는 걸까? 원하는 것을 가지지 못하면 어떤 일이 벌어질까? 원하는 물건을 바로 눈앞에 두고도 가질 수 없는 최악의 상황에서는 무슨 일이 벌어질까? 집중은 언제 집착으로 바뀔까? 욕망은 어떻게 적의로 바뀔까? 가지고 싶다는 바람이 손을 뻗는 충동으로 바뀌면 무슨 일이 일어날까? 우리는 언제 원하는 것

♦ http://news.bbc.co.uk/2/hi/science/nature/3629559.stm

을 가지기 위해 경쟁할까? 언제 남이 가진 물건을 빼앗을까? 어떤 때 모두가 원하는 것을 아무도 가질 수 없도록 경쟁의 법칙 자체를 바꿔버릴까?

앞에서 욕망이 어떻게 우리의 가치 인식을 바꾸는지 주로 다뤘다면 제2부 '탐하다'에서는 욕망 때문에 생긴 집착과 이 집착이 우리의 행동을 어떻게 조종하는지 다룬다. 첫 번째 이야기는 욕망이 죽음으로 이어지며 역사에 엄청난 파급효과를 미친 사례로 프랑스 왕정의 몰락을 불러온 암시와 거짓말, 소문, 거대한 다이아몬드 목걸이에 얽힌 이야기다. 두 번째는 자매 사이와 두 나라 사이의 관계를 갈라놓고 세계지도까지 바꿔버린 완벽한 진주 한 알에 대한 이야기다. 마지막은 과도하게 쏠린 부를 강제로 재분배한 것으로 유명한, 얼음의 고장 러시아가 냉전 시대에 역사상 가장 멋진 부활절 달걀들을 가지고 벌인 야바위 게임에 대해 다룬다.

제1부에서 경제, 국가, 제국의 형성과 변화 과정에서 보석이 맡은 역할에 초점을 맞췄다면, 제2부에서는 경제, 국가, 제국이 무너지는 과정과 인류 역사상 가장 잔인하고 거대한 전쟁에서 보석이 맡은 역할에 초점을 맞출 것이다. 제2부는 우리가 무엇을 원하는지, 왜 원하는지, 원하는 것을 얻기 위해 무슨 짓까지 벌일 수 있는지에 대한 이야기다.

소문은 싫어하는 사람에 관한 듣기 좋은 소식이다.

_얼 윌슨Earl Wilson

왕비가 없었다면 혁명도 없었을 것이다.

_토머스 제퍼슨Thomas Jefferson

chapter 04

제물이 된 왕비

프랑스혁명과 다이아몬드 목걸이

오늘날 마리 앙투아네트Marie-Antoinette는 베르사유의 전성기를 상징하는 대표적인 인물로 꼽힌다. 마리 앙투아네트는 백성의 고통에 무관심하고 사치스럽고 경박하기만 한 욕심과 허영이 많은 여자로 알려져 있다. 이는 대부분 사실이 아니었지만, 싫으면서도 매력적인 왕비에 대한 프랑스 국민의 증오가 혁명의 참여자들을 한데 묶는 계기가 된 것은 맞다.

프랑스혁명은 왜 일어났을까? 여러 가지 이유가 있었다. 계속 기후가 나빠졌고 프랑스 정부의 대처는 서툴렀으며 귀족들은 백성의 소중한 식량인 밀가루를 가발에 분으로 뿌려대는 등 비상식적으로 행동했다. 그러는 동안 백성들은 굶주리고 고통받았다. 부자들의 말도 안 되는 행동이 늘어나고 가난한 사람들이 떼죽음을 당하면서 반란 분위기가 조성되기 시작했다.

하지만 불이 붙어야 폭발이 일어나듯, 혁명에도 불을 지필 기폭제가 필요했다. 프랑스혁명의 기폭제는 '목걸이 사건'이었다. 목걸이 사건은 세계에서 가장 비싼 다이아몬드 목걸이를 훔치기 위한 치밀한 절도 행각을 둘러싸고 벌어진 일련의 추문이다. 마리 앙투아네트는 값비싼 목걸이를 손에 넣기 위해 왕의 믿음을 배신하고 추기경을 유혹해서 죽이려는 음모를 꾸몄으며 국가의 돈을 그리고 어쩌면 가톨릭교회의 돈까지 횡령한 여자로 지목됐다. 하지만 사실 마리 앙투아네트는 이 가운데 아무 죄도 짓지 않았다. 왕비는 사건이 터지기 몇 년 전부터 이 목걸이에 대해 알고 있었고 이 목걸이를 사라거나 사주겠다는 제안을 계속 듣긴 했지만, 오히려 언제나 "왕실 보석함이 충분히 찼다."는 이유로 거절했던 터였다.[1]

결국 목걸이 절도를 계획한 진범이 밝혀지면서 마리 앙투아네트는 누명을 벗었지만 그때는 이미 왕과 마리 앙투아네트의 평판이 나빠질 대로 나빠진 후였다. 마리 앙투아네트는 베르사유를 상징하는 인물이 되었고 다이아몬드는 왕비의 끝 모르는 사치를 상징하는 물건이 됐다. 다이아몬드 목걸이와 마리 앙투아네트는 당시 프랑스가 겪고 있던 모든 고통과 도덕적인 격분의 표적이 되었다. 적자 부인 Madame Deficit이라는 별명까지 얻은 마리 앙투아네트는 헛소문도 사실이 되는 여론 재판에서 유죄를 선고받았고 이 사건은 역사를 바꿨다.

헛소문이 사실로 변하고 보석이 우상으로 변하듯 사람도 인간이 아닌 그저 하나의 상징으로 변할 수 있다. 우리는 이런 상징에 따라 물건의 가치를 매기고 사람이 '받아 마땅한' 상벌을 정한다. 목걸이 사건은 십대처럼 경솔하게 행동한 국가 지도자, 소문, 쪽지 교환, 젠체하는 사람, 파벌에 대한 이야기다. 겉모습에 집착하는 귀족과 귀족에 집착하는 보통 사람들의 이야기이기도 하다. 하지만 더 중요한 주제는 상징의 힘, 특히 신분 상징의 힘이다.

어머니의 꼭두각시에서 왕비로

프랑스 왕정 시대의 방탕과 타락을 대표하는 인물로 일컬어지는 마리 앙투아네트는 얄궂게도 프랑스 사람이 아니다. 마리 앙투아네트는 1755년 11월 2일, 힘은 강하지만 외양은 소박한 오스트리아 빈의 합스부르크 왕가에서 태어났다. 마리 앙투아네트는 오스트리아인이라는 사실 때문에 오스트리아에 별로 우호적이지 않은 프랑스 궁전에서 짓궂은 별명을 얻고 의심과 미움을 샀다.

당시 오스트리아 제국은 철의 여제라 불린 마리 앙투아네트의 어머니, 마리아 테레지아Maria Theresia의 현명하고 엄격한 통치하에 세력을 키우고 있었다. 마리아 테레지아는 당대의 여러 전제군주 가운데서도 가장 위엄 있고 강한 권력을 쥔 군주였다. 그는 자식을 열여섯이나 두었는데 자신이 계속 임신하지만 않았다면 말을 타고 전장에 나갔을 것이라는 유명한 말을 남겼다. 마리아 테레지아는 자식들을 유럽이라는 체스판 위의 '폰(pawn: 체스의 졸)'이라 부르길 주저하지 않았다. 그의 자녀들은 다른 국민과 마찬가지로 어머니를 사랑하는 마음과 두려워하는 마음을 동시에 지니고 있었다. 마리아 테레지아의 남편으로 신성로마제국의 황제였던 프란츠 1세Franz Joseph I는 아내와 아이들의 사랑을 받긴 했지만, 장식에 불과했다. 실제로 합스부르크 왕좌에 앉아 오스트리아-헝가리 제국을 통치하는 군주는 마리아 테레지아 여제라는 사실을 의심하는 사람은 아무도 없었다.

마리아 테레지아는 나쁜 군주는 아니었다. '계몽절대주의자'였던 그는 러시아의 예카테리나 2세처럼 진보 개혁을 단행해 보통교육을 실시하고 중세시대부터 내려온 농노제를 폐지했다. 하지만 마리아 테레지아가 민중을 위한 왕이었다고 생각하면 곤란하다. 그는 단지 불쌍한 딸 마리 앙투아네트와 달리 현명한 지도자였을 뿐이다. 그녀는 미래의 일을 미리 내다볼 줄 아는 사람이었다. 하지만 전제군주제에 대해서만큼은 절대적으로 필요하다는 시각을 평생 유지했다. 마리 앙투아네트는 어머니의 이런 믿음을 물려받았다.

마리 앙투아네트는 마리아 테레지아의 딸 가운데 제일 예뻤지만, 외모를 제외하면 가장 눈에 띄지 않는 딸이었다. 그는 어머니의 선천적인 통치 재능을 전혀 물려받지 못했다. 선견지명이 없었음은 물론이고 수수하지만 위엄 있는 장중함도 찾아볼 수 없었다.

거의 방치되다시피 자란 열다섯 번째 아이 마리 앙투아네트는 음악과 춤을 빼면 교육을 많이 받지도 못했다. 심지어 음악과 춤에 대한 소질조차 의심스러웠다. 누군가는 예쁜 마리 앙투아네트 공주의 춤을 이렇게 평했다. "공주는 박자에 맞춰 춤을 추지 못한다. 공주가 추는 춤의 박자가 맞는다면 시계가 잘못된 게 분명하다."[2]

마리 앙투아네트는 명랑하고 유쾌했지만, 그녀를 진지하게 받아들이는 사람은 없었다. 특히 어머니 마리아 테레지아에게 낮은 평가를 받았던 마리 앙투아네트는 평생 어머니에게 인정받고자 필사적이었다. 자신보다 뛰어난 여러 언니 오빠들 가운데서 앙투안느(Antoine: 마리 앙투아네트의 아명)는 대개 관심을 받지 못했다. 하지만 마리 앙투아네트의 언니 한 명이 갑자기 흑사병으로 사망하는 바람에 마리아 테레지아의 체스판에 빈 곳이 생기면서 상황이 바뀌었다.

프랑스와 오스트리아는 오랫동안 적대관계였다. 1700년대 중반, 두 국가는 훗날 7년 전쟁이라 불리게 될 교전을 치르기 위해 상대국보다 더 싫어하는 다른 나라들에 대한 반감을 바탕으로 동맹을 맺었다. 전쟁이 잠잠해지면서 한시적인 동맹 관계가 느슨해지자 오스트리아는 맺은 지 얼마 안 된 프랑스와의 우호 관계를 굳건히 하기 위한 방법을 찾기 시작했다. 이를테면 결혼 같은 방법 말이다. 마리아 테레지아는 딸이 글을 읽지도 못하는 아이라는 이유로 유리한 혼사를 맺을 기회를 놓칠 사람이 아니었다. 딸의 의사나 능력 부족과는 상관없이 그에게 공주란 원래 "복종하기 위해 태어나는"[3] 존재에 불과했다. 이렇게 아주 어리고 유쾌하고 미숙한 마리 앙투아네트 공주는 세상에서, 적어도 유럽에서 가장 낯선 곳으로 보내졌다. 베르사유였다.

베르사유의 주부들

1770년 4월, 마리 앙투아네트는 여색을 밝히는 루이 15세Louis XV의 손자이자 마리 앙투아네트만큼이나 우유부단하고 어린 데다 멍청하기까지 한 루이 16세Louis XVI와 결혼하기 위해 프랑스로 떠났다. 마리아 테레지아는 딸에게 '무슨 수를 써서라도' 베르사유에 있는 모든 사람의 마음에 들게 행동하라는 엄중한 지시를 내렸다.

먼저 양국 국경 지대에서 작은 의식이 치러졌다. 마리 앙투아네트를 맞은 프랑스 사절은 즉시 공주가 가지고 온 옷가지, 애완동물, 동행인, 추억이 담긴 물건 등을 가리지 않고 모두 거둬들여 오스트리아로 되돌려 보냈다. 마리 앙투아네트가 오스트리아 사람이 아닌 프랑스 사람이 됐다는 의미에서 모든 것이 프랑스제로 대체되었다.[4]

불행히도 이런 깜짝 연극으로 공주를 프랑스 사람으로 만들 순 없었다. 마리 앙투아네트가 여성성과 경솔함, 사치를 희화화할 때 대표로 등장하는 인물이 된 것은 믿기 어려울 만큼 신기하다. 빈을 막 떠난 마리 앙투아네트를 잘 표현해주는 단어는 말괄량이였다. 마리아 테레지아가 베르사유에 있는 딸에게 편지해 프랑스 사람들에게 잘 보이기 위해 외모를 단장하라고 당부할 정도였다. 마리아 테레지아가 가장 좋아하는 딸의 초상화도 좋은 사냥복을 입고 막 사냥에 나서기 전의 딸을 그린 것이었다. 마리아 테레지아는 "고위층일수록 단순한 의복을 입어야"[5]한다고 생각했고 그래서 빈에서는 간소한 차림과 말괄량이 짓이 허용됐다. 오스트리아에서는 의상의 화려함보다는 힘을 보여주고 존경받을 만한 외양을 갖추는 게 더 중요했다.

하지만 베르사유는 정반대였다. 베르사유에서 외모는 곧 그 사람의 가치였다. 보석의 크기나 올림머리의 높이로 그가 얼마나 중요한 사람인지 평가했다. 이것이 베르사유만의 고유한 문화는 아니었다. 보석을 써서 부유함을 내보이고 클레오파트라처럼 부를 이용해 힘과 권한을 드러내는 행동은 언제 어디서나 볼 수 있다. 보라색 옷을 입을 수 있는 사람을 규정하는 법이든, 보석 박힌 약혼반지를 주고받을 수 있는 계층을 규정하는 법이든 간에 지금까지 나온 수많은 사치단속법도 다 경제적 지위를 확연히 가르기 위해 고안된 장치다.

하지만 베르사유의 귀족들은 역시 남달랐다. 이들의 사치단속법은 어떻게 보면 주객이 전도되어 있었다. 지위에 따라 가질 수 있는 물건이 정해져 있다기보다는 몸을 치장한 물건과 그 화려함에 따라 사회적 지위가 정해진다는 말이 더 적절했다.

과시적 소비, 소문이나 험담, 부도덕한 불륜 문화가 베르사유 전체에 만연해 있었다. 귀족들은 없는 불륜 사건도 만들어냈다. 사실 왕과 귀족의 삶은 대부분 '엄청나게' 지루했다. 시간을 보낼 만한 일이 뭐가 있었겠는가? 관리하는 일 말고는 할 일이 없었다.

어떻게 보면 베르사유는 텔레비전 리얼리티 쇼가 처음으로 시작된 곳일지도 모른다. 물론 당시에는 텔레비전이 없었으므로 리얼리티 쇼가 공연되는 극장에 더 가까웠다. 마리 앙투아네트는 아침마다 수십 명의 낯선 사람과 지인 앞에서 옷을 갈아입어야 했다. 식사할 때도 허락받고 들어온 구경꾼들 앞에서 루이 16세 옆자리에 앉아 여러 손님을 대접하며 밥을 먹어야 했다. 마리 앙투아네트는 오스트리아로 편지를 보내 립스틱조차 다른 사람이 발라주어서 한시도 혼자 있는 시간이 없다고 한탄했다.

오스트리아 공주의 사고방식을 버리지 못한 마리 앙투아네트는 베르사유의 과시적인 의례 행위를 웃기다고 생각했고 실제로 이를 입 밖으로 냈다. 하지만 상대를 가려서 투덜댔어야 했다. 이 일로 마리 앙투아네트는 궁전 내에서 친구를 사귀지 못하게 됐고 원래 가지고 있던 약간의 호감과 지지마저 잃었다. 마리 앙투아네트가 고문으로 곁에 둔 단 한 명의 오스트리아 '친구' 메르시 백작조차 사실은 마리아 테레지아가 보낸 감시자였으며 주로 마리 앙투아네트가 저지른 여러 실수를 상세하게 보고하는 일을 했다.

마리아 테레지아는 딸에게 옷을 더 잘 입고 사람들과 더 잘 어울리고 주변 프랑스 사람들과 더 비슷하게 행동하라는 편지를 여러 통 보냈다. 아무리 우스워 보이는 문화라도 프랑스의 관습을 중시하고 왕실 예법을 결정하는 고위급 왕실 여성들을 정중하게 대하라고 당부하기도 했다. 특히 사람들 앞에서 난잡하고 저속한 왕의 정부인 마담 뒤바리Madame du Barry를 비웃지 말라는 당부도 있었다.

실제로 마담 뒤바리를 무시한 행동은 처음에 마리 앙투아네트가 저지른 큰 잘못 가운데 하나였다. 뒤바리에게 홀딱 빠진 루이 15세를 제외하면 '은퇴한 여배우' 뒤바리를 좋게 보는 사람은 아무도 없었지만, 어쨌든 뒤바리는 루이 15세의 호주머니 옆에 언제나 붙어 있는 인물이었다. 다른 궁정 사람들은 모두 왕의 정부와 왕이 총애하는 사람들에게 예의를 갖춰야 한다는 사실을 잘 알고 있었다. 하지만 마리 앙투아네트는 특히나 마담 뒤바리를 역겹게 여겼고 이런 혐오감을 드러내라고 부추기는 짓궂은 시고모들의 말에 잘 넘어갔다. 딸이 범한 실수를 전해 들은 마리아 테레지아는 마담 뒤바리와 화해하라고 말했다. 그리고 남편의 침대 맡에서 오스트리아에 대한 정보를 잘 전달해 오스트리아의 국제적인 이익을 증진하는 것이 마리 앙투아네트의 가장 중요한 임무이며 그러기 위해선 싫어도 프랑스 귀족들의 '마음에 들어야' 한다는 사실을 다시 강조했다.

마리 앙투아네트는 몹시 불행했다. 고향이 그리웠고 많은 사람에게 미움받았다. 처음에 마리 앙투아네트는 '로트리시엔느L'Autrichienne', 즉 '오스트리아 암캐'라고 불렸다. 특히 프랑스 사람처럼 보이기 위해 옷 입는 방식을 바꾸려고 노력한 이후부터 더 놀림을 받았다. 베르사유 귀족들은 이런 말장난으로 마리 앙투아네트의 오스트리아 혈통과 프랑스 사람들의 마음에 들고자 하는 필사적인 노력을 비웃었다.

게다가 남편도 문제였다. 루이 16세는 다정한 남자였지만, 여러모로 보잘것없는 사람이었다. 당시 궁내에 있던 귀족 한 명은 이렇게 평가하기도 했다. "그에게는 거만함이나 제왕다운 풍모가 없다. 마치 쟁기를 끌며 뒤뚱대는 소작농 같아 보인다."[6] 루이 16세는 나라를 다스리는 데 관심이나 소질이 없었다. 사회성이 부족했고 말이 없었으며 특히 호색한으로 악명 높은 가족사를 생각해보면 신기할 정도로 여자에게 관심이 없었다. 게다가 그와 갓 결혼한 눈에 띄게 아름답고 명랑한 소녀에게는 더더욱 관심을 보이지 않았다. 공식 행사였던 사냥을 제외하면 그의 가장 큰 취미는 자물쇠와 열쇠 제작이었다.

루이 16세는 할아버지에게 새로 맞은 아내를 사랑하지만 "소심함을 극복할 시간이 필요"[7]할 뿐이라고 털어놓았다. 결혼 이후 성관계가 없는 기간이 놀랄 만큼 오래 지속됐지만 루이 16세의 할아버지 루이 15세는 모두에게 손자를 그냥 두라고 당부했다. 루이 15세가 죽고 루이 16세가 왕위를 물려받은 뒤까지 무려 '7년' 동안이나 마리 앙투아네트와 루이 16세 사이에는 성관계가 없었다. 같이 자는데 7년이 걸린 진짜 원인이 어디 있는지는 아마 영원히 밝혀지지 않을 것이다. 하지만 유명한 전기 작가 안토니아 프레이저Antonia Fraser의 말에 따르면 당시 루이 16세에게 '남다른 성적 문제'가 있다는 짓궂은 소문이 베르사유와 파리 전역에 돌았다고 한다. 루이 16세가 동성애자가 아닐까? 어쩌면 '그녀'가? 그가 발기불능인가? 그녀의 잘못인가? 오스트리아 여자가 뻣뻣하다는 건 다 아는 사실이지······. 오늘날 유명 인사들이 견뎌야 하는 관심과 비슷한 수준의 추측과 소문이 난무했다.

1774년 루이 15세가 갑자기 사망하자 마리 앙투아네트는 시집온 지 4년 만에 사회성이 부족한 남편과 함께 왕관을 물려받았다. 이날 루이 16세는 앞을 내다보는 듯한 불길한 말을 남겼다고 전해진다. "주여, 저희를 보호하소서. 이 나라를 통치하기에 저희는 너무 어립니다."[8]

맞는 말이었다. 상황은 금세 나빠졌다. 몇 달 지나지 않아 굶주린 소작농들이 파리에 집결해 계속되는 흉작에 대한 대책을 요구하며 역사적인 식량 폭동을 일으켰다. 하지만 자신에게 호의적이지 않은 궁전에서 성관계 없는 실패한 결혼 생활의 수치를 참고 견디며, 공개 연극을 해야 하는 데다 어머니의 감시까지 받는 외로운 왕비가 대체 무슨 일을 할 수 있었겠는가?

록스타처럼 파티하기

마리 앙투아네트에게는 정치적 실권이 없었다. 실제로 마리 앙투아네트에게 주어진 역할은 프랑스 사람들의 마음에 드는 것밖에 없었다. 하지만 사람들은 마리 앙투아네트가 무슨 짓을 하든 미워했고 불임이라는 오명을 붙이고 뻣뻣한 여자라고 비난하는 동시에 끊임없이 간통을 의심하기까지 했다. 다들 마리 앙투아네트를 오스트리아 간첩이라고 생각했다. 어느 정도는 맞는 말이었지만, 사실 마리 앙투아네트는 간첩 역할을 전혀 해내지 못하고 있었다. 마리 앙투아네트는 마타 하리(Mata Hari: 제1차 세계 대전 시기에 독일과 프랑스를 오가며 활동한 스파이_옮긴이)가 아니었고 성관계를 하지 않는 남편을 상대로 이른바 치마폭 정치를 할 방법도 없었다. 사정이 이렇다 보니 오스트리아 사람들도 마리 앙투아네트를 마음에 들어 하지 않았다. 다들 마리 앙투아네트를 실패작으로 여겼으며 마리아 테레지아는 이 사실을 딸에게 가차 없이 알리곤 했다.

그래서 마리 앙투아네트는 보호자 없이 신용카드만 손에 쥔 불행한 십대 소녀라면 누구나 할 만한 짓을 저질렀다. 바로 역사가 사이먼 샤마Simon Schma가 말한 '고등학교 문제아 집단' 같은 여자 친구들과 어울리며 자신을 싫어하는 사람들은 무시한 채 파티를 즐겼다. 사랑받지 못하고 조롱만 받던 십대 소녀 마리 앙투아네트는 반항을 시작했다. 샤마에 따르면, "[마리 앙투아네트는] 베르사유 왕실 예법을 정하는 시고모들의 말을 듣기 싫어했다."[9] 왕비는 새로 사귄 가장 친한 친구 랑발 공주Princesse de Lamballe와 폴리냐크 백작 부인Comtesse de Polignac의 부추김에 힘입어 왕실 어른들의 질책이나 반감을 그냥 웃어 넘기며 마음대로 행동했다. 안토니아 프레이저는 이런 행동을 '보상심리'에서 나온 것이라 봤고 사이먼 샤마는 미성숙한 행동이라 봤다. 이유야 어떻든 마리 앙투아네트는 어디서 어떻게 돈이 나오는지에는 전혀 관심 없이 정신없이 파티와 사치를 일삼으며 베르사유에서 벌어지는 끔찍한 경쟁에서 프랑스 사람을 이기는 데서 위안을 얻었다.

마리 앙투아네트가 무책임하게 국가 재정을 낭비하고 절제 없이 화려한 파티를 즐겼으며 프랑스 패션을 새롭게 해석해냈다는 등의 이야기는 대부분 사실이다. 하지만 마리 앙투아네트는 약 열여섯부터 스물두 살까지 짧은 기간만 이렇게 행동했을 뿐이다.

성인이 된 마리 앙투아네트는 남편과 정열적이진 않아도 원만하고 온화한 관계를 유지했으며 헌신적인 어머니였다. 아이를 낳은 이후 마리 앙투아네트는 가족과 함께 시간을 보내지 않을 때는 진심어린 봉사 활동을 하거나 꾸준히 예술가를 후원했다. 물론 마리아 테레지아처럼 정치나 경제에 대한 '지식을 갖춘' 왕비는 아니었지만, 대체로 좋은 어머니였고 친절한 사람이었으며 쓸데는 없지만 그렇다고 해를 끼치지도 않는 왕비였다.

하지만 '반항아' 시절의 마리 앙투아네트는 지독했다. 나중에 마리 앙투아네트는 십대 시절 반항으로 인해 왕관을 내려놓고 왕관을 쓰고 있던 목까지 잘리는 비싼 대가를 치러야 했다. 이 시기의 마리 앙투아네트는 이후 수백 년 동안 회자될 며칠 밤 동안 계속되는 파티를 열어댔다. 당시 프랑스 최신 유행 머리 스타일이던 90센티미터가량 머리를 틀어 올리는 퐁파두르를 변형해 머리에 타조 깃털이나 보석을 달기도 했고 한번은 작은 전함 모형까지 달아 보통보다 세 배 더 높은 퐁파두르를 하고 나타나기도 했다. 그러자 베르사유 귀족들은 짐짓 신경 쓰지 않는 체하며 필사적으로 왕비를 따라 했다.

딸이 프랑스 문화에 섞여 사람들 마음에 들기를 간절히 열망하던 마리아 테레지아는 이제 반대로 프랑스 국민이 겪고 있는 경제 문제를 무시하거나 너무 경박해 보이지 말라고 충고하기 시작했다. 마리아 테레지아는 편지마다 이렇게 당부했다. "사람들이 우리를 좋아하게 만드는 기술은 완벽하게 익힌 듯하구나. 인기를 잃지 않도록 하렴."[10] 그리고 베르사유의 다른 귀족들을 무시하고 친구들과 몰려다니며 눈앞에 얼쩡대는 예술가를 모두 후원하고 도박에 돈을 낭비하면 지금은 어린 소녀라서 용서받겠지만, 나중에 대가를 치르게 될 것이라고도 조언했다. 마치 앞을 내다보는 듯한 말이었다.

마리아 테레지아는 딸이 가지지 못한 날카로운 직관과 정치 감각을 지니고 있었다. 한번은 딸이 "파멸을 향해 나아가고 있다."[11]고 쓰기도 했다. 그는 미모와 귀여움 외에는 이렇다 할 재능이 없는 둔하고 성가신 딸이 십대 남편을 침대로 끌어들이지도 못한다는 사실에 꽤 화가 나 있었다. 어떻게 이렇게 쉬운 일을 못 할 수가 있지? 물론 루이 16세를 상대로는 어려운 일이었을 수도 있다. 따지고 보면 딸이 프랑스에서 할 일이란 '한 가지'밖에 없지 않은가!

결혼한 지 7년이 넘었을 때 드디어 남편이 반응을 보였다. 마리 앙투아네트는 어머니의 이름을 따 마리 테레즈라고 이름 지은 여자아이를 낳는다. 그러고는 갑자기 동정심 없고 돈을 물 쓰듯 쓰는 말 안 듣는 파티광 생활을 청산했다. 마리 앙투아네트의 새로운 관심사는 소박한 삶이었다.

케이크는 남들이나 먹으라지

여기서 잠깐 전혀 소박하지 않았던 베르사유의 문화에 대해 알아보자. 상징과 우상을 이해하려면 먼저 배경부터 알아둬야 할 것이다. 마리 앙투아네트는 당시 프랑스 지배층과 이들의 퇴폐를 나타내는 상징이었고 목걸이 사건은 마리 앙투아네트라는 상징을 대표하는 상징이 됐다. 목걸이 사건이 지니는 상징성을 이해하려면 그 시절 프랑스 사람들이 보편적으로 지니고 있던 분노의 배경을 알아야 한다.

앞서 말했듯 베르사유는 오스트리아 왕실과 달랐다. 마리 앙투아네트는 다른 나라 공주들보다 비교적 평범하게 어린 시절을 보냈다. 오스트리아 왕실과 궁전은 다른 왕실에 비해 비교적 절제돼 있었다. 공주인 마리 앙투아네트는 되도록 격식을 차리지 않고 합리적인 선에서 절제하는 환경에서 자라났다. 궁전 내 정치는 정치였고 왕가의 사생활은 대개 그냥 '사생활'이었다. 실리적인 마리아 테레지아는 예법에 얽매이지 않아서 꼭 예법에 따라야 하는 때는 많이 없었다. 궁은 두 구역으로 나뉘었는데 백악관과 비슷하게 한 구역에서는 공식 업무를 보고 다른 한 구역에서는 왕의 가족이 살았다. 그래서인지 마리 앙투아네트가 태어난 호프부르크 궁전은 지금도 오스트리아 대통령의 거처로 쓰이고 있다.

반면 홀에 거울을 붙이고,◆ 온갖 군데를 금박과 크리스털 공예로 장식한 베르사유는 18세기 판 그레이스랜드(Graceland: 엘비스 프레슬리의 집으로, 화려한 실내장식으로 유명하다_옮긴이)나 다름없었다. 다른 점이 있다면 그레이스랜드는 엘비스 프레슬리라는 한 사람의 쓸데없는 변덕이 만들어낸 장소지만, 베르사유는 '한 나라'의 쓸데없는 변덕이 만들어낸 장소였고 그런 만큼 훨씬 더 퇴폐적이고 과시적이었다.◆ 당시 프랑스 문화는 부와 권력을 보여주는 '겉모습'을 다른 무엇보다도 높이 샀다. 게다가 나중에는 겉모습을 진짜와 혼동하기까지 했다.

오스트리아 궁전은 프랑스 궁전보다 화려하진 않았지만, 화려함 대신 권위와 영향력이 있었다. 오스트리아 궁전이 워싱턴이라면, 베르사유는 온갖 번쩍이는 것들로 장식한 할리우드였다.

물론 오스트리아 또한 전제국가로서 기본적으로 신분제가 있고 불평등할 수밖에 없었다. 하지만 프랑스와 달리 오스트리아에는 '노동 계층'과 제대로 일하는 정부가 있었다. 이와 대조적으로 프랑스 사회와 신분제, 신분에 따른 경제적 불평등은 떼 놓을 수 없는 관계였다. 이런 신분제도는 마리 앙투아네트나 그녀의 시댁인 부르봉 왕가가 만든 게 아니었다. 당시 프랑스는 수백 년 동안이나 신분을 세 계층으로 나눠 국정을 운영하는 삼부제를 고수하고 있었다. 제1신분은 성직자, 제2신분은 귀족, 제3신분은 '그 외 프랑스 국민 모두'였다.

사이먼 샤마에 따르면 "프랑스의 진짜 문제는 사실 믿기 힘들 정도로 낡은 행정 제도에 있었다."[12] 세 신분별 대표자 수는 대단히 불평등하게 분배됐고 사실 그 수가 어떻든 별 상관이 없었다. 불평등하게 배분된 대표자들이나마 삼부회에 소집돼 안건을 논의하는 일은 수백 년 동안 일어나지 않았다. 정책 결정은 특권 계층 엘리트들이 내렸으며 누구도 이에 반론을 제기할 수 없었다. 극소수의 손에 엄청난 부와 권력이 집중돼 있었다. 프랑스에서 이런 일은 용인되는 수준을 넘어 일상적인 문화였다. 제3신분에게는 몫이 얼마나 분배됐을까? 그야말로 부스러기뿐이었다. 오스트리아와 달리 프랑스에는 노동 계층이 없었다. '빈민' 계층만 있을 뿐이었다. 어쨌든 프랑스는 수백 년 동안 이 계급제도를 어떻게든 유지할 수 있었다.

하지만 상황이 변했다. 더 나빠진 것이다. '태양왕' 루이 14세부터 불운한 루이 16세까지의 기간 동안 고장 난 프랑스의 귀족주의 문화는 통제 불가능한 지경까지 악화됐다. 귀족들은 온갖 물건에 설탕과 금을 덧입혔다. 90센티미터 높이로 올린 귀족의 머리에는 보석이 주렁주렁 달려 있었다. 다음과 같은 일화도 있다. 마리 앙투아네트가 터무니없이 비싼 값을 주고 파티에서 신을 보석 박힌 공단 구두를 샀는데 파티 다음 날 보니 망가져 있었다. 화가 난 왕비가 두려움에 떠는 구두 장인을 불러 집 한 채보다 비싼 구두가 왜 한 번 신고 망가졌는지 묻자 장인이 왕비를 올려다보고 더듬거리며 말했다. "그게, 왕비 전하께서 '걸으셔서' 그렇습니다."

매일 밤 열리는 호화로운 파티에서는 입만 댄 과자들이 버려졌

♦ 17세기에 거울을 만들기 위해서는 완벽한 유리와 귀한 은박지가 필요했다. 베르사유에서는 커다란 거울을 벽지처럼 사용했지만 다른 사람들에게는 부자를 위한 사치품이었다.

● 호프부르크 궁전은 아직 오스트리아 대통령이 쓰고 있지만, 관광 외의 목적으로 베르사유를 쓰려고 시도한 유명인은 킴 카다시안뿐이라는 점을 짚고 넘어가고 싶다.(킴 카다시안은 베르사유에서 결혼식을 하려고 시도했다_옮긴이)

다. 그러는 동안 소작농의 굶주린 어린 자식들은 바닥에 작은 구멍이 여러 개 뚫려 있는 방에 갇힌 채 방 안을 돌아다니며 희고 고운 밀가루를 밟아 구멍을 통해 내려보내 귀족들의 아름다운 가발 위에 뿌릴 분으로 만들어야 했다.

프랑스의 마지막 왕 루이 16세와 왕비 마리 앙투아네트의 통치 동안에는 기나긴 혹독한 겨울과 짧고 습기 찬 여름이 계속됐다. 농작물 수확량은 아주 적었고 수확을 하더라도 곰팡이가 피어 버려야 할 때가 많았다. 가축은 얼어 죽었다. 사람들은 굶주렸다. 흑사병이 농가를 덮쳤다. 제3신분은 제3세계 사람이나 다름없었다.

이런 일이 벌어지는 동안 요즘 타블로이드 언론이라 부르는 새로운 산업이 급성장했다. 런던과 네덜란드에 본사를 둔 신생 언론사들은 비밀을 폭로하거나 대부분 지어낸 스캔들을 묘사한 상스러운 정치 만화를 유통했다. 이들 신문은 왕비를 밉살맞은 오스트리아인으로, 왕을 저능아로 묘사했다. 게다가 왕이 그저 숙적인 영국이 밉다는 이유로 미국 독립 운동에 막대한 자금을 지원했다는 등의 온갖 충격적이고 자극적이며 선동적인 소식을 전했다.

오랫동안 프랑스에서 엄격한 신분 구분은 대개 원칙처럼 받아들여졌다. 하지만 1780년대에는 달랐다. 이미 지난 삼 대에 걸쳐 왕들이 프랑스의 문화로 자리 잡은 경제 불평등, 극적인 스캔들, 엄청난 과소비를 견딜 수 없을 정도로 심화시킨 후였던 데다 새로운 언론의 등장으로 이런 실태가 더 과장되어 폭로되면서 불만이 고조되었고 결국 반감이 폭발했다.

소박한 삶

마리 앙투아네트는 평생 예술을 열정적으로 후원하고 작품을 사들였다. 이외에도 여러 자선단체를 설립하고 후원하는 일에 공을 들였지만, 국가 운영에는 거의 관여하지 않았다. 첫 번째 자녀를 출산한 이후부터는 파티를 열어 불꽃놀이, 이국에서 온 동물, 샴페인 분수를 선보이던 화려하고 흥청망청한 예전의 생활을 더는 즐기지 않았다.

루이 16세는 루이 15세가 정부인 마담 퐁파두르를 위해 지은 작은 궁전 '프티 트리아농'을 마리 앙투아네트에게 주었고 나중에 이 성은 마리 앙투아네트의 주요 거처가 됐다. 마리 앙투아네트는 많은 돈을 들여 이 성을 목가적인 시골 마을로 개조했다. 그녀는 이곳에서 아이들, 친구들, 가장 좋아하는 손님들과 함께 시간을 보냈다. 이들은 꽃을 따고 소풍을 즐기고 양과 함께 놀며 루소풍의 무척 세련된 '소박한 삶'에 젖어들었다.

마리 앙투아네트는 여전히 파티를 열긴 했지만, 가장 가깝고 친한 사람들만을 위해 소규모로 열었다. 그리 놀랍지 않은 사실이지만, 우습게도 루이 16세는 이 파티에 별로 초대받지 못했다. 프티 트리아농에서의 인위적인 소박한 삶이 베르사유에서의 삶만큼이나 사치스럽고 제멋대로였다고 주장하는 사람도 있겠지만, 프티 트리아농의 왕비 마리 앙투아네트는 사람들이 흔히 떠올리는 모습과는 달랐다.

프티 트리아농에서 은둔 생활을 즐기는 마리 앙투아네트의 모습은 프랑스 귀족들의 마음에 들기 위해 필사적으로 노력하던 때보다도 더 미움을 샀다. 대개 파티에 초대받지 못해서 나온 불만이었다. 아무리 윗사람이 마음에 들지 않아도 가까이하고 싶은 것이 사람 마음이니까 당연한 일이었는지도 모른다. 왕비의 형식적인 의례를 무시하는 태도만큼은 평생 변하지 않았다. '주요' 인사들을 프티 트리아농에 있는 농가 마을로 초대하고 베르사유에서 시간을 더 보내라는 청을 거절한 데서도 이런 태도를 잘 볼 수 있다. 마리 앙투아네트는 처음부터 끔찍하게 싫어했던 구경꾼 앞에서 식사하고 옷을 갈아입고 남편과 사적인 이야기를 하도록 강요하는 베르사유식 관례를 따르길 거부했고 결국 이런 전통은 비공식적으로 폐지됐다.

유행의 선두주자였던 마리 앙투아네트는 훗날 영원히 회자될 모습과는 달리 이제 화려한 옷과 보석을 착용하지 않았다. 대신 챙 넓은 모자를 쓰고 허리에 비단 리본이 달린 몸을 죄지 않는 편안한 모슬린 드레스를 입었다. 액세서리도 비교적 단순했다. 귀족들은 전에도 그랬듯 다들 투덜대며 신경 쓰지 않는 척하면서도 요즘 사람들이 유명인을 욕하면서 따라 하는 것처럼 마리 앙투아네트를 흉내 냈다.

부르봉 왕가 따라잡기

그런데 우리는 왜 이렇게 행동하는 걸까? 남을 흉내 내고 남과 경쟁하려는 충동은 어디서 오는 걸까? 부러움은 지위적 재화의 악마 같은 쌍둥이 형제라고 할 수 있다.♦ 다이아몬드 약혼반지만 지위적 재화가 될 수 있을까? 자동차, 입는 옷, 사는 집, 물건을 사는 매장은 어떨까? 아니 사회생활 자체가 지위적 재화가 된다면 어떤 일이 벌어질까?

코넬대학교 경제학과 로버트 H. 프랭크 교수는 2011년 출간한 《경쟁의 종말 The Darwin Economy》에서 이 문제를 다뤘다. 이 책이 내린 결론에는 '소비폭포' 이론이 포함되어 있다. 소비폭포는 우리가 "주변 사람을 따라잡는 것을 넘어 뛰어넘으려 할 때"[13] 나타나는 마치 군비 경쟁 같은 현상이다. 탁구 선수들이 주고받는 탁구공의 속도가 점점 더 빨라지는 것처럼 한 사람의 소비 행동이 그다음 사람의 더 큰 소비로, 또 그다음 사람의 더 큰 소비로 이어지는 현상을 소비폭포라 한다. 모두 남보다 앞자리를 차지하기 위한 끝나지 않는 경쟁에 뛰어드는 것이다. 여기서 살아남는 사람은 분수에 맞는 소비를 한 사람이 아니라 '가장 좋은 것'을 가진 사람이다. 경쟁은 사람의 본능이다. 한 여성이 다이아몬드 목걸이를 사면 또 다른 여성은 더 큰 다이아몬드 목걸이를 산다. 첫 번째 여성이 이에 질세라 귀걸이를 더한다. 두 번째 여성은 더 큰 귀걸이를 산다. 다이아몬드를 살 돈이 없는 제삼의 인물은 이 경쟁에 끼기 위해 '뭐라도 하나' 산다. 이런 강박적인 경쟁은 모두 함께 벼랑 밑으로 떨어질 때까지 산불처럼 번진다.

댄 애리얼리Dan Ariely와 알리네 그루나이젠Aline Grüneisen도 "이런 연쇄 소비가 일어나면 모든 경제 계층이 쓸 수 있는 돈보다 더 많이 소비하게 되어 채무가 증가하고 파산 위험이 커질 수 있다."[14]며 소비폭포 현상을 강조한 바 있다. 2008년 미국 금융위기는 여러 가지 원인이 복합적으로 작용한 결과이긴 하지만, 가장 중요한 원인은 소비자의 소비폭포와 이에 호응해 자금을 댄 금융권의 강박적인 행동이

♦ 지위적 재화는 절대 가치 없이 순전히 동료집단이 가진 비슷한 소유물과 비교해서 생기는 상대 가치만을 가지는 물건을 일컫는 경제 용어다. 예를 들어 우리는 친구가 가진 2캐럿짜리 다이아몬드를 보기 전까지만 내가 가진 1캐럿짜리 다이아몬드에 만족한다. 친구의 다이아몬드를 보는 순간 내가 가진 다이아몬드의 가치는 폭락한다. 지위적 재화의 신기한 작용 가운데 하나는 우리로 하여금 동료집단이나 더 높은 지위의 사람이 가진 물건이 '필요하다'고 믿게 하는 것이다.

었다. 마찬가지로 베르사유와 파리 일부 계층의 사회 경제적 행태도 소비폭포 이론을 통해 설명할 수 있다. 물론 먹을 음식조차 살 수 없는 사람들에게까지 소비폭포 현상이 일어나진 않았다. 이는 당시 프랑스를 파산 상태로 몰아가고 있었다.

피라미드의 정상에 오르려는 귀족들의 맹렬한 욕망은 마리 앙투아네트가 끊임없이 파티를 여는 행동을 그만둔 후에도 사라지지 않았다. 오히려 어떤 면에서는 마리 앙투아네트의 사회적 칩거가 귀족들의 욕망에 더 불을 지폈다. 마리 앙투아네트가 프티 트리아농 생활을 시작하기 전까지만 해도 경쟁에서 이기기는 쉽지 않았지만, 적어도 경쟁의 기준은 모두에게 잘 알려져 있었다. 하지만 이제 그 기준 자체가 바뀌었다. 그 전까지는 다들 어떤 식으로 외모를 꾸미고 권위를 내보이고 사회적 명망을 유지해야(당시 프랑스에서 이 세 가지는 같은 말이나 다름없었다.) 하는지 잘 알고 있었다. 그저 돈을 써서 부유하고 한가해 보이면 됐다. 보석으로 몸을 휘감고 파티에 가면 그만이었다. 그런데 갑자기 계층 피라미드 꼭대기에 앉은 여자가 자리에서 뛰어내려 다른 곳으로 가버린 것이다.

왕비는 화려한 옷과 가발, 장신구를 벗어던졌다. 밀짚모자를 쓰고 모슬린 드레스를 입으며 소박한 삶이 멋지다고 선언했다. 마리 앙투아네트는 단지 유행하던 루소 철학을 따라 한 것이었을까? 아니면 진심으로 어린 시절의 편안한 환경이 그리웠던 걸까? 이유를 누가 알겠는가. 어쩌면 아직 반항기가 끝나지 않았는지도 모른다. 아니면 진심으로 베르사유가 싫어졌을 수도 있다. 이도 아니면 그저 양을 무척 좋아해서 그랬는지도 모른다.

애초에 왕비를 별로 달갑게 보지 않았던 대부분의 귀족은 더 이상 왕가를 어떻게 따라잡아야 할지 알 수 없어진 나머지 혼란스러워하고 좌절하고 분노했다. 소작농들은 그들대로 왕과 귀족의 이런 어리석은 경쟁 자체가 기막히고 화나고 분통 터지는 일이었다.

왜 왕비를 죽여야 했을까

마리 앙투아네트의 가장 잘 알려진 전기 작가 안토니아 프레이저는 다음과 같은 정곡을 찌르는 질문을 던졌다. "왜 왕비를 죽여야 했는가?" 프레이저에 따르면 프랑스 외부에서는 공포정치 시절에조차 프랑스 국민이 정말로 왕비를 죽일 거라고는 생각하지 않았다고 한다. 추방은 당연해 보이고 왕위에서 끌어내리긴 하겠지만 죽인다니? 더구나 왕비의 죽음을 목표로 혁명을 이끈다고?

마리 앙투아네트에게는 죄목이 '전혀' 없었다. 거의 20년 동안 프랑스에 있었지만, 실제로 정치적 결정을 내린 적은 없었다. 왕비의 임무는 후계자를 낳는 것뿐이었다. 모자라 보이는 남편이 드디어 반응을 보이면서 마리 앙투아네트는 결국 이 일을 해냈다. 왕비가 십대 시절 벌인 파티와 과소비로 프랑스가 경제위기를 맞았다는 비난에는 근거가 없었다. '경제위기'라는 폭풍은 지난 반세기 동안 만들어진 것이었다. 하지만 세금이 계속 오르고(루이 16세의 미국 독립 전쟁 지원이 세금 인상에 적지 않은 영향을 줬다.♦) 농민들이 땅을 잃고, 기후 변화로

♦ 루이 16세는 미국 독립 전쟁에 쓰인 총기와 화약의 대부분을 지원했다. 역설적인 일이다. 자국 상황이 나빠지는데도 지원을 멈추지 않았다. 루이 16세의 첫 번째 목적은 영국을 약화하는 데 있었다. 두 번째는 힘없는 왕이라는 평판에서 벗어나는 것이었다.

인한 흉작이 심해질 때마다 사람들은 왕비를 거칠게 비난했다. 정부를 싫어했다면 이해할 수 있지만 왜 '왕비'가 희생양이 된 것일까?

물론 타블로이드가 한몫했다. 사이먼 샤마에 따르면 당시 프랑스에서는 "네덜란드, 영국, 스위스 회사가 발행한 준합법 인쇄물과 불법 인쇄물을 밀수하는 거대한 산업"[15]이 성행했다고 한다. 스캔들을 만들고 이를 실은 신문을 배포해 돈을 벌려는 새로운 회사들이 문을 열었다. 이들은 유명인의 사생활을 직접 캐기도 했지만, 아예 스캔들을 '만들어내는' 경우가 더 많았다. 주로 왕족, 특히 베르사유의 부르봉 왕가가 단골 등장인물이었다. 이들은 떠도는 소문을 확인된 사실로 받아들였다. 대부분의 기사는 마치 거울의 집에 있는 이상한 거울처럼 대중 사이에서 돌고 있는 소문이나 우연히 주워들은 말을 과장하고 왜곡해 다시 대중에게 보여주는 것에 불과했다. 이들은 왕을 무능하고 제멋대로인 데다 음탕한 사람처럼 보이게 만들었다. 특히 대중이 전제군주에 대한 비판을 대화 주제로 삼을 수 있게 만듦으로써 사람들에게 왕을 비판해도 괜찮다는 인식을 심어주었다는 면에서 더욱 반체제적이었다.

고상한 말로 팸플릿 언론pamphlet literature이라 불리는 이런 언론지는 파리와 프랑스 전역은 물론 일부 유럽 국가에까지 퍼져나갔다. 지면은 주로 왕가를 상스럽고 음란하고 역겹게 그린 만화(대화는 있을 때도 있고 없을 때도 있었다.)로 채워졌다. 고약한 명예훼손 행위였지만, "무슨 수를 써서라도 이 악랄한 자들을 막아라."[16]라는 왕의 특명에도 불구하고 궁정 검열관으로서는 전혀 손 쓸 방도가 없었다. 구시대의 궁정 검열관이 통제하기에는 이미 언론 공격의 뿌리가 너무 깊었고 규모도 거대하고 국제적이었다. 타블로이드지는 새로 도입된 인쇄 기술에 힘입어 끊임없이 찍혀 나왔고 이를 읽고자 하는 대중의 욕망도 식을 줄 몰랐다.

왕은 프랑스에 있는 모든 음식을 먹어치우는 뚱뚱하고 굼뜬 당나귀로 묘사됐다. 발기 불능에다 바람난 아내를 둔 남자라는 비웃음을 샀으며 왕자와 공주는 혼외자라는 조롱을 받았다. 하지만 가장 큰 표적은 왕비였다. 마리 앙투아네트는 생의 마지막 10~20년 동안 타블로이드지에서 가장 잘 나가는 여자로 살았다. 언론은 왕비의 반역, 신성모독, 근친상간, 변태행위를 주제로 보기 드물 정도로 상세하고 터무니없는 이야기를 지어냈다. 왕비는 무능한 임금의 귀에 주술을 불어넣고 프랑스를 안에서부터 좀먹는 사악하고 음란한 돈만 아는 괴물로 묘사됐다. 굶주린 소작농에게 "케이크를 먹으면 되지 않냐."라는 무심한 소리를 했다는 이야기가 유명하지만, 사실 이도 마리 앙투아네트가 아니라 루이 14세의 아내인 또 다른 마리 테레즈가 한 말이다. 안토니아 프레이저는 이렇게 말했다. "마리 앙투아네트는 이런 말을 할 만큼 냉담하지도 무자비하지도 않았다."

타블로이드들은 불난 집에 부채질하듯 왕비의 새로운 가짜 농장 생활을 폭로하고 조롱하기 시작했다. 농부들의 광분을 살 것이 뻔히 보이는 행동이었기 때문이었다. 이 시기를 기점으로 신성불가침의 존재였던 전제군주는 인간이 되기 시작했다. 새로운 언론은 높은 곳에 있던 왕가를 땅으로 또는 땅 밑까지 끌어내림으로써 절대 권력을 약화시켰을 뿐 아니라 나중에는 불필요한 존재로까지 만들었다. 상징은 양면성을 가지고 있다. 상징은 어떤 존재의 가치를 나타내기도 하지만, '가치 없음'을 드러내기도 한다. 타블로이드는 왕을 멍청하고 흠 많은 사람으로 묘사함으로써 전제군주라는 상징을 퇴색시키고 전제군주제가 기반으로 하고 있던 논쟁의 여지를 허락하지 않는 무너지지 않는 권력자라는 인식을 점차 없애가고 있었다.

역사가 샹탈 토마Chantal Thomas는 이렇게 말했다. "마리 앙투아네트는 희생양이었다. 모든 일이 잘못되어가는 가운데 이 중 대부분은 왕비의 잘못이고 왕비에게 책임을 물어야 할 일로 여겨졌다. ……새로운 시대를 만들고 시작한 진짜 주역은 새로 등장한 여론의 힘이었다."[17] 분명 사람들은 오랫동안 그림을 통해 이야기를 전달하고 세계를 설명해왔다. 하지만 전에는 자극적인 언론이나 지배 계층의 삶을 들여다보거나 상상하고자 하는 색정에 가까운 관음증적 관심은 없었다. 여기에 언론, 인쇄 기술의 발전, 국제 공동체 성장이 더해지면서 프랑스에서는 폭발하기 쉬운 분노와 경멸의 문화가 형성됐다.

왕국의 비극

마리 앙투아네트는 프티 트리아농을 안식처로 생각했다. 돈을 많이 들여 모두 인위적으로 만든 것일지라도 어쨌든 안식처이긴 했다. 프티 트리아농에는 강과 개울, 연못이 있는 인공 마을이 있었다. 작은 집 여러 채와 새들도 있었다. 초원엔 꽃이 가득했고 잔디밭에는 통통한 목에 푸른 비단 리본을 두른 양들이 흩어져 있었다. 프티 트리아농은 프랑스 시골을 본떠 만든 디즈니랜드였다. 역사가 에블린 르베흐Evelyne Lever에 따르면 마리 앙투아네트는 이런 말을 했다고 한다. "트리아농에 있을 때면 왕비가 아닌 나 자신이 된다."[18] 감성은 멋지지만, 현실은 달랐다. 불행히도 마리 앙투아네트는 '여전히' 왕비였다. 게다가 베르사유 궁전의 무대에서 완전히 물러나 프티 트리아농에서 정원을 가꾸는 동안 오히려 훨씬 더 많이 비난받았다.

프티 트리아농을 그린 만화를 본 프랑스 농부들은 역겨워했다. 농부들만이 아니었다. 아이러니하게도 전에는 왕비가 90센티미터 높이로 머리를 올리고 다이아몬드가 가득 박힌 구두를 신는다며 비웃던 귀족들이 이번엔 왕비의 트리아농 생활을 비웃었다. 왕비의 초대장을 애타게 받고 싶어 하면서도 뒤에서는 왕비를 욕했다. 소문이 퍼지고 화가 끓어오르기 시작했다. 이 터무니없는 이야기를 들은 평범한 사람들은 심지어 다른 귀족보다 왕비를 더 미워했다. 상류 사회에 속할 희망조차 품어보지 않은 평범한 사람들이 화가 난 것은 트리아농에 초대받지 못했기 때문이 아니었다. 이들은 왕비가 자신들의 고단하기만 한 삶을 엉터리로 흉내 낸다는 데 모욕감을 느꼈다. 그리고 곧 목걸이 사건이 터졌다.

잘못된 만남

루이 16세의 할아버지 루이 15세는 프랑스의 보석 회사 보에메르와 바상주Boehmer et Bassenge에게 그의 유명한 정부 마담 뒤바리를 위해 매우 크고 특별한 다이아몬드 목걸이를 만들어 달라고 명했다. 마담 뒤바리는 보석을 좋아했고 크면 클수록 더 좋아했다. 보석상은 이 목걸이를 만드는 데 필요한 다이아몬드 '2,800캐럿'을 모으는 데만 몇 년을 썼다. 알다시피 왕인 루이 15세에게 선금을 받을 수는 없었다. 불행히도 루이 15세는 대금을 치르지 않은 채, 목걸이가 완성되기 직전에 죽었다. 갑자기 주문자가 사라져 수십 억 달러를 손해 볼 위기에 처한 보석상은 새로 즉위한 왕비 마리 앙투아네트에게 목걸이를 팔고자 했다. 옛날 기준으로도 너무 화려한 목걸이가 왕비의 취향에 맞을 리 없었지만, 어쨌든 왕비는 사치를 사랑한다고 알려져 있었다. 사실 그 목걸이를 살 만한 돈을 가진 사람을 또 어디에서 구하겠는가? 하지만 마리 앙투아네트는 이 다이아몬드 목걸이가 자신의 숙적 마담 뒤바리를 위해 만들어졌다는 사실을 이미 알고 있었다. 왕비는 목걸이를 전혀 가지고 싶어 하지 않았고 보석상은 절망한 나머지 제정신이 아니었다.

신기하게도 나중에 마리 앙투아네트를 경멸하는 대중에게 도덕적인 반감을 사게 될 이 목걸이는 마리 앙투아네트에게도 자신이 경멸하는 창녀를 위해 만들어졌다는 이유로 도덕적인 반감을 불러일으켰다. 대중과 마리 앙투아네트 모두 보석을 보석의 주인(또는 주인인 것 같은 사람)과 그 주인이 저지른 악행을 대표하는 물건으로 본 것이다. 여기서 핵심은 다이아몬드 목걸이가 그냥 '보석'이 아닌 '상징'으로 변하기 시작했다는 점이다.

이쯤에서 라모트la Motte 백작 부인 잔 드 생레미Jeanne de Saint-Rémy를 소개하겠다. 잔은 평민인 어머니 아래서 비교적 가난하게 자랐지만, 아버지가 앙리 2세가 낳은 사생아의 먼 후손임을 들어 자신이 귀족이라고 주장했다. 과장된 언사였지만, 잔은 여기에 타고난 매력을 발휘해 하급 귀족인 니콜라 드 라모트Nicholas de la Motte와 결혼함으로써 베르사유에 출입할 수 있는 권한을 얻었다.

잔의 가장 큰 소망은 왕비에게 가까이 접근하는 것이었다. 잔은 자신의 매력과 앙리 2세와의 희미한 연결 고리를 이용해 왕비의 친목 그룹에 끼어 돈과 인기를 얻을 수 있을지도 모른다고 생각했다. 잔이 실제로 마리 앙투아네트를 한 번이라도 만났는지는 확실치 않다. 하지만 만일 만났다 해도 마리 앙투아네트는 잔에게 눈길조차 주지 않았을 가능성이 크다. 그래서인지 한 보석상이 왕비에게 다이아몬드 목걸이를 팔기 위해 애쓰고 있다는, 베르사유에서 떠도는 소문을 들은 잔은 다른 방면으로 신분 상승 기회를 엿보기 시작했다.

잔은 사실 타고난 사기꾼이었다. 사기꾼들이 다 그렇듯 잔도 잘 속아 넘어가는 희생양을 찾아다녔다. 마침내 잔은 본명이 루이 르네 에두아르Louis René Édouard인 로앙 추기경Cardinal de Rohan을 발견했다. 로앙 추기경은 프랑스의 유서 깊고 부유한 귀족 가문에서 태어났다. 가톨릭교회에서 추기경 칭호를 받기 전까지는 프랑스 정부에서 요직을 거쳤는데, 능력이 있어서라기보다는 신분이 높아서였던 듯하다. 로앙 추기경은 허영심이 많고 멍청했다. 특히 명성을 얻기 위해서라면 무슨 짓이든 하는 사람이었다.

당시 로앙 추기경은 왕의 옆자리를 차지하고 베르사유 핵심 권력층 명단에 다시 들기 위해서라면 무슨 짓이든 하겠다고 마음먹고 있었다. 그는 루이 16세와 마리 앙투아네트가 결혼하기 전, 오스트리아 대사로 있을 때 왕의 신임을 얻을 기회를 한 번 날린 적이 있었다. 판단을 잘못 내려 그 결혼을 반대했던 것이다. 물론 로앙 추기경이 중요하거나 혜안이 있는 인물도 아니었기에 그의 의사와는 상관없이 마리아 테레지아의 뜻에 따라 결혼은 진행됐다. 로앙 추기경은 그때 결혼을 반대한 일로 오스트리아 왕정에서 살아남는 데 절대적으로 필요한 마리아 테레지아의 신임을 잃었다고 확신했다.

루이 15세가 갑자기 죽고 마리 앙투아네트가 프랑스의 왕비가 되자 로앙 추기경은 마리아 테레지아 여제보다는 덜 무섭지만, 더 자주 봐야 하는 사람을 적으로 돌렸다는 사실을 깨달았다. 고다르 오르펭Mrs. Goddard Orpen은 1890년에 쓴 목걸이 사건에 관한 글에서 다음과 같이 서술했다. "[로앙 추기경은] 빈에서 대사로 일할 때는 마리 앙투아네트의 어머니인 마리아 테레지아를 우롱했고 나중에는 베르사유에 드나들며 '황태자비 전하', 즉 마리 앙투아네트를 비방했다."[19]

더 알기 쉽게 설명하자면 이렇다. 로앙 추기경은 빈에서 마리 앙투아네트와 루이 16세의 결혼을 반대했을 뿐만 아니라 베르사유에서도 나중에 베르사유의 안주인이 될 마리 앙투아네트와 어머니 마리아 테레지아에 대해 안 좋은 말을 공공연히 하고 다녔다. 오르펭은 이렇게 쓰고 있다. "이런 행동 때문에 그는 보통 젊은 사람들처럼 좋고 싫은 것이 분명하고 감정을 솔직히 말하는 왕비에게 몹시 미움을 샀다."[20]

말하자면 마리 앙투아네트는 짓궂은 소녀였고 뒤바리에게 했던 것처럼 자신의 마음에 들지 않는다는 이유만으로 사람들을 사회적으로 벌주는 성격이었다. 사회적 지위가 '목숨'이나 다름없던 베르사유에서 마리 앙투아네트가 내리는 벌은 사형이나 다름없었다.

마리아 테레지아의 신임을 잃은 일로 자책하던 로앙 추기경은 마리 앙투아네트가 왕비 자리에 앉자 왕비가 자신에게 적의를 품고 있는 게 분명하므로 다시는 베르사유로 돌아갈 수 없을 것이며 자신의 경력과 정치적 생명은 끝났다고 생각하기 시작했다. 그는 잃어버린 사회적 지위를 되찾기 위해 안간힘을 쓰고 있었다. 그러는 동안 베르사유에 숨어든 잔은 다이아몬드 목걸이를 왕비에게 팔기 위해 필사적으로 노력하고 있는 보석상과 계속 목걸이 구매를 거절하고 있는 마리 앙투아네트에 대한 이야기를 들었다. 하지만 정계의 핵심에서 물러나 베르사유 밖에 있던 로앙은 이를 전혀 알지 못했다.

　잔은 로앙을 딱 맞는 희생양이라고 생각했다. 처음 로앙에게 접근했을 무렵만 해도,(어쩌면 성적으로 유혹했을지도 모른다.) 잔이 한 짓은 로앙의 인맥을 이용하거나 '친척' 마리 앙투아네트의 자선단체에 기부할 거라고 거짓말하며 돈을 뜯어낸 것뿐이었다. 하지만 언제나 그랬듯 잔의 눈은 더 높은 곳을 바라보고 있었다. 로앙 추기경은 잔에게 속아 잔이 왕비와 절친한 사이이며 '어쩌면' 잔을 통해 왕비와의 관계를 회복할 기회를 얻을 수 있을지도 모른다고 믿기 시작했다. 잔은 추기경을 속이는 동안에도 계속 돈을 뜯거나 이런저런 부탁을 해댔지만, 어디까지나 의심을 사지 않을 만한 선이었다. 하지만 잔의 진짜 목표는 훨씬 엄청났다. 로앙 추기경이 잔의 매력에 취해 왕비와 화해할 날을 상상하며 완전히 마음을 여는 동안, 잔은 거대한 목걸이를 훔친 다음 추기경에게 죄를 뒤집어씌우기 위해 치밀한 계획을 구상하고 있었다.

목걸이 사건

로앙 추기경의 신임을 얻은 잔은 추기경에게 왕비와 서신을 교환하라고 부추겼다. 너무 대담한 행동일 수도 있었지만, 잔은 왕비에게 잘 말해주겠다며 추기경을 안심시켰다. 잔으로서는 버릴 편지였으므로 잘 말할 필요도 없었다. 같은 사기꾼이자 잔의 정부인 르토 드 빌레트Rétaux de Villette가 왕비의 글씨체를 흉내 내어 답장을 작성했다. 심지어 서명까지 위조했는데 이 부분에서 실수를 범했다. 잔 일당은

"프랑스의 마리 앙투아네트"라고 썼지만, 왕과 왕비는 일반인이 아닌 주요 인사들에게 편지를 보낼 때는 이런 서명을 절대 쓰지 않았다.

이 실수가 증거가 되어 훗날 잔은 법정에서 유죄를 선고받는다. 하지만 멍청한 추기경에게는 이 사기가 잘 먹혀들었다. 사람은 역시 자신이 믿고 싶은 것만 믿는 법이다. 추기경은 자신이 실제로 왕비와 서신을 주고받고 있다고 믿고 기쁨에 젖었다. 시간이 지나며 편지의 내용이 지나치게 친근해졌음에도 추기경은 편지의 진위를 따져 묻지 않았다. 잔 일당은 마리 앙투아네트가 진심으로 추기경에게 성적으로 끌리고 있고 이전에 그와 거리를 뒀던 이유도 주체할 수 없는 끌림 때문이었다는 이야기를 지어내 추기경이 믿게 했다. 로앙 추기경은 이를 진심으로 믿었다. 아무래도 사이먼 샤마가 평한 대로 "너무 경솔하고 멍청한 …… 뇌가 벼룩만 한"[21] 사람이었던 모양이다.

로앙 추기경은 왕비에게 자신도 같은 감정을 품고 있다고 답하며 사기꾼과 편지를 주고받고 있다는 사실은 까맣게 모른 채 점점 더 애정 어린 글을 적어 보냈다. 잔 일당은 심지어 추기경과 왕비의 실제 '만남'을 주선하기도 했다. 하지만 사실은 마리 앙투아네트와 똑 닮은 창녀인 니콜 드 올리비아Nicole d'Olivia를 시켜 추기경을 만나게 했을 뿐이었다. (적어도 어두운 조명 아래 차려 입은 모습은 비슷했다.)

'가짜 왕비'와 로앙 추기경은 베르사유 정원의 외딴 구석에 있는 비너스의 숲에서 잔 일당에게 유리하게도 빛이 거의 없는 밤에 만났다. 가짜 왕비가 추기경에게 장미를 건넸다. 추기경이 무릎을 꿇고 왕비의 드레스 자락에 입을 맞추는 순간, 미리 짜인 각본대로 방해자가 나타나면서 밀회는 가짜 왕비가 입을 열기 전에 갑작스레 끝났다. 가짜 마리 앙투아네트는 갑자기 들린 소음에 놀란 척하며 발각

될까 두려운 듯 연기하며 달아나버렸다. 그런데도 멍청한 추기경의 마음은 한껏 부풀었다.

로앙 추기경은 정말로 왕비를 사랑했던 걸까? 진실은 아무도 모르겠지만, 그의 행동을 보면 그랬던 것 같다. 그가 쓴 편지에서도 짙은 사랑이 묻어난다. 실제로 사랑을 했는지 아닌지는 중요하지 않을지도 모른다. 로앙 추기경은 최고의 지위적 재화 가운데 하나인 '권력'의 포로였다. 로앙 추기경은 안쓰럽게도 '어떤 관계'든 프랑스 왕비와 관계를 맺을 수 있다는 생각 자체와 사랑에 빠져 있었다. 추기경은 이 생각으로 너무 행복했던 나머지 세부 정황은 미처 살피지도 못했다. 그는 자신이 처한 상황이 현실적인지 아니면 비현실적인지 의심을 멈춘 채 잔의 농간에 완벽히 놀아났다.

희생양이 미끼를 얌전히 받아먹게 되자, 잔은 추기경에게 왕비가 특별한 장신구 한 점을 간절히 원하고 있다고 말했다. 다름 아닌 커다란 다이아몬드 목걸이였다. 사실 마리 앙투아네트는 사람들이 보는 앞에서 수차례 목걸이 구매를 거절했지만, 추기경은 잔의 말에 쉽게 속아 넘어갔다. 잔은 최근 들어 파티의 주인공에서 농부 흉내를 내는 쪽으로 취미를 바꾼 왕비가 속으로는 목걸이를 가지고 싶어 하지만 자신이 목걸이를 산 사실을 아무도 몰랐으면 할 뿐이라고 말했다. 터무니없는 이야기였지만 이미 추기경이 속아 넘어간 다른 거짓말들에 비하면 그리 허황되지도 않았다. 어두운 정원에서 말 없는 창녀와의 만남을 왕비와의 밀회라고 믿는 것보다는 차라리 이편이 더 믿을 만해 보인다.

잔 일당은 전형적인 사기 수법을 써서 나중에 왕비가 돈을 줄 것이라 말하며 추기경을 설득해 왕비 대신 목걸이를 사도록 만들었다.

잔 일당이 목걸이를 훔치는 데는 믿을 만한 사람이 작성한 차용증서 밖에 필요하지 않았다. 부도 위기에 처한, 목걸이를 만든 보석상은 수년 동안의 노력 끝에 드디어 까다로운 왕비에게 목걸이를 떠넘겨 줄 누군가가 나타났다는 사실에 그저 환호했다. 로앙 추기경과 마찬가지로 보석상에게도 이 이야기를 믿고 싶은 이유가 있었다.

모든 일이 잔의 지휘대로 진행됐다. 보석상은 로앙 추기경에게 차용증서를 받고 목걸이를 건네주었고 추기경은 이를 왕비의 개인 시종에게 전달했다. 물론 그 시종은 편지를 날조하는 일을 거든 잔의 정부 빌레트였다. 목걸이를 빼돌리자마자 잔과 빌레트는 목걸이에 박힌 다이아몬드들을 빼내 외국에 팔아 큰돈을 벌었다. 그 후 이 목걸이를 본 사람은 아무도 없었다.

여론 법정

이 사기 행각은 보석상이 왕비에게 대금 지급을 요구하면서 밝혀지게 되었다. 일단 보석상은 마리 앙투아네트에게 드디어 목걸이를 구매해줘 얼마나 기쁜지 모른다는 듣기 좋은 내용의 편지를 보냈다. 왕비는 편지를 힐끗 본 후 벽난로에 던져 넣었다. 하지만 이상한 생각이 들어 가장 가까운 시녀인 캉팡 부인Madame Campan에게 "정신 나간 보에메르가 원하는"[22] 것이 무엇인지 알아보라고 시켰다.

캉팡 부인은 지시대로 보석상을 만나러 갔다. 마리 앙투아네트가 목걸이를 가지고 있다고 믿은 보석상은 지금 대금을 치를 수 없다면 기다리겠다고 말했다. 캉팡 부인은 왕비가 목걸이를 가지고 있지도 않고 가지고 싶어 하지도 않는다고 답하고는 서둘러 왕비에게 돌아가 생각보다 더 큰 일이 벌어진 것 같다고 말했다. "캉팡 부인은 왕비의 이름에 먹칠을 할 만한 스캔들이 일어날까 두려워했다."[23] 그의 예상은 맞아 떨어졌다. 보석상은 곧 로앙 추기경과 그가 쓴 차용증서, 왕비의 절친한 친구로 구매를 중계한 잔 드 라모트 백작 부인에 대해 고해바쳤다. 하지만 불행히도 이미 목걸이는 사라진 후였다. 비록 보석상은 불운한 추기경보다는 훨씬 빨리 사기를 알아차렸지만, 이미 때는 늦어버렸다.

사건의 전모가 드러나자 왕비는 격노했다. 자기 목걸이도 아니고 가지고 싶지도 않았던 목걸이가 사라져서가 아니라, 자신이 사기에 휘말린 데다 '이용'까지 당했기 때문이었다. 왕비는 특히 추기경이 자신과 추파를 주고받았다고 믿었다는 데 분통을 터뜨렸다. 솔직히 전에도 평판이 좋지는 않았지만, 또 한 번 이름에 먹칠을 당한 셈이었다. 마리 앙투아네트는 남편에게 울면서 뛰어가 재판을 열어달라고 간청했다. 루이 16세는 자신의 아내가 얼마나 부당한 대우를 받았는지, 얼마나 결백하고 좋은 사람인지 전국에 알리기 위해 관련 인물을 그냥 체포해 처형하는 대신 공개 재판을 하기로 했다.

예상했겠지만, 불행히도 상황은 계획대로 흘러가지 않았다. 왕과 왕비는 로앙 추기경이 대규모 성모 승천일 행사의 설교를 준비할 동안 기다렸다. 왕은 경비병들을 시켜 사람이 많이 모일 때까지 기다렸다가 대중이 보는 앞에서 교단 위에 있는 추기경을 체포하게 했다. 로앙 추기경은 반역과 절도 죄목으로 포박당한 채 끌려 나왔다.(마리 앙투아네트는 마음에 안 드는 인물을 사회적으로 벌줬다고 했던 말, 기억하는가?)

이렇게 되자 답이 없을 정도로 둔한 추기경도 사태를 파악했다.

추기경은 바로 잔 일당에게 죄를 돌렸다. 그는 왕과 왕비 앞에서 "사기를 당했다."고 말하며 눈물을 흘렸다. 추기경은 자신이 사라진 보석 값을 갚겠다고 말하기까지 했다. 그리고 왕비가 편지를 읽고 더욱 화낼 것을 우려해 시종에게 집에 남아 있는 가짜 마리 앙투아네트와 주고받은 편지를 태우라고 지시했다.

로앙 추기경과 잔, 잔의 공범으로 지목된 여러 시종과 왕비 행세를 한 창녀 등은 감옥에 갇혀 재판을 기다리는 신세가 됐다. 당시 이 재판은 평생 한 번 볼 수 있을까 말까 한 거대한 공연이나 다름없었다. 추잡한 추기경부터 죄지은 왕비, 성 추문, 거대한 보석, 사기꾼, 창녀까지 등장했다.

대중은 이 재판에 열광했다. 재판에 부쳐진 사람은 마리 앙투아네트가 아니었지만, 당시 프랑스 사람 가운데 이 사실을 아는 사람은 아무도 없었다. 마리 앙투아네트는 이 사건에 무지했고 전혀 죄가 없었지만, 대다수 국민은 왕비가 실제로 로앙 추기경과 '잤고' 돈을 횡령했으며 보석상에게 목걸이를 훔치려 했다고 믿었다. 왕비가 숙적인 추기경을 망가뜨리기 위해 목걸이를 도둑질하라는 지시를 했다고 믿는 사람도 있었다. 재판정에선 그렇지 않았지만 대중은 날조된 편지를 실제로 왕비가 썼다고 생각했고 이 편지들이 왕비의 사치와 방종한 성생활, 계략, 도둑질, 부정한 행실을 뒷받침하는 증거라고 믿었다. 결국 재판의 초점은 없어진 목걸이가 아니라 왕비의 행실과 평판에 맞춰졌다.

두 재판 이야기

타블로이드지는 특히 이 목걸이 사건을 좋아했다. 어쩌면 프랑스 말로 보석을 뜻하는 비주bijoux가 여성의 은밀한 부분을 완곡하게 뜻하는 표현인 '레 비주 앵디스크레les bijoux indiscrets'를 연상시키기 때문이었는지도 모르겠다.[24] 재판 기간 중에 유포된 음란물 가운데는 다리를 활짝 벌린 채 트리아농에 찾아온 남자 손님들의 칭송을 받는 왕비와 그 위에 거대한 다이아몬드 목걸이를 드리우고 있는 왕비의 절친한 여자 친구들을 자세히 그린 만화도 있었다.[25]

신문의 내용은 점점 더 터무니없고 심술궂어졌다. 소문이 대중의 여론으로 변하고 여론은 곧 사실이 되었다. 왕비가 추기경을 유혹해 파멸시켰다. 왕비가 왕에게 거짓말을 하고 왕을 조종했다. 왕비가 원래 창녀를 위해 만들어진 혐오스러운 보석을 손에 넣기 위해 프랑스 국민의 반을 먹여 살릴 만한 돈을 횡령했다. 아, 왕비가 쳐놓은 범죄와 부패의 그물에 걸린 불쌍한 아름다운 프랑스 여인 잔 드 라모트, 불쌍한 비극의 주인공이여…….

물론 이 중에 사실은 하나도 없었다. 재미있게도 성인이 된 마리 앙투아네트는 대중에게 알려진 이미지와 달리 어떻게 보면 검소한 사람이었다. 아무 걱정 없는 사람 아니었냐고? 그건 사실이었다. 경제적 나락에 빠진 프랑스의 암울한 현실에 관심이 없었다고? 물론 그랬다. 몰랐으니 행복한 생활을 즐겼을 것이다. 하지만 자신이 관리하는 자선단체의 돈이 떨어지고 백성이 그 어느 때보다 굶주린다는 말을 들은 마리 앙투아네트는 왕실 보석상에게 다이아몬드를 그만 가져오고 그 돈을 더 좋은 데 쓰라고 말했다.

보석은 다양한 역할을 한다. 장식물로 쓰일 수도 있고 통화로 쓰이기도 하며 심지어 숭배 대상이 될 때도 꽤 있다. 어떨 때는 그저 상징이 아닌, 소유주를 대체하는 물건이 되기도 한다. 영어에서 왕과 왕비를 '왕관the Crown'이라 칭하는 것은 이 때문이다. 마리 앙투아네트는 돈을 물 쓰듯 하지도 않았고 '성적으로' 보수적인 편이었다. 마리 앙투아네트는 자신이 창녀라고 생각하는 뒤바리 부인에게 줄 목걸이였다는 이유로 다이아몬드 목걸이에 관심조차 주지 않았다. 그는 뒤바리 부인의 보석을 뒤바리 부인만큼이나 혐오했다.

하지만 이런 사실은 신문을 팔기에 좋은 이야깃거리가 아니었다. 샹탈 토마는 이렇게 말했다. "목걸이 사건은 마리 앙투아네트가 경박한 여자로 여겨졌기 때문에 일어날 수 있었다. 다이아몬드 목걸이 사건은 마리 앙투아네트의 인생을 바꾼 전환점이었다. 당시 찍힌 도덕적 낙인은 평생 지워지지 않았다."26) 마리 앙투아네트의 목이 잘리기까지는 아직 몇 년이 더 남아 있었지만, 사실 왕비의 운명은 이미 목걸이 재판 때부터 정해져 있었다. 재판을 통해 사건의 전말이 밝혀졌음에도 아무도 진범에게는 관심이 없었다. 당시 왕비를 보석을 온몸에 치장한 여자라고 생각한 분노한 백성들은 왕비가 왕실 보석상의 구매 요청을 매달 거절하고 그 돈을 줄어드는 자선기금에 보태라고 말한 사실을 전혀 알지 못했다. 왕비가 목걸이를 거절하자 보석상이 왕비를 공략하길 그만두고 아무것도 모르는 왕에게 왕비에게 선물하라며 목걸이를 떠넘기려 했다는 사실도 전혀 알려지지 않았다. 이 사실을 안 왕비가 다시 한 번 목걸이를 거절하고 남편에게 어리석은 짓을 하지 말라며 그 돈을 미국 독립 전쟁으로 생긴 빚을 갚는 데 쓰는 편이 좋겠다고 말한 사실도 물론 사람들은 몰랐다.

심지어 혁명이 일어난 이후에도 목걸이 사건은 '실제로 왕비가 저지른 일'로 여겨졌고 마리 앙투아네트는 주로 이 때문에 지탄받았다. 왕비를 처형하기 며칠 전에 진위를 밝히기 위해서라기보다는 관객을 즐겁게 하기 위해 엉터리로 치러진 형식적인 재판의 초점도 주로 목걸이 사건과 관련된 추문에 맞춰져 있었다. 이 재판에서는 헛소문과 주류 여론이 사실 증거로 채택됐다. 별로 놀랄 일은 아니지만, 기발하게도 당시 검사들은 마리 앙투아네트를 다이아몬드 목걸이가 아닌 '다른' 보석을 절도한 죄로 기소했는데 사실 이 사건은 마리 앙투아네트가 감옥에 갇혀 있는 동안 일어난 범죄로, 이미 범인까지 잡힌 후였다. 다른 죄목은 대부분 예전에 발행된 타블로이드지에 실린 내용을 그대로 가져온 것으로 그 내용 자체가 증거로 채택됐다.

'조작된 진실'을 이보다 더 극명하게 보여주는 사례가 없을 정도다. 1786년 6월, 세기의 재판이 끝나고 목걸이 사건에 연루된 모든 범인에 대한 판결이 나왔다. 이로부터 몇 주 지나지 않은 8월, 프랑스 재무장관은 루이 16세에게 국가가 완전히 파산 상태이며 이대로 버티기 어렵다고 보고했다. 그해 12월 29일에 루이 16세가 귀족들을 소집해 명사회(Assemblée des Notables: 혁명 전의 프랑스에서 나라의 비상시에 소집하던 신분제 의회_옮긴이)를 열었으나 결국 위기의 해법을 찾지 못한 채 해산됐다.

목걸이 사건은 당시 신문이 평한 대로 '빚더미 왕비'라 불리기 시작한 마리 앙투아네트에 대한 프랑스 민중의 인내심이 끝을 보인 사건이면서 동시에 프랑스 왕정의 종말을 가져온 사건이기도 했다.

프랑스혁명을 연 목걸이

프랑스 왕정의 몰락을 재촉한 목걸이는 짧은 시간 동안 존재했을 뿐이다. 보석상이 보는 사람에 따라선 흉물이라고 할 수도 있는 이 걸작을 사줄 사람을 찾지 못한 데다 도둑들이 훔친 즉시 다이아몬드를 따로 빼내 팔았기 때문이다. 하지만 목걸이를 그린 상세한 그림과 판화는 아직 남아 있으며 진짜 다이아몬드를 쓰진 않았지만 똑같이 생긴 복제품도 만들어졌다. 목걸이 사건이 일어나고 한 세기가 지난 후인 1890년에 고다르 오르펭은 《유명하고 진귀한 보석에 얽힌 이야기Stories About Famous Precious Stones》에서 이 목걸이를 직접 목격한 사람의 말을 인용하고 있다.

첫 번째 줄은 목을 너무 조이지 않게 감쌀 정도로 긴 개암 열매만큼 커다란 열일곱 개의 눈부시게 아름다운 다이아몬드로 이뤄져 있다. 두 번째 줄은 첫 번째 줄을 충분히 감쌀 만한 길이로 세 번 늘어진 장식 줄 같은 모양이며 이외에도(물방울 모양, 여러 가지 별 모양, 비정형 군집 모양) 펜던트들이 달려 있다. 가장 길게 늘어진 줄은 목 뒤에서부터 부드럽고 둥글게 흘러내리는 세 줄짜리 진귀한 다이아몬드 사슬로(가장 큰 여왕 다이아몬드를 중앙에 두고) 가슴께에서 서로 맞물린 다음 마치 길이가 남는 것처럼 다시 갈라진다. 이 사슬 끝에 달린 술의 가격만 해도 어떤 사람에게는 전 재산에 해당할 것이다. 여기에 더해 마찬가지로 끝에 술이 달린 장엄한 세 줄짜리 다이아몬드 사슬 가닥 두 개가 더 달려 있는데 목걸이를 하고 가만히 있을 때 보면 이 둘은 '여섯' 줄짜리 두 배로 장엄한 다이아몬드 줄을 이루며 흩어지기도 하고 모이기도 하면서 목 뒤를 타고 흘러내린다. 이런 모습을 보면 부드럽게 빛나는 황도 12궁이나 북극광을 볼 때처럼 반할지도 모른다.[27]

정확히 말해 그 목걸이는 목걸이라기보다는 여러 가닥의 보석 줄로 이뤄진 옷에 가까웠다. 무게가 2,800캐럿에 달했고 647개의 다이아몬드가 쓰였는데[28] 맨 윗줄은 커다란 다이아몬드 열일곱 개로 이뤄진 느슨한 초커(choker: 목에 꼭 끼는 짧은 목걸이)였다. 여기에 장식 줄처럼 느슨하게 세 번 늘어진 다이아몬드 줄이 매달려 있었고 그 사이사이에 물방울 모양 다이아몬드 펜던트가 다섯 개 달려 있었다. 목걸이는 앞에서 뒤로, 목부터 허리까지 늘어졌으며 널찍하고 튼튼한 다이아몬드 리본 두 가닥이 몸통 부분에서 교차했다. 이 목걸이는 보석을 여러 개 붙여 커다랗게 만든 펜던트, 리본, 눈에 띄는 물방울 모양 다이아몬드로 장식되어 있었으며 허리나 팔꿈치쯤까지 오는 끝 부분에는 모두 다이아몬드로 만든 커다란 술(쿠션이나 커튼 등에 다는 장식)이 여러 개 달려 있었다.

이는 목걸이라기보다는 입을 수 있는 샹들리에에 더 가까웠다. 다이아몬드 무게만 약 680그램이 나가는 이 목걸이는 당시 세상에서 가장 비싼 보석이었다. 아니, 어쩌면 지금까지 만들어진 목걸이 가운데 가장 비싼 목걸이일지도 모른다. 정말 그럴까?

비교 불가

현재 '세계에서 가장 비싼 다이아몬드 목걸이'[29)]는 스위스 보석 회사 무아와드Mouawad에서 만들었다. 이 목걸이에 들어간 다이아몬드는 단 637캐럿으로 크기와 화려함 면에서는 보에메르와 바상주가 만든 불운한 목걸이에 비할 바가 아니지만, 착용하기는 훨씬 편하다.

이 목걸이의 이름은 비교할 수 없는 다이아몬드 목걸이라는 뜻의 '인컴패러블L'Incomparable 다이아몬드 목걸이'다. 창의적이지 않은 이름은 이 목걸이에 결함이 없는 거의 완벽한 등급의 다이아몬드 가운데 세계에서 가장 큰 407.48캐럿[30)]짜리 인컴패러블 다이아몬드♦가 쓰였기 때문에 붙여졌다. 2013년 1월 9일, 무아와드의 인컴패러블 다이아몬드 목걸이는 감정가 5천5백만 달러로 세계에서 가장 비싼 목걸이 자리에 올랐다.[31)]

한때 스미스소니언 박물관에 전시돼 있던 인컴패러블 다이아몬드는 지금까지 세공된 다이아몬드 가운데 세 번째로 큰 다이아몬드로 어린아이 주먹만 하다. 풍부한 황금색을 띠고 있고 관을 닮은 각진 물방울 모양으로 특이하게 세공돼 있다. 인컴패러블 다이아몬드 목걸이에는 이 희귀한 다이아몬드가 두 갈래의 길고 반짝이는 나뭇가지 모양의 줄에 걸려 있다. 가지의 잎 또는 싹에 해당하는 부위마다 여러 가지 모양의 결점 없는 무색 다이아몬드 아흔 개가 달려 있는데 이 다이아몬드들만 229.52캐럿에 달한다.

인컴패러블 다이아몬드 목걸이는 아름답긴 하지만, 목걸이 가격의 대부분은 인컴패러블 다이아아몬드♦가 차지하고 있다. 이 다이아몬드를 따로 떼어 종이 누르개로 쓴다 해도 목걸이 전체와 가격이 비숫할 것이다. 아름다움은 보는 사람의 눈에 있다지만, 가격은 객관적으로 정할 수 있고 정해야만 한다. 이 두 목걸이 중에 '진짜로' 역사상 가장 비싼 목걸이는 어느 쪽일까? 이에 답하기란 거의 불가능하다.

다이아몬드의 가치는 얼마였을까

얼핏 보기에는 환율과 물가상승분만 고려하면 두 목걸이의 가치를 비교할 수 있을 것 같다. 하나는 1768년 프랑스에서 만들었고 다른 하나는 2012년 스위스에서 만들었다. 그러므로 첫 번째 목걸이가 당시 얼마였는지 알아내 이를 현재의 화폐 가치로 환산하기만 하면 될 것이다. 간단한 산수 문제일 뿐이다. 그렇지 않을까? 하지만 답은 그리 간단하지 않다. 경영 저술가 존 스틸 고든John Steele Gordon은 역사적 가치를 현재의 가치로 환산하는 일을 "역사가들이 풀어야 하는 가장 골치 아픈 문제 가운데 하나"라고 평했다.[32] 단순한 숫자놀음만으로는 이 문제를 풀 수 없다.

가치는 매우 유동적인 개념이다. 신대륙 에메랄드 이야기에서 봤듯 한때는 어마어마한 가치를 지녔던 보석이 하루아침에 아무 가치도 없는 보석이 될 수 있다. 간단한 예로 한 보석의 1772년 당시 달

♦ 커다란 다이아몬드에는 정식으로 이름을 붙인다. 외양을 그대로 묘사할 때도 있고 다이아몬드를 칭송하는 이름일 때도 있다. 대부분 터무니없고 민망한 이름이 붙는다. 하지만 어쨌든 간에 이름이 있다는 것은 다이아몬드로서는 '정말 성공했다'는 의미다.

● 인컴패러블 다이아몬드는 미국 보석 감정 연구소Gemological Institute of America가 분류한 세계에서 가장 큰 내부 무결점 다이아몬드다.

러 가치로 표시한 가격을 알고 있다고 가정해보자. 어이없는 다이아 몬드 갑옷의 가격이 아니라 그저 보석 '한 점'의 가격 말이다. 그 보석의 가치는 당시 '다른 모든 물건'의 가치를 알지 않고는 산정할 수 없다. 당시 달걀 하나의 가격은 얼마였을까, 집 한 채는 얼마나 했을까, 한 사람의 하루 품삯은 얼마였을까? 이를 알아내려면 그 사람이 얼마나 오래 살 수 있는지, 얼마나 오래 일할 수 있는지, 달걀은 얼마나 먹을 건지, 집에서는 얼마나 살 건지, 집 한 채를 장만하기 위해 얼마나 오랫동안 일해야 했는지 알아내야 한다.

예를 들어 1772년 프랑스의 말 한 필 가격과 이와 비슷한 말의 오늘날 가치를 비교해보자. 적어도 환율을 계산할 기준은 있을 것이다. 문제는 거래 가격이 '거래 당시의 전후 사정을 고려할 때만' 보편적으로 인정되는 가치를 반영한다는 데 있다. 전후 사정을 떼 놓고 가격만 보면 알 수 있는 게 거의 없다. 말 가격을 비교할 때의 문제는 1772년보다 말의 상품 가치는 물론, 말이 가지는 상징성이 낮아졌기 때문에 생긴다. 243년 전, 말은 오늘날의 '차'였다. 차 가운데서도 고급 차였다. L. P. 하틀리L. P. Hartley의 말대로 "과거는 다른 나라"다.[33]

버지니아대학교 경제학 교수 로널드 W. 미체너Ronald W. Michener는 한 인터뷰에서 서로 다른 시대 간의 가치 비교에 대해 이렇게 말했다. "계산으로 이 문제에 답할 순 없습니다. 비교하기에는 오늘날과 당시의 차이가 너무 큽니다. 21세기 기준에서 식민 시대 미국 국민의 생활상은 마치 다른 행성에서의 삶처럼 보입니다."[34] 미체너는 식민지 시대 버지니아에서 생산된 공장제품을 예로 들었지만, 프랑스혁명 이전에 만들어진 보석 가격도 마찬가지다. 이 문제는 맨해튼을 산 구슬의 가치를 따지는 질문과 신기할 정도로 닮았다. 60길더에 수백 년 동안 이자가 붙으면 얼마가 되는지 계산해봤자 아무 소용없다. 돈만 변한 것이 아니라 맨해튼의 가치도, '유리구슬'의 가치도 변했기 때문이다. 이 모든 가치는 유기적으로 얽혀 있어서 절대 독립적으로 올라가거나 내려가지 않는다.

이제 우리는 보석의 심리사회적 의미에서 경제적 가치가 어떻게 형성되는지에 대한 주제로 옮겨왔다. 맨해튼을 산 구슬이 오늘날 얼마인지 물어봤자 소용없다. 마찬가지로 다이아몬드 목걸이가 로앙 추기경에게 할인가 200만 리브르[35)]에 '팔렸다'는 사실도 별 도움이 되지 않는다. 당시 200만 리브르로는 작은 성 한 채를 짓거나 전함을 건조한 뒤 무기까지 실을 수 있었다. 맥락 가치contextual value 때문이다.

쉽게 생각해보자. 그 다이아몬드 목걸이의 진짜 문제는 '유럽에 그 목걸이를 살 만큼 돈 많은 사람이 없다'는 데 있었다. 마리 앙투아네트조차 사라는 청을 거듭 거절한 다음 목걸이를 분해해 나눠서 팔라고 제안했을 정도였다. 그때까지 만들어진 목걸이 가운데 가장 비쌌던 이 목걸이는 너무 비싼 나머지 전 세계에 이것을 살 수 있거나 사고 싶어 하는 사람이 없었다. 과연 이 목걸이의 진짜 가치는 얼마였을까? 내가 한때 일했던 전당포 주인의 철학은 이랬다. 물건의 가치는 언제나 어떤 사람이 치르고자 하는 가격과 똑같다. 즉 사줄 사람이 없는 물건은 아무 가치도 없다.

하지만 집착의 가치는 그렇게 쉽게 평가할 수 없다. 1780년 프랑스에서 이 목걸이는 혁명을 일으킬 만한 가치가 충분히 있는 물건이었다.

악의 없는 부러움

조지타운대학교의 제러드 패럿Gerrod Parrot과 켄터키대학교의 리처드 스미스Richard Smith가 내린, 학계에서 널리 인정받는 '부러움'에 대한 정의는 다음과 같다. "부러움은 다른 사람이 가진 우월한 소질이나 성과, 소유물을 가지지 못한 사람이 이를 가지고 싶어 하거나 그 사람이 이를 잃기 바랄 때 생긴다."[36] 그런데 부러움에는 '두' 종류가 있다. 하나는 '악의 없는 부러움'으로 자신에게는 없지만 다른 사람에게는 있는 것을 순수하게 가지고 싶어 하는 마음이다. 다른 하나는 '악의적 부러움'이다. 악의적 부러움도 다른 사람이 가진 것을 부러워하는 마음이긴 마찬가지지만, 자기도 가지고 싶다기보다는 '상대방이 잃었으면 좋겠다고 생각하는' 마음이다. 상대방이 지닌 매력적인 자산(집, 차, 직업, 아내)을 나도 꼭 가지고 싶다기보다는, 상대방의 것을 빼앗아서 흔적도 없이 부숴 사라지게 하고 싶은 욕망이다.

그리 좋은 심보는 아니다. 그렇지 않은가? 악의 없는 부러움은 심리학적으로 쉽게 이해할 수 있다. 좋은 것을 보면 나도 가지고 싶은 법이다. 잔 드 라모트의 부러움은 '수법'은 악랄했지만, 순수한 부러움이었다. 잔은 왕비와 가까운 주변 인물이라는 높은 지위를 얻고 싶었고 이에 실패하자 사회적 지위를 살 수 있는 돈을 얻고 싶어 했다. 피해자들을 빈털터리로 만들거나 벌주는 것이 잔의 목표는 아니었다. 악의 없는 부러움과 달리 악의적 부러움은 조금 더 설명하기 어렵다. 악의적 부러움은 프랑스혁명을 이끈 한 요소였음이 분명하다. 공포 정치 시절, 혁명가들이 빼앗은 왕관을 자신의 머리에 쓰지 않았다는 사실이 이를 잘 보여준다. 혁명가들은 왕의 목을 치자마자 보석을 모조리 챙겨 금고에 넣어두었다. 식량 폭동을 비롯해 혁명 직전에 일어난 많은 폭동에서 사람들은 먹을 것을 달라며 목소리를 높였고 정의를 부르짖었다. 몇몇 시위에서는 평등한 정치 참여를 외치기도 했다. 하지만 더 좋은 보석을 달라고 소리치는 성난 군중은 아무도 없었다. 군중은 그저 왕과 왕비, 귀족을 벌주기 위해 보석을 빼앗길 원했다.

갖고 싶어서가 아니었다. 그저 '빼앗고' 싶어서였다. 악의 없는 부러움이 악의적 부러움으로 바뀌는 원인은 무엇일까? 내가 '따라잡을 수도 있겠다'고 생각할 때, 사람들은 마리 앙투아네트를 흉내 내던 귀족들처럼 행동한다. 마리 앙투아네트의 시녀였던 캉팡 부인은 이렇게 말했다. "왕비는 비난받는 동시에 맹목적인 모방의 대상이기도 했다."[37] 하지만 상대방을 따라잡을 수 있을지 확실치 않거나 아예 경쟁할 수 없을 만큼 격차가 벌어지면, 사람들은 본능적으로 더 악랄한 방법을 써서 수준을 맞추고자 한다. 다른 사람이 가진 유리한 위치를 빼앗고자 하는 악의적 부러움이 생기는 것이다. 내가 갖는 것만큼 좋진 않겠지만, 어쨌든 수준이 같아지는 건 맞다.

한정된 재화의 힘은 강하다. 한정된 재화는 가상 가치는 물론 실제 가치까지 만들어낼 수 있다. 음식 같은 필수품이 오랜 기근 등에 의해 진짜로 희귀해지면 경제 법칙이 완전히 뒤바뀔 수도 있다. 이러한 변화는 사회뿐 아니라 정치에까지 영향을 미친다.

부서지는 프랑스

목걸이 사건을 둘러싼 관심이 어떻게 격렬한 혁명으로 이어졌을까?
1786년부터 1789년까지 대체 무슨 일이 일어났던 걸까? 이 3년 사이
에 무척 많은 일이 있었다. 먼저 프랑스 왕실이 채무 불이행을 선언
하며 파산 상태에 빠졌다. 안토니아 프레이저는 옛날식 절제된 표현
법으로 "왕이 압력에 잘 대응하지 못했다."고 쓴 다음 "1787년 왕은
오늘날 우리가 신경쇠약이라 부를 만한 상태였다."[38)라고 덧붙였다.

1788년에도 재정 위기에 대한 해결책은 나오지 않았다. 삼부회
를 소집해 병든 나라를 뜯어고칠 광범위한 혁신안을 투표에 부치지
않는 한, 눈에 띄는 진전이 없을 게 분명해졌다. 삼부회 소집이 결정
된 이후 1788년의 남은 기간에는 전통에 따라 각 신분당 한 표를 행
사하라는 명사회의 결정을 두고 언쟁이 이어졌다. 인구의 99퍼센트
를 차지하는 제3신분은 이에 동의하지 않았다. 결국 1789년 봄, 왕은
삼부회 폐회를 명했다.

왕은 봄부터 초여름까지 다양한 개혁안을 계속 제시했으나 삼
부회가 투표를 거부하는 한 소용없는 일이었다. 결국 제3신분의 대
표자들은 완전히 새로운 주장을 하는 파격적인 혁명당인 국민의회
Assemblée nationale로 이름을 바꿔 달았다. 날씨는 더욱더 가혹해졌다.

오직 신의 뜻만이

1788년 가을, 상황은 전혀 나아지지 않았다. 또 한 번 흉작이 이어졌

다. 1789년 4월, 파리에서 식량 부족과 가혹한 임금을 성토하는 격렬한 시위가 벌어졌다. 극에 달한 긴장감과 재앙적인 겨울, 계속되는 흉작은 루이 16세를 그야말로 '쇠약하게' 만들었다. 그렇다면 나라는 누가 다스렸을까? 프랑스가 가장 혐오하는 여자, 마리 앙투아네트였다! 프레이저는 이렇게 썼다. "마리 앙투아네트는 황태자의 미래, 다른 자녀들의 미래, 어릴 때부터 교육받고 믿어온 절대왕정의 미래를 지키기 위해 강해져야 함을 깨달았다."[39] 마리 앙투아네트가 역사적으로 오명을 썼을 뿐 사실 좋은 사람이었다는 사실과는 별개로 그는 정치적으로 분열된 데다 경제적으로 불안한 나라를 다스리는 일보다는 파티를 열고 양치기 소녀 놀이를 하는 데 더 소질이 있었다. 남편을 위해 대신 고삐를 잡아보려 노력했지만, 나라를 다스리기에는 경험도 부족하고 교육 수준도 낮았으며 권한마저 거의 없었다.

왕비의 노력은 사태를 악화시키기만 했다. 이전까지 왕비의 비정상적인 성적 취향과 다이아몬드를 탐하는 식성에 초점을 맞추던 언론은 이제 남편인 살찐 당나귀를 타고 채찍을 휘두르며 프랑스를 잡아먹는 괴물의 몸에 왕비의 얼굴을 그려 넣었다.

당시 프랑스는 역사상 최악이라 해도 좋을 만큼 심각하게 분열돼 있었다. 하지만 이는 왕이 새로운 형태의 지도자가 되어 전과 다른 군주제를 펴기만 하면 성공적으로 헤쳐나갈 수 있는 문제였다. 그때까지만 해도 국민의회는 왕의 참수를 주장하진 않았다. 헌법 제정과 귀족 특권 제도의 철폐를 주장하던 국민의회의 제안은 사실 입헌군주제 형태에 더 가까웠다.

마리 앙투아네트는 이런 제안을 단호하게 거절했다. 루이 16세는 결정을 내리지 못하고 갈팡질팡했다. 좀처럼 결정을 내리지 못하는 성격 때문이기도 했고 마리 앙투아네트보다는 다행히 더 사리에 밝았기 때문이기도 했다. 하지만 결국에는 루이 16세의 쇠약한 정신 상태 때문에 마리 앙투아네트가 결정권을 쥐게 됐다. 마리 앙투아네트는 어머니와 마찬가지로 절대왕정만이 혼란을 바로잡고 국가 질서를 세울 수 있다고 굳게 믿고 있었다. 파리에 모인 군중이 국가의 안정을 위협한다고 생각한 왕비는 군대를 움직여 파리를 봉쇄하고 베르사유로 가는 길을 차단하라고 명하기에 이르렀다.

샹탈 토마는 마리 앙투아네트가 "프랑스에서 일어나고 있던 변화를 읽지 못했다."[40]고 평했다. 당황해서 파리 시내에서 베르사유 궁전으로 오는 길을 차단하라고 군대에 명했을 때, 왕비는 갈등에 불을 붙일 게 아니라 이를 피할 생각이었다. 하지만 이는 정반대의 결과를 낳았다. 국민은 군대를 보고 왕의 절대 권력을 떠올리거나 두려움에 떨지 않았다. 대신 국민의회는 왕의 군사력 동원을 국민을 향한 공격으로 규정했다.

혁명의 제물

1789년 7월 14일, 군중은 파리의 거리를 뒤덮었고 바스티유 감옥을 '해방' 시켰다. 바스티유는 모든 프랑스 국민이 부르봉 왕조하에서 겪고 있던 옥살이를 상징하는 거대하고 비참하고 참담한 감옥이었다. 바스티유 습격은 그 이후에 민중이 벌인 일에 비하면 겨우 시작에 불과했지만, 확고한 절대 권력에 대한 민중의 승리를 상징하는 기념비적인 사건이었다. 바스티유 습격 당시 약 16킬로미터 떨어진 베르사유에서 자고 있던 루이 16세는 새벽 두 시에 깨어 의복 담당관에게 바스티유 함락을 전해 들었다. 성난 군중에 의해 관리가 살해됐고 그의 목이 장대에 걸려 거리를 돌아다니고 있다는 소식이었다.

왕이 "반란인가?"라고 묻자 신하는 이렇게 답했다고 한다. "아닙니다, 전하. 혁명입니다."

그로부터 채 일주일도 지나지 않아 언론의 자유가 선포됐다. 전에도 검열의 영향력은 미약했지만 왕실 검열을 받지 않은 공격적인 신문들이 새롭게 유통되기 시작했다. 놀랍지 않게도 지면의 대부분은 왕비와 왕비의 타락한 행실로 채워졌다. 더욱 폭력적이고 선정적으로 변한 신문들은 진실과도 점점 더 멀어졌다. 샹탈 토마는 이때 쓰인 기사들이 "증오로 가득 찬 암흑 판타지"였다고 평했다.[41] 약 2주 뒤, 7,000명의 여성들이 베르사유로 향했고 놀랍게도 궁전 안에 발을 들일 수 있었다. 이들은 주변에 쌓인 보물엔 눈길조차 주지 않고 경비대와 귀족들을 죽이며 왕비를 찾기 위해 베르사유를 뒤졌다. 마음속에 품은 목표는 바로 왕비였다. 마리 앙투아네트가 몸을 피한 직후 온몸을 피로 물들인 채 왕비의 방에 들이닥친 여자들 가운데 몇몇은 왕비가 침대 매트리스 속에 숨어 있을지도 모른다는 생각에 꼬챙이와 칼 같은 무기로 왕비의 침대를 찌르고 또 찔렀다.

그러는 동안 잔 드 라모트는 소년으로 위장한 채 감옥을 탈출해 런던으로 갔다. 그리고 같은 해인 1789년, 오늘날 한물간 유명인들이 흔히 하듯 회고록을 출판했다. 잔은 회고록을 통해 다시 한 번 왕비를 맹비난하고 재판에서보다 더욱 자세하게 거짓 목걸이 사건 이야기를 풀어놓았다. 잔은 심지어 가짜 서신 가운데 일부도 책에 실어 출판했다. 민중은 이 책을 사랑했다. 잔은 비극의 여주인공으로 보였고 새 정부에게 공식 사과까지 받았다.

온 유럽이 프랑스혁명에 맞서 단결하고 있을 때, 프랑스 전역은 마리 앙투아네트에 대항하기 위해 단결했다. 마리 앙투아네트는 "프랑스가 일종의 혈맹을 맺기 위해 일부러 내세운 표적"[42]이었다. 프레이저의 지적처럼 권한도 없는 왕비를 죽일 이유는 없었다. 게다가 마리 앙투아네트는 법에 어긋나는 범죄를 저지르지도 않았다.[43]

샹탈 토마는 마리 앙투아네트를 희생양이라고 불렀다. 하지만 옛날에 쓰인 타블로이드 기사 내용을 근거로 충격적인 죄목들을 뒤집어쓴 왕비는 희생양보다는 제물에 더 가까워 보인다.

목걸이의 저주

프랑스혁명과 관련된 다이아몬드 목걸이는 온갖 소문을 낳았다. 어디로 사라졌을까? 누구에게 있을까? 목걸이가 역사적 유물이 되면서부터는 각양각색의 전설이 더 많이 만들어졌다. 오랫동안 사람들은 마리 앙투아네트의 다른 보석과 마찬가지로 다이아몬드 목걸이도 저주받았을 거라고 수군대곤 했다. 그 당시는 물론 지금도 사람들은 마리 앙투아네트가 지녔던 모든 보석이 저주받았다는 말을 거부감 없이 믿는다. 마리 앙투아네트가 비참한 최후를 맞았으니 타당해 보인다. 하지만 마리 앙투아네트 말고도 비참하게 죽은 사람은 많다.

사람들이 마리 앙투아네트의 보석에 불가사의한 어둠의 그림자가 드리워져 있다고 쉽게 믿는 이유는 무엇일까? 마리 앙투아네트의 남편, 친구, 다른 왕비가 가진 보석은 괜찮다고 생각하면서 말이다. "케이크를 먹으면 되지."라고 말한 얼음처럼 차가운 왕비 마리 테레즈를 떠올리며 이 왕비가 한때 소유했을지도 모르는 길 잃은 귀걸이가 자신의 손에 들어올까봐 두려워하는 사람은 없다. 왜 사람들은 특히 마리 앙투아네트의 여러 보석과 그 목걸이에 박혀 있던 다이아몬드만 주술에 걸렸을 거라고 믿는 걸까?

답은 단순하다. 마리 앙투아네트가 사람이 아니라 상징이기 때문이다. 마리 앙투아네트는 여전히 크고 멋진 다이아몬드 바로 다음 가는 '과도한 부'의 상징이다. 우리는 선천적으로 지니고 태어난 저울을 이용해 세상을 판단한다. 이 저울의 균형이 흐트러지면 문제가 있다고 생각한다. 누군가 지나치게 많은 재산을 가지고 있다는 사실은 단순히 신기해 보이는 것이 아니라 '도덕적으로' 잘못됐다는 인상을 준다. 보석은 왕비를 떠올리게 하기에 앞서 도덕적 잣대부터 불러일으킨다. 어쩌면 사람들은 상상 속에서나마 보석이 오히려 주인을 파멸시키는 도구가 되어 합당한 복수를 하는 모습을 봄으로써 본능적인 욕망을 만족시키기 위해 보석이 저주받았다고 믿는지도 모른다.

잔 일당이 처분한 저주받은 다이아몬드들은 어디로 갔을까? 대부분은 런던과 파리에 있는 여러 보석상에 팔렸다. 훔친 보석을 밀매한 사람들이 기록을 오래 남기지 않는 경향이 있기에 이 다이아몬드들이 이후 어디로 갔는지는 아무도 알 수 없다. 프레이저는 이렇게 쓰고 있다. "이 다이아몬드들이 어떻게 됐는지는 알 수 없다. 다만 이 가운데 일부가 도싯 공작Duke of Dorsett 손에 들어가 대대로 그 가문에 남아 있다는 이야기가 전해진다." 하지만 실제로 이 목걸이에 쓰였던 다이아몬드라고 인정받고 있는 다이아몬드는 "1955년 베르사유에서 열린 전시에 선보였던 서덜랜드 공작부인의 단순한 다이아몬드 [초커] 목걸이"[44] 뿐으로 원래 목걸이에 박힌 것 가운데 "가장 멋지고 반짝이는" 스물 두 개의 다이아몬드로 만들어졌다. 한 시대의 끝을 알린 장대한 목걸이 가운데 현재 남아 있는 부분은 서덜랜드 공작부인의 목걸이에 박힌 다이아몬드뿐이다.♦

그런데 마리 앙투아네트의 보석 가운데 저주가 씌었다는 평을 듣는 것은 보에메르와 바상주가 만든 다이아몬드 목걸이 외에도 아주 많다. 루이 16세의 목이 잘린 후,(여담이지만 루이 16세는 아내와 자녀들보다는 훨씬 정중하고 인간적인 방식으로 처형됐다.) 베르사유의 보물 가운데 왕실 보물을 포함한 대다수는 나름 안전하다고 생각되던 파리의 왕실 보물 창고에 맡겨졌다. 하지만 나중에 밝혀진 바에 따르면 여기도 그리 안전하진 않았다.

마리 앙투아네트가 감옥에 갇혀 처형을 기다리던 1792년 9월 어느 날 밤, 술 취한 도둑 무리가 왕실 보물 창고를 털었다. "3일 밤 내내 도둑질을 하고도 잡히지 않은 데 자신감을 얻은 50명의 도둑은 네 번째 날 저녁에 창고에서 포도주와 음식을 발견했다. 다음 날 아침, 경비병이 도둑들을 발견했을 때, 범인 가운데 몇 명은 여전히 술에 취해 인사불성이 되어 바닥을 뒹굴고 있었다."[45]

이때 도둑맞은 보석 가운데 대다수는 다시 찾았지만, 값이 어마어마한 다이아몬드 프렌치 블루French Blue는 이후 자취를 감췄다.

프렌치 블루

당시 창고에 있던 왕실 보물 가운데 가장 값나가는 보석 중 하나였던 프렌치 블루는 사파이어 같은 푸른색을 띠는 커다란 다이아몬드로 햇빛 아래 비춰 보면 불길해 보이는 희미한 붉은빛을 냈다고 한다. 마리 앙투아네트의 다른 다이아몬드와 마찬가지로 프렌치 블루 또한 저주받은 보석으로 불린다. 17세기 중엽, 프랑스 탐험가이자 보석 무역상 장 바티스트 타베르니에Jean Baptiste Tavernier는 영화 〈인디애나존스〉에나 나올 법한 인도 정글 속 힌두교 사원에 발을 들였다.♦ 그는 거대한 힌두교 신상에 달린 세 개의 눈 중에 가운데 박혀 있던 커다란 푸른 다이아몬드를 뽑아냈다. 이 조각상은 파괴의 신 시바■로 추정되는데 힌두교 신화에서 시바는 빙글빙글 도는 춤을 추며 세계를 만들기도 하고 무너뜨리기도 한다. 타베르니에는 이렇게 착복한 다이아몬드를 프랑스로 가지고 와 세공해서 태양왕 루이 14세에게 팔았다. 루이 14세는 이 다이아몬드를 정교한 장신구로 만들어 대대로 물려주었고 마지막으로 루이 16세와 마리 앙투아네트가 받게 됐다.

마리 앙투아네트는 프렌치 블루를 자주 착용했다고 한다. 이 다이아몬드가 저주받았다고 믿는 사람들 가운데 대부분은 왕비가 끔

♦ 원래 목걸이를 그린 그림에 있는 다이아몬드가 완벽한 원형인데 반해 서덜랜드 목걸이 다이아몬드의 세공은 약간 비대칭이어서 이 다이아몬드가 진짜 그 목걸이에 있었던 다이아몬드인지 의심하는 이들이 있다. 하지만 잔의 정부 빌레트가 다이아몬드를 맡겼던 여러 보석상이 남긴 기록에 따르면 그가 다이아몬드를 거칠게 틀과 분리한 나머지 다이아몬드 가장자리에 흠집이 있었다고 하며 원래 목걸이에 있던 다이아몬드 알은 무척 컸다고 한다. 좋은 보석전문가라면 분명 흠집을 없애기 위해 크기는 유지한 채 다이아몬드를 조금 갈아내고 다시 세공했을 것이다. 그래서 나는 서덜랜드 다이아몬드가 조금 비대칭이 되었다고 생각한다.

● 타베르니에가 정확히 어떤 항해에서 이 다이아몬드를 얻었는지는 명확하지 않다. 1631년부터 1668년까지 타베르니에는 아시아를 여섯 번 오갔다.

■ 조각상이 힌두교의 '어떤' 신인지에 대해서는 논쟁이 있지만, 핀레이는 시바의 춤이 물질적인 욕망에 의한 죽음을 대표하므로 시바가 가장 적절하다고 말한다.

찍한 죽음을 맞은 다음부터 저주가 시작됐다고 생각한다. 한편 루이 14세 시절의 프랑스로 거슬러 올라가 프렌치 블루가 인도에서 올 때부터 이미 저주에 걸려 있었다고 믿는 사람도 있다. 신의 물건을 도둑질하고 쪼갰으므로 저주받았으리라고 생각하는 것이다. 이 저주의 첫 번째 희생자인 타베르니에는 루이 14세에게 멋진 보석을 여러점 팔았다. 하지만 낭트칙령 이후 위그노 교도라는 이유로 프랑스에서 추방되어 무일푼으로 생을 마감했다. 이야기에 따라 다르지만 개여러 마리에 몸이 찢겨 죽었다는 소리도 있다.

1792년 일어난 보물창고 절도사건 이후 프렌치 블루는 종적을 감췄다. 프렌치 블루는 69캐럿이라는 크기도 크기였지만, 흔치 않은 사파이어색의 신비로운 붉은빛을 내뿜는 매우 희귀하고 눈에 띄는 보석이었기 때문에 20년 후인 1812년, 런던의 다이아몬드 중개상 대니얼 엘리어슨Daniel Eliason이 누군가 떳떳치 못한 출처를 감추기 위해 자르고 다듬어 크기가 겨우 45.52캐럿으로 줄어든 프렌치 블루와 색이 똑같은 다이아몬드를 선보였을 때, 모두 사라진 프렌치 블루의 일부임을 알아볼 정도였다.

이 다이아몬드는 여러 주인을 거친 뒤 결국 네덜란드의 부유한 은행가 헨리 필리프 호프Henry Philip Hope의 소유가 됐다. 1823년 이 프렌치 블루의 일부는 호프 다이아몬드라는 새 이름을 얻었다. 1910년 가난해진 호프의 후손이 피에르 까르띠에Pierre Cartier에게 다이아몬드를 넘김으로써 이 다이아몬드는 파리로 돌아왔다. 하지만 옛날의 보에메르와 바상주처럼 까르띠에는 유럽과 아시아 상류층 고객 가운데 이만큼 비싼 보석을 사줄 만한 사람을 찾을 수 없었다.

투자에 실패해 실망한 까르띠에는 결국 미국의 화려한 상속녀 에블린 월시 매클레인Evalyn Walsh Mclean에게 다이아몬드를 넘겼다. 파티 걸들이 다 그렇듯 매클레인도 어린 마리 앙투아네트처럼 자부심이 넘쳤다. 당시는 재즈 시대(춤, 재즈 등의 향락을 탐닉했던 1920년대_옮긴이)가 정점에 달했을 때였고 매클레인은 샴페인으로 목욕까지 하진 않았 지만, 끊임없이 파티를 열고 꽃종이처럼 돈을 흩뿌리며 사치란 사치 는 모두 즐겼다. 한번은 새해맞이 파티에서 호프 다이아몬드만을 걸 친 채 계단 위에 나타나 아래 있는 손님들을 내려다보며 서 있기도 했다. 심지어는 호프 다이아몬드를 개 목걸이에 달기도 했다.[46]

호프 다이아몬드가 저주에 걸렸다는 소리를 들은 매클레인은 그 저 웃어넘겼다. 매클레인은 다른 사람에겐 불운을 가져다줄지 몰라 도 자신에게 들어온 이상 행운을 가져다줄 것이라고 말했다. 불행히 도 이 말은 실수였다. 호프 다이아몬드를 산 지 몇 년 후, 매클레인이 이 다이아몬드로 만든 목걸이를 목에 걸고 켄터키 더비 경마 행사에 가 있던 동안 자식 한 명이 열병으로 죽었다. 매클레인의 유일한 딸 은 자살했고 남편은 술, 도박, 빚에 절어 재산을 거의 다 탕진하고 정 신병원에서 죽었다. 가족과 이전의 삶을 잃어버린 후에도 그의 불운 은 끝나지 않았다. 마약 중독자였던 매클레인은 60세에 '코카인과 폐 렴 합병증'으로 검푸른 호프 다이아몬드를 목에 건 채 홀로 죽었다.

보석상 해리 윈스턴Harry Winston이 매클레인이 유산으로 남긴 호프 다이아몬드를 사들였을 때는 이미 호프 다이아몬드가 매클레인의 비 극적인 이야기로 세계에서 가장 유명한 다이아몬드가 된 후였다. 하 지만 다른 보석상들과 마찬가지로 해리 윈스턴도 이만큼 비싼 다이 아몬드를 사줄 고객을 찾지 못했다. 바로 이때부터 호프 다이아몬드 에 얽힌 이야기는 더 흥미진진해진다. 해리 윈스턴이 비극적인 최후를 맞았다는 소리가 아니다. 그는 꽤 괜찮은 삶을 살았다. 다만 윈스턴의 손에 들어간 후부터 호프 다이아몬드에 얽힌 저주가 유명해졌다. 다이아몬드를 사려는 사람이 나타나지 않자, 윈스턴은 호프 다이아몬드를 특별하게 포장하기 시작했다. 다이아몬드를 정서적인 면에서 필요로 하건 불가사의하고 위험한 물건으로 생각하건 간에 다들 드라마 주인공이 되고 싶어서 다이아몬드를 사는 건 마찬가지였다.

윈스턴은 타베르니에, 호프 일가, 매클레인의 비극도 이야기했지만, 특히 마리 앙투아네트의 이야기를 강조했다. 호프 다이아몬드는 마치 유명 인사처럼 전국을 순회했다. 가질 수 없는 만큼 비싼 데다 위험한 이 보석을 보기 위해 부유한 저명인사들이 몰려들었고 약간의 두려움이 섞인 놀라움과 경외심으로 다이아몬드를 구경했다. 윈스턴의 작전은 성공했다. 호프 다이아몬드는 팔리지 않는 다이아몬드에서 가격을 매기기 힘들 정도로 귀한 다이아몬드로 탈바꿈했다.

나중에 윈스턴은 현재 호프 다이아몬드를 소장하고 있는 스미스소니언 박물관에 다이아몬드를 기증했다. 그는 자신의 행동을 "아낌없는 기부"일 뿐이라고 말했다.[47] 이 기부로 윈스턴은 스미스소니언이라는 유명 박물관에 단독 전시실을 얻었을 뿐 아니라 값을 매길 수 없을 정도로 비싼 보물을 기부했다고 국세청에 신고함으로써 역사에 남을 만한 경이로운 세금 감면 혜택까지 받았다.

저주에 걸린 보석들

호프 다이아몬드 이야기는 다른 커다랗고 유명한 보석에 얽힌 오래된 설화와 매우 비슷하다. 원래 195캐럿짜리 다이아몬드였던 검은 오를로프The Black Orlov♦도 힌두교의 신 브라마 성상의 눈으로 박혀 있던 것을 한 대담한 도둑이 훔쳤다는 이야기가 있다. 전설이 그렇듯이 검은 오를로프는 이제 저주받은 보석이 됐다. 이 다이아몬드의 첫 중개인이었던 J.W. 패리스J. W. Paris는 다이아몬드를 미처 팔기 전인 1932년 뉴욕의 한 고층 빌딩에서 뛰어내렸다고 한다. 이후 얼마 지나지 않아 이 다이아몬드의 주인인 러시아 공주 두 명●도 창문으로 뛰어내렸다고 전해진다.

검은 오를로프와는 전혀 관계없는 다이아몬드지만 흰 오를로프라고 불리는 194캐럿짜리 상큼한 흰색의 다이아몬드에 대해서도 비슷한 전설이 전해 내려오고 있다.[48] 이 전설의 유래는 위그노교 목사 루이 뒤텅Louis Dutens이 살던 1783년까지 거슬러 올라간다. 전설에 따르면 인도에 주둔하던 한 프랑스군 탈영병이 이 다이아몬드를 "셰링엄 신전 안에 있던 브라마 신의 성상에서 떼어냈다." 이 탈영병은 힌두교로 개종한 척 속여 신전 깊숙이 있는 성소에 들어가 성상의 눈 하나를 훔쳤다.[49] 이 저주받은 보석의 이름은 오를로프 왕자의 이름을 따서 지어졌는데 오를로프 왕자가 이 보석을 러시아의 여제 예카테리나 2세에게 선물했다고 한다. 예카테리나 2세의 후손들은 볼셰비키 혁명으로 엄청난 양의 보석은 물론 왕좌를 잃게 됐다.

내가 제일 좋아하는 저주받은 보석에 대한 이야기는 코이누르Koh-i-Noor 다이아몬드에 얽힌 이야기다. 이 다이아몬드는 무척 커다

♦ 여러 조각으로 나뉘어진 현재는 67.5캐럿이다.
● 두 공주의 이름은 레오닐라 갈리친-바리아틴스키Leonila Galitsine-Bariatinsky와 다이아몬드 이름의 유래가 된 나디아 비긴-오를로프Nadia Vygin-Orlov이다.

랗고 장엄한 아름다움을 지니고 있어서 코이누르를 거쳐 간 여러 주인 가운데 한 명인 바부르 황제가 "전 세계 사람이 먹을 하루 치 식량을 살 수 있을 정도의 가치"를 지녔다고 이야기할 정도였다. 불행히도 이 다이아몬드에 얽힌 오래된 비극적인 피의 역사 때문에 코이누르는 이런 평을 듣기도 했다. "이 다이아몬드를 가지는 자, 세계를 가질 것이나 전 세계의 불행을 모두 알게 되리라."◆

무언가 이상하지 않은가? 아무래도 거대한 다이아몬드는 모두 저주에 걸린 게 분명해 보인다. 게다가 대부분이 힌두교 성상에 눈으로 박혀 있었다. 왜 힌두교인지는 쉽게 알 수 있다. 옛날부터 크기가 큰 최고의 다이아몬드는 인도 골콘다에서 생산됐다. '물'의 성질을 가진 다이아몬드 말이다. 하지만 왜 성상일까? 어쩌면 도둑질이 딱 한 번 일어났던 것은 아닐까? 이 전설들이 모두 같은 사건에서 유래한 건 아닐까? 아니면 그저 서양인들에게 값비싼 보석을 팔기 위해 지어낸, 이국적인 장소와 무섭고 야만적인 종교에 얽힌 이야기에서 나온 것일까? 답은 알 수 없지만, 이런 의문이 사실이 아니란 증거는 없다.

나는 '도둑질'을 했다는 부분에서 이런 이야기가 가짜일 것이라는 의심이 가장 크게 든다. 대체 다이아몬드를 훔쳤다고 인정할 사람이 어디 있겠는가? 부끄러움을 모르는 잔 드 라모트조차 한 번도 도둑질을 인정하지 않았다. 도둑질과 보석을 가지려는 욕망, 그에 따른 저주에 대한 이야기가 흔한 이유는 과도하게 집중된 부를 볼 때 사람들이 느끼는 감정을 반영해주기 때문이다. 한 손에 쥘 수 있는 큰 재산인 보석이야말로 과도하게 쏠린 부의 상징이다. 저주받은 다이아몬드에 대한 이야기는 권선징악을 다루기 때문에 모두 비슷한 전개를 따를 수밖에 없다. 사람들은 그토록 아름답고 값진 물건을 한 사람이 배타적으로 소유한다는 사실을 받아들이지 못하는 것 같다. 그래서 증거는 없지만, 엄청난 부를 소유한 대가로 불가사의한 위험이 따라올 거라고 생각해버리는 것이다. 사람들은 다이아몬드에 얽힌 저주를 지어내서라도 불공평한 부의 분배를 설명하고자 노력한다. 호프 다이아몬드에 얽힌 저주, 죽음, 불행에 대한 이야기는 이런 사고의 결과다. 목걸이 사건에서 이는 폭동으로까지 이어져 한 시대를 마감하고 또 다른 시대를 시작하는 계기가 됐다.

그렇다면 마리 앙투아네트의 다이아몬드들은 진짜 저주받은 걸까? 사실 다이아몬드를 가지고 있거나 탐하는 사람들은 모두 나쁜 일을 당하는 것 같다. 프랑스혁명의 시작이 된 목걸이 사건만 봐도 알 수 있다. 잔의 정부 빌레트는 추방당했다. 잔은 감옥을 탈출해 책을 내긴 했지만, 그 후 얼마 되지 않아 자살인지 타살인지 모를 사건으로 런던에 있는 한 건물의 창문 밖으로 몸을 던져 죽었다. 마리 앙투아네트와 뒤바리 부인은 둘 다 목을 내놓아야 했다. 보석상은 파산했고 학대받던 민중은 곧 학대하는 사람으로 변했으며 혁명은 의도치 않게 황제 나폴레옹을 낳았다.

어쩌면 진짜 저주는 우리의 탐욕일지도 모른다.

♦ 문장은 이렇게 이어진다. "오직 신 또는 여성만이 저주를 피해 이 다이아몬드를 걸칠 수 있다." 결국 당시 인도의 여제를 겸하고 있던 빅토리아 여왕에게 이 다이아몬드가 돌아간 것은 좋은 일이었던 듯하다.

적의 적은 친구다.

_격언

해군보다는 해적이 되는 편이 더 재미있다.

_스티브 잡스Steve Jobs

chapter 05

안녕, 뱃사람들

국가의 운명을 결정한 거대한 진주와 자매간 경쟁

라 페레그리나La Peregrina는 세계에서 가장 유명한 진주다. 완벽한 서양배 모양의 커다란 흰색 천연진주로 중량이 약 200그레인[1], 즉 10그램에 달하는 라 페레그리나는 손바닥에 쥐면 가득 찰 만큼 크다. 아마 발견 당시에는 서양에 있던 고품질 진주 가운데 가장 컸을 것이다. 그리고 여전히 서양배 모양 진주 가운데서 가장 큰 진주 중 하나다. 양식진주가 발명되기 전에는 분명 싸워서 쟁취할 만한 가치가 있는 신비한 보석이었을 게 틀림없다.

라 페레그리나라는 이름은 '순례자' 또는 '나그네'라는 뜻이다. 오랫동안 한 나라에서 다른 나라로 돌아다니며 여러 사람을 거쳤기 때문에 이런 이름이 붙었다. 라 페레그리나는 16세기 중엽 파나마 만에 있는 산타 마르가리타 섬The isle of Santa Margarita 해안가에서 한 노예에 의해 발견됐다고 전해진다. 노예는 이 진주를 파나마의 에스파냐 식민지 관리자인 돈 페드로 데 테메스Don Pedro de Temez에게 가져 갔고 그는 진주를 받은 대가로 즉시 노예를 풀어주었다고 한다.[2]

테메스의 손에 들어간 진주는 식민지를 떠나 에스파냐 국왕에게 충성의 징표로 바쳐졌다. 앞에서도 등장했던 가르실라소(엘 잉카)는 보물선이 들고나는 세비야 항구에서 이 진주를 직접 봤다고 주장하며 당시를 다음과 같이 기록했다. "파나마에서 테메스라는 신하가 펠리페 2세Felipe II에게 바치는 진주 하나가 들어왔다. 이 진주는 형태나 크기 면에서 모두 마치 질 좋은 무스카딘 포도 알처럼 생겼다." (알다시피 무스카딘 포도 알은 작은 서양배처럼 생겼다.) 라 페레그리나의 윗부분은 서양배의 윗부분처럼 길게 늘어져 있었고 밑부분에는 마치 서양배의 아랫부분에 있는 보조개처럼 생긴 작은 홈마저 나 있었다. 가장 도톰한 부분은 커다란 비둘기 알처럼 크고 둥글었다.

얼마 지나지 않아 펠리페 2세가 영국과 동맹을 맺고자 메리 1세Mary I에게 라 페레그리나를 청혼 선물로 보내면서 이 방랑자 진주는 국적과 소유주를 바꿨다. 마흔이 다 되어가던 처녀 메리 여왕은 선물과 청혼을 기쁘게 받아들였다. 펠리페 2세는 진주 위에 '라 그란데La Grande'라는 이름이 붙은 커다란 사각형 다이아몬드까지 달아서 선물했다. 메리 여왕은 펠리페 2세를 매우 마음에 들어했다. 이후 그려진 메리 여왕의 초상화를 보면 항상 이 보석을 브로치나 목걸이에 걸고 있다. 이 보석에 달린 진주는 모든 이들의 부러움을 샀는데 메리 여왕의 여동생 엘리자베스는 특히 이 진주를 흠모했다.

오늘날 라 페레그리나가 유명한 이유는 이 진주의 마지막 주인인 또 다른 엘리자베스, 엘리자베스 테일러Elizabeth Taylor 때문이다. 1969년 엘리자베스 테일러의 남편 리처드 버턴Richard Burton이 아내에게 줄 밸런타인데이 선물로 이 진주를 샀다. 그렇지만 세계 지도가 바뀐 것은 라 페레그리나에 대한 첫 번째 엘리자베스의 사랑 때문이었다.♦

이교도와 해적의 후견인

정확히 알 수는 없지만 엘리자베스 1세는 적어도 1560년대부터 라 페레그리나를 가지고 싶어 했다. 진주의 주인인 언니 메리는 결혼식을 올린 뒤 몇 년 지나지 않아 죽었다. 하지만 메리는 자신이 싫어하는 이복동생이 다른 왕실 보석과 함께 이 진주까지 물려받는 것이 싫은 나머지 일부러 이 진주만은 남편인 펠리페 2세에게 돌려주라는 유언을 남겼다. 한편 아내의 이복동생도 신붓감으로 괜찮겠다고 여긴 펠리페 2세는 아내가 죽자마자 엘리자베스 1세에게 청혼했다. 엘리자베스 1세가 청혼을 거절하자 펠리페 2세는 라 페레그리나를 에스파냐로 가져가 자신의 새로 맞은 왕비에게 주었다.

메리 여왕에게 왕위를 물려받아 여왕이 된 엘리자베스 1세는 에

♦ 라 페레그리나는 몇 세기 동안 다양한 국가와 여러 왕실을 거쳤고 여러 아름다운(또는 매우 못생긴) 여성들의 초상화에 등장한다. 너무 많은 초상화에 등장한 나머지 초상화에 있는 진주가 진짜 라 페레그리나인지에 대해 많은 논쟁이 있을 정도다. 최근 런던에서 메리 여왕의 진주Mary Tudor pearl라고 주장하는 또 다른 진주가 나타나 논란이 되고 있다. 런던 본드 거리에 있는 보석 중개상, 심벌릭 앤 체이스Symbolic & Chase가 소유한 이 진주는 2013 마스터피스 런던에서 첫선을 보였다. 무척 아름다운 진주였다. 조금 비대칭으로 물방울보다는 가지 모양에 가깝지만 정말 경이로웠다. 보석상은 원래는 라 페레그리나로 생각되던 메리 여왕의 한 초상화에 그려진 진주가 자신들의 진주와 더 비슷하게 생겼다고 주장하며 자신들의 진주가 초상화에 그려진 진짜 진주라고 말했다. 나는 런던으로 가서 프레드 레이턴Fred Leighton의 CEO 그레그 콰트Greg Kwiat의 의견을 들어보기로 했다. 프레드 레이튼은 유명한 최고급 보석 회사일 뿐 아니라 이 논란에 관해 아무런 이해득실이 없기 때문이다. 콰트 씨는 그림이 부정확한 경우가 많은 데다 "코는 좀 작게, 다이아몬드는 더 크게 그려주시겠어요?" 같은 주문에 따라 화가가 인위적으로 부정확하게 그렸을 수도 있으므로 그림을 가지고 완벽한 감정을 하기는 어렵다고 말했다. 그리고 주관적 의견일 뿐 정확히 알 수는 없지만, 그가 보기엔 메리 튜더가 받은 진주는 엘리자베스 테일러가 가진 것과 똑같은 라 페레그리나 같다고 말했다.

스파냐 배를 공격해 신대륙 보물을 약탈하던 영국 해적들을 이용해 비슷한 진주를 얻어보기로 마음먹었다. 그리고 결국 해적질에 가담하기에 이르렀다. 여왕은 해적을 사나포선(정부의 허락을 받아 교전국의 배를 공격하는 민간 배_옮긴이)으로 취급해 죄를 눈감아줬을 뿐 아니라 카리브해 연안, 서아프리카 해안, 동아메리카 해안의 에스파냐 보물선을 약탈하고 침몰시킬 목적으로 해적을 고용하기까지 했다. 해적들에게 떨어진 지시는 명확했다. 라 페레그리나를 닮은 진주를 찾기 위해 진주란 진주는 모두 빼앗으라는 명이었다.

엘리자베스 여왕의 악의 없는 부러움에서 시작된 이 위험한 행동은 수십 년이 지나면서 진귀한 재화를 사이에 둔 국가 간 경쟁과 다툼으로 변질됐다. 여왕은 처음에는 해적질을 눈감아주는 수준이었지만, 시간이 지나면서 해적질을 경제정책이자 군사전략으로 활용하기 시작했다. 여왕의 해적 작전이 성공하면서 영국 해군은 조금씩 활기를 띠기 시작했고 용맹하기로 유명한 일부 해적들은 국가 영웅으로 대접받았다.

에스파냐는 종교적으로 대립 관계에 있는 영국에게 수십 년 동안 조롱과 멸시를 당한 끝에 그칠 줄 모르는 해적질에 진절머리를 내며 그때까지 아무도 본 적 없는 엄청난 규모의 함대를 띄웠다. 에스파냐 함대는 전투 함대라기보다는 '전쟁' 자체를 물에 띄운 것에 더 가까웠다. 배에는 영국 땅에 상륙해 지상전을 벌여 "이교도와 해적의 후견인", 엘리자베스 여왕을 왕좌에서 끌어내리기 위해 수만 명의 군인과 선원, 대포, 기갑부대가 실려 있었다.

하지만 에스파냐 '무적' 함대에게 영국 해안은 낯선 곳이었다. 영국은 해적을 활용한 새로운 해군력과 개량된 선박, 허를 찌르는 공격으로 에스파냐 함대를 빠르게 전멸시켰다. 무적함대의 패배는 바다를 호령하던 에스파냐의 최후를 알린 사건이자 유럽 내 힘의 지형을 바꿨으며 상업을 중심으로 한 대영제국의 시작이기도 했다.

이 모든 일은 자매 사이에 벌어진 평범한 집안싸움에서 시작됐다.

나쁜 아빠

헨리 8세Henry VIII를 좋게 표현할 말은 없다. 그야말로 난봉꾼이었기 때문이다. 헨리 8세에겐 메리와 엘리자베스라는 두 딸이 있었다. 장녀인 메리는 헨리 8세가 첫 번째 부인인 독실한 가톨릭 왕비 캐서린 아라곤Catherine of Aragon에게서 얻은 딸이었다. 그리고 엘리자베스는 헨리의 두 번째 아내인 매혹적인 개신교 신자, 앤 불린Anne Boleyn에게서 얻은 딸이었다. 헨리 8세는 캐서린 왕비를 버리고 앤 불린을 택하는 대담한 결정을 내리면서 자식인 메리까지 내쳤다. 흔히 하는 말대로 이혼은 아이들에게 가장 힘든 것 같다.

헨리 8세는 나쁜 남자답게 '슬픔으로 몸을 가누지 못하던' 캐서린과 딸 메리에게 사는 동안 다시는 서로 만나지 못하게 하라는 명령까지 내렸다. 이는 실제로 지켜졌고 캐서린은 몇 년 후에 딸을 다시 보지 못한 채 죽었다. 엘리자베스와 어머니 앤 불린은 몇 년 동안은 헨리 8세의 사랑을 받았으나 결국 캐서린 왕비와 메리보다 더 나을 게 없는 대접을 받았다. 특히 앤 불린은 캐서린 왕비보다 더한 형벌을 받았다.

헨리 8세는 그 이후에도 네 아내의 삶을 망가뜨리고 왕실 재산을 거의 다 탕진하고 나서야 생을 마감했다. 헨리 8세의 손바닥 뒤집기 같은 결혼과 이혼, 사치, 가톨릭과의 파격적인 결별은 영국을 파산 상태로 몰고 갔고 신하들 사이와 자식들 사이를 원수 관계로 만들었으며 영국을 유럽대륙의 소용돌이에 힘없이 휘말리게 했다. 영국은 당시 군사력이 정점에 달해 있던 강대국 에스파냐에 특히 취약했다.

결국 헨리 8세의 두 딸 메리와 엘리자베스 사이의 경쟁과 서로 정반대였던 둘의 통치 형태는 낡은 시대와 새로운 시대의 상반된 관습을 극명히 드러냈고 나중에 벌어진 장대한 전투의 씨앗이 됐다. 두 시대를 영원히 갈라놓을 만큼 격렬했던 이 전투는 낡은 시대를 역사의 뒤안길로 사라지게 한 반면, 새로운 현대 상업시대를 열고 이른바 영국의 황금기를 불러왔다.

진주 한 알을 둘러싼 싸움치고는 엄청나게 놀라운 결과다.

편애

튜더 왕조가 다스리는 영국에서 보석은 단순한 장식이 아니었다. 보석은 노골적인 의사소통 수단이었다. 부유함과 사회적 지위를 보여주는 역할도 했지만, 동시에 신분, 소속, 가문, 친구, 정치적 동맹자를 알려주기도 했다. 보석은 외교적인 역할도 해서 계약을 맺거나 약속을 하고 개인이나 단체의 지지를 표명하거나 관심을 나타낼 때 사용됐다. 개인 사이에서도 큰 의미를 지녀서 보석을 주고받는 행동을 약한 구속력이 있는 계약으로 생각하기까지 했다. 현대사회에도 왕관과 결혼반지를 비롯해 일부 전통이 아직 남아 있다. 이러한 보석은 실용적인 가치와 구분되는 강한 상징적인 가치를 가지고 있다.

　헨리 8세는 좋고 싫은 감정을 감추는 법이 없었다. 앤 불린과 '연애' 중일 때 헨리 8세는 진짜 왕비나 가질 만한 보석을 앤 불린에게 잔뜩 가져다 안겼다. 처음에 앤 불린은 이 가운데 대부분을 돌려보냈는데, '캐서린 왕비가 가진 보석'인 왕실 보물 외에는 관심이 없었다. 나중에 세 번째 부인인 제인 시모어Jane Seymour가 마침내 헨리 8세의 유일한 왕자, 에드워드를 낳았을 때도 헨리 8세는 자신이 아는 단 하나의 방법인 보석으로 사랑을 표현했다. 에드워드가 아버지에게 보낸 편지에는 이런 내용이 나온다. "반지, 보석 단추, 목에 거는 체인, 가슴에 다는 핀, 목걸이, 옷 등 아버지께서 보내주신 수많은 멋지고 귀한 선물에 감사드립니다. 이 물건들에서 저에 대한 아버지의 애정을 뚜렷이 느낄 수 있었습니다. 저를 사랑하지 않으신다면 이런 좋은 선물을 보내지 않으셨을 테지요."[3]

　아버지의 사랑을 이런 데서 느꼈다니 이상하긴 하지만, 적어도 에드워드는 이복 누이들보다는 처지가 나았다. 헨리 8세가 가끔 자매 사이에 경쟁을 붙이듯 편애하는 딸을 바꿔대긴 했지만, 사실 메리와 엘리자베스는 아버지의 사랑과 온정을 거의 받지 못하고 자랐다.

　헨리 8세의 장녀 메리는 신앙심이 깊고 비판적이고 독선적이며 음울했다. 메리는 하나부터 열까지 어머니 편이었고 영국인보다는 에스파냐인에 훨씬 가까웠다. 게다가 아버지처럼 제멋대로에다 괴팍하기까지 했다. 확실히 메리의 이런 특징 가운데 어머니와 안 좋게 갈라선 아버지의 사랑을 받을 만한 구석은 전혀 없어 보였다.

　검은 눈의 매혹적인 여자 앤 불린의 딸, 엘리자베스는 드러내길 좋아하고 거만한 군주라는 점에서는 아버지와 많이 닮아 있었다. 하지만 어린 시절부터 어머니를 닮아 영민함과 매력을 갖추고 있었으며 심지어 사람을 조종하는 데도 능숙했다. 열네 살 무렵 엘리자베스는 영리하고 예쁘고 카리스마 있고 몇 개 국어에 능통한 공주였다. 메리와 달리 엘리자베스는 속속들이 영국 사람이면서 한편으론 대륙적 소양과 도덕적 유연성까지 갖춘 잘 교육받은 여성이었다. 게다가 어머니를 닮은♦ 긴 목과 시선을 끄는 검은 눈을 가지고 있었다.

물론 헨리 8세 입장에서는 죽은 두 아내를 쏙 빼닮은 두 딸이 사랑을 갈구하며 자신을 바라보는 상황이 불편했을 것이고 어쩌면 그래서 두 딸에게 변덕스럽고 손가락질받을 만한 행동을 했는지도 모른다. 어쨌든 다행히 왕에게 아빠 노릇은 최우선 순위 과제는 아니었다. 부모 노릇은 부인들의 몫이었다.

새엄마 그리고 또 새엄마

헨리 8세는 앤 불린을 위해 왕비 캐서린을 버렸지만, 캐서린 왕비는 자신의 도덕적, 법적, 영적인 신념을 끝까지 버리지 않았다. 왕비는 혼인 무효를 인정하지 않았다. 메리도 어머니와 같은 생각이었으며 끝까지 어머니를 저버리지 않겠다는 태도를 보였다. 그래서 헨리 8세는 메리의 상속권 및 여러 권리를 박탈했다. 헨리는 메리의 작위와 귀금속 등의 소지품을 빼앗아 새로운 공주 엘리자베스에게 넘겨주었다. 그중에서도 가장 굴욕적이었던 처사는 갓 태어난 이복 여동생의 거처에서 시녀로 일하라는 명이었다.

앤 불린은 오랫동안 메리에게 위협을 느꼈다. 왕자를 낳는 데 실패한 이후로 이런 불안은 더 심해졌다. 한번은 "그 아이가 죽거나 내가 죽거나 둘 중 하나예요."[4]라고 말하며 메리를 죽이라고 청하기도 했다. 전기 작가 트레이시 보먼Tracy Borman은 이렇게 말했다. "[앤은] 당장 메리를 죽일 수 없다면 메리의 지위를 손상시키는 일이라도 힘닿는 한 뭐든 하기로 마음먹었다. 앤은 원래 메리가 가지고 있던 모든 것을 엘리자베스에게 주려고 노력했다. 심지어 이름까지 빼앗으려 해서 새로 태어난 딸이 메리라는 이름으로 세례를 받아야 한다고 고집을 피우기도 했다."[5] 어머니가 자매 사이의 싸움에 판을 깔아준 것이나 다름없었다. 메리와 엘리자베스는 존재할 권리까지 포함한 그야말로 모든 것을 두고 다퉈야 했다.

마치 옛날이야기에 나오는 못된 새엄마처럼 앤은 딸의 집에서 시녀로 일하는 메리를 괴롭히지 못해 안달이었다. 앤은 아기 엘리자베스를 보석으로 치장하고 금 방석으로 둘러싸 데리고 돌아다니면서 메리에게는 시녀의 직위에 어울리는 물건밖에 갖지 못하도록 했다.[6]

엘리자베스와 앤 불린은 몇 년 동안 헨리의 편애를 받았지만, 나중에는 똑같이 내쳐졌다. 헨리 8세는 앤이 왕자를 유산한 직후부터 앤을 떼어낼 궁리를 하기 시작했다. 그러던 중 앤이 부정을 저질렀다는 아마도 근거 없는 소문이 돌면서 기회가 왔다. 무척 인기 없는 왕비였던 앤의 수많은 적들은 왕비가 자신의 남동생 조지 불린George Boleyn을 포함해 거의 백 명에 달하는 연인을 두고 있다는 이야기를 줄지어 고해바쳤다. 왕비의 남동생을 비롯해 불운한 남자 여러 명이

♦ 너무 닮아서 현재 앤 불린의 가장 유명한 초상화 가운데 한 점이 어머니의 목걸이를 한 엘리자베스일지도 모른다는 논쟁이 있다.

이 일로 사형당했다.

앤은 비록 엉터리였지만 재판을 받는 영예는 누릴 수 있었다. 재판에서 앤 불린은 간통부터 근친상간, 사악한 마술, 반역에 이르는 모든 죄목으로 기소됐다. 혐의는 대부분 인정되었고 앤은 런던탑에 갇혔다. 앤은 자신의 발언 기회가 오자 침착하게 모든 죄를 부정했지만, 이미 연인으로 지목된 사람들을 고문해 얻은 자백과 앙심이나 야망을 품은 여러 '증인'의 증언이 확보된 상태였다.

헨리 8세는 앤 불린이 자신에게 사악한 마법을 걸었으며 자신은 앤 불린과 진정으로 결혼한 적이 없다고 주장했다. 이런 이유로 그는 엘리자베스의 상속권을 거침없이 박탈했다. 왕은 엘리자베스를 혼외자로 부르기 시작했다. 심지어 앤 불린의 수많은 간통 상대를 들먹이며 엘리자베스의 생부를 의심하기까지 했다.

이것이 앤 불린의 최후였다. 유죄를 선고받은 그는 1536년 5월 19일 사형됐다. 유독 최초라는 수식어를 많이 달고 있는 앤 불린은 영국 최초로 참수당한 왕비라는 좋지 못한 이름까지 차지하게 됐다.[7] 헨리 8세는 앤이 처형당한 지 하루도 안 되어 제인 시모어와 공식으로 약혼했다. 그리고 11일 후에 결혼식을 올렸다.

제인 시모어는 오래 살지 못했다. 약 1년 반이란 짧은 시간 동안 왕비 자리에 있었지만, 어쨌든 헨리 8세가 국론 분열을 감수하고서라도 왕위에 앉힐 만큼 아꼈던 아들 에드워드를 안겨주었다. 제인 시모어는 에드워드를 낳은 지 2주 만에 죽었다. 헨리 8세는 그 후에도 9년에 걸쳐 세 명의 부인을 더 갈아치웠고 그동안 메리와 엘리자베스는 아버지의 관심 밖에 있었다.

제인 시모어의 죽음을 몇 년 동안 애통해하던 헨리 8세는 같은 개신교를 믿는 동맹국의 공주였던 앤 클리브스Anne of Cleves와 정략결혼하는 데 동의했다. 당시 종교개혁으로 몸살을 앓고 있던 유럽에선 종교전쟁이 한창이었다. 영국은 당시 여러모로 개신교와 가톨릭 둘 모두의 화를 돋우고 있었으므로(특히 가톨릭이 못마땅해했다.) 이제 정식으로 어느 편에 설지 정해야만 했다. 헨리 8세와 앤의 결혼은 왕 자신의 의지보다는 명민한 대신들의 의지로 치러진 정치적 동맹이었다. 하지만 당시 점점 더 이성을 잃어가던 헨리 8세는 좀 밋밋한 신부를 본 순간 남은 이성마저 놓아버렸다. 헨리 8세는 앤을 "플랑드르의 암탕나귀"라 부르며 결혼을 거부했다. 왕의 고문들은 어린아이처럼 생떼를 쓰는 왕을 달래야 했다. 결국 1540년 1월, 헨리 8세는 조금 땅딸막하지만 착한 독일 여자인 앤과 결혼했다. 개신교도를 싫어하는 메리와 달리 영리하고 조숙한 의붓딸 엘리자베스는 앤을 잘 따랐고 둘은 앤이 죽을 때까지 오랜 시간 동안 가까이 지냈다. 앤은 조금 투박하긴 했지만, 친절한 새어머니였고 따뜻하고 순종적인 아내였다. 그런데도 헨리 8세는 아내를 마음에 드는 구석이 하나도 없는 여자라고 평했다. 앤의 외모에 전혀 성적으로 끌리지 않았던 것이다. 왕은 결혼을 끝내고 싶어 했다.

이전의 왕비들보다 현명했던 듯한 앤은 기꺼이 왕에게 동의했다. 식을 올린 지 6개월 만에 결혼은 끝났고 헨리 8세는 혼인을 무르자는 말에 전례 없이 상냥하게 응해준 데 대한 고마움의 표시로 앤에게 성, 시종과 함께 왕의 누이라는 칭호를 내렸다.

이렇게 해서 헨리 8세는 자신의 모든 자녀를 상냥하게 챙기던 단한 명의 부인과도 갈라섰다. 그리고 단 16일 만에 다섯 번째 부인 캐서린 하워드Catherine Howard를 왕비로 맞았다. 앤 불린의 사촌인 캐서린 하워드는 난잡하고 생각 없는 십대 소녀로 왕과 나이 차이가 서른 살도 더 났다. 2년 반의 결혼 생활 동안 왕비답게 행동하려는 노력을 전혀 하지 않았으며 뒤끝 있고 옹졸한 새어머니였다.(캐서린 하워드는 자신을 대놓고 부정하는 메리보다 열 살 정도 어렸다.) 메리가 자신을 존경하지 않는다고 생각한 캐서린은 이에 대한 앙갚음으로 메리의 시종을 해고하고 사람들 앞에서 메리를 망신 주기 위해 노력했다.

하지만 젊은 여자를 낀 늙은 바보들이 흔히 그렇듯 캐서린에게 빠져 있던 헨리 8세는 캐서린을 '가시 없는 장미'라 불렀다고 한다. 늙은 호색한 헨리 8세는 자신이 들인 어리석은 애완동물 캐서린에게 습관대로 돈, 선물, 애정을 쏟아부었고 이번엔 목줄까지 길게 늘여 자유롭게 풀어주었다. 하지만 결국 캐서린은 긴 목줄에 자신의 목을 스스로 매다는 짓을 저질렀다. 결혼 전에 있었던 연인 관계야 모르는 척 넘어가줄 수 있었지만, 캐서린은 결혼한 후에도 계속 애인을 뒀다. 성적 충동은 강하지만 뚱뚱하고 감정적으로 불안정한 데다 다리 한쪽이 썩어가는♦ 늙은 남자와 결혼한 예쁜 십대의 처지를 생각해보면, 짝을 찾아 다른 곳으로 눈을 돌리는 짓을 나무라기는 어려워 보인다.

물론 헨리 8세의 의견은 달랐다. 1541년 11월이 되자 다들 캐서린 왕비의 여러 지각없는 행동에 대해 의심을 하거나 사실을 알아채기 시작했다. 심지어 입을 다무는 조건으로 왕비를 갈취하는 사람까지 생겼다. 왕비의 행실이 도를 넘자 결국 크랜머Cranmer 대주교는 왕에게 알릴 수밖에 없다는 결론을 내렸다. 죄가 없었던 왕비의 사촌 앤 불린을 사형시켰을 때와는 달리 헨리 8세는 아무 말도 믿고 싶지 않아 했다. 크랜머의 말을 들은 헨리 8세는 더 조사해보라고 명령했는데 아마도 왕비의 결백을 굳게 믿어서였을 것이다.

모든 사실이 밝혀졌을 때, 실상은 헨리 8세가 생각했던 것보다 훨씬 더 심각했다. 그때까지도 캐서린에 대한 성적 집착을 못 버리고 있던 왕은 이 소식을 매우 힘겹게 받아들였다. 자문위원들 앞에서 울었다는 소리도 있다.[8] 캐서린은 경비대가 자신을 체포하려 하자 왕을 보며 간청했으나 헨리 8세는 꿈쩍도 하지 않았다. 캐서린은 엘리자베스를 비롯한 모든 사람이 보는 앞에서 머리카락을 잡힌 채 복도에서 질질 끌려갔다.[9] 1542년 2월 13일, 캐서린은 런던탑의 그린 타워Tower Green에서 처형당했다. 캐서린은 런던탑 안에 있는 세인트 피터 예배당에, 불명예를 입은 사촌 앤 불린의 무덤에서 멀지 않은 곳에 묻혔다. 메리에겐 분명 통쾌한 일이었을 테지만, 엘리자베스는 이 사건에 너무 충격받은 나머지 잘 알려진 대로 '절대' 결혼하지 않겠다고 선언했다고 한다.[10]

헨리 8세의 여섯 번째 부인이자 마지막 왕비는 이미 두 명의 남편을 잃은 캐서린 파Catherine Parr로 서른한 살이었으며 능숙한 새어머니였다. 무엇보다 캐서린 파는 늙고 병든 왕에게 좋은 동반자가 돼주었다. 그는 놀라울 정도로 잘 교육받은 여성이었고 개신교 개혁의 숨은 지지자였다. 특히 왕을 잘 보좌할 수 있을 정도로 수완이 뛰어난 동시에 왕의 심기를 거스르거나 왕을 조종하려 들지 않을 정도로 똑똑하기까지 했다. 캐서린 파는 엘리자베스에게 크게 영향을 미쳤으며 헨리 8세가 죽은 후에도 엘리자베스와 에드워드를 후견했다.

♦ 헨리 8세에게는 원기 왕성했던 젊은 시절에 마상 시합을 하다 생긴 곪아터진 상처가 있었다. 이 상처가 완전히 낫지 않아서 생의 후반기에는 악취가 나고 피와 진물이 끊임없이 나왔다.

엘리자베스와 에드워드를 보살피고 교육한 것 외에 캐서린 파가 해낸 가장 큰 업적은 헨리와 두 딸을 화해시켜 두 딸의 왕위 계승권을 복구한 일이었다. 이렇게 함으로써 캐서린은 메리와 엘리자베스를 자매로 엮었을 뿐 아니라 둘에게 왕위에 오를 기회를 주었다.

피의 메리와 처녀 여왕

여러분은 아마 메리와 엘리자베스가 의절과 화해를 반복하고 집에서 쫓아내고 재산을 몰수해 벌을 주고 소중한 물건을 강제로 다른 사람에게 나눠주는 등의 학대를 오랫동안 한 권위적이고 가학적인 아버지를 싫어했으리라 짐작할 것이다. 하지만 메리와 엘리자베스는 아버지를 존경했다. 다만 서로를 미워했을 뿐이었다.

메리는 엘리자베스를 싫어했다. 엘리자베스의 어머니인 앤 불린도 싫어했다. 사실 개신교도라면 모두 싫어했다. '피의 메리'라는 별명도 나중에 영국의 개신교를 학대하며(주로 불에 태웠다.) 얻었다. 메리는 갑자기 바뀐 자신의 운명과 그 이후의 고통스러운 삶이 모두 새어머니와 여동생 탓이라고 생각했다. 메리는 왕관을 물려받은 직후에는 엘리자베스에게 관대한 아량과 자매애를 보여주고자 노력했다. 하지만 이런 태도는 오래가지 못했다. 얼마 지나지 않아 메리는 여동생을 향해 울분과 화, 멸시를 쏟아내기 시작했다.

엘리자베스는 조심스럽게 행동했지만, 언니에게 복종하는 게 달갑진 않았다. 메리의 통치 기간 내내 엘리자베스는 피해망상적인 언니 때문에 집에 갇혀 지내야 했다. 엘리자베스는 불길을 피하고자 가능한 한 자주 시골에 있는 집에 숨어 지냈다. 시간이 지나면서 그는 자신의 어머니가 수십 년 전에 깨달은 것과 똑같은 진리를 알게 됐다. 메리가 문제였다. 둘 중 하나는 죽어야만 끝날 일이었다.

확실히 자매 사이에는 팽팽한 긴장감이 흐르고 있었다. 메리와 엘리자베스는 닮은 구석이 하나도 없었다. 앞서 말했듯 메리는 차분하고 독실한 편인 반면, 엘리자베스는 과장이 심하고 화려했다. 게다가 전혀 예쁘지 않은 메리와 달리 엘리자베스는 어리고 예뻤다. 통치 형태와 사상 면에서도 둘은 완전히 달랐다. 엘리자베스는 타고난 정치가이자 진보적인 사상가였다. 교육 수준이 높았으며 물러서지 않는 지식인이었다. 그는 밝고 새로운 시대를 향해 나라를 움직이고자 했다. 반면 메리는 신앙과 종교를 통해 어머니의 복수를 하겠다는 욕망에 사로잡혀 과거로 돌아가기 위해 끈질기게 노력했다. 메리는 영국이 아직 가톨릭과 갈라서기 전인 자신이 어렸을 때의 낡은 세계 질서를 되찾아야 한다는 생각을 고집했다.

메리는 에스파냐 왕족의 혈통임을 증명하듯 가톨릭 광신자였고 거짓 개종은 물론 개신교도를 비롯한 모든 이교도를 못 견뎠다. 기록에 따르면 어머니를 닮아 신실하고 영적이고 겸손하고 관대한 면도 있었다곤 하지만, 불행히도 중년 무렵의 메리는 아버지와 마찬가지로 정신에 이상이 생긴 것 같은 모습만 보였다.

전에는 오랜 수난을 겪은 성자처럼 행동하던 메리는 삼십 대 이후부터 점점 편집증과 변덕, 폭력, 망상 증세를 보였다. 메리는 동생이 반역을 꾀하고 있다고 믿었다. 사실 메리의 눈에 반역자로 보이지 않는 사람은 아무도 없었다. 메리는 무척 많은 사람을 이른바 이단자라는 이유로 말뚝에 박아 화형시켰고 이로 인해 피의 메리라는 달갑지 않은 별명을 얻었으며 이 별명으로 역사에 남았다.

대량 학살을 옹호할 생각은 전혀 없지만 메리의 입장을 조금 대변해보자면 그의 삶은 무척이나 고통스러웠다. 엘리자베스의 어머니 앤 불린 외에도 다른 이기적인 새어머니들과 역사의 흐름이 메리를 괴롭혔다. 삶이 괴롭기는 엘리자베스도 마찬가지였다. 그는 이복언니에게 괴롭힘당했을 뿐만 아니라 즉위 직전까지 어쩌면 즉위한 다음에도 모든 주변 귀족들에게 '희대의 매춘부'가 낳은 혼외자라는 손가락질을 받았다. 아무래도 튜더 왕조에서 무난한 삶을 살기란 불가능해 보인다. 어쨌든 두 소녀는 모두 살아남았고 적절한 시기에 왕위를 물려받았다. 어린 시절의 고생으로 메리는 피해망상적이고 보수적이게 된 반면, 엘리자베스는 현명해지고 융통성이 생겼다.

1547년 헨리 8세가 죽었을 때 영국은 파산 상태였고 내전과 종교 분열로 어지러웠다. 헨리 8세가 제정한 종교 건물 억제법은 여러 가톨릭 수도원의 권력, 토지, 돈을 빼앗고(빼앗은 돈은 헨리 8세와 귀족들에게 분배됐다.) 영국의 고위 사제 자리를 왕이 겸하게 함으로써 로마 교황청과의 관계를 악화시키고, 이미 깊어질 대로 깊어져 있던 개신교와 가톨릭의 골을 더 벌려놓았다. 헨리 8세가 완전히 망쳐놓지 않은 일은 왕위를 이을 적자를 남기고 죽었다는 것밖에 없었다. 병약하지만 아들인 에드워드가 있었기 때문이었다. 헨리 8세가 제인 시모어와 결혼했을 때는(앤이 죽은 지 며칠 안 됐을 때였지만 어쨌든) 첫 번째 왕비 캐서린과 두 번째 왕비 앤이 이미 죽은 상태였으므로 에드워드가 적자라는 사실에는 의문의 여지가 없었다. 남자인 데다 왕의 적자인 에드워드는 분명히 왕위 계승 1순위였다. 하지만 에드워드는 아직 어린아이였다. 결국 에드워드가 폐결핵으로 추정되는 병에 걸려 왕위에서 내려오기 전까지 약 10년에 걸친 에드워드 6세Edward VI의 통치 기간 동안 영국 사회는 섭정, 권력 다툼, 반란, 음모로 얼룩졌다.

에드워드의 뒤를 이어 왕위를 계승할 사람이 누나인 메리 튜더라는 사실은 가톨릭과 개신교 모두에게 달갑지 않은 일이었다. 개신교도들은 앞으로 닥칠 일을 예상하며 두려워했고 가톨릭교도들은 같은 신자라도 여성이 왕위에 오르는 일을 불편해했다. 어쨌든 "메리는 여자이긴 하지만 튜더 왕조의 공주였고 영국인 가운데 대다수는 진정한 왕위계승자가 메리밖에 없다고 생각"[11]하고 있었다. 1553년 여름, 제일 나쁘지 않은 왕위 계승 후보였던 메리는 갑작스레 생애 최초이자 마지막으로 인기를 얻으며 '백성의 목소리가 곧 신의 목소리'라는 주장에 힘입어 왕위에 올랐다.◆

메리의 인기는 오래가지 못했지만, 그동안 메리는 꽤 괜찮은 사람이었다. 심지어 대관식 시가행진을 할 때 여동생인 엘리자베스를 초대해 자신의 옆에 앉힐 정도로 넓은 아량을 보였다. 트레이시 보먼은 메리의 대관식 장면을 다음과 같이 묘사했다. "메리는 이복동생을 따뜻하게 포옹한 뒤 시녀들에게 가볍게 입을 맞췄다. 그다음 보석을 선물로 하사했는데 엘리자베스에게는 금테가 둘린 흰 산호 구슬로 만든 매우 아름다운 목걸이와 함께 루비와 다이아몬드가 박힌 브로치를 주었다. 뒤에 이어진 축하연에서 메리 여왕은 자신의 바로 옆자리에 엘리자베스를 앉혔는데 행사 내내 이복 여동생 옆자리를 불편해하는 듯 보였다. 이때만 해도 메리의 즉위로 두 자매 사

◆ 그 전에 9일 여왕이라 불리는 제인 그레이Jane Grey를 왕좌에 앉히기 위한 시도가 있었지만 실패했다.

이의 오랜 상처가 치유되어 앞으로 서로 잘 어울리고 사랑하며 살 것 같아 보였다. 하지만 실제로는 이 잠깐이 둘 사이의 관계가 가장 좋았던 순간이었다."[12]

그다음 메리와 엘리자베스가 함께 말을 타고 런던의 거리를 행진하는 순간부터 "불화의 씨앗이 땅에 심겼다."[13] 인기 정치인과는 거리가 먼 성격을 가진 메리는 어설프고 퉁명스러웠다. 메리에게선 제왕의 권위도 여왕의 매력도 찾아볼 수 없었다. "대중을 매혹하고 사로잡는 아버지의 재능을 물려받지 못한 메리는 냉담하고 거리를 두는 듯한 모습으로 군중의 환호에 서투르게 반응하며 사람들을 헤치고 지나갔다. 여왕을 축하하며 노래를 부르는 가난한 아이들 앞에서조차 메리는 냉정하게 아무 말도 건네지 않았다."[14]

아버지를 닮은 쇼맨십과 어머니에게 물려받은 매혹적인 미모를 가진 엘리자베스는 메리의 서툰 대처를 더욱 부각했다. 보먼은 이렇게 썼다. "반면 헨리 8세에게 대중을 대하는 재능을 물려받은 엘리자베스는 우아하게 고개를 기울이고 손을 흔들며 관심을 끌었고 군중 한 사람 한 사람에게 마치 공주가 자신을 향해 인사하고 있는 듯한 느낌을 줬다."[15]

여기에 아름다운 용모와 매력까지 갖춘 엘리자베스는 피파 미들턴(Pippa Middleton: 영국 왕세자비의 동생, 언니의 결혼식에서 들러리를 섰다_옮긴이)처럼 주인공보다 더 시선을 끄는 들러리였다. 엘리자베스는 언니를 제치고 그에게 가야 할 관심을 가로챘다. 심지어 엘리자베스에게는 앤 불린에게 물려받은 "남자를 잡아끄는 뭐라 말하기 힘든 매력"까지 있었다고 전해진다. 게다가 보먼은 "엘리자베스는 '키가 보통보다 작은' 언니보다 키도 더 컸다."고 적고 있다. 즉 메리는 16세기 기준으로 봐도 작은 편이었다. 더욱이 "메리는 아직 삼십 대 중반인데도 나이보다 훨씬 늙어 보였다. 어린 시절 겪은 혼란과 고생으로 제나이보다 빨리 늙은 데다 꼭 다문 입술에 우울한 표정은 주름진 얼굴을 전혀 밝혀주지 못했다."[16] 메리의 인기는 우스울 정도로 순식간에 사라졌고 여러 군데서 메리와 엘리자베스, 엘리자베스와 앤을 비교하는 말들이 터져 나왔다. 한 번도 좋았던 적 없었던 자매 관계는 이때부터 더더욱 나빠지기 시작했다.

진주 한 알과 두 여자

메리가 궁전에 들어간 이후 상황은 더 심각해졌다. 자매 사이도 악화되었지만, 메리의 정신 건강이 전반적으로 나빠졌다. 메리는 원래부터 피해망상적 성향이 짙었는데 여기에 개신교도인 엘리자베스가 왕위를 물려받는 것을 우려한 에스파냐 대사를 비롯한 왕실 내에 있는 엘리자베스의 적들이 그가 음모를 꾸미고 있다거나 여왕을 모욕했다는 등 지어낸 이야기를 끊임없이 고해바치며 상태를 더 악화시켰다. 여왕으로 취임하자마자 헨리 8세와 어머니 캐서린의 결혼을 합법으로 하는 법을 의회에서 통과시켜 엘리자베스를 따돌리고 자신을 다시 적자로 만든 메리의 행동도 자매 사이에 도움이 되지 않았다. 엘리자베스는 엘리자베스대로 영국 왕실과 영국이 다시 가톨릭이 됐음에도 개종을 거부하고 미사에 참석하지 않아 자매 사이를 악화시켰다. 엘리자베스는 종종 미사에 가겠다는 시늉을 했는데 이때마다 메리는 굳게 믿었지만, 엘리자베스는 미사에 나타나지 않았다. 이런 일은 메리를 바보처럼 보이게 만들어 메리가 콧대 높은 이복 여동생을 더욱 싫어하게 만들었다.

마침내 자매 사이가 너무 나빠진 나머지 엘리자베스는 언니 눈에 띄지 않는 편이 좋겠다고 생각하기에 이른다. 엘리자베스는 언니에게 궁전을 떠나 민가에 있는 집에서 살도록 허락해 달라고 청했다. 불행히도 하필 엘리자베스가 궁전을 떠난 직후 토머스 와이엇(Sir Thomas Wyatt the Younger: 앤 불린의 연인으로 지목된 사람 가운데 실제 연인이었을 가능성이 있는 시인 토머스 와이엇의 아들이다.)이 메리 여왕에 저항하는 대규모 개신교 반란을 일으켰다.

엘리자베스는 이 반란과 무관했고 토머스 와이엇도 교수형을 당하기 전에 엘리자베스는 아무 관련이 없다고 말했지만, 메리는 엘리자베스의 결백을 믿지 않았다. 메리는 즉위한 직후부터 가까운 자문위원들에게 엘리자베스가 음모를 꾸미고 있다는 소문(그저 엘리자베스가 다음 왕위 계승권자이기에 만들어진 헛소문이었을 가능성이 크다.)을 계속 들어온 데다 자신이 국민의 지지를 받지 못하고 있다는 압박감에 시달려 신경쇠약에 빠져 있었다. 그냥 헛소문이었지만, 엘리자베스가 이번 반란의 배후라는 소리를 들은 뒤 메리의 피해망상증은 급격히 심해졌다. 메리는 엘리자베스를 그의 어머니가 갇혔던 런던탑에 가두기로 했다. 당시 런던탑은 죽으러 가는 곳이었다.

엘리자베스도 런던탑에 대해서는 잘 알고 있었다. 사람들 앞에서 공포심을 잘 드러내지 않는 엘리자베스였지만, 런던탑 앞에 도착했을 때는 배에서 내리지 않겠다고 저항하기도 하고 런던탑 문 앞에서 어둑어둑한 계단에 앉아 쏟아지는 비를 맞으며 들어가길 거부했다고 한다. 결국 평정심을 되찾은 이후 엘리자베스는 수감에 동의했다. 감옥에 갇혀 있는 동안 줄곧 심문을 받고 죽음의 공포를 느끼긴 했지만, 엘리자베스는 1554년 3월부터 5월까지, 3개월이라는 비교적 짧은 기간 동안 갇혀 있다 풀려났다. 여동생을 사형시키고자 했던 메리의 강한 욕망에도 불구하고 엘리자베스가 유죄라는 증거는 나오지 않았다. 법적으로 엘리자베스를 사형하는 짓은 살인에 지나지 않았다. 메리는 엘리자베스를 풀어줬고 엘리자베스가 무장 경비병의 감시를 받으며 자택에 살 수 있도록 허락했다.

한편 독실한 가톨릭 신자인 메리는 여자 혼자 나라를 통치할 수 없다는 보수파의 의견을 받아들였다. 당시 서른일곱 살로 결혼까지 지체할 시간이 별로 남아 있지 않던 메리는 서둘러 남편감을 찾아 나섰다. 그리 놀랍지 않게 그는 에스파냐 남자인 펠리페 2세를 택했다. 메리는 펠리페 2세의 초상화를 보고 첫눈에 반했다고 주장했다. 실제로 그는 사랑에 빠진 나머지 "의회의 반대는 용납하지 않겠다."[17]고 선언하기까지 했다. 메리는 이 결혼이 귀족 평민을 가리지 않고 모든 영국 사람을 화나게 할 것이라는 사실을 눈치채지 못했거나 아니면 신경 쓰지 않았던 것 같다. 에스파냐에서 왕비를 들이는 것과 에스파냐 왕과 결혼하는 것은 전혀 다른 문제였다. 당시 에스파냐는 신대륙에서 벌어들이는 돈 덕분에 세계적인 강대국이었으므로 외세에 거부감을 지닌 영국 사람들은 나라가 완전히 에스파냐 손안에 들어갈 수도 있다고 걱정했다. 만일 메리와 펠리페의 결혼 생활이 길었더라면 이런 예상은 아마 빗나가지 않았을 것이다.

결혼 준비가 진행되면서 메리가 펠리페의 청이라면 뭐든 들어준다는 사실이 분명해지기 시작했다. 펠리페는 메리에게 엘리자베스를 가택 연금에서 풀어주고 궁전으로 데려와 화해하라고 제안했다.

메리는 싫었지만, 어쩔 수 없이 펠리페의 말에 따랐다. 메리는 펠리페에게 홀딱 빠져 있었다. 펠리페는 잘생기고 매력적인 데다 메리보다 열한 살이나 어렸다. 메리는 철부지 소녀처럼 피식피식 웃으며 결혼식 얘기밖에 안 했다. 서른일곱 살이라고 보기에는 사실 좀 멍청한 행동이었다. 결국 여왕의 참모들은 결혼을 말리는 것을 포기한 채 모두 힘을 합해 역사상 가장 꼼꼼한 혼전계약서를 작성하는 데 골몰했다. 계약서에는 에스파냐가 하는 전쟁에 영국 군사를 징집하지 않는다는 조항과 펠리페 2세가 영국 왕실 보물에 대한 독립적 권한이나 소유권을 가질 수 없다는 조항이 들어 있었다. 하지만 결혼 후에 메리는 이 조항을 대부분 지키지 않았다.◆

그러던 중 펠리페가 메리에게 결혼 선물로 라 페레그리나를 보냈고 이 진주는 "영국 의회의 놀라움"[18]을 샀다. 그때까지 그런 진주를 본 사람은 아무도 없었다. 당시는 훗날 진주의 시대로 불리게 되는 때가 막 시작되고 있었고 라 페레그리나는 세계에서 가장 완벽하고 값비싼 진주였다.

엘리자베스는 이 진주를 보자마자 가지고 싶다는 욕망에 사로잡혔다.

진주와 기생충

인류가 도구를 사용하기 시작한 이후부터 진주는 언제나 값진 보석으로 취급됐다. 진주는 가장 오래된 보석으로 알려져 있는데 석기시대 무덤에서 진주 화석이 발굴되기도 했다. 진주가 오래전부터 보석으로 사용된 데는 자연에서 채취될 때부터 완벽한 형태를 하고 있다는 사실이 한몫했을 것이다. 진주는 자르거나 광을 내지 않아도 아름답게 빛난다. 많은 고대 문명권에서 진주는 달과 달의 신화, 사랑, 순수함, 완벽함 등을 상징하는 보석이었다. 고대 서아시아 지역에서는 수천 년 동안 진주가 달빛 아래 있는 여신이 흘린 눈물이라는 믿음이 전해 내려왔다.

진주는 고대부터 최고 부유층의 신분을 나타내는 보석이기도 했다. 로마의 율리우스 카이사르는 특정 신분이 아니면 진주를 착용하지 못하도록 하는 사치금지령을 내리기도 했다. 이 사치금지령은 훗날 중세 프랑스, 이탈리아, 독일 등지에서 부활해 이 지역에서는 귀족만 진주를 소유할 수 있었다. 영국의 에드워드 3세는 진주를 포함한 특정 보석을 가질 수 없는 계층을 정하는 데서 더 나아가 사회 계층별로 따라야 하는 복잡한 장식 규정을 정하기도 했다.

진주는 사치품이었음에도 오랫동안 신성한 보석으로 여겨져 종교적인 목적으로 많이 사용됐다. 여성성이 강한 여신 곁에는 언제나 진주가 있었다. 로마에서 진주는 대개 "바닷속 조개에서 태어났다는 탄생 신화를 가진 미의 여신 비너스에게 헌정"[19]되었다. 그리스 신화에서 진주는 아프로디테가 바다에서 솟아오를 때 몸에서 떨어진 물방울이다. 사람들은 눈에 띄는 광채와 더럽혀지지 않는 순수함 같은 진주의 특징이 진주를 창조한 여신에게서 유래했다고 생각했다. 또한 진주는 이집트의 어머니 신 이시스Isis의 상징이기도 했으며 중국

♦ 메리는 펠리페에게 공동 통치를 인정하는 '배우자 왕Crown Matrimonial' 지위를 내렸다. 이 덕분에 펠리페는 두 번의 성전에 영국의 국고를 쓸 수 있었으며 프랑스에서 일어난 전쟁에서 영국이 에스파냐와 함께 싸워야 한다고 주장하기까지 했다.

에서는 천상의 아름다움을 지녔다고 전해지는 진주 처녀 서시西施를 상징하는 보석이기도 했다. 이렇게 진주는 때와 장소를 가리지 않고 종교와 연관이 깊었다. 세부 사항은 종교와 문화마다 다르지만, 이는 한결같이 '반짝이는 것은 여신에 버금간다'는 사고방식을 보여준다.

진주는 바다 생명체 '속'에 자리 잡고 있어서 수요공급 변화와 관계없이 항상 얻기 어려운 보석이었다. 대부분의 보석과 달리 진주는 암석이 아니다. 사실 진주는 동물의 생체 부산물이다. 생체 부산물이라니, 어딘가 좀 질척해 보인다. 모래알이 조개를 자극하면 모래알을 둘러싸며 진주가 자란다는 이야기를 들어봤을지도 모르겠다. 모래와 관련이 없다는 사실과 진주가 자라는 게 아니라는 사실만 빼고 보면 이야기는 꽤 정확하다. 암석이 아닌 보석 가운데 유일하게 값진 보석으로 취급받는 진주는 생명체의 살아 있는 조직 속에 은밀하게 자리 잡은 채 벽돌이 쌓이듯 커지는 광물 축적물이다. 마치 신장 결석처럼 말이다.

사실 진주는 두 동물의 생체 부산물이다. 그다지 낭만적인 이야기는 아니지만 진주는 조개껍데기 속에 모래가 아니라 아주 작은 기생충이나 부패한 쓰레기 조각(환상을 깨서 미안하다.)이 들어와 세균이나 기생충 감염을 일으킬 때 생긴다.♦ 조개는 들어온 기생충이나 세균을 내보낼 수 없을 때면 자신을 지키기 위한 차선책으로 이 침입자를 '둘러싸' 버린다. 기생충이나 세균이 더는 해롭지 않을 때까지 조개는 생체 물질로 침입자를 싸고 또 싼다. 희귀한 경우에는 아주 작은 물고기나 바다 생물이 조개 속으로 들어가 형태를 그대로 유지한 채 산 채로 둘러싸이기도 한다.

대자연은 섬뜩하다. 진주는 주로 탄산칼슘CaCO3의 두 다형체인 아라고나이트와 방해석으로 이뤄져 있다. 두 다형체 가운데 방해석이 더 안정적이다. 아라고나이트와 방해석은 구성 물질은 같지만, 분자 배열이 달라서 물리적 성질이 서로 매우 다르다. 다이아몬드와 흑연의 예에서 봤듯이 물리적 성질은 분자가 어떻게 쌓이는지에 따라 달라진다. 실제로 아라고나이트에 열을 가하면 방해석으로 변한다.●

진주를 이루는 물질은 탄산칼슘 외에도 또 있다. 진주 무게의 10~14퍼센트는 콘키올린이라는 다당류와 단백질 혼합물로 이뤄진 여러 생체막이 차지하고 있다. 그리고 나머지 2~4퍼센트는 물이다. 이 때문에 진주는 가열하면 안 된다. 진주는 양파처럼 동심원을 그리는 여러 층으로 구성돼 있다. 조개가 침입자를 둘러쌀 때 콘키올린으로 이뤄진 생체막과 아라고나이트 진주층으로 구성된 아주 얇은 막을 번갈아가며 씌우기 때문이다.

하지만 단단한 진주층과 물컹한 생체막으로 구성된 진주의 층은 양파와 달리 불규칙적이다. 진주의 각 층은 한 층이 완전히 한 겹을 둘러쌀 때까지 기다렸다가 깔끔하게 다른 한 층이 쌓이는 형식이 아니라서 완벽한 동심원을 그리지 않는다. 대신 매우 다른 물질로 이뤄진 두 층이 '생광물화biomineralization' 과정을 거치며 결합해 벽돌과 모르타르 같은 모습을 형성한다. 아라고나이트 진주층이 깔끔한 육방정 결정 벽돌을 구성하면 모르타르 역할을 하는 생화학 물질인 콘키올린이 이 벽돌을 고정하고 빈 곳을 불규칙하게 채운다.

♦ 사실 모든 연체동물이 이런 행동을 한다. 모든 연체동물은 나름의 진주를 만드는데 몇몇은 진주조개의 진주보다 더 가치가 높다.

● 물론 무척 높은 열을 가해야 한다. 아라고나이트를 방해석으로 바꾸려면 섭씨 380도에서 470도의 열이 필요하다.

진주의 광택과 무지갯빛은 아라고나이트 결정 벽돌과 생체 모르타르가 어떤 두께로 어떻게 배열되는지에 따라 달라진다. 진주의 광택(얼마나 윤기가 도는지, 얼마나 빛을 잘 반사하는지)은 흠집에 강한 아라고나이트 결정으로 이뤄진 거울 같은 곡면에 의해 결정된다. 곡면이 부드럽고 흠집이 없을수록 더 윤기가 돌고 밝은 빛이 난다. 하지만 진주의 빛은 단순하지 않다. 빛은 암석 결정과 생체 조직이 수백만 겹으로 쌓여 이뤄진 진주를 만나면 그저 표면에서 반사되기만 하지 않고 성근 벽으로 햇빛이 파고들 듯 진주의 표면을 '통과해' 육방정 결정 사이사이에 난 미세한 수백만 개의 틈 속으로 파고든다. 진주 속으로 들어간 빛은 마치 물속에서처럼 분산되는데 이 때문에 일부 희귀한 진주는 안에서부터 빛을 내뿜는 것처럼 보인다.

진주를 이루는 결정 벽돌이 줄 맞춰 규칙적으로 쌓여 있지 않기 때문에 '회절'이라는 광학 현상도 일어난다. 진주의 표면을 통과한 광자는 불규칙하게 쌓여 있는 결정에 부딪혀 튕기면서 여러 개의 작은 구슬처럼 알알이 흩어진다. 아라고나이트 결정은 투명하고 모르타르 역할을 하는 생체막은 불투명하기 때문에 진주는 흰색부터 검은색까지 무척 다양한 색을 낸다.

다시 말해 진주가 특별히 우리의 마음을 사로잡는 까닭은 사람이 아름답다고 느끼는 조건을 거의 모두 갖추고 있기 때문이다. 진주는 빛의 회절 덕분에 무지갯빛으로 '반짝'이는 데다 빛을 반사하는 단단한 표면 덕분에 '윤기'가 나며 안으로 들어간 빛이 분산되는 경우 '빛을 내뿜기'까지 한다. 진주는 보는 사람에게 기생충을 둘러싸고 있는 감염의 부산물이라는 사실을 잊게 할 만큼 아름답다.

펠리페 2세와 진주 목걸이

진주는 희귀하고 채취하기도 어려웠으므로 희소성 효과와 수요공급 법칙에 따라 언제나 '부'를 상징하는 보석으로 여겨졌다. 그런데 라 페레그리나에는 보통 진주보다 더 많은 상징적인 의미가 담겨 있었다. 왜 펠리페 2세는 약혼자에게 루비나 다이아몬드를 선물하지 않았을까? 왜 커다란 에메랄드가 아니었을까? 에스파냐 왕이니까 에메랄드를 주는 편이 더 자연스럽지 않았을까? 사실 당시 에스파냐로 들어온 보석은 에메랄드만이 아니었다.

원래 콜럼버스는 그가 발견한 땅에서 나온 수익 가운데 10퍼센트를 받기로 되어 있었다. 하지만 그는 신대륙에 있는 자원의 가치를 제대로 증명하지 못했고 이로 인해 오명을 썼다. 이 때문에 콜럼버스는 자유를 포함해 많은 것을 잃었고 항해 수익에 대한 지분도 받지 못했다. 콜럼버스가 에스파냐 왕과 맺은 계약서에는 관례대로 신대륙에서 나오는 전체 수익 가운데 20퍼센트를 왕의 직접 소유로 한다고 쓰여 있었다.

이 수익은 엄청났다. 신대륙에서는 진주가 매우 많이 났다. 너무 많아서 당시 아메리카 대륙을 '진주의 땅'이라 불렀을 정도였다. 그리고 16세기에는 '대진주 시대'라는 이름이 붙었다. 시카고 자연사 박물관의 큐레이터들에 따르면, "1515년부터 1545년 사이에 유통된 것만큼 많은 양의 진주가 유통된 적은 그 이전과 이후의 동일한 기간을 통틀어 한 번도 없었을 가능성이 크다."[20] 양식진주가 발명되기 전, 라 페레그리나 같은 진주는 여왕에게 선물할 만한 보석이었다.

진주는 공급량의 불확실성 때문에 인류가 시대를 막론하고 귀중하게 여겨온 보석 가운데 하나로 16세기경에는 왕족만이 가질 수 있는 보석으로 손꼽혔다. 진주만이 가진 광학적 특징과 생명체에서 얻어지는 불가사의함 때문에 진주는 언제나 신비와 관능을 떠올리게 했고 이런 특징이 흰 빛깔과 합쳐지면서 여성성, 처녀성, 신성함을 상징하는 보석이 됐다. 커다란 진주는 왕위를 막 물려받은 서른일곱 살의 처녀 신부이자 왕으로서의 정통성에 대한 자신감이 떨어지는 독실한 가톨릭 신자 여왕에게 바치기에 좋은 선물이었다.

하지만 펠리페 2세가 진주를 고른 진짜 이유는 다른 데 있었다. 진주는 당시 신대륙에서 대량으로 유입된 보석이었고 에스파냐는 신대륙의 대부분을 소유하고 있었다. 결혼 예물이 다 그렇듯 라 페레그리나는 신부를 기쁘게 하기 위한 선물인 동시에 다른 사람에게 내보이기 위한 선물이기도 했다. 에스파냐인 약혼자가 보낸 커다란 진주가 메리와 모든 영국 사람에게 전달하는 의미는 명확했다. 이 진주는 단순히 같은 가톨릭 신자로서 메리와 결혼하고 싶다거나 거의 마흔 살이 되도록 처녀성을 간직하고 있던 메리에 대한 존경을 표현하기 위한 선물이 아니었다.

라 페레그리나는 에스파냐의 부와 권력, 세계적인 권세를 과시하는 선물이었다. 메리가 이런 의미를 눈치챘는지 아닌지는 모르겠지만 적어도 다른 영국인들은 이를 알아차렸다. 가난했던 영국 국민은 새로운 여왕과 그녀와 곧 결혼할 왕을 좋게 보지 않았다. 천박할 정도로 화려하고 장중했던 로마 가톨릭 결혼식이 끝난 뒤 에스파냐의 금을 가득 실은 스무 대의 수레가 줄지어 런던의 거리를 행진하는 모습은 사람들의 눈살을 더욱 찌푸리게 했다.[21] 궁전 안팎에서 불거진 에스파냐에 대한 반감은 하루하루 더 커졌다. 다행히도 펠리펠 2세와 메리의 결혼 생활은 짧게 마무리됐다.

짧지만 재앙 같은 시절이었다.

이상한 삼각관계

메리와 펠리페는 1554년 7월 25일 결혼했다. 메리는 즐거워 어쩔 줄 몰랐다. 하지만 펠리페는 날씨부터 사람들까지 영국의 모든 것이 싫었다. 게다가 속내를 드러내진 않았지만, 새 신부가 마음에 들지 않았다. 메리는 펠리페보다 열한 살이나 많았고 펠리페의 눈에는 못생기고 집착이 심한 여러모로 실망스러운 아내였다.(펠리페만의 생각은 아니었다.) 영국 의회가 펠리페를 영국의 공동 통치자로 인정하는 것을 거절했다는 사실도 한몫했다. 에스파냐 황제의 아들이 여왕의 남편 취급이나 받는다니 치욕스러웠다.[22]

메리는 뭐든 남편의 말을 들어주려 했고 결국 영국 의회를 몹시 화나게 했다. 메리가 의회의 뜻을 거부하고 남편을 왕으로 앉히려 한다는 소문까지 돌 정도였다.[23] 점점 팽팽해지던 여왕과 의회 간의 긴장감은 결혼식을 올린 지 몇 달 후 메리가 임신을 알리면서 정점에 달했다. 메리가 임신이라 착각할 만도 했던 게, 당시 메리는 진짜 임신한 것처럼 보였다. 메리의 아버지인 헨리 8세도 그 나이쯤에 임신부 같은 배를 가지고 있긴 했지만, 메리는 진짜 임신 증상을 보였다. 생리가 끊겼고 젖이 도는 듯했다. 하지만 사실은 임신이 아니었다. 임신을 공식으로 발표하고 엄청나게 기대받으며 출산 준비까지 마쳤지만, 몇 달이 지나도록 아무 소식이 없었다. 이유를 알 수 없는 생리적 현상(역사가들은 프로락틴 종으로 추정하고 있다.◆)으로 생각하고 포기하기 전까지, 메리는 두 번이나 가짜 임신으로 망신을 당했다.

이때부터 메리는 완전히 미쳤다고 해도 좋을 만한 상태가 됐다. 가짜 임신을 한 1554년부터 1555년 사이에 메리는 영국을 가톨릭 국가로 되돌리는 선에서 만족하지 않고 개신교도를 박해하고 약 300명을 장작 위에서 태워 죽이는 등 많은 국민을 미친 듯이 고문하고 죽였다. 심지어 에스파냐 사절단조차 메리 여왕의 행동이 너무 심하다고 생각했다. 성전에 돈을 대고 있던 광신도 남편조차 아내에게 생각할 시간을 가져보라고 할 정도로[24] 이미 메리는 수레를 빠져나온 바퀴처럼 걷잡을 수 없는 상태였다.

1555년 4월 엘리자베스는 다시 가택 연금을 당했고 메리가 가짜 출산을 하기 전까지는 집밖에 나오지 못했다. 당시 우드스톡Woodstock에서 머무르던 엘리자베스는 메리의 출산일이 다가오자 언니를 위해 런던으로 갔다. 자매간의 우애에 감동했을지도 모르겠지만, 사실 엘리자베스는 메리가 출산하다 죽을 수도 있었기 때문에 불려간 것뿐이었다.

이제부터 이야기가 흥미진진해진다. 엘리자베스가 런던에 온 지 며칠 후부터 펠리페와 엘리자베스는 둘이 만나기 시작했다. 아마도 엘리자베스가 펠리페의 '마음을 사로잡은'[25] 모양이었다. 펠리페는 엘리자베스에게 가격이 4000더컷[26](대충 계산해보자면 현재 가격으로 2천 3백만 달러 정도다. 처제에게 '반갑다'고 준 선물치고는 굉장하다.)이나 하는 매우 값비싼 다이아몬드를 선물로 주었다. 이 만남 이후 펠리페는 엘리자베스를 용서하라고 아내를 설득했다고 한다. 펠리페의 조언에 따라 메리는 어쨌든 겉으로는 엘리자베스와 화해했다. 훗날 자식을 남기지 못한 채 죽음을 앞두고 병상에 누워 있는 아내에게 엘리자베스를 후계자로 지목하라고 말한 사람도 바로 펠리페 2세였다.

몇 년 뒤 엘리자베스는 사람들에게 펠리페가 첫눈에 자신에게 반했다고 말하곤 했다. 펠리페는 이에 대해 침묵을 지켰다. 둘 사이에 암묵적으로든 명시적으로든 결혼하자는 합의가 있었는지는 모르겠지만, 이는 실현되지 않았다. 어쨌든 엘리자베스를 본 펠리페는 메리가 자신과 맞지 않는다는 사실을 깨달았던 게 틀림없다. 엘리자베스에게 '실제로' 반했을 수도 있고 그저 성적으로 끌렸을 수도 있다. 아니면 앞을 내다보고 영국의 '다음' 여왕에게 먼저 침을 발라 놓으려 했는지도 모른다. 이유는 중요치 않다. 어쨌든 펠리페는 메리가 아니라 엘리자베스를 원했다. 다른 사람들도 이를 눈치채고 있었다.

8월이 되자 메리가 임신하지 않았다는 사실이 명확해졌다. 그해 9월 4일에 펠리페는 볼일이 있다며 영국을 떠났다.● 그리고 2년 동안 돌아오지 않았다. 펠리페가 떠나 있는 동안 엘리자베스는 조금 경비가 느슨해진 가택 연금을 당했고 메리는 속으로 이복동생을 저주하며 히스테리를 부리고 흐느끼며 주먹을 내리쳤다. 1557년 6월, 펠리페가 돌아왔지만, 영국에 에스파냐 합스부르크 왕가의 프랑스 공격을 지원해달라고 요청하기 위해 한 달 머물렀을 뿐이었다. 물론 메리는 혼인서약서에 명시적으로 금지한 내용임에도 자금을 포함한

♦ 프로락틴 종은 뇌하수체 분비샘에 생기는 종양으로 메리가 호소했던 다른 증상인 편두통, 급격한 기분 변화, 점진적인 시력 감소를 포함해 임신과 아주 비슷한 증상을 유발한다.

● 때마침 펠리페에게 딱 맞는 변명거리가 생겼다. 아버지인 카를 5세가 남은 생을 수도원에서 혼자 보내고 싶다며 왕위에서 내려온 것이다. 수도원에서 남아메리카에서 벌인 짓을 참회한 걸까.

모든 물자를 전력을 다해 지원했다. 메리가 이 대가로 얻은 것은 많지 않았다. 펠리페의 두 번째 영국행이 남긴 것은 메리의 두 번째 가짜 임신과 프랑스에 남아 있던 마지막 영국 땅 칼레의 상실뿐이었다.

메리는 온 유럽의 웃음거리가 되었고 거의 모든 국민에게 미움받았으며 남편에게 버림받았다. 여기에 젊고 건강한 여동생 때문에 마음마저 졸이면서 건강이 나빠지기 시작했다. 그해 9월, 아내가 곧 죽을지도 모른다는 소식을 들은 펠리페는 영국에 사절을 보내 엘리자베스에게 청혼하는 것으로 이에 답했다.

불화의 씨앗

메리는 펠리페에게 반했고 펠리페는 엘리자베스에게 반했고 엘리자베스는 왕실 보석에 눈이 팔려 있었다. 아, 사랑의 삼각관계여.

펠리페에게 메리와의 결혼은 정치적인 편의를 위한 어쩔 수 없는 합의였을 뿐이었다. 펠리페의 친구이자 결혼식에 초대된 손님이던 루이 고메스 데 실바Ruy Gómez de Silva는 메리를 두고 이렇게 썼다. "이 잔에 든 걸 마시려면 주님의 도움이 필요할 것 같네."27) 결혼한 지 몇 년 만에 메리가 죽었을 때 펠리페는 그다지 마음 아파하지 않았다. 실제로 전처보다 훨씬 어린 처제에게 당장 청혼할 정도로 아내의 죽음에 별로 신경 쓰지 않았다.(취향으로 따지자면 아내의 목을 자른 다음 멍청하고 남자를 밝히는 아내의 십대 사촌과 재혼한 헨리 8세와 동급이다. 역시 튜더 왕조다.) 평생 결혼하지 않겠다는 맹세를 했다고 알려진 엘리자베스는 사적으로나 정치적으로나 이 청혼을 거절해야겠다고 생각했고 맹세를 지켰다.

메리와 엘리자베스가 평생 서로를 미워했던 이유는 쉽게 이해할 수 있다. 하지만 당시 영국과 에스파냐 사이에 흐르던 깊은 미움과 긴장감의 원인은 쉽게 찾기 힘들다. 수십 년 동안 두 나라는 말하자면 냉전 관계였다. 왜였을까? 왜 영국은 에스파냐를, 에스파냐는 영국을 그토록 깊이 미워했을까? 이에 대한 답을 찾으려면 아내와 딸들 사이뿐만 아니라 에스파냐와 영국 사이에도 불화의 씨앗을 심었던 헨리 8세까지 거슬러 올라가야 한다. 나중에 전쟁으로까지 발전하는 양국 사이의 적대관계에 대한 책임도 헨리 8세에게 있었다.

헨리 8세가 1534년 내린 수장령Act of Supremacy은 사실 헨리 8세가 에스파냐 사람이자 메리의 어머니인 캐서린 왕비와의 결혼을 무효로 돌리는 '거사'를 위해 억지로 만들어낸 법이었다. 하지만 결과적으로 이 법은 가톨릭교회에 대한 보복 수단으로 사용됐다. 헨리 8세는 교회의 땅, 재산, 보석을 압수해 왕과 귀족들에게 분배했다. 수장령은 영국 내 가톨릭교회 조직을 무너뜨리고 귀족을 부유하게 했으며 영국과 에스파냐 사이에 긴장감을 조성해 훗날 영국 에스파냐 전쟁으로 발전하게 될 적대감을 조성했다.

헨리 8세가 매력적인 젊은 여자(앤 불린)와 결혼하기 위해 가톨릭 군주 이사벨과 페르난도의 딸 캐서린을 내치고 에스파냐 혈통을 물려받은 메리 공주를 혼외자로 공표하자, 에스파냐에서는 당연히 모욕감을 느꼈다. 하지만 에스파냐가 진짜 화난 것은 헨리 8세가 재산을 몰수하는 등의 조치로 수도원과 수녀원을 탄압하고 가톨릭교회와 갈라서며 자신을 영국의 교황이라 주장했을 때부터였다.

하지만 헨리 8세가 그 후에도 왕비를 계속 갈아치우고 온갖 나라와 동맹을 맺고 깨기를 반복하며 자식들을 협박하고 동료 가운데 반 정도를 있지도 않은 반역죄를 씌워 처형하는 짓을 계속해대자 에스파냐도 헨리 8세의 행동이 반가톨릭 운동이 아닌 미치광이의 변덕이란 사실을 깨달았고 에스파냐와 영국의 벌어진 관계는 일시적으로 불완전하게나마 봉합됐다. 그리고 짧았던 에드워드의 통치가 끝난 후 메리가 왕관을 물려받으면서 에스파냐는 안심하기 시작했다. 메리는 죽기 전에 자신이 세운 두 가지 큰 목표를 달성했는데 하나는 영국과 바티칸 교황청 사이의 관계를 회복시켜 영국을 다시 가톨릭 국가로 만드는 일이었고 두 번째는 가톨릭교회를 통해 부모의 혼인 무효를 취소함으로써 어머니가 입은 수모를 대갚음한 일이었다. 여기에 더해 국민의 극심한 반대를 무릅쓰고 에스파냐 왕세자와 결혼까지 했다.

하지만 영국인들은 펠리페 2세를 싫어했고 펠리페 2세는 메리를 싫어했다. 게다가 메리는 후손을 남기지 않고 죽었다. 메리가 죽자 엘리자베스가 왕위를 물려받았다. 그리고 가톨릭 세계의 가장 좋은 신랑감과 '결혼하지 않겠다'는 의사를 대놓고 밝혔다.

양국 사이에 다시 불이 붙었다. 이렇게 영국과 에스파냐는 다시 원점으로 돌아왔다. 그런데 엘리자베스와 펠리페 사이에는 헨리 8세와 카를 5세 사이에는 없던 적대감, 곤란함, 속상함 등 사적인 앙금마저 쌓여 있었다. 어쨌든 양쪽 다 전쟁은 피하고 싶었기에 여러 해동안 두 나라는 냉전 비슷한 상태로 지냈다. 에스파냐는 영국의 신대륙 교역과 개발을 모두 불법으로 선언하며 절대적 해양 지배권과 부를 과시했다. 엘리자베스는 외국 고관들 앞에서 펠리페의 애절한 구애 이야기를 일부러 꺼내 비웃으며 그의 자존심에 흠집을 냈다.

이 정도는 약과였다. 수십 년 동안 개신교에 맞서 성전을 치르고 있던 펠리페는 특히 네덜란드를 집중적으로 공략했는데 거기에는 피의 메리 시대에 공포 정치를 피하고자 건너간 영국 개신교도가 많았다. 엘리자베스는 이에 질세라 영국 해적들이 자국에서 벌 받을 걱정 없이 마음 놓고 에스파냐의 재산을 약탈할 수 있도록 민간선박이 에스파냐 보물선을 공격해 약탈하고 침몰시키는 행동을 계속 눈감아줬다.

실제로 영국과 에스파냐 사이의 적대감은 주로 에스파냐에서 영국 '바닷개sea dogs'라고 부르던 영국 해적 때문에 악화됐다. 그들은 에스파냐 영해에서 상선과 보물선을 공격했다. 영국의 해적들은 영국이 세계에서 가장 강력한 해군을 구성하는 데 밑거름이 됐다.

가질 순 없지만 빼앗을 순 있다

메리는 심술궂고 가혹하고 복수심 강하고 여동생에 대한 악의적 부러움을 품고 있는 사람이긴 했지만, 아예 멍청하지는 않았다. 남편에게 버림받은 채 후계자를 낳지 못하고 죽을 날이 가까워지자 깊이 절망했지만, 이미 망가질 대로 망가진 영국에 또 한 번 내전이 일어날 것을 우려해 분하지만 엘리자베스에게 왕위를 넘겼다. 메리는 여동생에게 왕위를 물려주지 않는 기쁨은 누릴 수 없었지만, 엘리자베스가 가지고 싶어 하는 보석 하나 정도는 빼앗을 수 있었다. 그는 유언장에 왕실 보석은 법에 따라 새 여왕에게 넘기겠지만, 라 페레그리나를 포함해 펠리페에게 받은 보석은 모두 그에게 돌려주라고 썼다.

사실 짧은 결혼 생활 동안 펠리페는 메리에게 멋진 보석을 꽤 많이 선물했다. 예를 들어 1554년에는 마르키스 데 라스 나바스Marquis de las Navas 편에 "1,000더컷 상당의 아름답게 세공된 장미 모양 장식용 다이아몬드 한 점, 잘 세공된 열여덟 개의 다이아몬드를 이어 만든 30,000더컷 상당의 우아한 목걸이 한 점, 지금까지 세상에 만들어진 진주와 다이아몬드 가운데 가장 사랑스럽고 아름답다 할 만한 커다란 진주와 다이아몬드로 만들어진 장신구로 외양과 섬세함을 고려해 25,000더컷으로 가치를 평가받은 보석 한 점"[28]을 보냈다.

메리를 '만나기 전에' 이렇게 많은 보석을 보낸 펠리페가 메리를 만난 이후에는 보석을 거의 선물하지 않았다는 사실은 일단 제쳐두자. 어쨌든 펠리페는 메리에게 엄청나게 값이 나가는 아주 특별하고 귀중한 보석을 여러 점 선물했다. 보석을 모두 펠리페에게 돌려주라는 메리의 유언에도 불구하고, 펠리페가 굳이 에스파냐로 다시 가지고 간 보석은 엘리자베스가 무척 가지고 싶어 하던 라 페레그리나 한 점뿐이었다. 이는 크나큰 실수였다.

종교와 패션 아이콘

래퍼들이 화려한 장신구를 하는 이유는 화려함이 곧 힘이라는 사실을 알기 때문이다. 남편이 없는 엘리자베스는 자신의 독립성을 겉으로 드러내고자 했다. 진주는 여성스러움, 순결함, 성스러움을 상징하기도 하지만, 혼인과도 연관이 깊다. 진주와 결혼을 연결 지어 생각하는 전통은 수천 년 전으로 거슬러 올라간다. 힌두교의 신 크리슈

나가 순결함과 사랑을 의미하는 진주를 처음으로 찾아내어 딸의 결혼식 날 선물로 준 이야기에서도 이 전통의 기원을 일부 찾아볼 수 있다. 서양은 물론 다양한 문화권에서 진주는 전통적으로 혼례의 상징으로 여겨졌다.

사실 거의 모든 곳에서 순결함의 상징으로 생각되는 진주는 기독교와도 특별한 관계를 맺고 있다. 기독교에서 진주는 성모 마리아의 순결함과 더럽혀질 수 없는 영혼을 상징한다. 신약성서에 따르면 천국의 문은 커다란 진주 한 개로 만들어져 있다고 한다. 왕위를 물려받은 '처녀 여왕'이 진주를 자신의 상징으로 삼은 것은 우연히 일어난 일도, 그리 놀라운 일도 아니었다.

통치 기간 동안 엘리자베스 여왕을 그린 초상화나 여왕에 대한 설명을 보면 엘리자베스 여왕이 대단한 진주 수집가였음을 알 수 있다. 당시 영국 궁전에 드나들던 신하들은 남자든 여자든 진주로 몸을 휘감았다. 하지만 가장 눈에 띄는 사람은 물론 여왕이었다. 진주가 가득 달린 여왕의 옷은 너무 무거워 보여서 어떻게 입고 다니는지 궁금할 정도였다. 아마 진주 무게에 눌려 제대로 서 있기도 힘들었을 것이다.

비록 라 페레그리나를 손에 넣진 못했지만, 엘리자베스 여왕은 분명 그보다는 못하더라도 비슷하게 생긴 진주를 많이 가지고 있었다. 엘리자베스 여왕을 그린 여러 초상화에는 메리가 펠리페에게 받은 커다란 사각 다이아몬드 아래 진주가 달린 모양의 장신구를 조금씩 변형한 다양한 브로치와 목걸이가 등장한다. 라 페레그리나가 가지고 싶긴 하지만 일단은 여러 비슷한 보석으로 만족하겠다는 엘리자베스 여왕의 악의 없는 부러움을 엿볼 수 있다.

한편 여왕의 이런 행동은 자신이 라이벌인 에스파냐와 견줄 만한 부를 얻었다는 사실을 국민에게 알리기 위한 것이기도 했다. 엘리자베스 1세는 자신을 자주 '왕자'라 칭하며 자신에게 군주로서 백성을 지킬 힘은 물론이고 영토확장 중인 위험한 세계에서 국익을 드높일 수 있는 능력이 있음을 강조하곤 했다. 영국 국민도 이런 여왕의 뜻을 헤아려주었다. 영국과 에스파냐의 긴장감이 최고조에 달했을 때, 한 영국 귀족은 에스파냐 대사 앞에서 "벨벳 반바지 주머니에서 15,000파운드 상당의 진주 한 알을 꺼내 가루로 만들어 와인 잔에 털어 넣고는 엘리자베스 여왕과 펠리페 2세를 위해 건배"라고 말했다고 한다.

겉모습이 가진 힘을 잘 알았던 엘리자베스 여왕은 잘 꾸민 사람들만 궁전에 드나들 수 있게 했다. 여왕은 '복장 규정' 제도를 도입해 누가 무슨 옷을 입을 수 있고 '입어야 하는지' 세세하게 규정했다. 여왕은 마치 결혼식 날의 신부처럼 신하들이 자신보다 예뻐선 안 되지만 적당히 예쁘게 입길 바랐다. 진주 자수로 장식한 벨벳 드레스를 입고 궁전에 든 레이디 하워드Lady Howard에게 벌어진 유명한 일화도 있다. 레이디 하워드의 드레스를 본 여왕은 드레스가 마음에 든 나머지 '빌릴' 수 있느냐고 청했다. 선택의 여지가 없었던 레이디 하워드는 물론 그렇다고 대답했다. 불행히도 레이디 하워드는 여왕보다 키가 훨씬 작았다. 여왕의 몸에 드레스가 맞지 않자, 여왕은 내가 입을 수 없다면 아무도 이 드레스를 입지 못하게 하라는 명을 내렸다.[29]

엘리자베스 여왕은 여러 면에서 마케팅의 귀재라 할 만했다. 여왕이 판 물건은 바로 자기 자신이었다. 진주가 엘리자베스 여왕을 대표하게 된 것은 단지 여왕이 진주를 무척 많이 가지고 있었고 항상 몸에 둘렀기 때문은 아니었다. 엘리자베스는 일부러 진주와 진주가 연상시키는 모든 덕목을 자신과 결부시켰고, 진주는 엘리자베스 여왕의 가장 핵심적인 통치 도구였던 거대한 상징화 작업에서 빠질 수 없는 중요한 요소였다.

사실 엘리자베스는 불리한 위치에 있었다. 그는 여성 군주였고 그래서 연약하고 부족하다는 꼬리표가 따라붙는 등 언제나 성별에서 오는 약점을 안고 살았다. 하지만 엘리자베스는 결혼하고 싶은 마음이 없었다. 왕이나 남편에 기대어 살고 싶은 마음도 없었고 영국이 외세에 휘둘리는 모습을 보고 싶지도 않았다. 그래서 엘리자베스는 이런 약점을 인정하고 남편 뒤로 숨은 이복 언니와는 정반대로 행동했다. 엘리자베스는 더 자주 사람들 앞에 섰고 더 눈에 띄게 행동했고 더 화려하게 꾸몄다. 엘리자베스는 아버지 헨리 8세가 개혁을 완성하지 못한 채 세상을 떠난 이후, 영국 국민이 그토록 그리워하던 '우상'의 역할을 해주었다. 자신을 처녀 여왕이라 칭함으로써 엘리자베스는 영국인들의 마음속에 있던 우상의 빈자리를 채우는 데 성공했다. 엘리자베스는 자신이 "이미 영국이라는 남편과 결혼했기에" 남편이 필요 없다는 말을 자주 했다.[30]

엘리자베스는 얼굴을 하얗게 칠하고 온몸에 수 킬로그램의 진주를 둘렀다. 여왕의 실제 연애 생활이 어땠는지에 대해서는 논쟁이 많지만, 공식적으로 여왕은 죽는 날까지 처녀성을 지켰다. 엘리자베스가 사십 대가 되었을 때, 영국에서는 엘리자베스를 '글로리아나 Gloriana'라고 부르며 엘리자베스를 '추종'하는 움직임이 정점에 달했다. 여왕의 초상화는 마치 성인을 그릴 때처럼 형식에 맞춰 그려야 했다. 초상화에는 여왕의 처녀성과 여성성, 기독교적 덕목을 보여주기 위해 진주를 비롯한 여러 종교적 상징이 그려졌다.[31] 이렇게 엘리자베스는 자신을 국민의 시종인 동시에 성인으로 만들어 성별, 결혼 여부, 종교적 자질에 대한 비판을 효과적으로 잠재웠다.

여왕은 잘 가꿔진 이미지를 계속 유지해야만 했다. 초상화에 상징을 가득 그려 넣으라는 지시는 시작에 불과했다. 여왕은 백성들이 자신을 진주를 두른 흰 얼굴의 빛나는 처녀 여왕, 글로리아나로 부르며 흠모할 수 있도록 매년 여름마다 시가행진을 했다. 자신의 즉위일을 국가 공휴일로 지정하기도 했다. 사실 이날은 가톨릭을 믿는 다른 유럽에서는 성 후고Saint Hugh의 날이었다. 엘리자베스는 아버지의 전통을 이어 마상시합도 치렀는데 헨리 8세 때와는 다른 중요한 차이가 하나 있었다. 헨리 8세 시절에 이 경기들은 사내아이들을 위한 정식 체육 시합일 뿐이었다. 하지만 엘리자베스는 이를 장엄함, 기사도, 아서왕의 위엄이라는 이름 아래 영국 국민을 하나로 묶는 화려하고 멋진 행사로 만들었다. 존 가이John Guy는 이렇게 쓰고 있다. "반쯤 종교적인 축제 형식을 띠는 이 자리에서 개신교 정신과 정중한 사랑, 기사도, 오래된 전통이 합쳐져 기사들의 숭배를 받는 개신교의 신성한 처녀, 엘리자베스의 전설이 만들어졌다."[32]

많은 면에서 엘리자베스 1세의 이야기는 불행한 마리 앙투아네트와는 정반대다. 마리 앙투아네트도 보석을 연상시키긴 마찬가지였지만, 마리 앙투아네트가 연상시키는 보석의 특징은 엘리자베스의 그것과는 완전히 달랐다. 두 여성은 모두 살아 있는 동안 인간이 아닌 상징으로 취급받았다. 하지만 마리 앙투아네트가 이 상징으로 인해 성적, 경제적, 도덕적 죄인으로 몰린 반면, 엘리자베스는 상징을 활용해 대중의 인식을 장악했다. 엘리자베스는 상징을 통해 보석

이 가진 몇몇 긍정적이고 도덕적인 덕목을 자신에게 투영했다. 클레
오파트라는 에메랄드로 부와 권력을 과시했다. 엘리자베스는 진주
로 처녀성과 성스러움을 표현했다. 목적은 달랐지만 방법은 같았다.
그런데 에메랄드는 이집트산이었지만, 진주는 영국에서 나지 않았
다. 진주는 에스파냐의 보석이었다. 당연히 에스파냐가 이런 여왕의
행동을 달가워할 리 없었다.

여왕 폐하의 비밀스럽지 않은 비밀 정보기관

엘리자베스가 왕관을 물려받았을 무렵, 영국은 산업 기반이 무너지
고 종교로 인한 내전 가능성이 높은 데다 다른 나라에서 여러 군사
적인 위협을 받고 있는 상태였다. 특히 펠리페 2세가 영국의 국가 재
산을 전쟁(영국이 칼레를 잃은 완전히 실패한 전쟁) 자금으로 써놓고 이를
갚지 않아서 재정 문제가 심각했다. 당시 영국은 파산상태였다. 이러
한 상황에서 젊은 여왕이 무슨 수를 쓸 수 있었을까? 엘리자베스 1
세는 해적을 고용해 답을 찾았다.

　아니 '사나포선'을 고용했다고 하는 편이 듣기에 나을지도 모르
겠다. 원래 사나포선은 해군으로 정식 승인을 받지 않은 민간 선박
이지만, 전쟁 기간 동안 외국 선박을 공격할 수 있도록 정부의 허가
를 받은 배다. 사나포선을 쓰면 전쟁이 없을 때 병력 유지비용을 들
이지 않고도 전쟁 기간 동안 더 많은 배와 인력을 동원할 수 있어서
당시 많은 국가에서 쓰는 매우 효과적인 전략이었다. 사나포선은 말
하자면 돈을 벌기 위해 해군 역할을 하는 배인데 수입은 자체적으로

올렸다. 사나포선들은 외국 선박에서 갈취한 돈이나 귀중품을 마음대로 가질 수 있었다. 국가로서는 무료 병력을 동원할 수 있고 선원들에게는 짭짤한 수익을 올릴 기회였다.

사나포선과 해적은 사실 이름만 다르다. 실제로 해적과 사나포선이 하는 일은 모두 똑같다. 이들은 적의 배를 찾아 겁을 주고 급습하고 약탈하고 침몰시켰다. 한 가지 차이가 있다면 해적과 달리 사나포선은 때때로 문서로까지 작성된 정식 승인을 받고 이런 일을 한다는 것뿐이다. 또한 사나포선은 국가에 꽤 많은 돈을 냈다. 즉 사나포선은 세금 내는 해적이었던 셈이다. 전쟁 기간 동안 사나포선을 고용한 왕은 엘리자베스 1세가 처음이 아니다. 하지만 엘리자베스 1세는 비교적 평화로운 시기에 은밀히 사나포선을 고용했다는 점에서 다른 왕들과 달랐다.

처음에는 암묵적인 동조에 그치던 엘리자베스 여왕과 해적의 거래는 나중에는 구두계약이긴 하지만 노골적인 계약으로 변했다. 엘리자베스는 사나포선을 고용해 영국의 해군력을 보충했고 해적과 해적이 되고자 하는 사람들에게 합법적으로 병역을 면제해주었다. 그리고 해적에게 명령도 내렸다. 직접적 명령은 아니라도 에스파냐 선박을 만나는 대로 공격하고 약탈하고 침몰시키면 여왕이 기뻐할 것이라는 생각을 심어주었다. 특히 엘리자베스는 해적들에게 카리브 해 연안에 있는 에스파냐 배를 약탈해 진주를 최대한 많이 가져오라고 부탁했다.[33] 엘리자베스는 해적을 이용해 영국과 에스파냐의 관계를 고의로 악화시켰고 영국은 막대한 부를 축적했다. 엘리자베스는 보통 신대륙 사업 이익의 20퍼센트를 세금으로 받던 에스파냐 왕가보다 더 높은 세율을 적용해 약탈품의 3분의 1을 세금으로 뗐다. 명백한 불법을 눈감아주는 대가이므로 더 많이 받을 수밖에 없었을 것이다. 바티칸마저 엘리자베스에게 '이단자와 해적의 후원자'[34]라는 별명을 붙일 정도였다.

에스파냐 선박에 대한 해적의 공격은 파격적인 형태의 국가 방위이기도 했다. 엘리자베스가 아끼던 선장 가운데 한 명인 월터 롤리 경Sir Walter Raleigh이 말했듯 에스파냐에 흠집을 내는 행위는 뭐든 영국을 더 안전하게 지켜주었다. '신사 모험가'라고도 불린 해적들은 유산을 별로 물려받지 못하는 귀족의 차남부터 잃을 게 없는 범죄자까지 여러 계층의 사람들로 구성돼 있었다. 돈도 돈이지만 짜릿함을 찾아 해적에 들어가는 평민 남성들도 있었다. 먼 나라에서 벌어지는 손에 땀을 쥐게 하는 전투의 주인공인 해적은 눈부시고 신나는 존재였다. 해적들은 대개 여왕에게 바칠 보석을 선물로 가지고 왔다.

가장 흥미로운 삶을 산 성공한 해적 가운데 한 명인 프랜시스 드레이크 경Sir Francis Drake은 자신의 해적선 갑판 위에서 여왕에게 기사 작위를 받았고 처녀 여왕Virgin Queen을 기리기 위해 식민지 이름을 버지니아Virginia라고 지은 월터 롤리 경은 궁 안에서 여왕이 가장 아끼는 사람이었다. 겁 없고 화려한 무법자인 해적들은 엘리자베스 여왕시대 영국 해군의 주춧돌이 됐다.

엘리자베스 1세는 왕위에 있는 동안 해적들에게 지지를 보내고 작위를 내리고 보직을 부여하고 심지어 추파까지 던져가며 격려했다. 하지만 겉으로는 늘 그럴싸한 변명을 둘러댔다. 화가 난 에스파냐가 엘리자베스 여왕에게 정정당당히 사실을 밝히라고 요구할 때마다 여왕은 해적들이 자신을 위해 일하고 있다는 사실을 온 세상이 안다는 데 우쭐한 기분을 느끼면서도 미안한 기색을 내비치며 무시

무시하고 비윤리적인 해적들을 자신도 통제할 수가 없다고 답했다. 엘리자베스는 프랜시스 드레이크가 세계 일주 후에 선물한 "커다란 에메랄드가 박힌 황금 왕관과 다이아몬드 십자가"[35] 등 해적들이 약탈한 게 빤한 보물을 몸에 두르고 있으면서도 책임을 부정하곤 했다.

이때부터 에스파냐, 아니 좀 더 정확히 말하면 펠리페 2세는 '영국 사업' 계획을 마음에 품기 시작했다. 아직 전쟁이 선포되지 않은 양국 사이에 전쟁의 문을 열 이 사업은 준비되지 않은 작은 나라인 영국을 바다를 통해 불시에 습격해서, 이단자와 해적의 후견인이자 사생아에게 잘못 돌아간 영국의 왕좌를 빼앗아 펠리페에게 되찾아 주기 위한 일이었다. 에스파냐는 이 전면전으로 영국과의 냉전을 끝냄으로써 이단 정부를 없애고 개신교 네덜란드에 대한 영국의 추후 지원을 끊음과 동시에 특히 보물이 에스파냐를 떠나 영국의 주머니로 들어가는 일을 막을 수 있을 것으로 기대했다.

네 것은 내 것, 에스파냐 것도 내 것

엘리자베스가 가진 욕망은 메리와는 아주 달랐다. 메리의 마지막 유언은 악의적 부러움에서 나온 조치로 엘리자베스가 원하는 진주를 가지지 못하게 막기 위한 것이었다. 하지만 엘리자베스는 에스파냐가 얼마나 많은 부를 가졌는지에는 관심이 없었다. 엘리자베스는 에스파냐의 콧대를 꺾는 데는 전혀 관심이 없었고 그저 식민지나 돈과 같은 에스파냐가 가진 재산을 자신도 가지고 싶었을 뿐이었다. 엘리자베스가 가졌던 부러움은 비록 무력 행동으로 이어지긴 했지만 어쨌든 악의 없는 부러움이었다.

　처음엔 단순한 약탈로 시작된 해적질 덕분에 영국은 단시간 만에 신세계 개발의 기초를 닦을 수 있었다. 콧대 높은 바람둥이 해적 월터 롤리 경은 그가 처녀 여왕을 기려 버지니아♦라 이름 붙인 영국의 첫 미대륙 식민지, 로어노크Roanoke를 발견했다. 버지니아는 주로 에스파냐 식민지와 선박을 공격하기 위한 거점이 됐다. 엘리자베스는 프랜시스 드레이크, 존 호킨스John Hawkins 등 유명한 해적들을 보내 서아프리카 해안의 에스파냐 및 포르투갈 주민들을 괴롭히고 교역로를 가로막고 정착지를 파괴했다.

　해적 전투 가운데 가장 성공적이고 규모가 큰 전투는 프랜시스 드레이크가 이끌었다. 에스파냐 선원들 사이에서 엘 드라코(드래곤, 용)라는 별명으로 불린 드레이크는 1585년에 배 21척과 2,000명에 가까운 부하들을 태우고 아메리카 대륙으로 향했다. 드레이크는 보물선을 공격하고 괴롭히는 데서 끝내지 않고 에스파냐 식민지까지 공격했다. 드레이크는 콜롬비아에서 플로리다까지 이 도시 저 도시를 돌아다니며 에스파냐 식민지에 있던 많은 사람을 인질로 잡았다. 인질을 모두 잡아둘 수 있는 처지가 아니었던 드레이크는 해적답게 몸값만 받고 운반이 불편한 보물에 불과한 인질을 모두 에스파냐로 돌려보냈다. 영국에 돌아온 드레이크는 환영받았고 그의 배 골든 하인드Golden Hind는 영국인의 자부심을 상징하는 배가 되었다.

　드레이크는 1577년부터 1580년까지 세계 일주를 한 것으로 유

♦ 사실 오늘날 지도상에 있는 로어노크는 버지니아 주가 아니라 노스캐롤라이나 주에 해당한다. 하지만 엘리자베스 여왕이 롤리에게 인가를 내렸을 때 '버지니아'는 캘리포니아에서 플로리다까지 걸쳐 있었다.

명하다.(그는 마젤란에 이어 두 번째로 세계 일주에 성공했다.) 드레이크는 그냥 일주만 하지 않고 약탈과 공격을 일삼았다. 한번은 에스파냐 식민지였던 캘리포니아에 내려 뻔뻔하게 그 땅을 여왕의 땅이라 공표하기까지 했다. 비공식적으로 승인된 업무를 마치고 돌아온 드레이크를 환영하기 위해 많은 사람이 모였다. 여왕은 골든 하인드의 갑판 위에서 드레이크의 목에 칼을 겨눈 채 군중을 향해 이 악당의 목을 쳐야 마땅하지 않겠느냐고 장난스럽게 물었다. 모두가 '아니오!'를 외치자 여왕은 들고 있던 칼로 드레이크에게 기사 작위를 내렸다.

에스파냐 배들은 선적물을 감추는 등 해적을 피하고자 노력했지만, 영국 해적은 보물을 감추기 위해 구조를 낮게 설계한 에스파냐 선박을 곧 알아챘다. 느리고 육중한 에스파냐의 갤리온선galleon은 작고 빠르고 완벽하게 무장한 영국 해적선에 상대조차 되지 않았다. 신대륙에서 나온 돈이 에스파냐의 손을 거쳐 영국으로 들어갔다. 마치 구멍 뚫린 주머니처럼 에스파냐가 빼앗기는 재물의 양은 점점 더 늘어났다.(에스파냐에서 영국으로 간 보물의 양을 가늠하기 쉽도록 한 가지 예를 들어보자. 1585년 한 습격에서는 진주만 해도 "엘리자베스 여왕이 캐비닛 하나를 모두 자신이 두르기 위한 진주로 채울 수 있을 정도"[36]로 많았다고 한다.)

단순하지만 파격적이었던 해적의 행동은 점점 대담해졌고 영향력도 커졌다. 해적은 이제 영국 대외 정책의 일부였을 뿐 아니라 영국의 정체성이었다. 여왕을 정신적으로 사랑하는 모험심 넘치는 매력적인 해적은 영국의 국가 영웅이었다. 해적질이 계속 성공하고 인기가 높아질수록 해적이 맡는 역할도 늘어났다. 여왕은 더는 해적과의 관계를 부정하지 않았다. 진주를 얻을 목적으로 시작된 해적과의 계약은 이제 해상 방위, 무역 탐사는 물론 '해상 약탈물'을 포괄하는 복잡한 계약으로 발전했다.

엘리자베스 여왕의 악의 없는 부러움이 영국을 후미진 약소국에서 세계에 이름을 날리는 국가로 변화시키고 있었다. 16세기의 에스파냐 왕가에게 돈을 빼앗긴다는 것은 이교도보다도 더 용납할 수 없는 일이었다.

국정 운영에도 연출이 필요하다

엘리자베스의 통치 초기에만 해도 에스파냐 국왕 펠리페 2세는 "엘리자베스를 흠모하지만 이교도인 게 아쉽다"[37]고 말했다. 하지만 1570년이 되자 이런 흠모의 마음은 완전히 사라져버렸다. 엘리자베스를 좋게 보지 않는 시선은 영국 내에도 있었다. 대다수 영국 국민은 엘리자베스를 숭배하고 존경했지만, 아직 영국에는 바티칸이 내리는 명령에 따르는 비주류 가톨릭 신자들이 남아 있었다. 1570년 바티칸은 영국의 가톨릭 신자들에게 해적에게 진주 목걸이를 걸어준 영국의 여왕 엘리자베스에 대한 공격 준비 명령을 내렸다. 모호하게 쓰여 있지만 사실 독실한 가톨릭에게는 여왕을 죽이기 위해 군대를 결성하라는 소리나 다름없었다. 종교적인 수사법으로 포장된 이 충격적인 지시는 실제로는 종교보다는 영국 해적이 서서히 균열을 일으킨 국제 사회의 힘의 균형과 해적으로 인해 발생한 자금과 더 관련이 있었다.

당시 유럽은 종교 갈등이 극에 달했다. 갈등의 씨앗은 1568년 엘리자베스 내각의 최고위 관료이자 여왕에게 가장 크게 신임받았던 원로 정치인 세실Cecil이 에스파냐 보물선을 포획하라고 지시하면서 부터 시작됐다. 이 명령으로 네덜란드와의 종교 전쟁에 군사 자금을 대기 위해 금을 싣고 가던 에스파냐 보물선이 경로를 이탈하며 부서졌고 배는 선체에 실려 있던 금의 무게에 눌려 결국 가라앉고 말았다. 세실이 처음이자 마지막으로 행한 이 해적 행위는 타국의 종교분쟁에 참견하지 않는다는 엘리자베스의 기본 정책을 어긴 행동이자 에스파냐를 비롯한 다른 나라에게 영국인은 '모조리 다' 해적이므로 믿을 수 없다는 사실을 다시 한 번 일깨워준 사건이었다. 같은 해 2월, 교황 비오 5세Pius V는 유럽의 모든 가톨릭 국가에 영국 여왕을 파면하고 폐위하겠다는 결정을 알리는 칙서Regans Excelsis를 내렸다. 이에 따르면 영국 국민도 엘리자베스를 여왕으로 대할 필요가 없었다. 그해 5월부터는 영국 내 가톨릭교도에게 여왕을 죽여도 좋다는 허락이 떨어졌다.

이 칙서의 발행은 엘리자베스의 사촌이자 가톨릭 신자인 스코틀랜드의 여왕, 메리를 중심으로 한 반역 모의 시기와 우연히 맞아떨어졌다. 메리는 엘리자베스보다 젊고 매력적이었다. 엘리자베스가 마치 광고회사처럼 자신의 이미지를 세심히 관리하긴 했지만, 메리는 타고난 조건이 좋았다. 메리는 가톨릭이었고 그러면서도 폭력적인 성향의 광신도 메리 튜더와는 전혀 달랐다. 게다가 메리는 스코틀랜드 여왕인 동시에 잉글랜드의 차기 왕위 계승권자이기도 했다.

당시 메리는 세 명의 남편을 갈아치운 후 남자관계에 대한 소문과 남편들의 죽음을 둘러싼 의문이 커지고 왕위에 있는 동안 저지른 여러 악행에 대한 성토가 높아지자, 어린 아들 제임스 1세James I에게 어쩔 수 없이 왕위를 물려주고 다른 귀족에게 재산을 더 빼앗기기 전에 급히 도망쳤다. 메리는 자기보다 똑똑하고 훨씬 힘이 센 사촌 언니 엘리자베스가 자신을 보호해줄 거라고 기대하며 서둘러 잉글랜드로 향했다. 메리는 사촌 언니가 자신을 도와 스코틀랜드의 왕관을 되찾게 해줄 것이라고 믿었다.

메리의 판단력은 무척 나빴다. 엘리자베스는 메리에게 군사 지원을 해주기는커녕 다음 왕위 계승권자이자 사촌 동생인 메리를 19년 동안이나 정중하게 감금했다. 메리는 런던탑에 갇히진 않았지만, 잉글랜드를 떠날 수 없었다. 엘리자베스가 수년 동안 당했던 가택 연금보다 더 느슨한 형태이긴 했지만 비슷한 조치였다. 그런데 닮은 상황에 처한 메리와 엘리자베스는 다르게 행동했다. 엘리자베스는 갇혀 있는 동안 납작 엎드려 목숨을 보전했고 메리는 그렇게 하지 않았다. 예상대로 그는 좋지 않은 최후를 맞았다.

메리는 포더링헤이Fotheringhay 성에 몇 년 동안 갇혀 지내면서 지루하고 판단력이 흐려진 나머지 어떤 멍청한 짓이라도 저지르고 싶어 몸이 근질거리는 상태가 됐다. 엘리자베스의 첩자이자 권모술수에 능했던 프랜시스 월싱엄Francis Walsingham 경도 반역을 일으킬 듯 일으키지 않는 메리에게 지치긴 마찬가지였다. 월싱엄은 메리에게 판을 깔아주기로 했다. 메리는 맥주 통에 숨어 성을 드나드는 은밀한 편지가 자신만 아는 안전한 편지라고 생각했다. 하지만 월싱엄은 메리가 무슨 짓을 하는지 알고 있었다. 월싱엄은 아무도 몰래 메리의 모든 편지를 중간에서 가로채 뜯어서 읽고는 다시 밀봉해서 메리에게 전해줬다. 도청하고 있었던 셈이다. 그러던 중 한 지지자가 엘리자베스를 암살하고 메리가 잉글랜드의 여왕으로 즉위할 수 있노록 돕겠다는 내용의 편지를 보냈고 메리는 이 미끼를 덥석 물었다. 메리는 흥분을 감추지 못하며 암살과 자신의 즉위 계획에 전적으로 동의한다는 내용의 답장을 보냈다.

월싱엄은 메리의 답장을 읽자마자 가담자를 체포해 가혹하게 처형하고 메리는 사형 집행 전까지 런던탑에 가뒀다. 이때 이상하게도 엘리자베스의 마음이 흔들렸다. 왕이라면 다 그런 것 같지만 엘리자베스에게는 전제군주제에 대한 깊은 믿음이 있었다. 더욱이 엘리자베스는 실용주의자이자 눈치 빠른 정치인이었다. 스코틀랜드 여왕을 죽이면 여왕은 불멸의 존재가 아니게 됐다. 이런 상징적인 이유는 둘째 치더라도 엘리자베스는 법에 따른 국왕 시해의 선례를 남기고 싶지 않았다. 게다가 살아 있는 반여신으로 처녀 여왕 행세를 하고 있는 자신의 입장도 생각해야 했다. 엘리자베스는 자기 손을 더럽힐 수 없었다. 하찮은 경쟁자 하나를 죽임으로써 그가 실제로 자신의 권력에 위협을 가했다는 사실을 알리기 싫었다.

그래서 엘리자베스는 아버지가 썼던 전략을 참조했다. 그는 메리의 사형을 지시하면서도 겉으로는 참모들 때문에 어쩔 수 없었다면서 자신은 '훗날 혹시 필요해질지도 모르기 때문에' 사형집행 영장에 서명했을 뿐이고 사형을 막아보려 했으나 손을 쓰기 전에 참모들이 선수를 쳤다고 둘러댔다. 사형이 끝난 후 엘리자베스는 며칠씩이나 사람들 앞에서 자신의 '진짜 의지'와는 다르게 스코틀랜드의 여왕 자리에서 내려온 메리가 사형당했다며 슬픔과 분노, 회한을 느끼는 척 연기했다. 그러고는 메리가 가지고 있던 매우 유명한 진주들을 자신의 소장품에 추가했다.♦

한편 메리는 평생 한 번도 보여주지 않았던 권위와 위엄을 보이며 죽었다. 그는 빛나는 주황색 드레스를 입고 사형장에 나타나 죄는 인정하지만, 전혀 미안하지 않다는 태도를 유지했다. 목을 사형대에 올린 메리는 예언하듯 이렇게 말했다. "양심을 돌아보라. 세계 무대는 잉글랜드보다 넓다는 사실을 기억하라."[38]

메리의 말이 옳았다. 엘리자베스는 죽은 아버지가 썼던 술수를 따라 사촌을 사형시켰다는 대중의 비난은 피할 수 있었지만, 이 일로 펠리페 2세가 오랫동안 바라오던 영국을 칠 구실을 만들어준 셈이 됐다. 에스파냐는 드디어 가톨릭 신자인 여왕을 살해했다는 인정할 만한 이유로 영국을 침공할 수 있게 됐다.

언제나 해적을 고용하라

마침내 펠리페의 영국 사업이 시작됐다. 에스파냐의 계획은 비교적 단순했다. 에스파냐는 역사상 최대 규모의 무자비한 군함대를 만들어 군인 수만 명을 싣고 영국으로 건너가 엘리자베스 여왕을 끌어내려 영국의 끊임없는 해적질을 끝내는 동시에 개신교 네덜란드를 고립시키고 영국을 다시 가톨릭 국가로 되돌릴 작정이었다. 거대한 군함들이 군인, 말, 대포, 무기, 금으로 채워졌다. 펠리페는 그저 전쟁을 치를 생각이 아니라 전쟁을 수출할 생각이었다. 총알 하나하나까지 에스파냐에서 실어 나르는 전쟁이었다. 전쟁의 규모는 방대했다. 에

♦ 메리에게는 첫 번째 시어머니였던 프랑스 왕비 카트린 드 메디시스Catherine de Médicis에게 선물받은 여섯 줄짜리 커다란 진주 목걸이와 세상에 단 한 점뿐인 허리까지 내려오는 완벽한 흑진주 목걸이 등 전설적인 진주 몇 점이 있었다. 엘리자베스가 진수를 넣기 위해 메리를 사형시키진 않았겠지만, 메리의 목이 잘리자마자 거리낌 없이 이 보석들을 챙긴 것은 사실이다.

스파냐의 국고와 숲은 무적함대를 만드느라 텅 비었다.

하지만 당시 엘리자베스 여왕은 해적과 첩자를 통해 모든 상황을 전해 듣고 있었다.♦ 엘리자베스는 에스파냐의 첫 번째 배가 움직이기도 전에 펠리페의 계획을 눈치챘다.(사실 이는 당시 서유럽에서 가장 공공연한 비밀이었을지도 모른다.) 펠리페가 근 20년 동안이나 광적으로 구상에 몰두했던 무적함대를 드디어 만들기로 했다는 소식을 듣자마자 엘리자베스는 선방을 날렸다. 엘리자베스는 프랜시스 드레이크 편에 소형 선단을 보내 에스파냐의 군함을 파괴하고 에스파냐가 함대를 만들고 있던 카디스Cadiz 항구의 물자 공급을 끊으라고 명령했다. 사실 엘리자베스는 드레이크가 출발하기 직전에 이 계획을 취소하려 했지만, 드레이크는 이를 눈치채고 여왕의 취소 편지가 도달하기 전에 "에스파냐 국왕의 수염을 태우겠다."는 열망에 사로잡혀 서둘러 배를 띄웠다. 1587년 4월, 이베리아 반도를 향해 출발한 드레이크와 선원들은 에스파냐 항구에 번갯불 같은 공격을 가했다. 에스파냐 무적함대의 첫 번째 군함은 조선소를 떠나보기도 전에 부서졌다.

드레이크는 임무를 완벽히 마쳤다. 하지만 영국은 그저 일 년 정도의 시간을 벌었을 뿐이었다. 펠리페는 계획을 단념하기는커녕 화가 머리끝까지 난 채 이교도 여왕을 왕좌에서 끌어내겠다는 의지를 그 어느 때보다 더 굳건히 다졌다. 펠리페는 에스파냐의 남은 숲마저 베어냈고 국고에 남아 있던 돈을 탈탈 털어 다시 함대를 만들기 시작했다. 펠리페는 무적함대의 제작을 속속들이 직접 지시했다. 1588년 5월 다시 완성된 에스파냐 무적함대는 역사상 유례를 찾아보기 힘들 정도로 거대하고 무시무시한 군사력을 자랑했다.

1588년 7월 12일, 에스파냐 무적함대는 메디나 시도니아 공작

Duke of Medina Sidonia의 지휘하에 출항했다. 함대는 형태와 크기가 다양한 151척의 배로 구성됐다. 가장 큰 배는 마치 바다 위에 뜬 성처럼 거대했고 가장 작은 배조차 커다랗긴 마찬가지였다. 비교적 작은 편에 속하는 주력 전투선들의 무게가 한 대당 천 톤에 달했다. '수 킬로미터로 늘어선', 커다란 활 모양 진영을 이루며 동쪽을 향해 전진하는 무적함대의 위용은 시간당 약 3킬로미터의 느린 속도에도 불구하고 규모만으로도 두려움을 주기에 충분했다.

사실 에스파냐 무적함대는 영국에서 지상전을 치르기 위해 고안됐다. 여러 배에 실린 말, 지상전에 필요한 무기, 돈에서 알 수 있듯 무적함대는 절대 해전을 치르기 위해 만들어진 함대가 아니었다. 에스파냐는 심지어 전쟁에 이겨 영국을 지배하게 될 때를 대비해 수백 명의 성직자와 시종들까지 싣고 갔다. 에스파냐는 해전을 치를 생각도 없었지만, 설혹 어쩔 수 없이 치른다 해도 '무적함대'(무적함대? 재미있는 말이다. 마치 '가라앉지 않는 타이타닉'이라는 말이나 마찬가지로 들린다.)라면 무찌를 수 있다고 믿었다. 16세기의 해전은 대부분 배가 서로 '마주 보는' 상태에서 치렀으므로 함대가 이루는 진의 크기만으로도 방어가 될 터였다. 몇몇 영국 배가 포격을 뚫고 진 안으로 들어온다 해도 전통적으로 싸움은 '배 위'에서 벌어졌다. 믿기 힘들 정도로 거대한 규모의 방어진 덕분에 대다수 영국 배들은 에스파냐 배에 접근하지 못할 게 뻔했고 군사 수에서도 군인과 선원만 2만5천 명에 달하는 에스파냐가 훨씬 우세했다. 전통적인 형식의 싸움이 벌어진다면

♦ 엘리자베스는 당시 세계에서 가장 첩보전을 잘하는 인물 가운데 하나였다. 엘리자베스의 유명한 초상화 가운데 엘리자베스가 모든 것을 보고 듣는다는 것을 표현하기 위해 귀와 눈으로 뒤덮인 옷을 입은 여왕을 그린 것이 있을 정도다.

어느 면에서 보나 에스파냐는 영국을 이길 수 있다는 자신감을 가질 만했다. 하지만 에스파냐는 앞으로 어떤 적을 만나게 될지 전혀 예상하지 못했다.

적의 적은 나의 해군

영국 함대는 약 140척으로 에스파냐 배보다는 훨씬 작은 배로 이뤄져 있었으며 이 중 대부분은 사나포선이었고 군사는 1만 명 정도였다. 정식 군함조차 에스파냐 보물선을 약탈하는 해적선의 영향을 받아 빠르고 민첩하고 무기를 많이 실을 수 있도록 몇 년 사이에 새로 만들거나 개조한 선박이었다. 영국 군함은 크기는 작았지만, 화력으로 이 단점을 보완했다. 영국 군함에는 일반적인 총기류는 물론 바다에서 적군 선박을 침몰시킬 용도로 개발한 포격 거리가 매우 긴 대포가 실려 있었다.

영국 함대의 총사령관은 여왕의 사촌인 에핑엄Effingham의 배런 하워드Baron Howard 대제독이었고 부제독은 다름 아닌 프랜시스 드레이크였다. 영국군 사령부에는 귀족과 유명한 해적들이 섞여 있었다. 이런 파격적인 융합 문화는 군사와 장비는 물론이고 영국군의 모든 전투 방식에까지 스며들어 있었다. 영국군은 선박을 만들 때와 마찬가지로 전술을 펼 때도 수십 년간 바다에서 해적들이 발전시킨 변형된 전술을 사용했다. 에스파냐 함대는 적선이 배에 접근하거나 진을 뚫고 들어오지 못하도록 대열을 촘촘히 유지하며 움직였다. 영국군이 배 위로 올라와 싸움을 벌일 거라고 생각했기 때문이었다. 그때까지 수백 년 동안 해전은 적선에 접근해 배 위로 올라가 싸우는 방식으로 치러져왔다. 하지만 영국은 재물을 실은 몇몇 배(특히 드레이크가 이런 배를 몇 척 노렸다.) 외에 다른 에스파냐 군함에 접근해 배를 점령하는 데는 관심이 없었다. 영국이 가진 단 한 가지 목표는 에스파냐 함대가 영국 땅에 도착하기 전에 적선을 모두 파괴하는 것이었다.

7월 21일, 영국 함대는 에스파냐의 무적함대를 맞았다. 에스파냐 함대는 아무 문제없이 영국 함대를 밟고 지나갈 수 있으리라 믿었다. 하지만 영국은 배를 정면으로 들이대는 대신 수 킬로미터의 안전거리를 유지하며 에스파냐 진영을 향해 포를 쐈다. 영국 함대는 영국 해협을 따라 에스파냐 함대를 따라다니며 장거리 대포를 이용해 커다란 배들을 공격했다. 전쟁은 느리게 진행됐다. 긴 활 모양의 진 덕분에 대다수 에스파냐 군함은 살아남았고 에스파냐 함대의 진열은 좀처럼 깨지지 않았다. 당시 영국군 제독은 엘리자베스에게 이런 편지를 썼다. "적의 군사력은 놀라울 만큼 대단하고 강합니다만, 저희가 조금씩 적의 깃털을 뽑고 있습니다."[39] 처음 며칠 동안 영국 함대는 에스파냐 함대를 따라다니며 배를 공격하거나 진열이 무너지도록 압박하는 선에서 만족해야 했다.

에스파냐 함대는 영국으로 이동하는 도중에 파르마 공작Duke of Parma이 지휘하는 2만 명의 예비 병력과 합류하기로 계획을 세웠다. 하지만 7월 27일, 에스파냐 함대는 파르마 공작의 군대가 영국 배들의 공격을 받아 바다를 건너오지 못하는 상황을 목격했다. 결국 에스파냐 함대는 프랑스 해안의 칼레(Calais: 아이러니하게도 수십 년 전 펠리페의 군대에게 영국군이 잃었던 칼레와 같은 곳이다.) 주변에 닻을 내릴 수밖에 없었다. 이때부터 영국 해군은 자신들이 전통적인 해군과는 완전히 다른 종족임을 여지없이 드러냈다. 28일 자정이 지난 직후 영국군은 '아군' 선박 여덟 척을 정해 불을 붙였다. 그리고 이 불타는 '화선fire ship'을 에스파냐 함대가 정박해 있는 항구로 띄워 보냈다. 에스파냐 배들은 불이 잘 붙는 나무와 밧줄, 천으로 만들어졌을 뿐 아니라 지상전에 대비해 화약까지 가득 싣고 있었다. 활활 타는 화선 앞에서 에스파냐의 배는 커다란 장작더미나 다름없었다.

드디어 에스파냐 함대의 진열이 깨졌다. 에스파냐 배 가운데 폭발하거나 불타지 않은 배들은 겁에 질린 채 닻을 끊고 달아날 수밖에 없었다. 에스파냐 함대가 넓은 바다 위에 흩어지자 영국 함대는 자신들이 지닌 또 하나의 이점을 활용해 이들을 추격했다. 영국 배는 작고 빠를 뿐 아니라 모든 방향으로 향해할 수 있었다. 반면 거대한 에스파냐의 군함은 전진만 할 수 있었다. 완벽하게 무장한 재빠른 융합형 배들은 적선에 올라타기 위해서가 아니라 적선을 가라앉히기 위해 바삐 움직였고 거대한 에스파냐 군함 주변을 돌며 모든 방향에서 공격해댔다. 거칠게 일던 풍랑이 방향을 바꾸기 시작하자 영국 함대는 거대한 에스파냐 군함을 얕은 질랜드Zeeland 해안으로 몰아넣어 부서뜨렸다. 부서지지 않은 에스파냐 배들도 영국군의 화력과 전술에 밀려 풍랑이 더 심하게 치고 있는 북쪽으로 내몰렸다.

한편 영국이 지상군으로 모을 수 있었던 병력은 소년을 포함한 남성들로 구성된 겁에 질린 1만7천 명뿐이었다. 이들은 점점 심해지는 비와 격렬한 바람을 맞으며, 무적함대와 파르마 공작이 5만5천 명의 병력을 이끌고 해군의 방어선을 뚫고 들어올 때에 대비하고 있었다. 영국과 에스파냐 간의 치고받기는 이제 자존심 싸움이나 자원 약탈, 가지고 싶다는 본능을 충족하기 위해서가 아니라 살아남기 위한 전면전이 됐다. 영국군이 에스파냐군에 대항해 이길 가능성은 어느 면에서 보나 매우 희박했다. 여왕이 직접 백성 앞에서 "죽기 아니면 살기"라고 말했을 정도였다.

자신의 통치 기간 중 가장 극적인 순간이 될지도 모르는 이때 여왕은 흰색 벨벳 드레스에 은으로 만든 흉갑을 입은 채 언제나처럼 흰 말을 타고 병사들 사이를 돌아다니며 영국 역사에서 가장 멋진 전쟁 연설을 했다. 여왕은 다음과 같은 말로 군인들을 안심시키며 사기를 북돋웠다. "나의 몸은 비록 연약한 여성의 몸이나 나의 심장은 왕의 심장, 바로 잉글랜드 국왕의 심장이다." 그리고 이렇게 약속했다. 나는 "전장의 열기 속에서 여러분 모두와 함께 죽고 살 것을 맹세한다. 나의 신, 나의 왕국, 나의 백성, 나의 명예, 나의 민족을 위해서라면 먼지 구덩이에서라도 구르리라." 엘리자베스는 이미 이긴 싸움이라는 사실을 모르고 있었다.

진주를 원했으나 제국을 얻었네

에스파냐 함대와의 전투는 노르만 정복 전쟁Norman Conquest 이후 영국이 치른 전쟁 가운데 가장 강대국을 상대로 한 전쟁이었다. 날씨를 제외한 모든 변수가 에스파냐 편이었음에도 에스파냐 함대는 영국 해안에 상륙하는 데 실패했다. 남은 무적함대는 북쪽으로 몰려 멀리 스코틀랜드와 아일랜드를 돌아 에스파냐로 되돌아가는 수밖에 없었다. 이들은 대부분 가는 도중에 거대한 폭풍우에 부닥치고 부서져 해안으로 쓸려가거나 바다에서 길을 잃었다. 남은 배들이 힘없이 에스파냐로 다시 돌아왔을 때, 군함 가운데 절반은 부서지거나 침몰한 상태였고 전사자는 약 2만 명이었다. 반면 영국은 자신들이 불태운 배를 잃었을 뿐 전사자는 없었다.

펠리페 2세는 에스파냐 사령관을 탓하지 않았다. "나는 그대를 사람과 싸우라고 보냈지 파도나 바람과 싸우라고 보내지 않았소." 하지만 날씨는 신의 뜻이었으므로 그 탓으로 돌리기도 어려웠다. 펠리페는 매우 독실한 신자였고 종교재판부터 학살까지 자신이 저지른 범죄가 신의 뜻에 부합하므로 정당하다는 논리를 펴온 사람이었다. 에스파냐 내에서는 에스파냐 함대의 충격적인 실패를 함대가 맞닥뜨리게 될 방어전의 성격을 미처 파악하지 못하고 전쟁을 제대로 준비하지 않은 펠리페의 탓으로 돌렸지만, 그는 이를 에스파냐가 신의 가호에서 벗어났다는 신호로 받아들였다. 한편 영국인들은 "신이 입김을 불자 적이 흩어지다."라는 문구를 새긴 기념 메달을 만들어 펠리페의 속을 더 긁어놓았다.

무적함대의 처참한 패배는 에스파냐가 도덕적, 군사적으로 우월하다고 믿었던 펠리페의 자신감을 산산조각 냈다. 이 승리를 통해 해적과 처녀 여왕의 신화는 영국인들의 마음과 국가 정체성에 더욱 깊이 새겨졌을 뿐 아니라 영국을 세계무대의 주역으로 만들고 영토 확장의 문을 열어주었다.

1590년대 내내 여왕은 해적 행위를 합법적인 상업으로 인정한 영국의 체계적이고 대담한 정책을 미화해 찬양하는 선전물을 만들도록 장려했다. 엘리자베스 여왕과 참모들은 에스파냐가 식민지와 해상에서 쥐고 있던 독점 권력을 효과적으로 깨뜨렸다. 로마 이후 세계에서 가장 크고 강력한 상업왕국(사실 영국 왕실은 아직도 반농담조로 자신을 '회사'라 부르곤 한다.), 대영 제국의 기초는 약탈에서 시작됐다.

　해적 선장들에게 에스파냐 배를 털어 신대륙 진주를 몰수하라고 명확하게 지시했음에도 불구하고 엘리자베스는 끝까지 자신이 원하던, 라 페레그리나만큼 좋은 진주는 찾지 못했다. 엘리자베스 여왕은 셀 수 없을 만큼 많은 진주를 손에 넣었고 초상화를 보고 판단하자면 이 중 몇몇은 꽤 좋은 진주였다. 많은 초상화에서 여왕은 마치 라 페레그리나를 향한 오마주처럼 메리가 선물받았던 것과 비슷한 모양의 장신구를 하고 있다. 하지만 보석 역사가 빅토리아 핀레이는 이렇게 말했다. "엘리자베스 여왕은 메리가 받은 진주만큼 아름다운 진주를 평생 찾을 수 없었다."[40]

　라 페레그리나는 가질 수 없었지만 엘리자베스는 결국 다른 모든 것을 손에 넣었다. 작은 물줄기가 흘러 큰 강이 된다. 무적함대를 무찌른 이후 엘리자베스는 1600년에 영국 동인도회사Company of Merchants of London Trading to the East Indies를 인가했다. 영국 동인도회사는 한때 세계 땅의 5분의 2를 식민지로 거느렸던 대영제국을 도와 인도에서부터 중국에 이르는 지역을 관리했다. 동인도회사는 다른 여러 정부합작 투자회사들과 함께 영국이 교역이 주가 되고 군사력이 부가 되는 새로운 형태의 제국을 세우는 과정을 도왔다. 이후 두 세기에 걸쳐 세계 지도를 바꾼 식민주의의 기반은 기술, 전쟁, '명백한 운명'이 아닌 바로 돈이었다. 이른바 영국의 황금기라 불리는 엘리자베스 여왕의 시대는 그저 대영제국의 탄생을 알린 게 아니었다. 이는 진정한 '상업' 제국의 문을 연 시대이기도 했다. 이 모든 일의 시작은 진주 한 알이었다.

혁명은 단지 고통의 중심을 옮기는 행위에 불과하다.

_톰 스토파드Tom Stoppard

반란은 일어나고 혁명은 만들어진다.

_리처드 파이프스Richard Pipes

chapter 06

달걀 껍데기 야바위

소련의 설립 자금이 된 황금 달걀들

지금까지 러시아에서 만들어진 부활절 달걀에 들어 있던 깜짝 선물 가운데 가장 충격적인 선물은 살해 협박이었다. '해방왕' 알렉산드르 2세Aleksandr II가 비주류 러시아 허무주의자들의 손에 예상치 못하게 살해당한 사건 이후 곧 아들 알렉산드르 3세Aleksandr III의 대관식이 1883년 봄 부활절을 앞두고 모스크바에서 치러졌다. 수많은 사람이 곧 차르가 될 알렉산드르 3세와 보석을 좋아하기로 유명한 예비 황후에게 여러 보석과 금박 옷을 입힌 달걀을 부활절 선물로 보냈다.

부활절 보석 달걀은 러시아 왕가의 부활절 달걀로 유명한 파베르제Fabergé 달걀이 등장하기 수백 년 전부터 러시아에 내려오는 전통이었다. 그날, 보석을 사랑하는 황후가 먼저 선물 더미를 뒤지며 보석 달걀을 열어보기 시작했다. 그중 가장 아름다운 달걀을 열자 작은 은장도와 함께 차르와 황후를 상징하는, 상아를 조각해 만든 해골 두 개가 나왔다. "그리스도께서 부활하셨다."라는 평범한 부활절 인사말이 쓰인 예쁜 카드도 함께 들어 있었다. 카드에는 다음과 같은 말이 덧붙여져 있었다. "너희가 우리를 탄압하겠지만, 허무주의 자는 부활하리라!"

허무주의 혁명가들이 했던 그야말로 유치한 짓 목록에 이 부활절 카드 사건도 넣어야 할 것 같다. 그리 유치하지 않다고? 그 시각 모스크바 경찰청장은 더 소박하긴 하지만 다이너마이트로 속을 채운 색색의 달걀이 담긴 바구니를 부활절 선물로 받았다. 동봉한 카드에는 이렇게 쓰여 있었다. "대관식을 위해 더 많이 준비해뒀소." 누군가에게는 아쉬운 일이었겠지만, 다행히 이 협박은 거짓으로 밝혀졌고 대관식에서 폭탄이 터지는 일은 일어나지 않았다. 로마노프 왕조의 통치는 계속됐다.

썩은 달걀

'공작새 알'이라는 이름은 안에 든 깜짝 선물인 공작새 모형 때문에 붙었다. 정교한 소용돌이 모양의 금 받침대 위에 크리스털 알이 가로로 놓여 있다. 이 크리스털 알에는 화려한 식각이 되어 있긴 하지만, 대체로 투명해서 안에 든 금으로 만든 정교한 나무가 들여다보인다. 나무에는 놀라운 기계 공작새가 앉아 있다. 공작새는 여러 가지 색깔의 금과 빛나는 에나멜, 가지각색의 보석으로 만들어졌다. 관절이 구분되어 있어서 태엽을 감으면 꼬리를 뻗고 고개를 돌린 다음 이리저리로 걸어 다닌다. 이 달걀은 이제는 사라진 로마노프 왕조의 부유함, 사치, 무절제를 가장 잘 보여주는 부활절 달걀 가운데 하나다.

로마노프 궁전은 전대미문의 사치를 보여주는 장소다. 로마노프 궁전의 부유하고 사치스러운 모습에 비하면 다른 유럽 궁전은 비교적 소박해 보일 정도다. 로마노프 가문을 유럽 왕족으로 치듯이 로마노프 궁전도 유럽 궁전이라 보긴 하지만, 러시아가 동양 쪽에 가까이 있으므로 아무래도 동양의 영향을 받은 모양새다. 로마노프 궁전의 화려함, 사치, 디자인 미학은 확연히 '동양풍'이다. 궁전 장식에 쓰인 보석은 모두 무척 크고 선명한 빛깔을 띠고 있다. 진짜 금과 은으로 만들어진 황후의 웨딩드레스는 너무 무거워서 여러 명이 함께 옮겨야 했다. 세계에서 가장 소름 돋는 부활절 달걀을 연 주인공인 알렉산드르 3세의 부인, 마리아 표도로브나Maria Feodorovna 황후는 몸에 보석을 주렁주렁 걸쳤다고 한다. 이 모습을 본 사람이 다른 곳에서 다른 여자가 저만큼 보석을 둘렀더라면 "분명 진짜일 리 없으므로 별로 예뻐 보이지 않았을 것이다."[1]라고 평할 정도였다. 프랑스였다면 베르사유에 썼을 만한 귀금속이 러시아에서는 겨울 궁전이나 여름 궁전 같은 왕가가 잠시 머무르는 별궁 촛대에나 쓰였다.

러시아 왕가의 사치는 다른 유럽 왕족의 사치와 달리 막대한 재산축적이나 사치품 경쟁 또는 소비폭포 효과에 따른 결과가 아니었다. 이는 고립의 산물이었다. 로마노프 왕가는 서민들과 전혀 교류가 없었고 왕가의 행동에 반대하는 사람도 없었으며 특히 주변에 비교 대상이 없었다. 로마노프 왕가는 독재정치를 펴고 수많은 노동력과 천연자원을 지닌 거대한 국가로서 엄청난 규모의 재산을 벌어들이며 당시까지도 완벽히 시대착오적인 전제군주제를 계속 유지해오고 있었다. 부패한 사회구조를 기반으로 타락한 차르에 의해 통치되고 있던 러시아는 사회 구조적으로 안에서부터 썩어가고 있는 나라였다.

부활절 보석 달걀

'모스크바 크렘린Kremlin 달걀'은 파베르제가 만든 왕실 달걀 중에서 가장 달걀처럼 생기지 않은 달걀이다. 높이가 35센티미터가 넘는 이 작품은 모스크바 크렘린 지구 안에 있는 우스펜스키Uspenski 성당의 정교한 복제품이다. 모스크바 크렘린 달걀은 꿈에서나 나올 법한 화려하고 비싼 인형의 집처럼 네 가지 색깔의 금으로 정교하게 만들어져 있다. 크리스털 창문 안으로 카펫과 성물이 보이고 종을 울리는 작은 시계까지 달려 있다. 이 작품에서 유일하게 달걀을 연상시키는 부분은 잘 알아보지 못하도록 숨겨져 있다. 이는 꽤 크지만, 유심히 보아야 달걀 모양이라는 사실을 알 수 있다. 이 유백색의 커다란 에나멜 달걀은 세 개의 완벽한 탑으로 둘러싸여 있는 데다 창문이 달려 있고 위에는 러시아 정교회의 십자가를 올린 돔 천장이 얹혀 있다. 대충 보면 이 달걀도 건물의 한 부분처럼 보이지만, 자세히 살펴보면 이 작품의 중심에 놓인 달걀을 뚜렷하게 볼 수 있다.

로마노프 왕가가 지닌 단 한 가지 재미있는 사실은 로마노프 왕가가 사실 러시아 혈통이 아니라는 점이다. 일단 비운의 마지막 황후가 러시아 사람이 아님은 확실하다. 본명이 알릭스 폰 헤세-다름슈타트Alix von Hesse-Darmstadt였던 알렉산드라 황후는 독일 공주였지만 영국인과 덴마크인 혼혈로 빅토리아 여왕이 가장 아끼는 손녀 가운데 한 명이었다. 알렉산드라 황후의 시어머니이자 보석을 사랑한 마리아 표도로브나는 원래 이름이 다그마르로 덴마크 국왕의 딸이었다. 러시아 왕족은 다른 왕족과만 결혼할 수 있기 때문에 외국인을 황후로 맞을 수밖에 없었다. 결국 로마노프 왕가는 오래전부터 러시아 사람과는 아예 거리가 먼 가문이 되었다. 마지막 차르인 니콜라이 2세Aleksandrovich Nikolai II의 혈통을 따지고 보면 그의 피 중 128분의 1만이 러시아의 피였다. 로마노프 왕가는 정치적, 사회적, 경제적으로 러시아 국민과 동떨어져 있음은 물론 '혈통'마저 달랐다. 러시아 왕가와 국민 사이의 공통점은 단지 종교뿐이었다.

소련에서 비롯된 비종교적이고 건조한 오늘날의 이미지만 봐서는 잘 알 수 없지만, 사실 러시아는 유서 깊고 독실한 신앙을 지닌 화려하고 흥미로운 종교사를 자랑하는 나라였다. 보석과 화려한 장식에 대한 러시아의 사랑은 러시아 건국 무렵까지 거슬러 올라간다. 987년, 키에프의 블라디미르 1세Vladimir of Kiev는 국교를 기독교로 할지 이슬람교로 할지 고민하다가 콘스탄티노플에 외교 사절단을 보내다른 문화와 함께 기독교에 대해 알아보고 오라고 말했다. 외교 사절단은 비잔틴 양식의 웅장한 성당인 하기아 소피아Hagia Sophia에 있는 보석으로 만든 반짝이는 모자이크와 높이 솟은 돔, 그리고 나중에 러시아 궁전의 유명한 호박 방을 만드는 데 영향을 준 금박을 입힌 호박의 아름다움에 완전히 압도됐다. 이들은 황제에게 자신들이 본 것을 적어 보냈다. "사절단은 빛이 창을 통해 들어오고 신부가 기도를 읊조리며 촛불에 모자이크가 빛난다고 써 보냈다. '우리가 지상에 있는지 천국에 있는지 모르겠다'는 말을 들은 황제는 정교회로 개종했고 이에 따라 온 러시아가 정교회를 믿게 됐다."[2]고 한다.

그 후 거의 천 년이 지난 후에도 러시아 사람들은 대부분 동방정교회의 한 종파인 러시아 정교회Russian Orthodox Church를 믿고 있었다. 러시아 정교회에서 부활절은 한 해의 가장 중요한 축일로 차르부터 가난한 소작농들까지 모두가 기념하는 날이었다. 사실 오늘날 서양에서 부활절 달걀을 주고받는 풍습은 러시아 정교회에서 시작됐다. 파베르제 달걀이 만들어지기 전에도 왕과 귀족들은 부활절에 보석 달걀을 주고받았다. 알렉산드르 3세가 대관식 전에 많은 보석 달걀을 받은 것도 이 전통 때문이었다. 서민들은 주로 마트료시카 인형처럼 달걀 안에 또 다른 달걀이 들어 있는 색을 입힌 목각 달걀을 주고받았다. 부활절 달걀 중에는 단순한 것도 있었지만, 대부분 파베르제 달걀처럼 받는 사람을 놀래기 위한 깜짝 선물이 안에 들어 있었다.

첫 번째 파베르제 달걀은 알렉산드르 3세가 아내 마리아 표도로브나에게 선물로 주기 위해 주문 제작했다. 독재자였던 남편과 달리 아름답고 매력적이었던 황후 마리아 표도로브나는 남편과 대중 모두에게 사랑받았다. 황후는 전형적인 인기 정치인은 아니었지만, 자신을 사랑해주는 대중을 좋아했고 기회가 있을 때마다 자신의 사랑을 내보였다. 마리아 표도로브나는 주목받는 것과 파티, 그리고 특히 보석을 사랑했고 첫 번째 파베르제 부활절 달걀을 선물받는 영예를 안았다. 무뚝뚝하고 음울한 차르가 반짝반짝 빛나는 명랑한 아내를 기쁘게 해주려고 주문 제작하기 시작한 파베르제 달걀은 그 후 33년 동안 전통처럼 이어졌고 역사가 존 앤드루John Andrew가 "주문 제작 예술이 남긴 마지막 대작"이라고 평가한 52개의 작품을 남겼다.[3]

알렉산드르 3세가 죽고 난 이후에도 아들 니콜라이 2세가 이 전통을 이어받아 어머니와 아내 알렉산드라에게 매년 파베르제 부활절 달걀을 선물했다. 러시아에서 부활절 달걀은 종교적, 사회적 상징성을 지닌 오래된 전통이었지만, 러시아 정교회의 부활절 달걀을 재해석해서 예술 수준까지 끌어올린 작품은 알렉산드르 3세와 니콜라이 2세가 주문한 52개의 왕실 부활절 달걀뿐이었다.

장인

파베르제 달걀은 우열을 가릴 수 없을 만큼 모두 아름답지만, 가장 뛰어난 작품은 역시 '모자이크 달걀'이다. 꽤 커다란 이 달걀은 멀리서 보면 마치 반짝이는 십자수 작품처럼 보인다. 하지만 가까이 들여다보면 벌집처럼 복잡하고 섬세한 백금 격자가 드러난다.

달걀의 틀은 백금 격자판 여러 개를 이어 붙여 만들었는데 경계선마다 다이아몬드나 진주가 박힌 둥근 띠를 둘렀다. 백금 격자의 구멍은 십자수를 놓듯 색색의 보석으로 채워 소용돌이나 꽃 모양을 표현했는데 이에 사용된 보석을 전부 합하면 약 100캐럿에 달한다. 일부 격자는 빈 채로 둬 마치 자수를 놓고 있는 것처럼 보인다.

달걀에 쓰인 보석들은 텐션tension 세팅으로 세공돼 있는데 이 기술은 후대에 전수되지 않아 사라졌다가 수십 년 후에 반클리프 앤 아펠Van Cleef & Arpels이 이른바 인비저블 세팅invisible setting 기술을 완성하면서 다시 세상에 선보였다. 정교한 세공과 디자인을 뽐내는 이 놀라운 작품은 역사상 유례를 찾아보기 힘든 여러 분야 간 협력을 통해 탄생했다.

파베르제Fabergé라는 성은 '물건을 만드는 사람'이라는 뜻의 라틴어 파베르faber에서 왔다. 보석 세공인의 아들로 태어난 칼 파베르제 Carl Fabergé는 가족이 프랑스에서 러시아로 이주한 이후부터 아버지의 사업을 물려받았다. 파베르제는 아버지의 사업을 확장했을 뿐 아니라 보석을 예술작품 수준으로 끌어올렸고 당시 세계 유일의 현대식 작업장을 만들어 운영했다. 파베르제는 곧 보석 디자인 업계의 선구자가 됐다. 파베르제는 "그저 다이아몬드와 진주를 많이 박아 비싼 물건에는 별로 흥미가 없다"고 말했다.[4] 파베르제의 이런 생각은 예술품에 금과 보석이 얼마나 들어갔는지만 따지던 제정러시아의 기준에서뿐만 아니라, 빈 공방Wiener Werkstätte, 아르데코Art Deco, 미술공예 운동industrial arts movements 등이 일어나기 전인 당시 국제 기준으로 봐도 매우 파격적인 생각이었다.

파베르제는 제품을 많이 만들었다. 파베르제라고 하면 흔히 달걀만 떠올리곤 하지만, 그는 매우 다양한 제품을 제작했다. 파베르제 공방은 보석이나 미술 작품은 물론 단순한 담뱃갑이나 액자까지 온갖 물건을 만들었다. 한때 러시아에서는 외교적인 선물이든 연인에게 줄 선물이든 그저 잘 보이기 위한 선물이든 간에 '파베르제에서 만든 물건'[5]이어야만 진짜 좋은 선물로 여겼을 정도다.

파베르제는 독창적인 천재였을 뿐만 아니라 훌륭한 사업가이기도 했으며 동시에 천재나 훌륭한 사업가만큼이나 보기 힘든 인물인 좋은 상사이기도 했다. 파베르제의 공방에서 일하던 수백 명의 직원은 모두 잘 훈련받았으며 자신이 한 일에 대해 가치를 충분히 인정받았고 높은 보수를 받았다. 파베르제는 특수한 기능을 지닌 개개인이 한 작업 감독 밑에서 한 작품을 공동으로 만드는 반독립적 공방 형식으로 회사를 운영했다. 각 작업 감독이 직속 관리자에게 보고하면 이 관리자가 또 그 위의 직속 관리자에게 보고하는 피라미드식 조직 체계를 따라 최종적으로는 파베르제에게까지 작업보고가 전달됐다. 파베르제의 공방은 놀라우리만치 현대적인 작업 방식을 적용함으로써 예술적, 기술적, 사업적 혁명의 장이 됐다. 파베르제에 대해 남아 있는 여러 기록을 보면 왕실의 부활절 달걀은 예외였지만 파베르제가 대개 상품을 만들기 전에 먼저 비용 효율성부터 따져봤

다는 사실을 알 수 있다. 회사의 순이익률을 너무 벗어나는 디자인
은 반려하거나 바꾸기도 했다.

전기 작가 토비 파베르(Toby Faber: 아쉽게도 그는 파베르제와 혈연관계가
아니다.)는 파베르제가 좋은 고용주의 본보기 같은 사람이었다고 말
한다. "파베르제는 기획하고 재료를 조달하고 완성된 제품을 홍보했
다. 그의 사업 방식은 무척 유연해서 나중에 회사가 커진 후에도 잘
맞았다."6) 파베르제의 사업은 계속 성장했다. 그는 세계에서 가장 호
화로운 러시아 왕가에게 가장 사랑받는 보석 세공인이었고 부활절
달걀로 역사에 이름을 남긴 예술가였을 뿐만 아니라 러시아와 유럽
전역에 지사를 두고 다양한 인력을 채용하는 대규모 사업체의 수장
이었으며 보석 기술에서 중요한 혁신을 이뤄낸 혁신가이기도 했다.

파베르제가 고안한 여러 혁신적인 기술 가운데 일부는 '아직도'
재현할 수 없다. 파베르제는 나라 반대편까지 가서라도 화학자, 금세
공인, 보석 세팅 기술자, 조각가, 세밀 화가 등의 인재를 데려와 채용
했다. 프랑스 최고의 보석 제작자가 단순한 네 가지 금(황색, 백색, 녹황
색, 오렌지 빛을 띤 동색)밖에 만들지 못하던 시기에 파베르제의 공방은
붉은색, 회색, 보라색, 라일락색은 물론 심지어 '파란색' 금까지 만들
어낼 수 있었다.

에나멜 세공술에서도 파베르제에 비견할 만한 기술자가 아직 나
타나지 않았음은 물론이고 그가 어떤 기법을 썼는지조차 잘 파악되
지 않고 있다. 몇 가지 단순한 색깔의 에나멜만 만들 수 있었던 동시
대 다른 보석 제작자들과 달리, 파베르제는 진분홍색부터 선명한 보
라색, 은은한 오팔 빛까지 다른 곳에서 보기 힘든 150가지 색깔의
에나멜 공예품을 만들었다. 파베르제는 프랑스의 길로슈guilloché 에

나멜 기법을 받아들여 아름답고 뛰어난 섬세한 질감을 내는 기술로 작품을 완성했다. 길로슈 기법은 고운 유릿가루를 녹여 금에 붙이기 전에 표면에 문양을 그리거나 새겨 넣는 기법인데 파베르제가 사용했던 길로슈 기법은 아직도 재현할 수 없다.[7]

파베르는 "파베르제의 진짜 천재성은 다른 사람의 창의성과 재능을 끌어내는 능력에 있었다."[8]라고 썼다. 아무리 파베르제의 능력이 뛰어났다 해도 다양하고 정교한 제품을 대량으로 생산하던 파베르제의 공방이 온통 행복한 기술자들로 채워져 있었다는 사실은 역시 놀랍다. 파베르제는 작품에 기여한 사람에게 공을 돌리는 데도 인색하지 않았다. 모자이크 달걀과 겨울 달걀은 원래 파베르제 공방에서 일하던 공예 장인의 딸, 앨마 필Alma Pihl이 고안하고 디자인한 작품이었다. 파베르제는 앨마의 기여를 비밀에 부치지 않고 사람들 앞에서 그의 작업을 칭찬하고 더 중요한 작업도 맡겼다.[9]

수백 명 규모의 직원과 멀리 런던에까지 지사를 둔 다국적 대기업의 수장 파베르제는 분명 자본가이긴 했지만, 러시아 안에서뿐만 아니라 동시대의 어떤 사업가와 비교해도 오늘날 우리가 말하는 '사회주의자'에 가장 가까운 인물이었다. 파베르제는 직원의 공로를 인정하고 이윤을 함께 나누며 노동자의 건강과 복지에 신경 쓰는 완전히 새로운 사업방식을 도입했다. 마르크스가 역사는 첫 번째는 비극으로 두 번째는 희극으로 반복된다 말하긴 했지만, 볼셰비키 혁명 때 파베르제 같은 인물이 망명해야만 했고 수십 년 후에 파베르제의 명성과 파베르제가 만든 달걀이 자신을 쫓아낸 탄압적 정권에 자금을 대는 데 요긴하게 쓰였다는 사실은 매우 아이러니하다.

파베르제는 위대한 예술가였을 뿐만 아니라 사회경제적으로도 시대를 앞서간 위대한 사업가였다. 그는 이상적 사회주의와 실용적 자본주의의 장점을 매우 효과적인 방식으로 융합한 사람이었다. 그리고 덕분에 모두가 잘살게 됐다.

혁명에서 살아남은 왕실 달걀

'꽃바구니 달걀'은 이름에서 떠올릴 수 있는 모습 그대로 생겼다. 푸른 에나멜 받침 위에 놓인 달걀의 바탕은 단순한 흰색인데 바구니처럼 위가 트여 있고 커다란 손잡이가 달려 있어서 마치 꽃바구니가 서 있는 것처럼 보인다. 다이아몬드를 이어 만든 그물 무늬가 달걀 전체를 감싸고 있어서 달걀이 마치 고리버들로 엮어 만든 바구니 같다. 달걀 바구니 위로 보이는 커다란 꽃다발도 달걀만큼이나 크다. 파베르제의 특기를 살려 만든 마치 살아 있는 듯한 정교한 봄꽃들이 달걀 바구니를 화병 삼아 꽂혀 있다. 진짜 꽃의 색깔과 질감을 살려 만든 여러 종류의 에나멜 공예 꽃으로 만들어진 이 부활절 꽃다발은 깜박 속아 넘어갈 수도 있을 만큼 진짜 같다.

　사람들은 대개 파베르제의 작품을 로마노프 왕가 시절의 사치스러운 퇴폐미와 연결지을 뿐 그의 작품이 얼마나 시대를 앞서간 예술인지는 잘 인지하지 못한다. 특히 52점의 왕실 부활절 달걀은 주로 화려함으로 유명하지만, 기술 면에서 파베르제의 천재성을 가장 잘 드러내주는 작품이기도 하다. 달걀 한 점 한 점의 주제와 예술 양식이 모두 다른 데다 달걀 속에 숨겨져 있는 보석 장식물의 수준도 달걀 자체의 세공 수준을 뛰어넘을 만큼 훌륭한 것이 많다.

니콜라이 2세와 러시아 왕족들은 그저 허영심과 탐욕, 소유욕 때문에 파베르제의 작품을 모았겠지만, 어쩌다 보니 좋은 예술작품을 남겨 사회에 공헌한 꼴이 됐다. 파베르제가 왕실을 위해 만든 대표적인 예술작품과 공예품은 레닌이 부자의 물건을 잡히는 대로 훔치거나 부수라고 부추기며 '약탈자들을 약탈하라'는 구호를 들고 나오는 바람에 볼셰비키 혁명 당시 많이 파괴됐다. 새로 수립된 공산당 정부는 광적으로 자산을 현금화하려 노력했고 귀금속을 해체하거나 녹여 출처를 감춘 채, 편의상 다이아몬드는 다이아몬드끼리 금은 금끼리 모아 한꺼번에 다른 서양 세계로 팔아댔다.

하지만 다른 사람도 아니고 레닌이 가져간 52점의 왕실 달걀은 무사했다. 왜였을까? 이른바 러시아혁명이라 불리는 레닌의 혁명은 제1차 세계 대전을 감당하기 힘들어진 독일 정부가 획책하고 지원한 사건이었다. 미국 또한 혁명 초기부터 발을 담그고 있었으며 독일처럼 직접적으로 지원하지는 않았지만 분명 혁명을 묵인했고 나중엔 자금을 대주기까지 했다.

미국의 여러 자본주의 영웅도 다양한 방식으로 소비에트 공화국 초기의 건립 자금을 댔다. 이들 중에는 반공주의를 앞장서서 이끌던 헨리 포드Henry Ford, 전 재무장관 앤드루 멜론Andrew Mellon, 언론 거물 맬컴 포브스Malcolm Forbes 등도 있었다.♦ 이들은 대부분 또 다른 미국인 사업가인 아먼드 해머Armand Hammer에게 터무니없이 높은 가격으로 러시아 보물을 사들여 소련에 필요한 자금을 지원했다.

미국의 유명한 자본가 해머는 평생 공산주의 동조자였으며 소련 정부가 약탈한 보물과 귀중품을 미국에서 팔아 얻은 수익금을 소비에트 연방으로 송금하는 중개상으로 활동했다. 해머는 주로 미국 대중에게 파베르제 달걀의 '이미지'와 파베르제 달걀에 얽힌 감성을 팔아 돈을 마련했다. 해머와 스탈린, 파베르제 달걀에 관한 이야기는 가진 자와 갖지 못한 자, 공산주의와 자본주의, 친구와 적, 낡은 질서와 새로운 사고, 진짜 모습과 겉모습 사이의 뚜렷한 대비를 보여준다.

로마노프 왕가의 몰락

'1913년 로마노프 300주년 달걀'은 로마노프 왕가의 통치 300주년을 기념하기 위해 만든 것답게 제왕의 모습을 연상시키는 호화로운 달걀이다. 왕을 상징하는 붉은색과 금, 상징물로 뒤덮인 밑받침 위에 놓인, 로마노프 왕가를 상징하는 머리가 두 개 달린 커다란 금빛 독수리가 날개로 달걀을 받치고 있다. 승리를 상징하듯 날개를 위로 활짝 들어 올리고 발톱에 홀(왕이 지니는 봉 모양의 물건)과 칼을 꽉 움켜쥔 이 독수리는 경외심을 불러일으키는 동시에 달걀에 안정적인 지지대 역할을 한다. 겹겹이 쌓인 흰 에나멜 아래 깔린 금이 은은하게 비치는 이 달걀은 주 모티프인 로마노프 왕들을 그려 넣은 열여덟 점의 세밀하고 완벽한 초상화로 빼곡히 장식돼 있다. 둘레를 장미 커팅 된 다이아몬드로 장식한(이 다이아몬드를 모두 합치면 1,100개가 넘는다.) 상아로 된 원형 초상화들은 상감 세공된 여러 금 독수리, 왕관,

♦ 고의적이었던 사람도 있었고 의도하지는 않았던 사람도 있었다. 일부는 알면서 모르는 체하기도 했다. 재부상관 앤드루 멜론은 뉴욕에서 1630년대 낭시 가지로 6백6십만 날러나 되는 러시아 장물들을 사들였다. 대금은 거래 당일 소련 측 계좌로 입금되었고 멜론은 이를 기부금으로 신고해 세금 공제를 받았다.

화관과 함께 달걀에 붙어 있다.

달걀 꼭대기에는 연도를 나타내는 1613, 1913이라는 숫자와 함께 커다란 다이아몬드가 박혀 있다. 달걀의 윗부분은 보석함 뚜껑처럼 열리는데 이 부분을 뒤로 젖히면 강철과 여러 빛깔의 금, 푸른 에나멜로 만든 빙글빙글 도는 지구본이 드러난다. 지구본의 한 면은 로마노프 왕가의 첫 차르가 통치하던 1613년 러시아 제국의 모습을, 반대 면은 이보다 더 확장된 러시아 제국의 마지막 황제, 니콜라이 2세가 통치하던 1913년의 러시아 제국의 모습을 보여준다.

니콜라이 2세는 로마노프 왕조의 비극적인 '마지막' 차르로 유명하다. 하지만 로마노프 왕조가 몰락할 징조는 적어도 그보다 몇 세대 전, 아니 어쩌면 그보다 더 전부터 나타나기 시작했다.

니콜라이 2세의 할아버지 알렉산드르 2세는 현명한 사람이었고 성실한 지도자였다. 알렉산드르 2세는 절대 권력을 행사하는 차르치고는 진보 혁신가로서의 성향이 짙었다. 알렉산드르 2세가 왕위에 있는 동안 러시아 국민은 불행했고 특히 통치 말기로 갈수록 상황이 더 나빠졌다. 어떤 사람들은 러시아 사람들이야 언제나 불행해하는 사람들이 아니냐고 말할 수도 있겠지만, 이때는 러시아 정부에 원인이 있었다고 생각하자. 실제로 알렉산드르 2세 자신은 분명 그렇게 생각했던 것 같다. 알렉산드르 2세는 20년이 넘는 기간 동안 러시아를 현대화하기 위해 열심히 노력했다. 그는 군사, 사법, 교육 제도를 연이어 혁신했다. 심지어 구닥다리 검열법을 개정하기도 했다.(국민에게 자신을 웃음거리로 만들어도 된다고 말하는 행동은 엄청난 신뢰의 표현이다.) 1861년에는 러시아의 모든 농노를 신분의 구속과 경제적 노예 상태에서 해방했고 이 덕분에 훗날 '해방왕'으로 불리게 된다.

늦었지만, 하지 않는 것보다는 나은 개혁이었다. 살해되던 날 아침에 알렉산드르 2세는 국민 투표로 뽑힌 의회의 소집을 허락하는 문서에 흔쾌히 서명을 마쳤다. 혁신적인 행보처럼 들릴지도 모르겠지만, 너무 대단하다고 생각하지는 말자. 당시는 이미 20세기가 시작되려 하고 있었고 다른 나라에서 입헌군주제가 일반적인 정치 형태로 자리 잡은 지 이미 수 세기가 지난 후였다. 그저 러시아가 무척 시대에 뒤처진 나라였을 뿐이었다. 어쨌든 알렉산드르 2세는 러시아를 발전시키기 위해 끊임없이 노력했다.

하지만 알렉산드르 2세의 이런 노력은 아무 소득 없이 끝났다. 의회를 구성하라는 왕명이 언론사에 하달되고 있을 때쯤 인민의 의지파Narodnaya Volya의 일원이라 밝힌 한 인물이 겨울 궁전으로 돌아가던 차르의 마차 아래로 폭탄을 던졌다. 물론 러시아 역사에 이상한 사건이 한두 가지는 아니지만, 허무주의자들이 어떻게 '진정한' 허무주의를 외치면서 조직을 만들고 심지어 혁명을 이끌 수 있었던 건지 황당하다. 어쨌든 인민의 의지파는 진보를 향해 나아가려면 먼저 모든 것을 부수는 수밖에 없다고 믿었다. 그래서 해방왕 알렉산드르 2세는 좋은 사람이든 나쁜 사람이든 없어져야만 하는 인물이었다.

알렉산드르 2세의 마차 밑으로 굴러간 첫 번째 폭탄은 차르에게 상해를 입히지 못했다. 차르가 목숨을 부지했음을 신께 감사드리며 체포된 허무주의자를 심문하고 질책하기 위해 마차 밖으로 나왔을 때, 마치 신에게 감사드리긴 아직 이르다는 듯 또 다른 암살범이 차르의 발 바로 옆에 폭탄을 하나 더 던졌다. 알렉산드르 2세는 이 폭탄에 죽었다.

1881년 부활절을 앞두고 알렉산드르 2세의 아들 알렉산드르 3

세가 왕위를 물려받았다. 설혹 알렉산드르 3세가 현대적이고 진보적인 아버지를 보고 배우려고 했다 해도 폭탄에 의해 다리와 내장이 날아간 채 죽은 아버지를 보는 순간 개혁을 하려는 의지가 사라질 수밖에 없었을 것이다. 알렉산드르 3세가 차르로서 첫 번째로 수행한 공식 업무는 투표로 선출한 의회를 구성하라는 아버지의 명을 취소하는 일이었다. 그 후 냉혹한 차르 알렉산드르 3세는 다른 누구의 의견도 반영하거나 용납하지 않았으며 특히 '국민'의 의견을 하찮게 여기는 완벽한 독재자의 모습을 보였다. 이런 통치 방식은 강한 독재자의 전형이었던 알렉산드르 3세에게는 잘 맞았다. 하지만 불행히도 알렉산드르 3세의 아들 니콜라이 2세는 독재를 할 만한 성격이 아니었다.

니콜라이 2세는 아버지처럼 강인한 독재자도 아니었고 할아버지처럼 개혁가도 아니었다. 그는 그저 의욕 없고 게으른 사람일 뿐이었다. 아버지인 알렉산드르 3세도 아들을 낮게 평가해서 나라 운영에 니콜라이 2세를 참여시키려고 노력하지 않았다. 결국 니콜라이 2세는 나라를 어떻게 통치해야 하는지 전혀 알지 못한 채로 차르가 됐다. 어쩌면 알렉산드르 3세는 평소 불가능해 보이는 일을 명령하던 버릇대로 자신이 영원히 살 수 있도록 명령할 수도 있을 거라고 믿었을지도 모른다. 만일 그랬다면 비교적 젊은 마흔아홉 살에 갑자기 병상에 누워 죽음을 맞이하게 됐을 때 큰 충격을 받았을 것 같다. 아버지가 돌아가셨을 때 니콜라이 2세는 스물여섯 살의 준비되지 않은 소심한 왕이었다. 자신도 이를 알고 있었는지 아버지가 돌아가실 때 "대체 나와 러시아에 어떤 일이 일어나고 있는 거요? 난 차르가 될 준비가 되지 않았소. 되고 싶었던 적도 없소. 난 나라를 다스리는 일에 대해선 아무것도 모르오."라고 말했다.[10]

불행히도 이 게으른 아들은 가까운 참모들에게 도움을 받거나 자신에게 잘 맞는 다른 통치 형태를 찾는 대신 죽은 아버지의 옷을 입고 독재자 행세를 하려 들었다. 1895년 니콜라이 2세는 훗날 유명해진 이 말을 시작으로 통치를 시작했다. "짐이 잊지 못할 돌아가신 아버지만큼 단호하고 확고하게 전제정치의 원칙을 유지할 것임을 모든 이들에게 알리라."[11]

여러모로 좋지 않은 결정이었다. 나중에 밝혀졌듯 독재자보다 더 나쁜 지도자는 결정을 못 내리는 지도자다. 독재는 끔찍하긴 하지만, 적어도 어떤 목표라도 있다. 황후 자리에 오른 아름답지만, 사회성 없는 니콜라이 2세의 아내는 사람들을 멀리하고 자식만 돌봤으며 과부가 된 아직 젊은 어머니는 계속 무도회를 열고 돈을 썼다. 그러는 동안 니콜라이 2세는 아무 일도 하지 않았다. 그는 아내를 사랑했고 가족과 사적인 시간을 많이 가졌으며 어머니와 마찬가지로 언제나 화려하게 차려입는 행사를 좋아했다. 니콜라이 2세는 군 통솔권자라는 지위를 마음에 들어 했는데 성대하고 호화로운 군사 예식 때문이었다. 하지만 국가 지도자로서 니콜라이 2세는 '거의 아무 일도' 하지 않았다. 게다가 어쩔 수 없이 떠밀려 결정해야 하는 상황이 와도 연이어 잘못된 결정만 내렸다.

당시 장관이던 세르게이 비테Sergei Witte는 이렇게 말했다. "차르가 불쌍하다. 러시아도 불쌍하다. 차르는 불쌍하고 불행한 군주다. 무엇을 후손에게 물려주고 어떤 유산을 남기게 될 것인가? 차르는 분명 성품이 좋고 똑똑한 사람이지만, 의지가 부족하며 이런 성격 탓에 도피하려는 경향이 심해지고 있다. 이는 통치자로서, 특히 전제군주로서는 엄청난 결함이다." 비테의 말이 옳았다. 니콜라이 2세는 나쁜 사람은 아니었지만 그렇다고 좋은 사람도 아니었으며 그의 통치 기간은 무능, 고집, 불가피함이 합쳐진 끔찍한 기간으로 기록됐다.

또 다른 피의 일요일

1897년 제작 당시 '대관식 달걀'은 파베르제가 만든 달걀 가운데 가장 크고 복잡하고 사치스럽고 도전적인 달걀이었다. 별빛이 뻗어나가는 듯한 문양이 새겨진 달걀의 금색 표면은 아주 얇고 섬세한 빛나는 황금빛 에나멜로 뒤덮여 있다. 금으로 만든 월계수 모양의 띠를 십자형으로 엮어 만든 그물이 달걀의 빛나는 표면을 덮고 있는데 금띠가 교차하는 부분마다 중앙에 다이아몬드를 박은 왕가를 상징하는 작은 독수리가 붙어 있다.

해바라기처럼 노란 달걀의 외관은 이 달걀을 받을 알렉산드라 황후가 대관식에서 입을 옷과 한 쌍으로 만들어졌다. 벨벳으로 안을 댄 달걀 속에는 황후의 18세기식 마차를 완벽히 본 딴 길이 10센티미터 정도의 장식품이 들어 있다. 이 마차는 현재까지 만들어진 것 가운데 가장 뛰어난 에나멜 세공작품으로 꼽힌다. 다이아몬드 왕관과 크리스털 창문을 자랑하는 황금, 백금, 에나멜로 만들어진 이 마차는 C자형 충격 흡수 장치와 접히는 계단 같은 세부 부품까지 달려 있다. 마차 안에는 또 다른 깜짝 선물인 보석 펜던트가 들어 있었다.

새로운 시대가 시작됐음을 알린 니콜라이 2세와 알렉산드라 황후의 대관식과 마찬가지로 대관식 달걀은 파베르제와 러시아의 새로운 시대를 알렸다. 이 달걀은 파베르제가 역사에 남을 위대한 예술가이자 공예가로서 올라서기 시작했음을 알리는 작품이자 로마노프 왕가의 제정러시아가 막을 내리고 있음을 알리는 작품이었다.

니콜라이 2세와 알렉산드라 황후의 대관식은 10년에 한 번, 아니 한 세기에 한 번 열리는 초청 행사였다. 유럽에서 가장 사치스러운 왕가가 치르는 평생 한 번뿐인 운명의 대관식은 모두의 주목을 받았다. 전 세계의 눈이 모스크바로 쏠렸다. 유럽의 거의 모든 왕족이 참석한 이 대관식은 각종 행사, 파티, 무도회로 이어지며 2주 동안 계속됐다. 전 세계에서 모인 7,000명의 유명인사가 초청인 명단에 이름을 올렸다. 공개 행사의 규모는 더 엄청났다.

2주간의 축하 기간 가운데 넷째 날, 전통에 따라 평민들을 위한 축하 피로연이 호딘카Khodynka 들판에 설치된 임시 행사장에서 열렸다. 예상했던 수보다 훨씬 더 많은 오십 만여 명이 들판에 모여들었다. 사람들은 평소보다 들뜬 기분으로 도착했다. 다들 공짜 맥주와 음식을 얻어먹고 특히 기념품으로 나눠주는 저렴한 컵을 얻어갈 생각에 부풀어 있었다. 물론 파베르제의 공방에서 만든 컵은 아니지만, 새 차르에 들뜬 가난한 러시아 국민들은 거친 에나멜 세공이 된 대량생산 금속 컵에도 파베르제 도장이 찍혀 있을지 모른다고 생각했다. 꼭 파베르제 컵이 아니더라도 행사에 참여하면 손자들에게 들려줄 만한 이야깃거리 하나는 얻어갈 수 있을 터였다.

불행히도 모인 사람들 가운데 일부는 아예 집에 돌아가지 못했다. 피로연이 시작되기 전날 밤, 사람들 사이에서 기념품 컵의 수량이 충분치 않아 다 나눠주기에 모자랄 것 같다는 소문이 돌았다. 불안이 커지자 군중은 보물 같은 컵을 놓칠지도 모른다는 두려움에 모두 좁은 들판 안으로 모여들었다. 새벽 무렵 아수라장이 된 들판에서 수많은 사람이 압사당하고 짓밟히고 아무도 메워둘 생각을 하지 못했던 깊은 참호 구덩이에 머리를 박고 죽었다. 새로운 차르가 군중을 통제하기 위해 카자크족을 고용하면서 사태는 더 심각해졌다. 롤링스톤스 공연장에서 관중을 살해한 사건으로 유명한 헬스엔젤(Hells Angels: 오토바이 동호회로 당시 보안요원 역할을 했다_옮긴이)처럼 카자크족들은 참석자들을 죽이기 시작했다. 당시 목숨을 잃은 수천 명 가운데 대부분은 압사당하거나 밟혀 죽은 사람들이었다. 하지만 더는 군중을 통솔할 수 없는 상태가 되자 두려움에 질린 카자크족이 쏜 총에 맞아 죽은 사람도 있었다. 즐거웠어야 할 축하연은 시작하기도 전에 대학살극으로 변했다.

악단은 연주를 시작하는데

'회전식 모형 달걀'은 본명이 독일의 알릭스 폰 헤세-다름슈타트 공주인 알렉산드라 황후를 위해 제작됐다. 약 25센티미터 높이인 달걀의 겉면은 속이 텅 빈 투명한 크리스털이다. 반으로 열리는 부분에는 두 조각을 하나로 모으는 역할을 하는 얇은 다이아몬드 띠가 둘려 있다. 이 달걀은 화려한 황금색 에나멜과 광을 낸 크리스털 받침대 위에서 우아하게 균형을 이루며 서 있다.

달걀 안에 든 선물은 마치 허공에 떠 있는 것처럼 보이는 상아로 만든 책이다. 책장마다 테두리에 정교한 금띠가 둘려 있고 새 황후가 그때까지 머물렀던 많은 유럽의 궁전들이 색색의 아름다운 세밀화로 그려져 있다. 꼭대기에 놓인 크고 뾰족한 에메랄드를 눌러

돌리면 안에 있는 금 기둥을 중심으로 책이 열리면서 마치 여행기를 보듯 황후가 휴가를 즐기던 성과 궁전의 모습을 두 장씩 돌아가며 보여준다.

불안한 스물여섯 살 군주의 통치는 이런 상서롭지 못한 사건으로 시작됐다. 니콜라이는 시체가 다 치워지고 한참 후인 오전 10시 30분이 되어서야 이 비극을 통보받았다. 차르가 죽은 사람들을 살아 돌아오게 할 수는 없었지만, 국민과 참석자들은 차르가 신경 쓰는 척이라도 해주길 바랐다. 하지만 일부 대신의 현명치 못한 충고를 받아들인 차르는 그날 저녁 프랑스 대사관에서 열린 무도회에 예정대로 참석했다. 파베르가 말한 대로 "부상자들이 죽어가는 동안 춤을 춘" 셈이었다.[12] 차르는 수천 명의 시체를 못 본 척했을 뿐 아니라 더 심한 짓을 저질러버렸다. 참사 생존자들에게 이 일은 두고두고 잊히지 않았다. 충격과 비탄에 잠긴 행사 참석자들은 차르가 이런 학살극 따위로 베르사유에서 보낸 수천 송이 장미를 포기하고 계획을 취소하는 사람이 아닌 사실을 알아차렸다. 심지어 차르의 측근들조차 그의 행동에 충격받았고 많은 초청 인사가 차르의 냉담한 행동에 어리둥절해했다.

니콜라이 2세 부부의 인기는 대관식과 동시에 식어버렸다. 대관식 때 벌어진 참극은 차르 부부가 자격 없고 무능하고 냉담한 군주라는 사실을 드러냈고 이를 계기로 이들 부부에 대한 러시아 국민의 애정과 유럽 국가들의 호감은 사라져버렸다. 심지어 당시 러시아 주재 프랑스 대사였던 모리스 팔레올로그Maurice Paléologue는 이렇게 쓰기까지 했다. "내게는 지금 러시아 제국이 미치광이들에 의해 다스려지고 있다는 사실을 알릴 의무가 있다."[13] 시간이 지나면서 유럽의 친척들조차 점차 니콜라이 차르 부부와 거리를 두었다. 결국 이들 부부는 직계 가족과 종교에만 집착하기 시작했다. 그러면서 차르 부부는 점점 더 외국의 다른 왕가나 평범한 국민들에게서 멀어졌다.

대관식은 로마노프 왕가가 다른 러시아 국민들과 얼마나 극심하게 분리돼 있는지 보여준 많은 사건 가운데 하나일 뿐이었지만, 불운의 황제 니콜라이 2세에 대한 냉랭한 분위기를 조성하기엔 충분했다. 유약한 차르가 원래 무도회 참석을 취소하려 했다거나 황후가 참사 소식에 너무 놀란 나머지 아이까지 유산했다는 사실은 중요치 않았다. 언제나 그렇듯 사람들의 인식이 모든 것을 결정했다. 차르와 황후는 중대한 순간에 나쁜 군주가 보일 수 있는 모든 모습을 보이며 사람들에게 좋지 않은 인식을 심었다.

대관식 참사는 러시아 궁전에 머무른 7,000명의 화려한 삶과 러시아 공장 노동자와 농노들의 삶 사이에, 보석 달걀과 행사에서 나눠주는 싸구려 주석잔 사이보다 더 커다란 간극이 존재함을 드러내준 상징적인 사건이었다.

쇼핑 테라피

'은방울꽃 달걀'은 파베르제가 그때까지 로마노프 왕가를 위해 만들었던 장엄한 작품과 다른 형태의 작품을 만들기 시작했음을 보여주는 달걀이다. 알렉산드라 황후를 위해 특별히 디자인된 이 달걀은 벨에포크(Belle Epoque: 제1차 세계 대전 발발 전의 평화와 번영의 시기_옮긴이) 시대의 걸작이다. 정교하게 조각된 금 달걀에 투명한 분홍 장미

색 에나멜을 씌워 안의 황금빛이 비치며 투명한 보석처럼 오팔 빛을 낸다. 자연스럽게 휘어진 금 위에 다이아몬드를 줄지어 박아 장식해 만든 네 다리가 달걀을 지탱하고 있다. 분홍색으로 빛나는 달걀 표면에는 초록색 금 이파리와 금과 다이아몬드를 달아 은방울꽃을 흉내 낸 진주 덤불이 덮여 있다.

이 달걀의 깜짝 선물은 열리지 않는다는 것이다. 대신 오른쪽 꽃봉오리를 돌리면 꼭대기에 있던 다이아몬드 왕관이 위로 올라오면서 황후의 남편과 두 딸을 그린 초상화 세 개가 등장한다.

이 달걀은 1900년 파리 만국박람회에서 크게 관심받기도 했지만, 특히 황후가 무척 마음에 들어 했다. 자연을 닮은 독특한 아르누보 양식이 눈에 띄는 이 달걀은 변덕스럽기로 유명한 알렉산드라 황후의 취향을 파악해 처음으로 그를 만족시킨 성공작이라는 데 가장 큰 의의가 있다.

사람들은 왜 쇼핑을 좋아할까? 단순하지만 중요한 질문이다. 파베르제의 달걀에 무슨 일이 일어났는지 이해하기 위해 꼭 풀어야 할 문제이기도 하다. 쇼핑은 우리를 행복하게 해주지 못한다. 우리의 직관에는 반하지만, 심리학적으로는 유명한 사실이다. 물건을 사서 행복해져봤자 몇 분을 못 넘긴다. 그 이후에는 행복감이 가시고 불안, 죄책감, 후회가 밀려오면서 오히려 기분이 나빠질 때도 많다.♦ 왜 이런 걸까? 왜 우리는 물건을 손에 넣으면 행복할 거라고 생각하지만, 막상 가지면 행복하지 않을까? 물건이 아니라면 무엇이 우릴 행복하

♦ 흔히 하는 말처럼 돈으로 행복을 살 순 없다. 내 어머니께서 언제나 강조하신 대로 '할부 지옥'을 만들 뿐이다.

게 만들까? 물건을 사는 이유는 우리가 돈을 쓰고 싶어 하기 때문이다. 실제로 우리는 소비를 사랑한다. 그렇다면 왜 우리의 뇌는 우리에게 도움도 안 되는 일을 하라고 부추기는 것일까?

생물학자들은 필요 이상으로 많은 물건을 가지려는 욕망이 생기는 이유가 우리가 필요 이상으로 많이 먹게 되는 이유와 같다고 말한다. 사람은 필요한 물건을 될 수 있는 한 많이 비축하게끔 만들어져 있다. 의식적으로든 무의식적으로든 사람들은 재화가 부족하고 얻기 힘들다고 생각한다. 집 바로 앞에 슈퍼마켓이 있는 오늘날, 수십 억 년 된 뇌가 전과 다름없이 될 수 있는 한 많이 먹어두라고 부추기면 우리는 비만이 된다. 마찬가지로 원하는 물건을 다 가질 수 있는데도 뇌가 가치 있는 물건은 될 수 있는 한 많이 모아두라고 부추긴다면 우리는 로마노프 왕가처럼 될 것이다.

그런데 물건이 우리를 행복하게 하지 못한다면 무엇이 우리를 행복하게 만들 수 있을까? 여러 최신 연구 결과에 따르면 행복을 돈으로 살 방법이 적어도 두 가지는 있다. 물건을 사면 짧은 시간 동안 행복해질 수 있지만, 이 행복은 빠르게 시들해진다. 반면 '경험'을 사면 조금 더 오래가는 행복을 살 수 있다. 《뉴런*Neuron*》[14]에 게재된 한 논문에는 사람이 무언가 살 때나 산다고 생각할 때 뇌 속에서 일어나는 현상을 비교한 연구가 실렸다. 놀랍게도 물건을 실제로 사는 행위와 산다고 상상하는 행위는 뇌에 미치는 영향이 똑같다.

원하는 물건을 손에 넣었을 때 우리 뇌의 쾌락 중추는 기분을 좋게 해주는 신경화학 물질(대개 도파민)을 잔뜩 내보낸다. 하지만 단순히 원하는 물건을 사려는 계획을 세우거나 산다는 상상만 해도 똑같은 일이 벌어진다. 반짝반짝 빛나는 새 물건을 구매하는 상상은 그 물건을 실제로 살 때와 사실상 똑같은 행복을 느끼게 해준다. 두 경우 모두 즐거운 기분은 그리 오래가지 않는다. 하지만 휴가나 콘서트 같은 직접 체험할 수 있는 경험, 그중에서도 특히 다른 사람과 함께 즐길 수 있는 경험에 돈을 쓰면 돈을 내고 산 그 순간을 떠올릴 때마다 이 짧은 행복감을 되살릴 수 있다.

어쩌면 파베르제가 만든 왕실 부활절 달걀 가운데 가장 사랑받았던 달걀들이 로마노프 왕가가 좋아하던 별궁의 건축일이나 황태자 탄생일 등 행복한 순간을 기념하는 달걀이었던 이유도 그래서였는지 모른다. 대관식 같은 왕실의 국가적 행사가 공개적으로 실패해 불편한 소재가 되고 니콜라이 2세와 알렉산드라 황후가 기념할 만한 정치적 또는 군사적 성취를 이뤄내지도 못하자 파베르제는 주문자의 내면을 들여다보기 시작했다. 파베르제는 황후의 사적인 취향을 알아내야만 했다. 황후가 가장 좋아하는 꽃이 은방울꽃이라거나 가장 좋아하는 색깔이 분홍 장밋빛이라는 등의 정보가 필요했다. 파베르제는 심지어 깜짝 선물에도 황후의 취향을 반영했다. 어느 순간 이후부터 파베르제는 황후의 달걀에 남편이나 아이들과 관련이 없는 선물은 숨기지 않았다. 시어머니와 달리 알렉산드라 황후는 가족 외에는 관심도 없었고 이뤄낸 일도 없었다.

단순히 비싼 물건은 금전적인 행복을 잠시 느끼게 해줄 뿐이다. 하지만 무형의 경험을 유형으로 만들어주는 물건인 기념품은 계속 되새길 수 있는 행복한 감정을 만들어낸다. 물건은 화학적 수준에서 실제로 우리를 기분 좋게 만들 수 있다. 특히 실제 사건을 기념하는 물건이라면 더 효과가 좋다. 앞서 말했다시피 물건을 꼭 손에 넣어야만 기분이 좋아지는 것은 아니다. 좋아하는 물건을 손에 넣을 수 있다는 '생각'만으로도 뇌의 생화학적 상태가 변한다. 그런데 물건을 떠올리기만 해도 우리의 기분이 바뀐다면, 물건에 따라 우리의 '태도'도 바뀔 수 있지 않을까? 뇌의 진화생물학은 악의 없는 부러움이나 악의적인 부러움 같은 우리의 태도를 형성하는 데 어떤 영향을 미칠까?

이 주제를 지위적 재화와 연관 지어 다룬 재미있는 실험이 하나 있다.[15] 연구자들은 실험 참가자들을 둘씩 짝 지웠다. 그리고 조별로 한 참가자에겐 커다란 다이아몬드를, 다른 참가자에겐 작은 다이아몬드를 준 다음 따로 불러 보석이 얼마나 마음에 드는지 물었다. 참가자들은 자신이 받은 보석에 대한 만족도를 수치 척도로 표시했다. 그다음, 짝이 가진 더 크거나 더 작은 다이아몬드를 보여주자 예상대로 참가자들의 평가 점수는 크게 달라졌다. 더 큰 다이아몬드를 받은 여성은 조금 전보다 훨씬 더 자신의 다이아몬드에 만족했고 더 작은 다이아몬드를 받은 여성은 갑자기 더 불행해졌다. 여기까지는 놀랍지 않다. 앞서 말했듯 지위적 재화의 가치는 대부분 경쟁과 비교를 통해 정해지기 때문이다. 그런데 필수재에 대해 이런 실험을 하면 어떤 일이 벌어질까?

이번에는 참가자들에게 다이아몬드 대신 목욕물을 주고 온도를 평가하도록 하여 같은 실험을 반복했다. 한 사람은 매우 따뜻한 물이 담긴 병을, 다른 사람은 미지근한 물이 담긴 병을 받았다. 얼핏 보면 앞서 한 실험과 같은 결과가 나올 것 같지만, 그렇지 않았다. 이 경우 실험 참가자들은 자신이 받은 병에 든 물 온도가 얼마나 만족스러운지 결정하기 위해 이를 다른 참가자와 비교할 필요가 없었다. 따뜻한 물을 받고 높은 점수를 준 여성은 짝의 물이 더 차갑다고 해서 점수를 더 높이지 않았다. 미지근한 물을 받고 별로 좋지 않은 점수를 준 여성 또한 짝이 더 따뜻한 물을 가지고 있다는 사실을 알고 나서도 점수를 바꾸지 않았다.

다이아몬드와 목욕물 연구는 명품이나 지위를 상징하는 물건은 지위적 재화지만 안락함을 주는 물건은 지위적 재화가 아니라는 사실을 알려준다는 면에서 중요하다. 내가 너무 춥거나 배가 고프다는 사실을 판단하기 위해 주변이 어떤지 고려할 필요는 없다. 이런 판단은 외부와 단절된 상태에서도 내릴 수 있다. 필수재의 경우 이웃의 상대적인 풍요로움이나 부족함이 자신의 상태를 판단하는 데 아무런 영향을 미치지 못한다.

훗날 반란을 일으킨 러시아 소작농들에게는 왕가가 가진 보석 달걀과 비교할 만한 물건이 없었다. 러시아 빈민들은 아예 가진 것이 거의 없었다. 해방왕 차르가 행한 미완의 개혁을 통해 자유를 얻긴 했지만, 대다수 농노는 수백 년 전과 다름없는 삶을 살고 있었다. 춥고 배고프다는 사실을 느끼기 위해 로마노프 왕가가 더 화려한 달걀을 가지고 있다는 사실을 알 필요는 없었다. 러시아 빈민들은 노동의 대가를 부당하게 착취하는 사람들을 벌주고 괴롭히길 바랐다기보다는 비지위적 재화인 필수재를 가지고 싶어 했을 뿐이었다. 반란이 극에 달했던 1917년 2월에조차 이들은 차르의 퇴위를 요구했을 뿐 차르가 죽기를 바라진 않았다.

하지만 같은 해 10월에는 러시아 전체가 불길에 휩싸였다. 무슨 일이 일어난 걸까?

신도시 폭발

'시베리아 횡단철도 달걀'은 동아시아와 서유럽을 잇는 시베리아 횡단철도의 완공을 기념하기 위해 제작됐다. 이 달걀은 층이 진 굽어 있는 삼각형 모양의 흰 오닉스 받침 위에 서 있다. 받침 위에 놓인 황금 그리핀(사자의 몸에 독수리의 머리와 날개를 지닌 신화적 동물_옮긴이) 세 마리가 칼과 방패를 들고 등과 날개로 달걀을 균형 있게 받치고 있다.

금으로 된 커다란 달걀에는 파란색과 녹색 에나멜이 씌워져 있고 중간에 넓은 은띠가 둘려 있다. 이 은띠에는 진귀한 보석을 박아 역과 도시의 위치를 표시한, 태평양에서 유럽에 이르는 시베리아 횡단 철도의 전체 노선도가 새겨져 있다. 맨 윗부분에는 로마노프 왕가를 상징하는 머리가 두 개 달린 독수리가 놓여 있는데 이 부분을 열면 벨벳 안감 속에 금과 백금으로 만든 약 30센티미터 길이의 완벽한 기차 모형이 들어 있다. 조명은 장미 커팅 다이아몬드와 루비로 표현했고 창문은 크리스털이다. 태엽으로 작동하는 이 모형은 수많은 사람의 목숨과 수백만 루블의 돈을 들여 만든 첫 러시아 횡단 열차를 완벽히 재현했다.

20세기 초, 세계 인구의 6분의 1이 살고 있던 대국 러시아는 빠르게 산업화했다. 공산화 이후 심어진 이미지와 반대로 당시 러시아는 부유한 나라였다. 상류층과 중산층은 모두 사치스러운 삶을 살았다. 귀족 계층과 귀족보다 더 잘살았던 부르주아 계층에게 경기는 '활황'이었다. 인력과 천연자원이 부족해질 걱정이 없는 러시아는 유럽과 아시아에서 가장 빠르게 경제가 성장한 나라였고 정치만 더 잘했더라면 아마 미국과 경제 순위를 두고 치열하게 경쟁했을 것이다.

훗날 국민이 정부에 불만을 품게 되는 주원인이 된 러시아 정부의 무계획적이고 무척 혼란스러운 현대화 시도에도 불구하고 활기 넘치는 도시가 여러 개 생겼다. 공장은 버섯처럼 빠르게 피어났다. 생각할 수 있는 모든 산업이 꽃폈다. 부는 늘어났다. 왕족만 부유해진 것도 아니었다. 중공업 발전과 동아시아와 서유럽을 잇는 시베리아 횡단철도 같은 여러 국책 사업, 파베르제 공방으로 대표되는 문화 르네상스로 인해 러시아는 성장 가도를 달렸다.

하지만 소작농들에게 러시아는 끔찍하게 살기 힘든 나라였다. 러시아의 눈부신 산업발전은 모두 매우 적은 임금을 받는 풍부한 노동력을 기반으로 하고 있었다. 해방왕 차르가 1861년 농노들을 해방한 뒤 계획했던 개혁을 거의 마치지 못하고 폭탄 테러로 희생되면서 평범한 소작농들은 농노였던 선조들과 그리 다르지 않은 삶을 살게 됐다. 말로만 자유를 얻었을 뿐 여전히 소작농들은 다른 사람의 땅에서 노예처럼 일했다. 러시아 경제가 발전하면서 소작농들은 더 나은 삶을 바라며 도시로 모여들어 공장에서 일자리를 구했다. 하지만 대다수 공장 노동자에게 상황은 전보다 더 나아지지 않았다. 불행하고 못 가진 사람들은 이제 자신들이 가질 수 없는 맛있고 멋지고 반짝이는 것들이 가득한 도시 한복판에 내던져졌다.

게다가 니콜라이 2세와 알렉산드라 황후에게는 이를 개혁할 계획이 전혀 없었다. 취임 후 시간이 지나면서 이들은 모든 일을 손에서 놓았다. 다섯째이자 막내아들이 태어났을 무렵 차르 부부는 대부분 은둔 생활로 시간을 보냈고 일을 할 때도 매우 잘못된 결정만 내렸다. 니콜라이 2세는 책임지는 일은 싫어했지만, 권력을 조금이라도 이양할 생각이 없었다. 황후도 도움이 안 됐다. 황후는 심지어 남편에게 "표트르 대제Pyotr I보다 더 전제적이고 폭군 이반Ivan IV보다 더 근엄한 왕이 되세요."라는 편지를 쓰기도 했다. 참 대단한 조언이다.

러시아의 경제와 산업이 꾸준히 성장하는 동안에도 대다수 국민은 구식 사회경제 체제에 눌려 힘겹게 버둥대고 있었고 이로 인해 혁명의 분위기가 만들어졌다. 미국과 다른 유럽 국가들이 20세기로 나아가는 와중에 러시아 사회와 정치는 수백 년 전이나 '사실상' 다를 바가 없었다. 러시아에는 진정한 지도자가 없었다. 차르는 국민과 점점 더 멀어지면서 손 닿지 않는 곳에서 절대 권력을 휘두르기만 했다. 마치 거대한 트럭을 조종하는 운전사가 도로 위에서 졸고 있는 꼴이었다. 이 트럭은 곧 다른 서양 세계와 정면으로 충돌하게 된다.

최선을 다하라

'철제 군대 달걀'은 완성된 러시아 왕실 부활절 달걀 가운데 마지막으로 만들어졌다. 검게 칠한 쇠로 만든 달걀에 반짝이는 상징 네 개를 붙이고 꼭대기에 작고 어두운색 왕관을 달아 최소한으로 장식했다. 달걀은 옥으로 된 어두운 초록색의 각진 판 위에 대포알 네 개를 수직으로 세워 만든 추상적인 받침 위에 놓여 있다.

이 달걀은 금으로 만들어지지도 않았고 비싼 보석이 쓰이지도 않았다. 하지만 철제 군대 달걀은 파베르제의 왕실 부활절 달걀들 가운데 예술성에서는 가장 특출난 작품이다. 산업 디자인이 가진 아름다움을 승격시키며 아르데코 운동을 떠올리게 하는 이 달걀은 10년 이상 시대를 앞선 작품이다. 아무래도 이 달걀의 주문자보다 이 달걀을 만든 사람이 1916년 러시아의 시대정신을 더 잘 이해하고 있었던 것 같다.

니콜라이 2세가 무기력한 독재를 하면서 저지른 수많은 실수 가운데 가장 큰 실수는 자신이 다스리는 러시아라는 나라의 성격과 분위기를 파악하지 못한 것이었다. 게다가 니콜라이 2세가 밀려오는 현대화의 물결에 맞서 질 게 뻔한 싸움을 벌이는 동안, 다른 유럽 국가들은 대규모 전쟁을 향해 전진하고 있었다.

1914년 6월 28일, 오스트리아의 프란츠 페르디난트Franz Ferdinand 대공이 보스니아계 세르비아인, 가브릴로 프린치프Gavrilo Princip에게 살해당했다. 이 사건 이후 60일 동안 여러 나라에서 잇달아 전쟁이 일어나면서 제1차 세계 대전이 시작됐다. 8월 1일, 독일과 오스트리아는 러시아에 전쟁을 선포했다. 니콜라이 2세의 미숙한 통치에도 불구하고 러시아는 여전히 크고 위협적인 적이었다. 그렇지만 독일이 러시아의 코를 납작하게 해주고 싶었던 이유는 순수하게 군사 전략적으로 필요해서만은 아니었다. 당시 러시아는 세계에서 가장 빠르게 성장하는 국가였으며 경제 산업 순위도 미국 바로 다음으로 세계 5위 내에 들었다. 러시아는 부국이었다. 러시아의 인력과 끝이 없어 보이는 천연자원 매장량도 다른 국가를 두렵게 했다. 당시 러시아는 오늘날의 중국과 같은 존재였다. 러시아는 너무 컸고 너무 열심히 일했고 천연자원이 넘쳐났다. 러시아는 멈출 수 없는 경제 기관차였다.[16] 세계는 러시아를 두려워했다.

누구라도 시작부터 '450만' 병력을 내건 러시아가 무조건 '대전'에서 이길 수밖에 없다고 생각했을 것이다. 차르와 러시아의 장군들도 한 달, 혹은 두 달 내로 빠르게 승리를 거둘 수 있으리라고 생각했다. 하지만 이들은 제1차 세계 대전이 첫 번째 세계대전일 뿐만 아니라 첫 번째 '현대' 전쟁이라는 사실을 간과하는 오류를 범했다. 러시아는 빠르게 산업화했지만, 아직 현대 국가와는 거리가 멀었다. 하층민의 노동력을 기반으로 산업과 상업이 전속력으로 발전하고 있었지만, 경제성장이 시작된 지 얼마 안 된 상태였으므로 20세기형 전쟁을 치르는 데 필요한 기반 시설이 하나도 갖춰져 있지 않았다. 무기, 탄약, 기계는 물론 많은 병력을 실어 나르는 데 필요한 수송 설비조차 없었다. 반면 독일은 현대식 사령부와 발전된 무기를 보유하고 있었고 특히 아무 문제 없이 대륙을 가로질러 병력을 수송할 수 있는 능력을 갖추고 있었다. 하지만 전쟁 직전에야 겨우 시베리아 횡단철도 완공을 마친 러시아는 국경에 있는 병사를 먹이고 보살피는 일은 둘째 치고 자국 국경에 병사를 다 세워두지도 못할 지경이었다.

보석 세공인도 징집을 피할 순 없었다. 전 인구의 약 10퍼센트나 되는 수백만 명의 남성이 러시아 제국군으로 징집됐다. 파베르제의 공방은 더는 재능 있고 특별한 장인을 모아 보석을 만들 수 없었다. 파베르제는 에나멜 세공인, 다이아몬드 세팅 기술자, 시계공이 부족해지자 보석 대신 군사물자와 군용품을 만들었다. 상트페테르부르크에 있던 본사 공장에서는 유리, 금속 주사기, 충격파관, 기폭장치 등 섬세한 전쟁용품을 만들었다. 전에는 브로치나 담뱃갑을 주로 만들던 모스크바 지사의 대형 공장에서는 수류탄과 총알을 만들어 공급했다.

병사 수는 많았지만, 체계를 갖추지 못한 전투의 결과는 참담했다. 러시아는 전쟁 시작 후 겨우 5개월 만에 수백만 명이 넘는 병사를 잃었다. 대다수 병사가 전사하거나 부상을 입었다. 러시아 군대의 처우는 너무 열악해서 많은 러시아 병사들이 사형을 당하는 한이 있어도 독일에 가서 전쟁 포로가 되는 편이 러시아 육군에 남는 것보다 훨씬 낫다는 생각으로 항복할 정도였다. 물자가 부족했고 병이 돌았다. 병사들은 얼어붙고 굶주렸으며 싸움에 필요한 기본 무기조차 부족한 경우가 많았다. 전선에 도착한 병사들은 "일상화된 무능과 권위주의적인 경직성으로 고통받았다."[17] 참호는 잘못된 방식으로 파였다. 군사들은 훈련돼 있지 않았다. 신발조차 없는 병사도 많았다. 러시아 지휘관들은 지도력도 없으면서 권력을 내려놓지 않는 차르와 마찬가지로 체계적이고 산업화된 독일의 전쟁 무기와 어떻게 싸워야 할지도 모르면서 그저 사람만 던져 넣었다.

전쟁 시작 후 일 년이 되어갈 무렵, 무능과 절망에 짓눌려 러시아 국경 전체가 무너져 내렸다. 수는 적지만 효율적인 독일 군대에 완전히 압도당한 러시아 대군은 철수하는 수밖에 없었다. 동부 전선은 너무 밀려들어온 나머지 수도 상트페테르부르크조차 안전하지 않아 보였다. 차르는 병사도 그렇지만, 영토를 잃었다는 사실에 크게 동요했다. 결국 1915년 차르는 자신을 '육군 최고 사령관'으로 임명했다. 동시에 당시 러시아 군대를 통솔하고 있던 사촌 니콜라예비치 대공 Grand Duke Nikolaevich을 몰아냈다. 니콜라예비치는 비록 효율적으로 군대를 통솔하진 못했지만, 그래도 진짜 군인이었고 부하들에게 깊이 신임받던 사령관이었다.

러시아 육군에게 최고 사령관 니콜라이 2세는 성가신 허수아비에 불과했다. 차르에게는 러시아 육군이 연이어 전투에서 지고 영토를 빼앗기는 데 대한 직접적인 책임이 있었다. 1916년이 되자 차르의 지지자들조차 조심스럽게 걱정을 나타내기 시작했다. 이들은 차르에게 절대 권력에 대한 완강한 고집을 내려놓고 내각의 조언을 진지하게 받아들여 두마the Duma✦가 제대로 기능하게 함으로써 국민이 원하는 진보적인 사회 개혁을 하지 않는 한 그의 정권은 실패할 수밖에 없다고 조언했다. 하지만 니콜라이 2세는 이런 경고를 무시했다. 점점 더 많은 노인과 어린아이들이 전선에서 얼어 죽고 굶어 죽고 총알받이가 됐다. 결국 러시아에 남은 것은 시체뿐이었다. 러시아의 군사전략은 좋게 말하자면 구식이었고 나쁘게 말하면 자살행위였다.

하지만 여전히 러시아에는 독일이 다른 나라와 전투를 치르면서 동시에 러시아와 전쟁을 치르는 일은 버겁겠다고 생각할 정도로 병력이 많았다.

불만의 겨울

'겨울 달걀'은 달걀인 동시에 하나의 조각 작품이다. 달걀은 크고 투명한 크리스털로 되어 있다. 달걀 안쪽은 추운 날 얼어붙어 성에가 낀 유리창이 에칭etching으로 섬세하게 표현되어 있다. 달걀 바깥쪽에도 에칭으로 성에를 표현했는데 바깥쪽에 난 에칭은 백금과 세공된 다이아몬드로 메워져 있다. 달걀은 마치 녹고 있는 빙붕ice shelf처럼 반짝이는 커다란 크리스털 받침 위에 놓여 있다. 달걀은 옷장처럼 열리는데 안에는 거스를 수 없는 계절의 변화를 나타내듯 색을 입힌 봄꽃이 가득 꽂힌 반짝이는 다이아몬드 백금 바구니가 들어 있다.

1917년 초 다른 러시아 국민의 사정도 군인보다 크게 낫지 않았다. 러시아 전역의 자원이 뻔히 질 전쟁을 치르는 데 들어가고 있었다. 대대적인 징병과 시골에서 도시에 있는 공장으로 이주하려는 사람들 때문에 농사를 지을 인력이 부족해졌다. 여기에 춥고 긴 고약한 겨울 날씨가 겹치면서 굶주리고 죽는 사람이 늘어났다. 2월 말, 고통에 시달리던 사람들의 인내심이 드디어 한계에 이르렀다. 당시 세계 여성의 날이었던 2월 23일, 가정주부부터 공장노동자까지 수천 명의 여성이 상트페테르부르크 거리로 쏟아져 나왔다. 이들은 빵을 달라고 요구하며 자리를 뜨길 거부했다. 다음 날, 계층을 막론한 20만 명의 공장노동자들이 파업을 선언하며 거리 시위에 합류했다.[18] 시위 규모가 커지고 주요 산업 설비가 멈춰 서자 군중을 해산시키기 위해 경찰이 나섰지만, 노동자들은 얼음과 돌을 던지며 저항했다.

셋째 날이 되자 학생, 사업가, 중산층까지 시위에 가담했고 시위대는 이제 식량이 아닌 변화를 부르짖었다. 이들은 전쟁을 끝내자는 팻말을 들고 "차르를 타도하자!"라는 구호를 외쳤다.

시위가 파업으로 파업이 거대한 반란으로 바뀌자 결국 시위 진압을 위해 군대가 동원됐다. 2월 26일, 군인들은 명령에 따라 군중을 향해 발포했고 수백 명의 이름 모를 사람들이 죽었다. 다음 날, 분노와 회한을 느낀 군인들이 '편을 바꾸어' 반란에 동참하기 시작했다. 프랑스혁명보다 희생자는 적었지만, 이는 프랑스혁명에 버금가는 혁명이었다. 추위와 배고픔에 시달리던 국민이 마침내 폭발했다. 하지만 1917년 러시아 국민의 분노에는 악의적 부러움뿐만 아니라 악의 없는 부러움도 섞여 있었다. 처음에 혁명을 일으킨 사람들은 왕의 살점이나 더 큰 다이아몬드를 얻길 바라지 않았다. 이들은 모두 먹고

♦ 두마는 차르에 의해 소집된 의회였다. 원래 대표 정부를 만들고자 하는 국가적인 열망에 호응해 만든 단체였지만, 차르는 두마의 구성에 동의했을 뿐 이의 결정을 따를 생각이 전혀 없어서 두마를 자주 무시하고 적대감을 내비치곤 했다.

살 만한 삶이라는 '꼭 필요하지만' 가질 수 없던 것을 얻길 바랐다.

시위가 커지는 동안 니콜라이 2세는 모길료프Mogilyov에 있는 육군 사령부에서 지휘관 놀이를 하고 있었다. 니콜라이 2세는 시위가 반란으로 변하는 상황을 계속 보고받았고 왕위를 지키고 싶다면 시위대와 타협하라는 주변 귀족의 조언도 듣고 있었다. 하지만 그는 아무 일도 하지 않았다. 당시 두마의 의장이었던 미하일 로지안코Mikhail Rodzianko는 황제에게 다음과 같은 전보를 보냈다. "상황 심각. 수도 무정부 상태. 정부 마비. 식량 및 연료수송 완전파괴. 대중 불만 증가. 거리에서 혼잡한 총격. 육군이 서로를 향해 발포. 당장 국가의 신뢰를 받는 인물이 새 정부 수립해야. 지체하지 말아야 함. 지체는 곧 죽음."

하지만 니콜라이 2세는 그저 이런 말이나 던졌을 뿐이었다. "뚱보 로지안코가 또 내가 답하지도 않을 헛소리를 보냈군."[19]

3월, 제정러시아의 거의 '모든' 주요 도시에서 반란과 파업이 일어났다. 당시 제1차 세계 대전을 치르고 있던 차르의 군대는 너무 분산돼 있어서 반란을 잠재우지 못했다. 게다가 사실 군대는 반란을 잠재우려고 노력하지도 않았다. 3월 1일, 17만 명의 군사가 시위대에 합류했다. 시위대는 경찰서를 부수고 감옥을 공격했으며 특히 차르의 독재를 상징하는 모든 상징과 표식을 망가뜨리기 시작했다.[20]

다음 날 '정부 내각이 모두 사퇴'했고 차르의 허락 없이 임시 정부가 수립됐다. 이쯤 되자 니콜라이 2세도 사태의 규모와 위험성을 인지한 듯했으나 때는 이미 늦었다. 이튿날인 3월 3일, 니콜라이 2세는 퇴위했고 아들인 황태자도 함께 자리에서 내려왔다.

상대적 빈곤과 주관적 유토피아

'적십자 달걀'은 간결해서 아름답다. 제1차 세계 대전 기간에 만들어진 이 달걀은 파베르제 달걀 가운데 소비에트 연방 공화국 시절 러시아의 미학을 가장 많이 떠올리게 한다. 실제 달걀과 가장 비슷하게 생긴 작품이기도 하다. 달걀은 금선으로 만든 단순한 받침대 위에 놓여 있으며 표면 전체가 에칭으로 세밀한 패턴을 넣은 윤기 나는 흰색 에나멜로 덮여 있다. 달걀의 중앙을 둘러싸고 있는 넓은 띠에는 어두운 금색으로 키릴 문자가 쓰여 있고 중앙에는 크고 각진 핏빛 십자가가 선명하게 그려져 있다.

사회주의 사상은 러시아가 처음으로 발명한 개념이 아니다. 심지어 20세기 들어 갑자기 등장한 사상도 아니다. 사회주의라는 개념은 수백 년 동안 계속 존재해왔다. 하지만 공산주의는 사회주의와는 나쁜 쪽으로 근본적으로 달랐다. 공산주의의 아버지로 알려진 카를 마르크스Karl Marx는 1848년 《공산당 선언》을 출판해 공산주의의 이론적 기본 원칙을 제안했다. 마르크스는 소시민을 위한 투사였다. 철학자이기도 했지만 혁명가는 아니었다. 그보다 앞서 토머스 무어Thomas Moore가 그랬듯 마르크스는 더 공평하고 더 나은 세상을 만들기 위한 이론을 연구했다. 대부분의 철학자와 마찬가지로 마르크스는 '어떻게' 그런 세상을 만들 수 있는지보다는 '왜' 그런 세상이 만들어지지 않는지에 더 관심이 많았다. 세상에서 가난을 몰아내기 위한 마르크스의 사상은 이론적으로는 훌륭했지만, 실제 경제에 적용하기엔 부적절했고 사회적으로도 실현 불가능했다.

마르크스 이론의 핵심 주장은 가난이 상대적이라는 것이다. 어느 정도는 옳은 말이다. 하지만 이 말은 다이아몬드 같은 지위적 사치재에만 들어맞을 뿐, 난방 같은 비지위적 필수재에는 적용되지 않는다. 마르크스는 '상대적으로' 가난한 사람이 없으면, 즉 옆 사람보다 가난한 사람이 없으면 모두 행복할 거라고 믿었다. 아무도 상대적인 가난을 겪지 않으려면, 즉 아무도 '가난하다고 느끼지 않으려면' 다른 사람들보다 돈을 더 많이 가진 사람이 없어야 했다. 즉 모두가 완전히 같은 양의 재산을 가져야만 했다. 마르크스는 이런 사회를 단일계급사회라고 불렀다. 그리고 단일계급사회를 달성하는 가장 좋은 방법은 사유재산의 철폐라고 믿었다. 마르크스의 유토피아에 사는 사람들은 사유재산을 소유할 수 없었다. 지식재산권이나 사업체, 노동 생산물도 마찬가지였다. 사업체를 운영하고 노동 생산물을 만들어낼 사람은 필요했지만, 일단 노동이 끝나면 생산물은 모두 정부가 소유한 다음 똑같이 분배해야 했다.

이 이론은 부가 한 명이 얻으면 한 명이 잃는 제로섬 게임이 아니라는 것을 간과했다. 가치는 증가할 수 있다. 일부 지식재산권처럼 아무런 물리적인 투입 없이 가치가 생겨나는 경우도 있고 나무 조각으로 의자를 만들 때처럼 노동을 통해 가치가 증가할 때도 있다. 이는 자본주의의 기반이 되는 중요한 사실이다. 불행하게도 마르크스는 상대적 빈곤 이론을 펴면서 너무 적게 가진 사람이 있는 것이 문제가 아니라 옆 사람이 '너무 많이' 가진 것이 문제라고 주장했다. 마르크스의 이론은 결국 악의적 부러움을 '합리화'하는 것이었다. 악의적 부러움의 결과는 당연히 파괴적일 수밖에 없었다.

하지만 마르크스를 너무 몰아세우진 말자. 그는 그저 이론을 제시했을 뿐이다. 이 이론이 유행을 타고 블라디미르 레닌Vladimir Lenin

의 손에 들어가기 전까지 진짜 문제는 벌어지지 않았다. 마르크스처럼 비현실적인 지성인이었던 레닌은 마르크스의 이상이 멋지고 더 중요하게는 실용적이라고 믿었다. 당시 알렉산드르 2세 테러의 배후 조직인 인민의 의지파에 가담한 죄로 러시아에서 추방당해 스위스에 있던 레닌은 너무 도발적이고 근시안적인 사람이어서 아무도 진지하게 여기지 않았다. 하지만 독일은 달랐다. 독일이 보기에 레닌은 러시아의 심각한 암적 존재였다. 독일은 제정러시아가 이 암에 걸리기를 학수고대하고 있었다.

혁명을 하고 싶다고 했나?

'카렐리야Karelia 자작나무 달걀'은 파베르제 달걀 가운데 러시아의 감성을 가장 잘 보여주는 작품이다. 다른 달걀이 모두 차르가 다스리는 제국의 풍요와 사치, 동양적인 아름다움을 나타낸 반면, 카렐리야 자작나무 달걀은 러시아 정교회의 뿌리 깊은 종교적인 신념을 잘 드러내고 있다. 러시아의 유명한 인형 마트료시카처럼 이 달걀은 상트페테르부르크와 핀란드 사이에 위치한 카렐리야 지방에서만 자라는 러시아산 카렐리야 자작나무로 제작됐다. 완벽히 광택을 낸 자작나무에 화려하지 않은 금장식이 되어 있고 빗장 부분에 작은 파란색 사파이어 한 개가 박혀 있다. 안에 든 깜짝 선물인 다이아몬드 코끼리는 도난당한 지 오래지만, 청구서에 이 코끼리의 태엽을 감는 용도라고 기록되어 있는 다이아몬드와 금으로 만든 열쇠는 남아 있다. 이 달걀에는 또 다른 깜짝 선물이 들어 있는데 바로 판매대금 청구서다.

차르가 퇴위한 지 약 한 달 뒤인 4월 25일 날짜가 쓰여 있는 청구서
에는 수령인이 '러시아 차르'가 아닌 그저 '로마노프 씨'로 적혀 있다.

러시아의 '반란'은 어떻게 '소련' 건국으로 이어졌을까? 사실 러
시아에선 혁명이 두 번 일어났다. 첫 번째는 2월이었고 그다음은 10
월이었다. 이 중 2월 혁명이 더 자발적인 봉기였다. 결과적으로 차
르가 퇴위하긴 했지만, 사람들은 굶주림을 해결해달라고 시위했을
뿐 사회 전반의 변화를 요구하지는 않았다. 백여 년 전, 파리에서 식
량 폭동이 일어났을 때와 마찬가지로 러시아혁명도 배고픔이 분노
로, 분노가 정치적인 폭동으로 이어지다 결국 대형 폭동과 지배권력
교체로 끝난 사건이었다. 하지만 볼셰비키 당이 권력을 잡는 계기가
된 10월 혁명, 즉 '붉은 10월'은 2월 혁명보다 훨씬 악의적이었다.

재미있게도 사실 10월 '러시아혁명'은 러시아인들이 일으킨 혁
명도 아니고 엄밀히 따지자면 혁명조차 아니다. 러시아혁명은 독일
이라는 다른 나라가 자국의 이해득실에 따라 자금을 대어 만들어낸
순수한 정권 전복에 불과했다. 10월 혁명의 동기는 굶주린 사람들
이나 무능한 차르와는 아무런 관련이 없었다. 서부전선과 동부전선
에서 더는 동시에 싸울 수 없다고 판단한 독일은 러시아가 제1차 세
계 대전에서 빠져주길 바랐다. 하지만 니콜라이 2세는 러시아 땅에
외세가 들어와 있는 한 러시아는 절대 군사를 물리지 않을 것이라
고 선언했고 국민이 끊임없이 학살당하는 꼴을 두고만 보는 차르의
행동을 보건대 이 말은 진심처럼 들렸다. 이제 독일에게 남은 방법
은 하나뿐이었다. 3월 31일, "스위스의 공산주의자 프리츠 플라텐Fritz
Platten이 스위스 주재 독일 대사 바론 기스베르트 폰 롬베르크Baron
Gisbert von Romberg를 통해 레닌과 다른 러시아 망명자들이 봉인 열차를

타고 독일을 거쳐 러시아로 입국할 수 있도록 독일 외무부의 허가를 받았다." 당시 레닌은 차르에 대한 반역죄로 근 10년 동안 망명자로 살고 있는 처지였다. 독일은 "레닌의 요청에 따라 특별히 역외적용 지위를 내려 열차를 방해요인으로부터 보호"[21]하는 등 소중한 배달물이 안전하게 러시아에 도착하도록 헌신적으로 노력했다.

별 볼 일 없는 하급 관료 몇 명이나 독일 정부에 숨어 있던 반체제적 사회주의자가 아닌 독일 외무부가 '정부 차원'에서 나서서 러시아에서 망명한 테러리스트 무리와 우두머리를 빼돌려 적국 러시아로 다시 돌려보낸 셈이다. 심지어 독일 정부는 레닌에게 돈까지 쥐어줬다.♦ 윈스턴 처칠은 이 일을 다음처럼 명확히 언급했다. "[독일은] 러시아에 가장 소름 끼치는 무기를 돌려보냈다. 독일은 마치 전염병균을 나르듯 레닌을 봉인된 기차에 실어 스위스에서 러시아로 옮겼다."[22]

독일과 레닌에게는 상생 전략이었다. 레닌과 그의 동지들은 러시아 정부를 전복하는 데 성공하면 전투에서 러시아 병사를 철수시키겠다고 독일에 약속했다. 차르라면 절대 하지 않을 행동이었다. 설사 레닌이 권력을 잡는 데 실패한다 해도 독일은 "혁명적인 동요를 확산시켜 제1차 세계 대전에 대한 러시아의 저항 능력을 분산"한다는 목표를 달성할 수 있었다.[23] 계획대로 혁명이 일어나거나 더 나아가 내전이 벌어진다면 러시아의 힘은 약해질 터였다. 기록에 따르면 "독일은 1917년 4월부터 1918년까지 꽤 오랫동안 반체제주의자 레닌과 볼셰비키 정권에 대한 지원을 계속했다."[24]고 한다.

♦ 리처드 파이프스에 따르면 "레닌의 작전에 독일이 재정적으로 지원했다는 많은 증거가 있다."고 한다.

독일은 일단은 원하던 결과를 얻을 수 있었다. 독일의 전략은 계획대로 완벽히 진행됐고 러시아는 혼돈에 빠졌다. 차르와 왕족들은 살해당했고 임시정부는 볼셰비키 세력에 전복됐다. 러시아의 새로운 꼭두각시 정부는 약속대로 러시아군을 제1차 세계 대전 전선에서 철수시켰다. 그런데도 결국 독일은 제1차 세계 대전에서 졌다.

약탈자를 약탈하라

1917년 완성을 예정으로 디자인된 '별자리 달걀'은 마지막 왕실 달걀이자 파베르제가 남긴 유일한 미완성 작품이다. 혁명 때문에 작업은 중단됐지만, 남아 있는 밑그림으로 미뤄보건대 만일 완성됐다면 별과 별자리가 새겨진 다이아몬드를 흩뿌린 코발트블루 색 달걀이 간유리 재질 크리스털 구름 위에 놓여 있는 모양새였을 것이다. 깜짝 선물은 무엇이었을까? 바로 시계였다. 설계상으로는 마치 행성의 띠처럼 숫자를 새겨 넣은 은판과 금판이 달걀을 중심으로 돌아가며 시간을 표시하게 되어 있었다.

미완의 별자리 달걀은 자취를 감춘 채 수십 년 동안 소재가 파악되지 않았다. 몇몇 사람들은 이 달걀이 '사라진 파베르제 달걀' 가운데 하나라고 주장했지만, 대다수는 이 달걀이 구상만 있고 실제로 만들어지지는 않았을 거라고 생각했다. 하지만 훗날 모스크바 광물 박물관이 두 부분으로 분리된 별자리 달걀을 전등이라 생각하고 소장하고 있었음이 밝혀졌다. 파베르제의 증손녀 타티아나Tatiana 씨는 "박물관 측은 제 할아버지께서 1928년에 이 달걀을 기증했다고 말

합니다. 하지만 할아버지께선 1927년에 러시아를 떠나셨기 때문에 믿음이 가지 않습니다."라고 말했다.

레닌은 권력을 장악한 후 가장 먼저 제1차 세계 대전에서 러시아 군을 철수시켜 독일과의 거래를 성공적으로 끝맺었다. 다음으로는 훗날 대량 학살, 약탈, 불가피한 경제 수준 추락으로 막을 내릴 무법 폭력 국가를 건설하기 시작했다.

1918년 초, 볼셰비키는 러시아 공산당Russian Communist Party으로 이름을 바꾸고 카를 마르크스가 세운 원칙을 실현하겠다고 선언했다. 하지만 레닌이 내세운 정책은 공산주의와도 거리가 멀었다. 그는 사람들에게 "약탈자들을 약탈하라."라고 외치면서 마치 부자나 성공한 사람이 모두 부당한 방법으로 돈과 지위를 얻은 듯이 말했다. 레닌은 프랑스혁명 때의 혁명가들보다 훨씬 강한 어조로 부자들이 가진 것을 빼앗는 것은 합당하고 필요한 행동이라고 주장했다. 경제구조 개혁이라기보다는 경제 파괴에 가까운 행동이었다. 러시아 전역에서 레닌의 '혁명'은 점차 살인적이고 폭력적인 폭동으로 변해갔다.

직원 수천 명의 고용주이자 전쟁 물자를 댄 인물로 세계에서 가장 크고 성공적인 보석 회사의 수장 칼 파베르제를 비롯한 자본가들은 순식간에 모든 것을 잃었다. 레닌의 인민위원들이 들이닥쳤을 때 파베르제는 건물을 내놓고 떠나기 전에 "모자와 코트를 입을 수 있는" 시간만이라도 달라고 말했다고 한다.[25] 역설적이게도 쇠퇴하는 독재정권하에서 사회주의 성향의 기업체를 운영해오던 파베르제는 레온 트로츠키Leon Trotsky에 의해 전쟁 부당이득 수익자로 간주되어 가족과 함께 스위스로 망명할 수밖에 없었다. 심지어 파베르제의 아들 한 명은 새 정권에 붙잡혀 감옥에 갇히기까지 했다.

파베르제는 살아남았지만, 그가 평생을 바친 작업은 사라졌다. 파베르제의 사업체는 문을 닫은 뒤 국유화됐으며 보석과 예술작품으로 가득 찬 회사 건물들은 몰수됐다. 혁명가들은 파베르제 달걀을 포함한 왕가의 사유물과 보석을 국가 소유로 하는 새로운 법을 제정했다. 하지만 아이러니하게도 혼란스러운 혁명에 뒤따른 무질서 속에서 사라진 귀중한 달걀 가운데 대다수는 개인의 손으로 들어갔다.

왕실 부활절 달걀은 공산당이 약탈해간 보물 가운데 가장 눈에 띄는 물건이긴 했지만, 약탈의 전체 규모에 비하면 극히 일부에 불과했다. 레닌은 모든 사람의 마음속 깊은 곳에 자리 잡고 있는 분노와 혐오의 혈관을 건드려 기존 질서를 완전히 파괴했다. 사유재산은 이제 모두의 재산이 됐다. 금고는 텅 비었고 보석함은 뒤집혀 내용물이 군중들 사이로 흩어졌다. 교회도 더는 신성불가침의 장소가 아니었다. 벽과 제단에 있던 금과 보석이 뜯겨나갔다. 악의적 부러움의 광기가 폭력으로 변한 것이다. 레닌의 친구로 수년 동안 차르의 통치에 공공연히 반대하며 혁명 초기까지만 해도 응원을 보냈던 러시아 사회주의 소설가 막심 고리키Maksim Gor'kii조차 진저리를 칠 정도였다. 심지어 그는 이런 행동을 "희귀한 아름다움을 가진 물건을 망가뜨리고자 하는 악의적 욕망"이라고 부르며 다음과 같이 규탄했다. "그들은 교회와 박물관을 털어 팔고 대포와 소총을 팔고 군사 창고를 도둑질하고 옛 대공의 성을 턴다. 약탈할 수 있는 모든 것이 약탈당했고 팔 수 있는 모든 것이 팔렸다."26)

하지만 보이는 모습과는 달리 이런 행동은 부자가 누리는 재산과 이점을 빼앗고자 하는 악의적 부러움에서만 비롯된 것은 아니었다. 그렇다고 부자 이웃 나라가 가진 것을 훔치기 위해 해적 함대를 띄운 영국의 경우처럼 악의 없는 부러움이 파괴적인 폭력으로 이어진 것도 아니었다. 러시아혁명은 필수재를 얻고자 하는 러시아 하위 계층의 악의 없는 부러움과 자본에 본질적인 문제가 있다고 여기는 사회 구조 속에서 합리화된 악의적 부러움이 한데 합쳐져서 발생했다.

새로운 붉은 러시아에서 사람들은 귀족, 관료, 부르주아 같은 백계白系 러시아인의 재산을 빼앗을 수 있었다. 더 힘센 사람에게 빼앗기기 전까지 말이다. 뺏고 빼앗기는 과정에서 모든 물건과 모든 사람이 엄청난 분노의 표적이 됐다. 막심 고리키는 이를 다음처럼 표현했다. "두 번의 혁명과 한 번의 전쟁을 겪으며 나는 아름다운 것들을 부수고 망가뜨리고 조롱하고 헐뜯으려는 어두운 보복적인 충동을 목격했다."[27] 우리가 아는 공산주의 러시아를 탄생시킨 진짜 장본인은 악의 없는 부러움과 악의적 부러움이 함께 피운 독이 든 꽃이었다.

허무주의 혁명

1917년 이후 '부활절 달걀은 더 이상 만들어지지 않았다.' 볼셰비키 혁명이 정점에 달했고 러시아 국민은 볼셰비키의 원칙과 이상에 강제로 굴복해야 했다. 공산주의자들은 자국 문화를 훼손하고 자국의 역사를 새로 썼다. 그래서 우리가 당연한 사실로 여기는 러시아 역사 가운데 대부분은 지어낸 이야기다. 예를 들어 경제적인 형편이 제정 러시아 때보다 새로운 공산주의 정권하에서 더 나아졌다는 일반 사람들의 보편적인 생각은 사실이 아니다. 오히려 형편이 전과 비슷하기만 해도 다행이었다. 대다수 국민은 전보다 훨씬 더 나빠졌다.

사람들은 대개 공산혁명 이전의 제정러시아에선 왕족만 화려하고 부유하게 살았을 뿐 국민은 모두 가난하고 무식한 농민으로 살았을 것으로 알고 있다. 이는 틀린 생각이다. 혁명이 일어나기 전에 러시아는 다른 유럽국가의 재산을 다 합친 것보다 더 많은 재산을 지닌 나라였다. 그리고 이 재산 가운데 대부분은 로마노프 왕가의 소유가 아니었다. 로마노프 왕가는 분명 유럽에서 가장 부유한 왕가이긴 했지만, 러시아의 다른 귀족과 '평민' 중에서도 웬만한 유럽 왕족보다 더 많은 돈을 가진 가문이 꽤 있었다.

이런 부유층 외에도 부르주아 사업가, 공예가, 과학자, 은행가, 변호사 등 파베르제처럼 크게 성공하고 대단한 부를 쌓은 사람들이 많았다. 경제적으로 고통받던 계층은 이전에 농노였던 계층으로 자유를 얻은 다음에도 이들의 경제 사정은 전혀 나아지지 않았다. 하지만 이들조차 정부 '구조'를 완전히 뒤엎기를 '진심으로' 바라지는 않았다. 2월 혁명 당시 사람들은 그저 현재의 무능한 차르에게 '동생에게' 왕위를 물려주고 퇴위하라고 요구했을 뿐이었다. 이들 중에는 해방왕 알렉산드르 2세가 시도했던 대의정치를 기대하는 사람도 있었다. 하지만 대부분은 그저 니콜라이 2세에게 질렸을 뿐이었다.

10월 혁명이 일어나기 전까지 이런 상황이 이어졌다. 10월 혁명은 시민의 의지로 일어난 혁명이 아닌 쿠데타였으므로 새 정권은 권력을 유지하는 데 필요한 국민의 지지를 얻지 못했다. 공산주의자들은 폭력을 쓰고 경제 시설을 파괴해가며 국가를 통제했다. 이들은 아무런 자비도 베풀지 않고 이런 정책만을 실시했다. 공산주의자들은 공산당원이 아닌 사람들의 재산, 특히 파베르제 같은 성공한 기업가들의 재산을 빼앗는 일을 정당화하는 데서부터 시작했다. 러시아라는 거대한 국가를 완벽히 장악하지 못한 공산주의자들은 권력을 굳건히 하기 위해 강제 노동 수용소를 설치하기 시작했고 부러 기근을 만들어내 수십만 명을 굶겨 죽이기도 했다.

레온 트로츠키는 이렇게 말했다. "우리 공산주의자들이 유일하게 신성하게 여기는 권리는 바로 노동자와 그의 아내, 그의 자식이 살 권리다." 좋은 말이다. 그는 또 덧붙였다. "우리는 생산 공장, 원료 공장, 철도를 인민의 손에 쥐어주기 위해 지주에게 땅을 빼앗길 주저하지 않았다." 계급투쟁은 질서를 거스르는 일이긴 하지만, 부자와 가난한 사람의 간극이 너무 클 때는 충분히 발생할 수 있는 일이니 이 말도 나쁘지 않다. 그다음 트로츠키는 "무기의 힘으로 멍청한 차르의 머리에서 왕관을 [빼앗은]" 이들의 행동을 정당화했다. 여기까지는 여전히 평범한 주제인 정권 교체에 대해 말하고 있다. 하지만 결론에 다다르면 진짜 문제가 드러난다. "그렇다면 쿨라크Kulak의 곡식을 빼앗지 못할 이유가 어디에 있겠는가?"[28) 여기서 쿨라크는 농민이다. 이들은 단지 바로 아래 계층인 굶주림에 시달리는 빈민층보다 조금 더 잘살았을 뿐이었다. 왕가에서 시작된 하향식 테러는 결국 흐르고 흘러 농민까지 내려왔다. 혁명이 시작된 지 일 년도 안 되어 농민들마저 경제 파괴의 희생양이 됐다.

"약탈자를 약탈하라."는 경제정책은 결국 총체적인 경제 혼란을 몰고 왔다. 일 년이 채 지나지 않아 초인플레이션이 일어나 다이아몬드 팔찌를 빵 한 덩이와도 바꿀 수 없게 됐다. 처음에는 약탈을 부추기는 역할을 했던 보물의 가치가 나중에는 먹을 것과도 바꿀 수 없을 정도로 떨어져버렸다는 사실은 러시아혁명이 남긴 여러 씁쓸한 역설 가운데 하나다.

노동자 혁명이 성공하지 못한 이유

대다수 사람들은 공산주의의 실패가 인간의 본능 때문이라고 생각한다. 아무도 자기 것을 나누고 싶어 하지 않는다. 게다가 어차피 딱 생존에 필요한 만큼만 벌 수 있는데 열심히 일할 사람이 어디 있겠는가? 그런 사람은 아무도 없다. 하지만 놀랍게도 공산주의 체제의 진짜 치명적인 결함은 다른 데 있었다. 공산주의가 제대로 작동하지 않은 까닭은 지위적 재화 때문이었다. 더 정확히 말하면 지위적 가치의 기능이 결여됐기 때문이었다. 지위적 가치는 다른 물건과 비교해봤을 때 어떤 물건에 더해지는 특이한 가치다. 말 한 필이든 커다란 다이아몬드 목걸이 한 점이든 모든 재화의 가치는 주변 상황에 따라 결정된다는 사실을 기억하자.

공산국가에는 자유시장이 없었기 때문에 '시장가격'을 통해 물건과 서비스의 가치를 결정할 수 없었다. 그런데 시장가격이라는 기준 없이는 '모든 물건'의 정확한 가치를 알 수 없다. 그런데 물건과 서비스의 가격을 정확히 알지 못하면 사업 과제의 실현 가능성을 예상할 수 없고 가장 필요한 물자가 무엇인지도 평가할 방법이 없다. 다른 산업보다 농업 분야에 먼저 기계를 투입해야 하는 상황인데도 농기계 투입이 얼마나 중요한지 표현할 방법이 없어서 기계가 잘못 배분됐고 농작물이 들판에서 썩어 들어갔다. 건축 계획을 세울 때도 이를 수행하는 데 얼마나 큰 비용이 들어갈지 알 방법이 없었다. 완성된 건물의 가치가 들어간 비용을 합한 것보다 더 높을까? 당시 소련에서 이 질문에 답할 수 있는 사람은 아무도 없었다. 자유시장과 사유재산이 없어서 물건을 사거나 흥정할 수 없는 나라에서는 그 '어떤' 물건의 가치도 결정할 수 없기 때문이다.

10월 혁명이 일어난 지 3년 후, 오스트리아 경제학자 루트비히 폰 미제스Ludwig von Mises는 공산주의를 지속 불가능한 경제체제라고 평가했다. 미제스는 공산주의는 본질적으로 합리적인 경제를 불가능하게 만드는 체제이므로 자체적으로 붕괴할 수밖에 없다고 예견했다. 건실하고 경기가 좋은 국가 자체의 가격을 매길 수는 없지만, 건실하고 경기가 좋은 국가를 만들려면 거의 모든 물건에 가격표가 붙어 있어야만 했다. 1919년 막심 고리키는 "요즘은 인민 위원이나 되어야 예전의 소작농처럼 살 수 있다. 이들은 평범한 사람들에게서 최대한 많은 것을 훔쳐 여자를 사고 비사회주의인 사치를 누린다." 라고 썼다. 아무것도 사적으로 소유할 수 없고 비교하거나 경쟁할 방법도 없는 시스템은 그야말로 '공평하게' 붕괴하는 듯하다.

새로운 시도, 더 멋진 실패

레닌은 소시오패스, 과대망상증 환자이자 독재자이긴 했지만, 진정한 허무주의자는 아니었다. 1921년이 되자 레닌조차 인간과 사회에 관한 자신의 거대한 실험이 성공할 가망이 없다는 사실을 깨달았다. 소비에트 공화국은 합리적인 경제체제에서 빠른 속도로 벗어나고 있었을 뿐 아니라 대다수 '인민'의 비협조로 인해 '인민의 유토피아' 조차 되지 못했다.

공산주의자들이 가장 먼저 한 일 가운데 하나는 은행을 국유화하고 은행이 가진 금과 현금 등의 자산을 몰수하는 일이었다. 하지만 은행가들은 여기에 순순히 협조하지 않았다. 은행가들은 심지어 러시아 홍위병 자금을 대기 위해 돈을 인출해달라는 레닌의 요청마저 들어주지 않았고 결국 볼셰비키 당원들은 은행가의 동료와 가족을 납치하기에 이른다. 이쯤 되자 은행가들은 금고 열쇠를 넘기고 러시아를 떠났다. 러시아에 있는 모든 은행에서 같은 일이 벌어졌다. 문제는 레닌과 동지들이 은행을 어떻게 운영하는지 전혀 몰랐다는 것이다. 레닌은 결국 모든 은행을 손에 넣었지만 운영할 수는 없었다. 레닌이 할 수 있던 일은 금고에서 금을 꺼내고 안전 금고에서 보석을 꺼내 이 돈으로 인민의 임금을 지급하려 노력하는 것뿐이었다.

결국 레닌도 사람들이 유토피아를 원하지 않는다는 사실을 깨달았다. 하지만 그동안 국가는 이미 무너져 내리고 있었다. 레닌은 재정 상태를 안정시키기 위한 필사적인 노력의 하나로 지식 계층에 우위를 내주고 사상적, 경제적으로 한 발 물러서겠다는 내용의 신경제정책New Economic Policy: NEP을 수립했다. 신경제정책의 핵심은 완전한 국유화 정책을 포기하고 식량을 기준으로 세금을 물려 농민에게 세금을 제하고 남은 약간의 수확물을 사유재산으로 가질 수 있게 하고 이 농산물을 시장에서 팔 수 있도록 허락한다는 내용이었다. 이른바 전시 자본주의 양해로 불린 이 정책과 외국인 투자를 허락하는 등의 다른 타협안이 나오면서 결국 소규모 산업들이 민영화됐다. 레닌은 신경제정책이 필요악이라고 생각했다. 레닌에게 신경제정책은 '이 보 전진을 위한 일 보 후퇴'였다.

마지못해 국민 몫의 자본주의를 허락한 레닌은 자신의 몫도 챙겼다. 그는 러시아 왕실의 보석뿐만 아니라 러시아에 있던 모든 재산을 끌어모으기 시작했다. 레닌은 서양에 내다 팔기 위해 약탈을 통해 빼앗은 국보, 교회 보물, 로마노프 왕가의 소유품들을 모았다. 소비에트 공화국은 다급히 외환을 확보하기 위해 자국의 역사와 재화를 전혀 거리낌 없이 파는 와중에도 곧 전 세계가 공산주의 체제를 받아들일 것이라고 믿어 의심치 않았다. 이들은 곧 세계 전체가 소비에트 연방 공화국이 될 것이므로 이 보물들을 금방 되찾아올 수 있다고 주장했다. 참 면밀한 계획이 아닐 수 없다.

레닌은 러시아의 부당 축적 자산을 모아서 감정하고 외국에 팔기 위해 준비하는 일을 전담으로 하는 부서인 고크란(Gokhran: 국가 귀금속 준비국)을 설치했다. 소련에 억류돼 있던 칼 파베르제의 아들 아가톤 파베르제Agathon Fabergé는 당대의 탁월한 보석학자였다. 그는 감옥에서 나와 고크란에서 팔 물건을 평가하고 분류하고 외국 구매자들을 위해 준비하는 노동에 강제 동원됐다. 그가 감정한 물건 가운데 상당수는 아버지의 작품이었을 것이다. 대개 귀금속을 종류별로 모아서 되팔기 위해 귀중한 예술작품에서 다이아몬드를 빼내고 오래된 성경책의 금으로 된 표지를 뜯어내는 일이었다. 오래된 보물이나 현대미술 작품을 훼손해 조각조각 분류해 물건의 전체 가치를 오히려 '낮추는' 이 바보 같은 작업은 공산주의자들이 합리적인 경제 정책을 전혀 모르고 있었다는 사실을 입증하는 증거나 마찬가지다. 러시아 보물을 외국에 팔아 소련의 건국자금을 댄다는 이 계획은 상식적인 거부감과 도덕적인 반감을 불러일으키기도 했지만, 더 심각한 문제는 러시아에서 물량이 쏟아지는 통에 1920년부터 국제 보석 시장이 포화되어 결국 러시아 보석의 가치가 16세기 에스파냐의 에메랄드 가치처럼 폭락한 것이었다.

레닌은 신경제정책을 수립한 지 3년 후인 1924년 사망했다. 레닌의 부인이 지목한 남편의 사인은 끊임없는 '분노'였다. 스탈린이 일부러 레닌의 사망을 재촉했다고 주장하는 사람도 있었다. 아니면 실패한 경제정책으로 인한 스트레스가 원인이었는지도 모른다. 어쨌든 레닌이 죽고 나자 이오시프 스탈린losif Stalin이 권력을 잡았다. 스탈린은 자신의 라이벌을 거의 다 숙청했고 트로츠키를 포함한 나머지는 국외로 추방했다. 무질서한 권력투쟁 과정에서 승리한 스탈린은 자신을 소비에트 공화국의 수장으로 선언했다. 그리고 러시아는 다시 한 번 독재정권의 손에 들어갔다.

1927년 스탈린은 신경제정책을 폐지하고 완전한 국가관리 체제로 정책을 되돌렸다. 하지만 러시아 유산을 헐값에 파는 사업까지 중단하지는 않았다. 스탈린은 오히려 사업을 확장해 레닌이 팔지 않으려 했던 파베르제 달걀 같은 보물까지 팔기로 했다. 자국 화폐가치가 바닥이었던 새로운 소비에트 공화국에는 외화가 절실히 필요했다. 게다가 스탈린은 소련을 세계적인 강대국으로 만들겠다는 원대한 포부를 품고 있었다. 스탈린은 소련 전역을 단 5년 만에 빠르게 산업화시켜 20세기에 걸맞은 군사력과 산업 기반을 갖춘 국가로 만들 계획이었다. 한 가지 문제가 있다면 돈이었다. 경제는 침몰하고 있었고 기반 시설은 무너졌으며 사람들은 파리처럼 죽어갔다. 유토피아에서도 낼 돈은 내야 했다.

스탈린은 마르크스의 이상향이 역사상 최악의 경제적, 사회적, 정치적 재앙이라는 사실을 전혀 인정할 수 없었다. 그가 해야 할 일은 단지 돈이 나올 구석을 빨리, 더 빨리 찾는 일뿐이었다.

한편 다른 서구권 국가들은 가짜 인텔리 전임자가 죽으면서 함께 불타 없어졌어야 할 꼭두각시 공산정권이 말라비틀어지길 거부한 채 끔찍한 뿌리를 뻗어나가고 있다는 사실에 골머리를 앓고 있었다. 소련에겐 비공식적으로 서구 자본을 끌어올 방법이 필요했다. 이때 아먼드 해머가 나타났다. 유명한 미국 자본가였던 해머는 신기하게도 블라디미르 레닌과 개인적인 친분이 있었다.

악마에 대한 동경

어릴 적에(아직 열 살도 되기 전이었다.) 사람들이 커서 어떤 사람이 되고 싶으냐고 물으면 나는 도도하고 당당하게 "KGB 요원(소련의 첩보요원)이요."라고 답했다. 당시는 80년대였고 선생님이든 소아과 의사든 부모님의 친구든 또는 친구들의 부모님이든 간에 모든 어른은 내 말을 그냥 듣고 넘기지 못했다. 아빠는 가끔 웃었지만, 엄마는 대개 손님들을 향해 환한 미소를 지어 보이면서 몰래 내 목을 꼬집으며 속삭이곤 했다. "에이자, 그만해라."

물론 그 나이 때 나에게 심오한 정치 지식이나 나라를 바꿔야겠다는 생각이 있었을 리 없다. 나는 그저 KGB의 이미지가 마음에 들었을 뿐이었다. 사실 여기에는 부모님의 영향도 컸다. 부모님은 어릴 때부터 내게 〈007시리즈〉를 너무 많이 보여주셨다. 물론 나는 그 영화의 숨은 의미는커녕 줄거리도 제대로 이해하지 못했다. 하지만 모피를 입고 무릎 위까지 올라오는 부츠를 신은 악마 같은 본드걸들이 좋았다. 나는 남자도 나쁜 남자만 좋아하곤 했다. 아주 어렸을 때는 디즈니 만화에 나오는 마녀 여왕이 질 때마다 울음을 터뜨렸다. 확실히 나에게는 뿌리 깊은 악당에 대한 동경심이 있는 것 같다. 하지만 이런 나조차 아먼드 해머의 이야기를 들으면 소름이 돋는다.

해머는 거짓말쟁이, 도둑, 배신자, (진짜 전쟁이 아닌 냉전이긴 했지만) 전쟁 부당 이득자, 사기꾼, 유랑극단 공연자의 가장 나쁜 특징만 뽑아 한데 합쳐놓은 것 같은 사람이었다. 그는 확실히 똑똑했으며 엄청나게 성공한 기업가였다. 해머는 능숙하게 무도회장을 누비며 왈츠 상대를 바꾸는 춤꾼처럼 부당하고 교묘하게 돈을 번 뒤 이 돈을 넘겨주고 더 많은 돈을 버는 데 계속 성공했다.

과연 아먼드 해머는 누구일까? 토니 파베르는 해머를 "파베르제에 대한 미국의 사랑에 시동을 건 인물"이라고 표현했다. 뛰어난 언론인 에드워드 J. 엡스타인Edward J. Epstein은 그를 "20세기의 가장 위대한 사기꾼"이라고 평했다. 둘 다 맞는 말이다. 해머가 벌인 가장 큰 사기 행각은 파베르제 달걀로 미국인의 감성을 자극해 화려한 로마노프 왕가의 신화를 팔아서 번 돈으로 로마노프 왕가에 총을 겨눴던 자들이자 당시 미국의 숙적이던 소련의 국가 건설 자금을 댄 것이었다.

아먼드 해머는 공식적으로는 옥시덴탈 석유Occidental Petroleum를 비롯한 여러 기업체의 회장을 수십 년 동안 지낸 산업계 거물이었다. 의학을 공부한 적은 없지만 닥터 해머Dr. Hammer라는 별명도 가지고 있었다. 전 세계 주요 협회의 회원으로 중요한 인물들과 어울리며 '민간 외교관' 역할도 했다. 유명한 자선 사업가이자 세계적으로 이름난 미술품 수집가이기도 했다. 해머는 부끄러움 없이 자기 홍보를 하는 사람으로도 유명했는데 1990년에 죽기 전까지 노벨 평화상을 받기 위해 로비하기도 했다. 그리고 해머는 거의 평생 소련의 비밀 요원으로 활동했다.

러시아에서 벌인 사업

아먼드 해머는 미국에서 태어났지만, 아버지는 우크라이나계 이민 자였다. 해머의 아버지 율리우스 해머Julius Hammer는 미국 정부의 감시를 받고 있던 열정적인 사회주의자로 미국 공산당Communist Party USA을 창당한 사람들 가운데 한 명이었다. 율리우스 해머는 약국 체인을 운영했는데 이 체인은 나중에 얼라이드 약품·화학 회사Allied Drug and Chemical로 발전했다. 율리우스가 감옥에 간 이후에는, 아들들이 사업체를 물려받아 운영했다. 율리우스가 아먼드 대신 옥살이를 했다는 소문도 있다.

아먼드 해머는 원래 사업을 핑계로 소련에 갔다. 물론 어떤 성격의 사업인지는 해머가 누구와 만나 이야기를 나눴는지에 따라 달라질 것이다. 해머는 비자를 신청했고 얼라이드의 사업을 위해 특별히 유럽에 방문할 수 있도록 허가를 받아내 미국을 떠났다. 비자를 신청할 때, 해머는 단기간 동안 서유럽을 방문할 것이라고만 말했다. 그런 다음 무슨 수를 썼는지 소련에서 거의 10년을 보냈다.

해머는 러시아 인민이 처한 곤경에 깊은 인상을 받았다고 말하며 미국으로 돌아가지 않고 러시아에 남아 기업 활동을 하기 시작했다. 러시아에 간 지 얼마 되지 않았을 때 해머는 우랄 산맥에 있는 광업 지역을 돌아봤다. 그는 확실한 근거는 제시하지 않은 채 모피와 보석 같은 러시아산 사치품에 대한 '영업권'을 주면 미국에서 배로 식량을 실어 나르겠다고 호언장담했다.

이 말을 들은 레닌이 관심을 보이면서 레닌과 해머는 친해졌다. 레닌의 결정으로 해머는 외국인 가운데 최초로 중개자, 즉 '영업권자'가 됐다. 사실 해머는 정식으로 영업권을 받은 처음이자 마지막 외국인이었다.

해머는 러시아에 가자마자 성공했다. 해머가 협상을 통해 얻어낸 영업권 가운데 하나는 우랄 산맥에 있는 석면 광산 채굴권이었다. 또 다른 사업에 대해 엡스타인은 이렇게 썼다. "레닌과의 만남 이후 얼마 지나지 않아 해머는 자신의 가족 기업이 우랄 산맥에 있는 석면 광산 운영 외에 다른 사업도 하게 될 것이라는 소리를 들었다. 해머의 가족 기업은 미국에서 소련 활동가들의 자금조달책 역할을 맡게 됐는데 당시 미국에서 이런 활동에 자금을 지원하는 행위는 불법이었다."[29] 얼라이드 약품·화학 회사가 미국에서 모은 돈을 소련으로 보내려면 돈세탁이 필수였으므로 사업 계획에는 뉴욕에 금융 기관을 설치하는 일도 포함돼 있었다.[30] 또한 해머는 협상을 통해 이른바 외국산 자동차 및 기계 수입권한도 부여받았다. 그리고 소련 공산 정부의 편에 서서 불법에 준하는 반체제적 거래를 성사시켰다.

해머는 당시 '미국에서 가장 부유한 자본가'[31]였던 헨리 포드와 소련 사이의 거래를 중개했다. 새로 수립된 소련 공산 정부는 원산지를 숨긴 채 포드의 트랙터 여러 대를 수입했다.[32] 당시 미국에서 소련으로 기계나 자동차를 수출하는 일은 완전히 금지되어 있었지만, 포드는 1919년부터 제품의 성능을 연구하고 시험할 시장을 찾고 있던 중이었다. 1922년 해머는 포드에게 접근해 다른 사람의 눈에 띄지 않도록 또 다른 위장 회사인 얼라이드 아메리칸Allied American을 통해 '수백만 달러' 상당의 제품을 구매하겠다고 제안했다. 이 거래를 통해 포드는 새로운 트랙터의 성능을 실험할 수 있었고 러시아는 농기계를 필요한 만큼 얻을 수 있었다. 1923년까지 해머는 스탈린

정부를 대표해 서른 곳이 넘는 기업체와 비슷한 계약을 체결했다.[33] 물론 당시 볼셰비키 정부를 외교상 승인하고 있던 나라들은 모두 소련에 무역 제재를 가하고 있었으므로 대부분의 계약은 감시망을 피해 체결됐다.

1924년 레닌이 사망하고 스탈린이 정권을 잡자 해머의 광산은 국유화되어 정부 소유가 됐다. 하지만 신기할 정도로 운 좋은 해머의 러시아 생활은 여기서 끝이 아니었다. 무슨 수를 썼는지 해머는 전에 운영하던 사업체가 소련 정부 소유가 되자마자 마치 미리 계획된 순서인 것처럼 새로운 사업체의 운영권을 부여받았다.

이번에는 연필 공장이었다. 심지어 연필 공장장에게는 소련의 '특별 중개 위원회'가 마련한 모스크바에 있는 불필요할 정도로 사치스러운 본사까지 지원됐다. 이 4층짜리 본사 건물은 원래 파베르제가 공방과 사무실로 사용하다가 급하게 비워야 했던 바로 그 건물로, 해머는 아무리 봐도 "헐값인 한 달 12달러"만 내고 이 건물을 사용했다.[34]

해머는 사업에 동참한 남동생 빅토르Victor와 함께 이른바 연필 공장을 운영하면서 혁명 이전 시대의 러시아 보물을 창고 가득 모아 1929년 미국에 있는 자택으로 가져왔다. 해머는 미국으로 들여온 보물이 자신의 재산인 것처럼 행세하며 미국 전역에 러시아 보물과 이것의 이미지를 팔 계획을 세웠다. 물론 소련이 약탈한 러시아 보물을 수출하는 일을 도운 사람들은 해머 말고도 더 있었다. 하지만 이보물로 외화를 벌어들여 소련 건립에 필요한 자본을 대는 스탈린의 목표를 달성해준 사람은 해머뿐이었다.

보석을 현금화하려는 사람들이 많았기 때문에 당시 다이아몬드를 비롯한 보석의 국제 가격은 끝도 없이 추락하고 있었다.♦ 해머는 무슨 특별한 수를 썼던 걸까? 그는 보석이 아니라 이야기를 팔았다.

죄의 대가

1987년 해머는 자서전《해머, 역사의 증인*Hammer: Witness to History*》을 출간해 세계에서 가장 호화로운 예술작품 수집가이자 여러 국가 수장의 절친한 친구이며 옥시덴탈 석유의 회장인 자신의 명민한 외교 수완, 천재적인 기업가 정신, 엄청난 행운에 대해 지루할 정도로 길고 환상적인 이야기를 풀어놓았다. 하지만 대부분 지어낸 이야기였다.

1981년 저널리스트 에드워드 J. 엡스타인은 당시 노벨 평화상 후보로 거론되고 있던 해머의 생애를 다룬 기사를 〈뉴욕타임스〉에 써달라는 부탁을 받았을 때 이미 해머가 뱀처럼 간교한 사람이라는 사실을 눈치챘다. 당시에는 해머에 대한 의심을 완벽히 증명할 수 없었지만, 엡스타인의 느낌은 옳았다.(아마 중앙정보국 정보를 접한 것도 사실 파악에 도움이 됐을 것이다.) 엡스타인은 기사에서 해머를 그다지 좋은 사람으로 표현하지 않았고 판단은 독자의 몫으로 남겼다. 엡스타인은 기사에서 명시적으로 해머의 간첩 행위를 비판하지는 않았지만, 소련과 맺은 해머의 사업 계약들이 의도적으로 소련 쪽에 유리하게 설정돼 있음을 암시했다. 팔십 대의 해머로서는 참기 힘든 치욕이었다. 하지만 사전에 이런 기사가 날 줄 몰랐던 해머는 기사가 실리는 것을 막지 못했고 그 이후부터는 언론 쪽에 더 신경 쓰기 시작했다. 해머는 죽는 날까지 수많은 기자를 상대로 대규모 법정 싸움을 걸어 손발을 묶었다.

엡스타인은 때가 되길 기다렸다. 1990년 해머가 죽은 뒤 소련이 붕괴됐고 그때까지 해머의 사업 계약서를 감추고 있던 철의 장막도 함께 걷혔다. 구소련 문서에서 해머의 악행에 대한 구체적이고 세세한 증거가 봇물 터지듯 쏟아져 나왔다. 엡스타인은 미국 국무부 자료와 비밀 해제된 문서를 바탕으로《아먼드 해머의 비밀스러운 역사 *Dossier: The Secret History of Armand Hammer*》를 썼다. 이 책에 담긴 해머의 이야기는 겉으로 드러난 그의 생애와는 완전히 다르다.

해머 자신이 직접 밝힌 대로라면 파베르제 달걀을 비롯한 러시아 미술품 거래를 시작하게 된 계기는 다음과 같다. 해머와 동생은 예전부터 특별한 보석 작품이나 역사적으로 중요한 공예품 등 미술품이라면 손에 닿는 대로 모으고 보는 열성적인 수집가였다. 이들은 벼룩시장에서 차르의 개인 소장품을 발견했고 이 빠진 낡은 그릇을 놓고 투덜대는 레스토랑에서 왕실 도자기를 사들였다. 즉 그저 예술품을 알아볼 만큼 똑똑했기 때문에 많은 제정러시아 보물을 싸게 구할 수 있었다는 말이다.[35]

해머가 이십 대 후반이 됐을 무렵, 에머리 사코Emery Sakho라는 친구가 미국에서 함께 미술 갤러리와 고미술품 거래사업을 해보면 어떻겠냐고 제안해왔다. 사코는 여러 고미술품과 귀중한 보물을 소장하고 있는 러시아의 거대한 국립 박물관이자 수십 년 전 파베르제가 보석 일을 시작한 곳이기도 한 에르미타주Hermitage 박물관의 이름을 따서 갤러리 이름을 레르미타주L'Ermitage로 짓자고 제안했다. 해머는 멋진 의견이라며 친구의 말을 받아들였다.

해머의 남동생이 뉴욕에 레르미타주를 열었다. 그리고 우연히도 동생이 갤러리를 열자마자 해머의 연필 공장이 국유화되어 10년 만에 해머가 러시아에 남아 있을 이유가 사라져버렸다. 해머는 아내와 자녀, 러시아에서 수집한 다른 보물을 파리에 남겨둔 채 미국으로 돌아와 동생의 사업에 합류했다. 해머의 말에 따르면 사코는 1929년 명확하지 않은 사업상 문제가 생겨 불행히도 자신이 제안한 갤러리 사업에 참여할 수 없었고 그 이후에도 갤러리 운영에 참여하지 않았다.

사실 에머리 사코는 존재했던 기록조차 없는 인물이다.

날조

해머는 예술 및 고미술품 업계에서 성공한 젊은 사업가로 보이고 싶어 했지만, 사실 해머가 팔았던 작품 가운데 그가 소유한 작품은 거의 없었다. (해머보다 조금 덜 똑똑했던 듯한) 해머의 남동생 빅토르는 갤러리에 있는 작품들이 모두 소련 정부 소유이며 자신들은 중개료를 받고 팔고 있을 뿐이라고 순순히 인정했다.[36] 하지만 자신과 형이 하는 사업체가 소련 정부의 위장 단체이며 수익금의 대부분, 아니 사실상 전부를 모스크바로 직송하기 위해 얼라이드 약품·화학 회사를 미국에 있는 소련의 자금세탁소로 쓰고 있다는 사실은 말할 수 없었다.[37]

아먼드 해머가 소련의 비밀 요원이라는 사실을 처음으로 눈치챈 사람은 엡스타인이 아니었다. FBI의 J. 에드거 후버J. Edgar Hoover는 해머가 죽을 때까지 그를 추적하며 해머의 사업을 감시했다.[38] 후버는 20년 넘게 해머를 적극적으로 감시했고 그에 관해 캐비닛 한 개를 꽉 채울 만큼 많은 자료를 보관하고 있었다. 후버는 해머가 하는 일에 대해 잘 알고 있었지만, 손쓸 방도가 없었거나 굳이 막을 생각이 없었던 것 같다. 아무래도 특정 시점 이후부터 FBI는 해머를 그냥 둔 채 더 큰 범죄자들에게 초점을 맞췄던 듯하다. 당시 후버의 간첩 의심 명단에 올라 있는 사람이 무척 많았다는 사실을 고려해보면 그랬을 가능성이 크다.

해머의 행각을 알아챈 사람은 후버 외에도 더 있었다. 해머와 소련의 관계는 사실 미술계의 공공연한 비밀이었다. 미술계에는 소련이 중개수수료를 제안했을 때 거절한 중개인들이 많이 있었다. 한 프랑스 미술 중개상은 약탈된 보물의 규모를 보고는 "나는 미술상이지 도둑이 아니오."[39]라는 유명한 말로 제안을 거부하기도 했다. 물론 해머의 사고방식은 이 미술상과는 달랐다. 미국의 한 비평가는 해머를 "스탈린 미국지부 대표"라고 부르기까지 했다.[40]

미술계 인사들은 해머 형제와 소련과의 관계를 잘 알고 있거나 적어도 의심의 눈길을 보냈지만, 해머가 주로 공략했던 미국 중산층은 이 사실을 눈치조차 채지 못했다. 물론 그들은 드비어스가 비슷한 동화를 들려주며 유혹해낸 바로 그 미국 중산층이었다. 역사상 최초로 등장한, 대규모 집단 구매력을 가진 계층이었던 미국 중산층은 어쩌면 공상에 가장 잘 빠지는 계층이었는지도 모르겠다.

중산층 소비자에게 돈을 뜯어내기 위해서는 먼저 이들을 파베르제와 사랑에 빠지도록 만들어야 했다. 수만 점의 상품도 필요했다. 첫 번째 조건은 해머의 창고를 가득 채우고 있는 귀중한 골동품을 파는 장소로 백화점이 좋겠다는 '친구'의 조언을 받아들임으로써 충족시킬 수 있었다. 백화점이라니, 골동품을 팔기에는 이상한 장소라고? 그럴지도 모르겠다. 하지만 해머가 백화점에 진열한 보물은 사실 팔기 위한 상품이 아니었다. 해머가 쓴 1단계 전략의 핵심은 보물을 전시하고 구매욕을 자극하는 데 있었다. 일반 대중 사이에 '사라진 로마노프 왕가의 보물'에 대한 흥미를 유발하고 열렬한 관심을 끌어모으기 위한 무대로 백화점보다 더 좋은 곳이 어디 있겠는가?

해머는 심리학 책에 쓰여 있는 온갖 이론을 동원해가며 수년 동안 미국 대형 백화점을 순회했다. 해머는 전시 기간에 아름다운 여성들에게 러시아 왕실 전통 복장을 입혀 퍼레이드를 열기도 했다. 심지어 사람을 고용해 폐위된 러시아 왕자 행세를 하며 사람들 앞에서 진열장을 아쉬운 듯 바라보며 도둑맞은 역사와 사라진 보물을 두고 한탄하는 연기를 시키기도 했다. 해머는 최면술사 같은 보석상이었다. 그는 파베르제 달걀을 아이콘으로 만들었고 미국 대중은 이를 게걸스럽게 먹어치웠다.

사람들은 파베르제 상표가 붙어 있는 적당한 가격의 소품이라면 뭐든 사들였다. 앞서 말했듯 파베르제는 담뱃갑이나 액자 같은 제품도 만들었다. 시간이 지나면서 모스크바에서 계속 물건이 들어오고 있는데도 물량이 달리기 시작했다. 당연히 파베르제가 만든 작품은 동났고 자신의 돈벌이와 신생 소비에트 공화국에 필요한 자금을 대는 데 열중해 있던 해머는 스탈린의 비호 아래 미국 내에서 파베르제의 작품을 위조하기 시작했다. 해머는 파베르제가 완성품에 찍어 진품임을 표시하는 데 사용하던 원본 쇠도장을 가지고 있었다. 아마 파베르제 건물을 본사로 썼을 때 빼돌렸을 것이다. 진짜 파베르제 제품이 다 떨어지자 해머는 프랑스에서 배로 도난품들을 실어 날라 파베르제 상표를 찍어 미국 국민에게 팔았다.

눈여겨봐야 할 사실은 당시 파베르제 제품의 가치가 희소성이나 보석의 크기에 따라 정해지지 않았다는 것이다. 사실 해머가 판 제품은 대부분 진짜 보석이 아닌 에나멜 세공품에 더 가까웠다. 해머는 러시아산 진품을 다 처분하고 나서도 시장에 계속 '진품'을 쏟아냈다. 다이아몬드로 치자면 이미 포화된 다이아몬드 시장에 유리를 내놓고 '이것도' 다이아몬드라며 파는 데 성공한 셈이었다. 원칙대로라면 파베르제 제품이 늘어날수록 그 가치는 떨어져야 했다. 하지만 실제로는 그렇지 않았다. 파베르제 제품의 가치는 희귀해서 높아진 것이 아니었다. 심지어 희귀하다고 착각해서 높아진 것도 아니었다. 파베르제 제품이 높은 가치를 인정받은 것은 '상징성' 때문이었다.

해머가 판 희귀한 상품은 바로 왕족이었다. 그것은 비극이었다. 해머는 진짜든 가짜든 파베르제의 상표가 찍힌 온갖 물건을 시장에 쏟아내며 이 물건들이 연상시키는 로마노프 왕족에 대한 이미지를 팔았다. 해머는 공들여 제작한 환상을 보여주고는 마치 놀이공원 출구에 있는 선물 가게처럼 환상의 세계에서 나가는 사람들에게 반짝이는 물건들을 처분해 돈을 벌었다.

악의 제국

1887년에 만들어진 '세 번째 왕실 달걀'은 단순히 파베르제가 만든 세 번째 달걀이라는 뜻에서 이런 재미없는 이름이 붙었다. 세 번째 왕실 달걀은 유명한 '사라진 파베르제 달걀' 가운데 한 점으로 혁명 때 자취를 감춘 뒤 그 후 거의 100년 동안이나 모습을 드러내지 않았다. 이 달걀은 작은 사파이어 하나와 큰 다이아몬드 하나가 달린 단순한 금 달걀로 화려하지 않은 금줄로 장식된 사자 발 모양 금 삼발이 위에 놓여 있다. 달걀을 누르면 윗부분이 열리면서 회중시계 크기의 시계가 나온다.

2014년 전혀 예상치 못한 곳에서 발견되지 않았더라면, 이 달걀은 아마 파베르제가 만든 달걀 가운데 가장 흥미를 끌지 못하는 작품으로 남았을 것이다. 이 달걀은 미국 중서부의 한 고물상에 의해 발견됐다. 이 고물상은 금 무게가 꽤 나가는 이 달걀을 녹일 요량으로 던킨도너츠 매장 가까이에 있는 벼룩시장에서 샀다. 그러다 우연히 이 달걀이 파베르제 제품일 뿐 아니라 러시아혁명 이후 자취를 감춘 몇 안 되는 사라진 왕실 달걀 가운데 하나라는 사실을 알게 됐다.

사실 위조한 것이든 진짜든 러시아 보물을 판 돈 가운데 해머가 챙긴 몫은 아주 적었다. 나중에 밝혀진 바에 따르면 러시아 요원들이 해머가 따로 돈을 챙기거나 물건을 중간에 빼돌리지 못하도록 감시했다고 한다. 따지고 보면 해머는 국제 장물아비에 지나지 않았던 셈이다. 하지만 해머가 판 장물은 러시아 전 국민의 재산이었고 해머가 장물아비 짓을 한 이유는 미국 정부의 몰락을 바라는 적대적인 외국 정부를 도와주기 위해서였다.

미국 중산층은 파베르제의 작품을 허겁지겁 사긴 했지만, 달걀 작품을 사지는 않았다. 사실 중산층 소비자들은 너무 과한 물건은 절대 사지 않았다. 그래서 진짜 보석 작품은 전혀 구입하지 않았다. 하지만 해머는 사라진 찬란한 제국과 몰락한 왕가, 아름답고 화려한 러시아 황후, 비극적인 로맨스를 지어냄으로써 평범한 미국 중산층의 욕망을 부추긴 뒤 이를 지렛대 삼아 물건을 산 사람들이 자신도 모르는 사이에 상품판매원 역할을 하도록 만들었다. 진짜 보물을 한 점 가졌단 생각에 마음이 부풀지 않을 사람이 어디 있겠는가?

해머는 진품이든 가품이든 파베르제의 머리 두 개 달린 독수리 문양을 미국인들의 오랜 애증의 대상인 '왕족'을 대표하는 상징으로 만들어버렸다. 해머는 파베르제 달걀을 부와 권력의 심리적인 줄임말로 만들었다. 일반 고객들은 대량생산된 간소한 은제품이나 에나멜 작품을 주로 구입했지만, 파베르제에 대한 대중의 열광은 결국 맬컴 포브스나 재무장관 앤드루 멜런 같은 최고 부유층에게까지 번졌고 이들은 꽤 많은 재산을 들여 터무니없이 비싸고 거대한 작품들을 사들이기 시작했다. 미국 사람들이 파베르제의 작품을 사들이자 해머는 그들의 숨겨진 욕망을 자극해 벌어들인 수억 달러를 스탈린의 계좌로 직접 송금했다. 소련이 초기에 어려움을 겪고 있을 때 미국 중산층 소비자들이 자금을 대준 셈이다.

이 자금은 다 어디에 쓰였을까? 물론 소비에트 연방 공화국에 쓰였다. 첩보전, 우주 개발 경쟁, 스푸트니크, 냉전 등에 쓰였다. 20세기 서방 세계의 가장 큰 적이자 레이건 대통령이 '악의 제국'이라 이름 붙인 소련은 처음에는 독일의 돈으로, 다음에는 미국의 돈으로 만들어진 셈이다.

◆

Part 3

가지다

산업, 혁신, 터널 저편의 빛

욕망에 얽힌 이야기는 물건을 손에 넣은 후에도 계속된다. 어떨 때는 물건을 손에 넣고 나면 그에 대한 흥미가 사라진다. 그런가 하면 손에 넣고 난 후에 오히려 더 가지고 싶어지는 때도 있다. 물건을 손에 넣고 나면 우리의 모습은 어떻게 변할까? 이런 변화는 세상에 어떤 영향을 미칠까?

우리는 지금까지 가치가 가상적이며 매우 주관적으로 결정된다는 사실에 초점을 맞췄다. 이 과정에서 가치를 판단하는 우리의 감각이 가지고 싶다는 욕구로 인해 어떻게 변하는지도 살펴봤다. 예를 들어 맨해튼과 바꾼 구슬 이야기에서 욕망이 어떻게 우리의 가치판단에 영향을 미치는지, 이렇게 판단한 가치가 어떻게 다시 욕망의 형태를 변화시키는지 알 수 있었다.

불운한 마리 앙투아네트의 이야기에서는 욕망이 어떻게 우리의 도덕적 가치관까지 형성하는지 살펴볼 수 있었다. 우리는 보석이 상징으로 변하는 과정을 좇았고 보석에게 부여될 수 있는 여러 의미와 보석이라는 물리적 실체가 만들어낸 감정의 좋거나 나쁜 결과에 대해 알아보았다. 또 채워지지 않은 욕망이 공격 성향이나 부패, 심지어 전쟁으로 이어지는 모습도 살펴봤다.

지금까지 보석의 가격은 얼마인지, 보석은 어떤 의미를 가질 수 있는지 고민했다. 그렇다면 이제 우리는 물을 수 있다. 보석이 무슨 일을 할 수 있을까? 보석이 한 사회를 지켜낼 수 있을까? 시간의 틀을 바꿀 수 있을까? 가상 가치가 아닌 실제 가치를 만들어낼 수 있을까? 장신구 한 점을 기반으로 산업과 조직, 심지어 군대까지 생겨났다면 믿을 수 있겠는가?

이 책의 마지막 주제는 욕망의 긍정적인 측면이다. 아름다움에 대한 인간의 집착과 귀한 보석처럼 희귀하고 값어치 있어 보이는 물건을 얻고자 하는 끊임없는 욕망은 폭력과 혼란을 불러오기도 했지만, 한편으로는 과학, 경제, 사회 분야에서 놀라운 발전으로 이어지기도 했다. 제3부 '가지다'에서는 욕망을 충족한 후에 벌어지는 일들에 대해 살펴본다. 욕망의 성취는 가끔 단순한 만족감을 뛰어넘는 흥미로운 성과를 낸다.

진주를 대량으로 양식하겠다는 꿈을 이룸으로써 무의식중에 사라지기 직전의 일본 문화를 지켜낸 우동집 주인, 헝가리 백작 부인의 쓸데없어 보이는 변덕에 맞춘 패션 시계를 만들어 결국 현대 전쟁에 혁신을 일으킨 시계공 등 제3부에서 다룰 이야기에 나오는 사람들은 모두 사적인 욕망을 충족시켰을 뿐이지만, 그 결과 더 멋진 다음 이야기의 주인공이 되었다. 이들은 처음에 품었던 단기적인 목표보다 훨씬 더 큰 꿈을 이뤘고 훨씬 더 존재감 있는 중요한 인물이 되었다.

제3부 '가지다'는 보석의 변화와 그에 따른 세상의 변화에 대한 이야기다.

내 실험실에서 만들지 못하는 물건이
두 개 있다면, 바로 다이아몬드와 진주입니다.
미키모토 씨가 진주를 양식한 것은
세계적으로 놀라운 일입니다.

_토머스 에디슨Thomas Edison

자연도 신이 만든 작품일지니
모든 물건은 인공이다.

_토머스 브라운 경Sir Thomas Browne

chapter 07

회장님의 목걸이

양식진주와 일본의 근대화

1603년 도쿠가와 막부는 일본 밖의 야만인들은 일본에 종교 갈등과 논쟁을 불러오는 존재일 뿐이라고 결론내렸다. 그러고는 외국 사람들이 드나들 수 있는 문을 영원히 닫아버렸다. 아니, 영원히 닫을 생각이었다. 그로부터 약 250년 후, 이 문은 연기를 내뿜으며 일본에 도착한 미국 선단의 총구 앞에 강제로 열렸다. 미국의 배들이 현대적인 나머지 이를 처음 본 많은 일본인은 용이 나타났다고 생각했다.

1853년 7월 8일, 미국 제독 매슈 페리Matthew Perry는 문화적, 기술적, 군사적으로 전혀 준비되지 않은 상태의 일본을 향해 중무장한 군함 네 대를 몰았다. 페리가 맡은 공식임무는 외교업무 수행이었다. 페리는 평화조약서와 양자무역 협정서, 미국 대통령이 작성한 인사편지를 들고 일본에 도착했다.

하지만 사실 페리의 모든 행동은 미국의 군사력을 과시하기 위해 철저히 계획됐다. 외부 세계와의 접촉을 엄격히 금하고 있던 일본의 지도부 도쿠가와 막부에게 미국 함대는 그 존재만으로도 다음과 같은 메시지를 명확히 전달하고 있었다. "순순히 응하라. 아니면 목숨을 내놓으라." 미국은 일본이 교역의 문을 열길 바랐다.

미국에서 온 불청객이 머무는 동안 일본은 수치스럽고 불평등한 자유무역 협정과 통행권 협정, 여러 평화조약에 강제로 동의했다. 군사력에서 압도당했기 때문이다. 충격을 받은 도쿠가와 막부는 멀어져가는 미국 선단을 바라보며 무슨 수를 써서라도 서양을 따라잡아 추월하겠다고 다짐했다. 결코 다른 나라의 식민지 노예가 될 수는 없었다.

이렇게 해서 일본은 20세기 초에 세계무대에 강제로 다시 끌려나왔다. 일본은 250년 동안 일어난 사회와 기술의 진보를 빠르게 따라잡기 위해 수백 년 동안 지켜온 전통과 봉건주의를 버리고 국가의 기틀을 완전히 바꾼다는 고통스러운 결정을 내렸다. 수많은 학생이 유럽과 미국으로 유학을 갔다. 현대의 산업과 과학, 상업에 대해 최대한 많은 지식을 얻기 위해 외국에 특사도 파견했다. 온갖 분야에서 서양의 전문가들을 초빙해 철도 건설부터 은행 운영까지 모든 일에 대한 조언을 들었다. 심지어 외국인 '전문가'들은 사무라이를 현대식 서양 군대처럼 바꾸기 위한 재교육까지 했다.

일본은 이 급격한 현대화 기간 동안 대형 증기선을 제작하고 현대식 방직공장을 세우는 등 여러 산업을 발전시켰다. 하지만 일본이 이 시기에 이뤄낸 어떤 발전이나 성공도 미키모토 고키치御木本幸吉의 양식진주 '발명'에는 비할 바가 못 된다. 이는 생명공학 산업의 시작을 열며 기술혁명의 시발탄이 됐고 일본이 세계적인 강국으로 거듭나는 데 크게 이바지했다.

첫 다섯 알

진주를 대중적인 보석으로 만든 미키모토 고키치는 1858년, 일본이 강제 개항된 해에 태어났다.♦ 가난한 우동집 장남 미키모토의 고향은 도바 강 후미의 어촌이었다. 미국의 침략 이후 수십 년 동안 일본을 뒤흔든 메이지 유신 덕분에 이론적으로는 모든 사람이 신분에 상관없이 자유롭게 경제활동을 할 수 있었지만, 현실적으로는 '가난'이 대다수 사람의 발목을 잡고 있었다. 미키모토가 열한 살이 되던 해에 아버지가 병석에 누웠고 그 이후로 그는 대가족의 실질적인 가장 역할을 했다. 미키모토는 온종일 채소 장사를 하고 우동을 만들었으며 밤에는 우동 수레를 밀었다.

작은 어촌에서의 고된 삶이었지만, 가까운 곳에 해안가가 있는 게 몇 안 되는 좋은 점이었다. 젊은 미키모토는 진주에 마음을 빼앗겼다. 어쩌면 가슴을 드러낸 채 해안가에서 진주를 채취하는 일본의 진주잡이 해녀들에게 관심이 있었을지도 모른다. 아마라고 불리는 일본의 진주잡이 해녀들은 수백 년 동안 같은 방식으로 진주를 채취해 팔고 있었다. 미키모토는 아주 작은 진주조차 갈아서 약품이나 화장품 재료로 쓸 수 있으므로 도시에 있는 시장에 내다 팔면 꽤 값어치가 나간다는 사실을 진작에 알고 있었다. 하지만 그는 완벽하게 둥근 모양의 진주를 기르는 데 집착했다. 미키모토는 조개에 왜 진주가 생기고 안 생기는지, 사람이 진주를 만들 방법은 없는지 궁금

♦ 페리는 1853년 일본에 도착했지만, 흔히 해리스 조약이라 불리는 수호통상소약은 5년 후인 1858년에 체결됐다. 이 조약이 체결된 후에야 누구나 일본을 드나들며 종류의 제한 없이 사업할 수 있게 됐다.

했다. 미키모토의 꿈은 진주를 대량 양식해 모두가 가질 수 있는 보석으로 만드는 것이었다. 나중에 미키모토는 전 세계 모든 여성의 목을 진주 목걸이로 장식하는 일이 자신의 꿈이라고 말했다. 심지어 회사를 세워 운영하게 된 이후에도 2달러짜리 진주 목걸이를 만들어 팔거나 이 돈도 없는 여성들에게는 무료로 나눠줄 수 있을 만큼 진주를 많이 만들 수 있는 날이 오길 바란다고 말하곤 했다.

스물세 살쯤 미키모토는 여전히 땅거미가 질 무렵부터 동틀 때까지 우동을 팔아 생계를 유지하고 있었지만, 결혼은 사무라이의 딸과 했다. 아내의 이름은 우메였다. 우메는 진주 양식을 성공시키는데 남편만큼이나 크게 기여했다. 우메는 메이지 유신 전에는 평민과의 결혼은 상상도 못 했을 만한 사무라이 집안의 딸이었지만, 조개 양식장을 보러 다니고 조개를 검사하고 진주를 양식하느라 타지에 나가 있던 남편을 대신해 우동 가게를 맡아 가장 역할을 하면서 항상 남편에게 꿈을 꼭 이룰 수 있을 거라고 격려했다.

미키모토는 아름다운 진주를 양식하고자 하는 꿈 외에도 메이지 유신 전에는 상상 속에서나 가능했을 만한 꿈을 품고 있었다. 그는 과학자가 되고 싶었다.

1927년 노년의 미키모토에게 평소 우상이었던 토머스 에디슨에게 초대받는 기념할 만한 일이 일어났다. 에디슨은 미키모토를 집으로 초대해 자신의 실험실을 보여주며 미키모토의 위대한 업적을 칭찬했다. 에디슨은 이렇게 말했다. "이건 양식진주가 아니라 진짜 진주군요. 내 실험실에서 만들지 못하는 물건이 두 개 있다면, 바로 다이아몬드와 진주입니다. 미키모토 씨가 진주를 양식한 것은 세계적으로 놀라운 일입니다. 진주 양식은 생물학적으로 불가능하다고 여겠던 일이니까요."[1]

초기에 미키모토는 지역 정계에 진출해 기반을 닦았고 1880년대 중반에 시마해양생산발전연합의 회장이 됐다. 이 단체에서 미키모토는 일본 수산협회 사무총장 야나기 나라요시를 만났다. 1890년 야나기는 미키모토를 제3회 전국산업박람회에 초대했고[2] 미키모토는 이 박람회에서 일본 최고의 해양 과학자 미츠쿠리 가키치[3]를 소개받았다. 미츠쿠리는 미키모토의 계획을 헛된 소리로 들어 넘기지 않은 몇 안 되는 사람 중 한 명이었다. 미키모토는 미츠쿠리에게 많은 것을 배우고 기초자료를 얻었다.

진주 양식에 성공하지 못한 채 몇 해가 흐르는 동안 미키모토의 사업 규모와 사업에 드는 비용은 계속 늘어났다. 그러던 중 1892년, 재앙이 닥쳤다. 양식장을 둘러보던 미키모토의 눈에 핏빛처럼 붉은 바닷물이 들어왔다. 적조였다. 독성 조류가 퍼져 조개 5천 마리가 죽었고 미키모토는 모든 것을 잃었다. 그는 이제는 양식진주를 향한 모험을 그만둬야겠다고 생각했다. 하지만 우메는 고립되어 있던 작은 무리의 조개들은 아직 살아 있을지 모른다며 용기를 북돋웠다. 그리고 정말로 살아 있는 조개 무리를 발견해 남편을 그곳으로 데려갔다. 사실 미키모토가 절망해 있는 동안 조개에서 처음으로 양식진주를 발견한 사람은 우메였다. 우메는 그날 고립된 조개 무리에서 전부 다섯 알의 진주를 발견했다. 마지막으로 이 발견을 남긴 채, 우메는 얼마 지나지 않아 생을 마감했다.

1893년 7월, 우메가 발견한 첫 양식진주들은 완벽한 구형이 아닌 반구형의 마베 진주였다. 하지만 마베 진주만으로도 미키모토의 방식이 옳다는 사실을 증명하기엔 충분했고 1896년 특허도 받을 수 있었다.[4] 미키모토는 마베 진주를 판매하기 시작했고 이렇게 번 돈으로 연구를 계속했다. 사실 진주 양식을 시도했던 사람들은 미키모토 전에도 많았다. 하지만 오랜 시간 동안 체계적으로 반복해 실험하면서 증거를 수집하는 방식이 성공의 비결이라는 사실을 깨우친 사람은 과학자적인 성향을 가진 미키모토뿐이었다. 둥근 진주를 만드는 데 성공하기까지 미키모토는 여러 번 실험에 실패했다.

미키모토는 조개가 진주층으로 둘러쌀 수 있도록 진주 핵 역할을 할 만한 물체를 조개 속에 넣을 수 있을 거라고 믿었고 이미 이런 방식으로 조개껍데기에 붙어 생기는 마베 진주를 만드는 데는 성공한 상태였다. 하지만 조개껍데기가 아닌 조갯살 '속'에 자리 잡은 채 진주층을 만들기에 충분한 자극을 주면서도 조개를 죽이거나 조개에 의해 밖으로 배출되지 않을 만한 물질을 발견하지는 못했다. 비누, 금속, 나무 등 진주의 씨앗이 될 수 있을 만한 물건이라면 뭐든 실험해 봤지만 실패였다. 그러다 하루는 조개껍데기로 만든 구슬을 넣어보면 어떨까 하는 생각이 들었다. 이 시도는 성공했지만, 정확성이 떨어졌다. 어떤 조개에선 진주가 나왔지만, 다른 조개에선 나오지 않았다.

보석으로 쓸 수 있는 구형 진주를 만들기 위해 수년간 시도와 실패를 거듭한 끝에 미키모토는 방식을 바꿔보기로 했다. 이번에는 진주 핵 전체를 다른 조개의 살아 있는 조직으로 덮었다. 시간과 비용이 많이 드는 방식이었고 당시에는 미키모토 자신도 왜 이 '완전 밀폐' 방식이 성공했는지 알 수 없었지만, 어쨌든 성공이었다. 1896년 미키모토는 진주 핵을 다른 조개의 조직으로 완전히 감싸는 이 기술에 대한 특허를 출원했다.

나중에 조개 외투막 조직의 주름진 모서리에 있는 상피세포가 조개 내부에 진주낭을 형성하는 역할을 한다는 사실이 밝혀졌다.♦ 진주핵만 조개 속에 삽입하는 방식이 효과적이지 못했던 것과 조개 껍데기와 조개 조직 사이에 진주핵을 넣어 핵이 외투막 조직과 닿게 하면 마베 진주를 얻을 수 있었던 것도 모두 이 때문이었다.

미키모토는 곧 진주를 만드는 데 조개의 살아 있는 외투막 조직이 필수적인 역할을 한다는 사실을 밝혀내지만, 사실 이 발견은 빛을 보지 못할 뻔했다. 미키모토는 거의 파산 상태에서 '완전 밀폐' 방식에 모든 것을 걸고 진주가 다 자라기만을 끈기 있게 기다렸다. 하지만 1905년, 진주가 자라기도 전에 '또 한 번' 재앙이 닥쳤다. 적조로 85만 마리 이상의 조개를 잃은 것이다. 하지만 미키모토는 포기하고 싶지 않았다. 어쩌면 몇 년간의 고생으로 신경쇠약 상태였는지도 모른다. 미키모토는 악취를 풍기는 썩은 조개더미가 쌓인 해변에 앉아 조개를 하나하나 열어보기 시작했다. 대부분의 조개는 폐사했지만, 조개 수천 개를 열어본 다음 결국 완벽한 원형 진주 다섯 알을 찾아낼 수 있었다.

생명공학의 탄생

진주 양식 기술을 완성한 미키모토는 대량으로 진주를 양식하기 시

♦ 최근 진주를 만드는 데 핵이 꼭 필요하지 않다는 사실이 분명해지면서 작은 외투막 조직만 가지고 담수 진주를 만들기도 한다. 이론에 따르면 자연적으로 기생충이 들어와 진주를 형성할 때는 기생충이 지니고 들어온 외투막 조직이 진주낭을 만든다고 한다. 반면 양식진주의 핵은 외과적으로 조개 안에 삽입되므로 외투막 조직을 반드시 함께 넣어주어야 한다.

작했다. 미키모토는 양식진주의 선구자일 뿐만 아니라 그때까지 없던 새로운 기술인 '진주 양식'을 고안하고 발전시킨 인물이기도 하다. 미키모토는 잠수부를 고용해 야생 아코야 조개를 채취한 뒤 마치 경주마나 장미의 품종을 고르듯 색깔, 경도, 진주 생성 능력, 번식력을 모두 고려해 양식장에서 사용할 조개 품종을 추려나갔다. 그리고 이렇게 고른 조개에 진주 씨앗을 심은 다음 바구니에 담아 미키모토 소유의 섬 해안에 떠 있는 커다란 부표에 걸었다.

1916년 미키모토는 구형 양식진주에 대한 두 번째 특허를 출원했다. 미키모토는 품질이 뛰어나고 대량생산이 가능한 자신의 양식진주를 전 세계에 홍보하고 판매하기 시작했다. 1920년대 일본에서는 상품으로 수출할 수 있을 만큼 무척 많은 양의 양식진주가 생산되었고 미키모토는 일본의 가장 위대한 과학자 10인 가운데 한 명으로 이름을 올렸다.

양식진주는 자연과 기술의 융합 학문인 20세기 생명과학의 시작이었다. 아코야 진주는 살아 있는 생명체에서 얻은 첫 공산품이었다. 미키모토는 진주를 여러 가격대로 나누어 '모두' 파는 전략을 폈다. 보석용으로 적합하지 않은 하급 진주는 가루를 낸 다음 미키모토 제약회사의 칼슘 보충제나 화장품을 만드는 데 쓰였다.

사실 미키모토가 일본의 메이지 유신에 공헌한 만큼 메이지 유신도 미키모토의 발명에 공헌했다. 미키모토는 일본이 수백 년 동안의 자발적인 정체에서 벗어나 다른 근대국가를 따라잡기 위해 전력질주하던 시대에 태어났다. 만일 근대화 바람이 불기 전에 태어났더라면 우동집 장남으로 태어난 미키모토는 과학자와 사업가의 길을 자유롭게 걸을 수 없었을 것이다. 일본의 산업화 과정은 남아프리카의 다이아몬드 러시와 비슷한 면이 많지만, 그저 운과 식민주의의 산물이었던 남아프리카 다이아몬드 러시와 달리 일본 산업화의 성공 배경에는 과학 연구와 근면함이 있었다. 평생 근검절약하고 자신에게 엄격했던 미키모토는 양식진주를 통해 재산을 불릴 생각을 하기보다는 양식진주가 '일본을 위해' 쓰여야 한다고 믿었다. 당시 일본은 국토가 좁고 상대적으로 천연자원이 빈약해서 주로 원자재를 수입해 완성품을 수출하는 상업 경제에 의존할 수밖에 없는 취약점이 있었다. 미키모토는 양식진주가 이에 대한 한 해결책이 될 수 있다고 생각했다. 자신이 평생을 바쳐 이룬 과업이 자신을 위한 것이 아닌 나라를 위한 일이었음을 증명하듯 미키모토는 "이 수확물을 일본 천황께 선물합니다."라고 말하며 천황에게 첫 번째 양식진주를 바쳤다.[5] 메이지 시대가 끝나갈 때쯤, 일본은 수백만 알의 완벽한 진주를 독점 수출하는 국가가 됐다.

극단적인 쇄국정책

여기까지가 미키모토의 성공 신화다. 이제 이 성공이 시작된 때로 돌아가보자. 성공의 씨앗은 언제나 훨씬 전부터 심겨 있게 마련이다.

스스로 고립을 선언했던 나라는 많지만, 모든 세상과 단절했던 나라는 많지 않았다. 대다수 국가에게 고립 정책은 다른 나라와 '함께' 해야 하거나 다른 나라를 위해 해야 하는 일을 하기 싫을 때 핑계 삼아 쓰는 술수일 뿐이었다. 하지만 중세 일본에서 편 서양에서 '멀어져 관여하지 않는다.'는 정책은 진짜로 관여하지 않는다는 말이었다. 게다가 더 신기한 사실은 일본이 이런 정책을 수백 년 동안이나 유지할 수 있었다는 점이다.

미키모토와 양식진주가 등장한 20세기보다 훨씬 이전의 중세 일본으로 배경을 옮겨보자. 당시 일본의 통치 계급은 대규모 사병과 잘 훈련된 사무라이를 거느린 다이묘라 불리는 봉건 영주였다. 천황이 그저 지켜만 보는 가운데 다이묘들은 영토, 권력, 세력을 확장하기 위해 서로 싸웠다. 이들은 눈엣가시 같은 유럽 무역상과 선교사에 대항해 싸우기도 했다. 당시 일본은 분산된 권력과 영주들 간의 싸움, 반체제적이고 사회에 동요를 일으키는 성가신 기독교 선교사들로 인해 혼란 상태였다. 그 결과 15세기와 16세기 일본에서는 내전이 끊이지 않았다.

1600년 일본에 쌓였던 문제들이 마침내 폭발해 세키가하라 전투가 벌어졌고 여기서 이긴 사무라이 도쿠가와 이에야스가 일본 전역의 통치권을 손에 넣고 군사를 통합했다. 도쿠가와 이에야스는 자신의 주둔지로 현재는 도쿄가 된 에도 지방에 중무장한 성을 짓고 그 안에서 나라를 다스렸다. 1603년의 일본 황실은 아무런 권력이 없긴 했으나 그렇다고 눈뜬장님은 아니었다. 역사의 흐름을 읽은 황실은 도쿠가와 이에야스를 최고 군사 통솔자인 쇼군으로 임명했다. 당시 황실은 몰랐겠지만, 이로써 이후 일본을 250년 동안 통치하며 일본의 고전기를 이끈 도쿠가와 막부가 세워졌다.

쇼군이자 비공식 국가 수장이 된 도쿠가와는 먼저 지난 세기 동안 끊임없는 내전과 외세의 침략, 종교 불화로 조각난 일본을 하나로 합치고자 했다. 도쿠가와는 전통을 되살려 일본을 무사도♦ 정신을 존중하고 토속 종교인 신도와 불교 신앙을 믿는 나라로 되돌리려

했다. 도쿠가와 정부는 이 개혁이 성공하면 일본에 평화가 찾아오고 경제가 번성하리라고 믿었다. 가장 먼저 편 정책 가운데 하나는 모든 외국인을 추방하는 것이었다.

기독교가 수 세기에 걸쳐 여러 국제적인 종교분쟁을 일으키는 광경을 지켜본 일본의 보수 지도층은 자신들의 땅에서 기독교가 싹트는 것을 원하지 않았다. 더욱이 기독교 선교사들은 봉건사회의 기반 자체를 위협하는 존재였다. 봉건시대 유럽과 마찬가지로 당시 일본 인구의 대다수는 천황과 자신이 사는 지역의 다이묘에게 죽음을 맹세한 소작농들이었다. 소작농에게 천황이나 다이묘보다 더 높은 존재인 기독교의 신이나 교황에게 충성해야 한다고 주장하는 선교사들은 정교하게 짜여 있던 일본의 사회구조에 파괴적인 영향을 미칠 수 있었다.

선교사 문제 외에도 당시 많은 일본인은 유럽과의 교역이 불공정하다고 느끼고 있었다. 가까이에서 세력을 키우고 있는 식민 열강들이 일본에 군사적인 위협을 가할지 모른다는 생각 또한 쇄국을 지지하는 요인이 됐다. 이런 여러 요인이 합쳐져 도쿠가와 막부는 1636년부터 역사상 가장 수동공격적인 외교정책이라 불릴 만한 격리정책을 펴기 시작했고 이를 통해 서구 세계와 효과적으로 단절할 수 있었다. 1639년이 되자 일본 정부는 아예 '닫힌 나라'를 뜻하는 쇄국정책을 펴기 시작했다.

극단적인 쇄국정책하에서 기독교 신앙은 불법이었고 발각될 경

♦ 무사도는 당시에 있었던 표현은 아니고 현대에 와 붙인 이름인데 서양의 기사도와 비슷하지만 기사도보다 원칙과 자기희생, 완벽주의를 더 강조하는 철학이자 규범이다.

우 엄중한 벌에 처해졌다. 외국인과의 만남은 엄격히 금지됐고 모든 서양인은 추방됐다. 쇄국정책은 외국인이 일본에 발을 들이는 행위를 금지했음은 물론 짧은 기간이긴 하지만 자국민이 외국에 나가는 일을 금지하기도 했다. 기록에 따르면 심지어 배가 침몰해 일본 해안으로 떠내려온 서양 선원들도 다시 먼 바다로 돌려보내거나 죽이거나 죄인 취급을 했다고 한다. 이렇게 강경한 쇄국정책에서 예외를 적용받은 곳은 나가사키 인근의 항만에 있는 부채꼴 모양의 작은 외딴 섬 데지마뿐이었다. 이 섬은 정부의 밀착 감시를 받는 네덜란드 상인들로 붐볐다. 분명 쇼군은 네덜란드 상인들은 다른 유럽인들보다 조금 덜 공격적이고 반체제적이라고 여긴 듯하다.(전에 말했듯 네덜란드 동인도회사의 비공식 좌우명은 '예수님도 좋지만, 장사가 더 좋다.'였다.) 하지만 이들조차 일반인과는 엄격히 분리돼 있었다.

쇄국 기간 동안 일본은 중국 및 한국과는 통상적인 상거래와 외교관계를 유지했지만, 서양 물정에 대해서는 네덜란드에서 온 상인 무리 몇 명이 머물던 데지마라는 열쇠 구멍만 한 창을 통해서밖에 들여다볼 수 없었다.[6]

뜨는 해, 지는 해

일본의 고전기인 에도시대는 1603년부터 1867년까지 지속됐다. 이 기간에 일본 전역은 역사상 유례없는 평화와 번영을 누렸다. 잠자듯 문을 걸어 잠근 에도시대 일본에서는 정치, 과학, 산업 분야에서 혁명이 일어나진 않았지만, 다른 분야에서 국가적으로 자긍심이 높아졌다. 일본 경제는 급속도로 성장했고 농업 생산량도 급격히 늘었다. 태평성대 동안 늘어난 부는 공업과 지역 상권을 발전시켰고 오사카나 교토처럼 성장하는 분주한 도시에서는 부유하고 잘 교육받은 상인 계급이 형성됐다.

일본은 황금기로 들어서고 있었다. 일본의 황금기는 1700년대에 극에 달했다. 에도시대 황금기 동안 예술이 번성했다. 새로운 가부키 극장과 분라쿠 인형극장이 생겨 관객을 즐겁게 했고 하이쿠를 비롯한 여러 혁신적인 형태의 시가 독자의 눈을 틔웠다. 또한 게이샤 예술이 등장했고 현재 일본 전통문화의 상징이 된 섬세한 목판화 기술이 완성됐다. 기독교를 축출한 이후의 쇄국 일본은 질서 정연하고 안전하고 부유하며 신기할 정도로 온건한 단일종교 국가였다.

불행히도 다른 사회 시스템과 마찬가지로 에도시대 일본 사회에도 단점은 있었다. 특히 에도시대 일본은 신분 이동이 엄격히 제한된 경직된 사회였다. 가장 높은 신분은 힘없는 허수아비이긴 했지만, 국민에게 숭배받았던 왕족과 실제 권력을 쥐고 있는 쇼군이었다. 가장 대접받는 특권 계급은 사무라이라 불리는 무관 귀족이었다. 사무라이 밑에는 활기찬 도심에서 생명줄 역할을 했던 상인과 예술가, 공연가, 공예가가 위치했다. 피라미드의 가장 아래층에는 인구의 80퍼센트를 차지하는 소작농들이 있었다.

신분은 태어나면서부터 정해졌고 사람들은 일본을 벗어나지 않는 한 신분 이동을 할 수 없었다. 서로 다른 신분이 섞여 즐기는 일은 법으로 엄격하게 금지됐고 이로 인해 생활과 상업이 제한받았다. 신분 제한법은 경제와 사회의 안정을 유지하기 위해 만들어졌다. 하지만 미국에 의해 강제로 개항하기 전, 에도시대의 마지막 몇십 년 동안 이런 신분제도는 이미 스스로 붕괴하고 있었다.

에도시대 일본에서 정해진 직업만을 가져야 하는 신분은 소작농 뿐만이 아니었다. 소작농들이 농사만 지어야 했듯 사무라이와 귀족들 또한 상업에는 손을 댈 수 없었다. 그 결과 전쟁이 없어 빌린 돈으로 살면서 돈을 갚지 못하는 사무라이들의 삶을 지탱해야 했던 상인과 소작농 계급의 불만이 커졌다.

에도시대에 한편으론 장점인 제도는 다른 한편으론 단점이었고 한편으로 단점인 제도는 다른 한편으론 장점이었다. 장단점이 얽혀 있는 이런 사회구조로 인해 일본 전통문화는 한 시대만에 싹트고 꽃핀 뒤 시들었다.

검은 배가 나타났다

일본은 250년 넘게 자발적으로 세계에서 고립되어 있는 동안 에스파냐의 몰락과 계몽주의, 프랑스혁명, 영국 상업 제국의 세계화, 미국 건국, 산업혁명 등 여러 역사적인 사건을 놓쳤다. 소수의 일본 지식인들은 네덜란드 상인들이 드나드는 작은 섬을 통해 소위 '난학(蘭學: 에도시대 네덜란드에서 전래된 지식을 연구한 학문_옮긴이)'을 배우며 세계의 발전상을 전해 듣고 있었다. 하지만 이들이 배운 지식은 일본 해안에 위협적인 모습을 드러낸 페리 제독과 그의 함대가 보여준 충격적인 진실과 대면하는 데 아무 쓸모가 없었다.

1853년 7월 8일, 우라가 항에 있던 마을 주민과 선원들이 처음으로 본 미국 배의 모습은 설명할 수 없을 정도로 무시무시했다. '망망 대해'에서 거대한 물체가 불타고 있기라도 한 듯 엄청난 검은 구름이 해안선을 뒤덮었다. 이 모습이 너무 무서웠던 나머지 가까운 바다에 흩어져 있던 어선들은 미친 듯이 항구를 향해 노를 저었고 땅에 있던 사람들은 용이 내뿜는 연기가 분명하다며 달려가 몸을 숨겼다.

악몽 같은 일이었다. 마을 전체가 충격에 빠졌다. 종이 울리고 공포가 퍼졌다. 신경이 곤두선 마을 사람 몇몇이 "거대한 용이 연기를 내뿜는다!"고 소리 지르는 동안 더 이성적인 사람들과 바다를 볼 수 있었던 사람들은 "외국에서 화선이 들어왔다!"[7]고 알렸다. 어부들을 겁먹고 바다에서 도망치게 한 엄청나게 거대한 괴물의 모습은 곧 마을 사람들 눈에도 들어왔다. 둥근 창 안에서 번쩍이는 빛이 새어나오고 총과 대포를 빽빽이 실은 우뚝 솟은 검은 철선 네 척이 석탄을 태운 연기를 내뿜으며 다가오고 있었다. 차라리 용이었다면 덜 무서웠을 터였다.

검은 배가 다가오자 사람들은 뿔뿔이 흩어졌다. 몇몇은 집에 숨었고 몇몇은 산을 향해 뛰었다. 일부는 쇼군에게 이를 알리기 위해 가까이 있는 수도 에도를 향해 발을 재촉했다. 일본인 가운데 가장 분별력 있는 부류는 옛날에 추방했던 '남쪽의 야만인(남만)'들이 엄청난 힘과 무서운 기계를 자랑하며 귀환했음을 알아차렸다.

일본인의 눈에 비친 철선은 신대륙 원주민들의 눈에 비친 콜럼버스의 거대한 나무 갤리온선만큼이나 낯설고 무서웠다. 쇄국 기간 동안 일본인들은 옛날부터 쓰던 돛이 하나 달린 '허름한' 작은 나무 배를 타고 일본 해안가의 가까운 바다만 항해했다. 하지만 그동안 서양인들은 끊임없이 더 크고 더 빠르고 더 강력한 배를 만들어 전쟁과 무역을 하며 세상을 돌아다녔다. 1600년만 해도 어렵고 위험한 태평양 횡단을 시도하는 사람은 거의 없었다. 하지만 1853년에 샌프란시스코에서 일본까지는 겨우 18일밖에 걸리지 않는 가벼운 항해였다.

페리의 '함대'는 두 척의 대형 증기 구축함 미시시피와 서스퀘하나, 그리고 조금 더 작은 범선 두 척으로 이뤄져 있었다. 각 배는 매 시간 수천 킬로그램의 석탄을 태웠고 배에 실린 인원은 모두 합해 거의 1천 명에 달했으며 총도 무척 많이 실려 있었다. 두 척의 증기 구축함 가운데 더 낡고 성능이 떨어지는 미시시피호의 거대한 증기 기관은 1841년 만들어졌을 당시에 '철의 지진'[8]이라고 불렸다. 일본인들은 미국에서 온 배를 '검은 배'라 부르기 시작했다. 색이 검고 이상하고 더러운 연기를 내뿜어서이기도 했지만, 이들 배의 모습이 곧 닥쳐올 재앙의 전조처럼 어두워 보였기 때문이다. 검은 배들은 서양의 기술과 눈앞에 닥친 서구 식민주의의 위협을 상징했다. 마귀의 현신이 나타났다고 생각하는 사람도 있었다.

대단한 무기

페리의 함대는 일본인 사이에 엄청난 두려움을 불러일으켰다. 미국은 공포심을 조장해 '함포 외교'를 하기 위해 계획적으로 군사적, 기술적 우위를 내보였다. 페리는 곧장 항구에 정박해 겁먹은 일본인들 앞에 바로 모습을 드러내는 대신 바다에서 일주일을 머무르며 심리적인 압박을 가했다. 일본인을 겁주어 얌전하게 만들 목적으로 일부러 깃발을 흔들고 축포를 쏘고 대포를 재정비했다. 마침내 항구에 내리는 날이 오자 페리는 중무장한 군인 300명 이상을 거느리고 땅에 발을 디뎠다. 군악대도 함께였다.

페리는 미국 대통령이 쓴 편지를 가지고 왔으니 일본의 천황과 만나게 해달라고 요청했다. 그는 수 세기 동안 고립되어 있던 일본인들이 서양의 계급 체계에 대해 잘 모른다는 점을 이용해 자신의 지위를 과장했다.[9] 하지만 미국도 일본에 대해 모르기는 마찬가지였다. 페리는 당시 일본의 천황이 거의 상징적인 존재라는 것을 전혀 몰랐고 쇼군과 막부가 실제 권력을 쥐고 있다는 사실도 알지 못했다. 결국 페리는 천황이 아닌 막부가 보낸 대변인과 만나게 됐다.

협상은 며칠 동안 이어졌다. 사실 협상은 속이 뻔히 보이는 군사적인 협박을 가리기 위한 얇은 위장막에 지나지 않았다. 페리는 미국 선박이 일본에 머물며 석탄과 깨끗한 물 등 항해에 필요한 물품을 다시 채울 수 있도록 항구 한두 개를 열고, 조난당해 일본 땅으로 흘러온 미국인들의 처우를 개선해 달라고 요구했다. 꽤 합리석인 제안처럼 들리지만, 함포 외교답게 미국의 자세와 행동은 매우 공격적이었다. 미국인들은 며칠 동안 일본인들을 앞에 두고 열변을 토하고 으름장을 놓고 괴롭힌 후에 협상을 제멋대로 '끝내고' 홍콩을 향해 떠났다. 그러고는 답변을 듣기 위해 곧 돌아오겠다고 말했다.

검은 배들이 떠나자마자 막부는 최초로 저자세를 취하며 다른 사람들에게 의견을 물었다. 상황이 기막힌 데다 너무 위험해 어떻게 해야 할지 알 수 없었다. 막부는 의견을 구하기 위해 미국 대통령의 편지를 번역해 다이묘들에게 돌렸다. 전쟁을 하자고 제안하는 사람도 있고 운명에 순순히 따르자는 사람도 있었지만, 미국이 말하는 '교역'이 식민주의를 뜻하는 것일까 봐 두려워하는 마음은 모두 같았다.

6개월 후, 페리는 열 척의 검은 배와 함께 일본에 돌아와 20일 후면 100척을 더 불러올 수도 있다고 으름장을 놓았다. 일본이 반항할 처지가 아니라는 사실은 일본도 미국만큼이나 잘 알고 있었다. 결국 일본은 총대 앞에서 미국과의 상호무역을 강제하는 여러 조약을 체결했다.

언제나 기름이 문제

당시 다른 아시아 국가들은 이미 식민지가 됐거나 교역 상대국으로서 서양과 적극적으로 교류하고 있었다. 중국에서는 아편을 앞세운 불공정한 교역이 활발히 이뤄지고 있었고 인도네시아와 다른 동남아시아 국가에서는 귀중한 보석과 향신료, 이국적인 물건을 서양으로 대량 수출하고 있었다. 그런데 미국은 왜 일본에 관심을 뒀을까?

사실 미국도 오랫동안 일본에는 관심이 없었다. 서양에서 일본에 관심을 보인 나라는 없었다. 당시 일본은 고립된 태평양에 떠 있는 네 개의 커다란 섬을 차지한 비우호적인 중세 국가일 뿐이었다. 게다가 공격적이지도 않았다. 일본에 간섭하지 않는 한 일본도 서양 국가를 괴롭히거나 위협하지 않았다. 일본은 누가 봐도 특별할 것 없는 나라였고 교역을 하거나 물건을 팔기에 좋은 곳도 아니었다. 그래서 일본은 오랫동안 자발적으로 고립될 수 있었다.

하지만 일본이 잠자고 있던 사이에 세상이 바뀌었다. 영국에서 독립한 미국은 아메리카 대륙을 차지하는 것은 미국의 숙명이라고

외치며 북아메리카 대륙을 가로질러 마치 핏자국이 번지듯 뻗어나
갔다. 19세기 말, 미국에서 공장은 밤낮 없이 돌아갔고 철도가 종횡
으로 놓였으며 증기선들이 대서양과 태평양을 누볐다. 당시 경제성
장의 동력은 석탄과 기름이었다. 그런데 이 기름은 흔히 생각하는
석유가 아니다.

당시는 대형 포경선의 시대였다. 멜빌이 《모비 딕*Moby-Dick*》에 썼
듯 "이중으로 잠긴 땅 일본이 문을 열게 된다면 이유는 포경선 뿐"일
터였다. 수년 동안 서양의 포경선들은 일본 영해와 바로 맞닿아 있는,
수자원이 풍부한 일본 북쪽 섬 주변의 바다에서 고래를 잡고 있었다.
일본은 포경선이 달갑지 않았지만, 맞붙을 생각도 없었고 그럴 처지
도 아니었다. 대신 포경선이 일본 해안에 가까이 오지 못하게 하고
물자 공급을 하기 위한 정박도 허락하지 않았다. 난파되어 일본 땅으
로 흘러온 선원에게 일본에 온 것을 후회하게 만들어줄 뿐이었다.

그래도 섬 주변에서 꽤 수익을 올릴 수 있었기에 포경선들은 일
본 섬 가까이 다가갔다. 19세기 중엽, 전기 기술은 걸음마 단계에 있
었지만, 미국의 도시들은 불을 환히 밝혔고 성장 엔진은 힘차게 돌아
갔다. 모두 고래기름 덕분이었다. 고래기름은 가로등부터 공장, 사업
체, 가정집 등 모든 곳의 불을 밝혀주었다. 뿐만 아니라 엔진과 산업
기계의 윤활유 역할도 했다. 일본은 동아시아로 향하는 미국 선박들
이 정박해 기름과 물자를 채우고 석탄을 보충하기에 좋은 위치에 있
었을 뿐 아니라 고래잡이의 중심지이기도 했다. 고래는 외교와 군사
방어, 미국의 패권주의만큼이나 일본의 문을 여는 데 큰 역할을 했다.

또한 당시에는 고래 뼈 시장의 규모도 컸다. 고래 뼈는 미국과 유
럽 여성 수백만 명의 갈비뼈를 부러뜨린 코르셋을 만드는 대표적인

재료 가운데 하나였다. 하지만 아이러니하게도 일본이 미국의 강압에 못 이겨 교역을 시작하자마자 코르셋의 인기가 시들해졌고 전기도 보급되면서 고래의 가치가 떨어졌다. 하지만 고래의 가치가 떨어지자마자 일본은 고래보다 훨씬 비싸고 모든 시대 모든 사람에게 인기 있는 한 물건의 독점 공급자가 됐다.

바로 '진주'였다.

우리가 알던 세계는 끝났지만, 괜찮다

이 수백만 알의 완벽하게 빛나는 진주는 고래처럼 차가운 태평양 바다에서 건져 올렸지만, 진주를 처음 품은 곳은 바다가 아니었다. 일본산 진주의 고향은 미키모토 고키치의 마음속이었다.

협박에 못 이겨 미국과 '평화' 협정을 체결한 도쿠가와 막부는 협정 이후 얼마 못 가 전복됐다. 이 쿠데타로 250년 동안 지속된 오래된 막부 체제가 무너지고 황실의 권력이 복권됐다. 하지만 이는 말로만 복권이었다. 사실 당시 천황이던 메이지는 열네 살에 불과했고 정부를 실제로 이끈 사람은 쿠데타에 참여했던 다이묘였다.

이미 수치스러운 조약을 맺긴 했지만, 새 일본 정부는 나중에 서양이 또 왔을 때에 대비하기로 다짐하며 대규모 개혁을 단행했다. 훗날 당시 천황의 이름을 따 메이지 유신이라 불린 1868년부터 1912년까지의 국가 혁신은 일본이 문화와 기술 면에서 명실상부한 20세기 현대 국가로 떠오르는 기반이 됐다.

메이지 유신은 말로는 왕정복고를 내세웠지만, 사실은 전통을 복원하기 위한 사업이 아니라 일본을 완전히 해체해 재설계하기 위한 사상 최대 규모의 국가사업이었다. 메이지 유신은 세계에서 가장 빠르고 충격적이고 놀라운 근대화 과정으로 손꼽힌다. 남녀와 계층의 구분 없이 모든 일본인이 서양의 복식과 문화를 받아들였으며 도시도 서양의 것을 본떠 새로 세워졌다. 일본인들은 외국을 따라잡고 앞서 나가기 위해 자신들의 뿌리 깊은 전통문화를 삽시간에 과감히 버렸다.

메이지 유신은 좋은 쪽으로든 나쁜 쪽으로든 개인의 삶에도 상상하기 힘들 만큼 많은 영향을 미쳤다. 단숨에 봉건체제가 붕괴됐다. 소작농들은 더 이상 자신의 신분에 얽매이지 않아도 됐다. 귀족 집안에 태어난 사람이 근본적으로 더 우월하다는 인식도 사라졌다. 사무라이는 강제로 해체되었고 머리를 잘라야 했다. 게이샤는 타자를 배웠다. 사무라이 이와사키 야타로는 쇠를 칼로 만드는 대신 다른 용도로 쓸 방법을 모색하기 위해 외국에 사람을 보냈다. 그는 나중에 미쓰비시사를 설립해 철강 거물이 되었고 운송업에서 큰 부를 축적했다.

하지만 메이지 시대의 특징을 가장 잘 보여주는 인물은 평민으로서 사무라이의 딸과 결혼해 진주 양식 기술을 발명해 완성하고 상업화해 과학자와 사업가로 이름을 날린 미키모토다. 미키모토는 가난한 평민의 아들로 태어났지만 이른바 진주왕으로 생을 마쳤다.

앞서 본 러시아 사례처럼 급속한 근대화를 시도했다가 실패한 많은 나라와 달리 일본은 근대화를 향한 질주에 성공했다. 일본은 몇십 년이라는 짧은 시간 안에 사실 다른 참전국도 마찬가지였지만, 일본과는 특히 관련도 없고 먼 곳에서 벌어진 제1차 세계 대전 참전국이 됐을 뿐만 아니라 잔혹한 식민 제국을 세우기까지 했다. 심지어 제2차 세계 대전 중에 상당한 기간 동안 미국과 힘겨루기를 하기도 했다. 이 모든 일이 50년 사이에 일어나다니 대단하다.

하지만 메이지 유신에는 그리 멋지지 않은 면도 있었다. 에도시대 일본은 독특한 상황에 있었다. 문을 걸어 잠그고 마치 병 속에 든 배 모형처럼 가만히 놓여 있던 일본은 지형적으로 고립된 안전하고 좁은 땅에서 평화와 번영을 누리고 놀라운 문명을 키워냈다. 에도시대 일본에서는 무사도 외에도 매우 독특한 전통 가치체계가 발전했다. 이 시대 일본에서 최고의 가치는 아름다움이었고 예술은 신성불가침의 영역이었다. 특히 일본은 작은 일이든 큰일이든 완벽하게 해내는 데 높은 가치를 뒀다. 이런 특징은 훗날 완벽한 진주를 만들겠다는 미키모토의 목표와 양식진주를 개발하는 과정에서 미키모토가 취한 접근 방식에 모두 영향을 주었다.

메이지 시대는 변화의 시대이기도 했지만, 파괴의 시대이기도 했다. 페리의 검은 배가 온 날 일본은 크나큰 정신적인 상처를 입었다. 정부 고위직부터 쌀농사를 짓는 농부와 고기를 잡는 어부까지 모든 일본인은 처음으로 자국이 얼마나 약한지 여실히 깨달았다. 뿌리부터 흔들리기 시작한 일본은 될 수 있는 한 가장 빠르게 현대화의 갑옷을 두를 방법을 찾기 시작했다. 일본 사회는 과도기의 고통에 시달렸고 서양을 따라잡으려는 안간힘은 전통문화의 체계적인 말살을 불러왔다. 일본은 다시 한 번 내전에 휘말렸다. 이번엔 전통과 현대의 소리 없는 전쟁이었다.

메이지 시대 일본의 좌우명은 '부국강병'으로 공식적인 의미는 국가를 부유하게 하고 경제를 강화하자는 뜻이었지만, 숨겨진 의미는 '서양을 따라잡아 앞지르자'였다. 일본은 단 2년 만에 모든 섬의 주요 지역을 잇는 철도를 건설했고 대형 증기선을 만들었으며 미국과 비슷한 산업기반을 갖추고 영국처럼 식민지를 건설하고 중동이나 아시아의 다른 기업과는 비교조차 되지 않는 기업들을 설립했다.

일본은 계획대로 서양을 따라잡았을 뿐만 아니라 양식진주 산업 덕분에 정말로 서양을 앞지르게 됐다. 미키모토의 회사는 세계 진주의 중심을 중동과 멕시코 만에서 동아시아로 옮겨왔다. 너무 완벽한 변화여서 진주가 원래 동아시아에서 주로 수입되지 않았다는 사실을 잊어버릴 정도였다. 1930년대 일본은 남아프리카 공화국이 다이아몬드 시장을 장악한 것처럼 세계 진주 시장을 장악했다. 진주는 일본에서 생산한 첫 번째 주력 수출 원료였다.

게다가 진주는 무척 멋진 수출품이기도 했다. 양식진주가 나오면서 인류가 오래전부터 가장 귀중하게 여겨온 보석 가운데 하나인 진주는 일본에서만 '기를' 수 있는 특허 상품이 됐다.

진주조개의 고통

양식진주란 무엇일까? 1904년 인터뷰에서 미키모토는 이렇게 설명했다. "양식진주는 …… 진주조개가 진주를 만들도록 해서 얻습니다. 먼저 미키모토만의 기술로 진주의 모체가 되는 작고 둥근 진주층으로 이뤄진 씨앗 진주를 살아 있는 진주조개에 넣습니다. 그 후 조개를 다시 바다에 넣어 조개가 씨앗 진주를 분비물로 덮어서 진주를 만들 때까지 최소 4년 동안 기다립니다."[10]

즉 양식진주는 마치 땅에 씨앗을 심듯 조개에 진주 씨앗을 심어서 얻는다. 수렵채집 사회의 인간이 숲을 뒤져 먹을 수 있는 식물을 채집해 집으로 가져갔듯 진주를 채취하는 해녀들은 수천 년 동안 목숨을 담보로 해저에서 진주조개를 찾아다녔다. 운이 좋으면 40분의 1 확률로 조개에 진주가 들어 있었다. 하지만 발견한 진주 가운데 값나가는 진주는 아주 적었다.

양식진주는 천연진주와 똑같은 방식으로 만들어지지만, 몰래 들어온 기생충이나 끔찍한 세균 감염으로 생기진 않고 밭에 옥수수를 심듯 조개 속에 심은 씨앗에서 생긴다. 완벽한 색깔과 고고한 광채를 지닌 진주를 만들기 위해 수십 년의 실험을 거쳐 개량된 조개에 조개를 자극할 '씨앗'을 하나하나 심은 다음 2년에서 3년 정도 지나면 진주를 얻을 수 있다.

진주 씨앗으로는 뭐든 쓸 수 있지만, 대부분 진주조개나 홍합 껍데기를 둥글게 갈아낸 구슬을 쓴다. 요즘 나오는 저렴한 진주 중에는 커다란 플라스틱 구슬을 씨앗으로 써서 아주 얇은 진주층을 덮어 바로 파는 것들도 있다. 미키모토라면 절대 인정하지 않을 만한 진주다. 이런 가짜 양식진주는 주로 중국에 있는 대량생산 시설에서 만들어진다. 하지만 진짜 양식진주는 작고 단단한 진주조개 껍데기 구슬에 수년 동안 진주층이 쌓여 만들어진다. 진짜 양식진주는 어느 모로 보나 천연진주와 똑같다.

솔직히 진주를 양식하기 위해 조개에 씨앗을 심는 '과정'은 자연에서 일어나는 과정보다도 더 끔찍하다. 빅토리아 핀레이는 이를 '외과적 강간'이라 평했다. 핀레이는 사람들은 대부분 "오늘날 시장에서 팔리는 진주 가운데 대다수가 작은 생명체에 대한 계획적인 성폭행으로 만들어진 것으로 진주 목걸이에 굉장한 고통이 숨어 있다."는 사실을 모른다고 말했다.[11] 동그란 모양으로 아름답게 갈아낸 조개 껍데기를 조개에 조심스레 심는다는 소리만 들으면 더러운 기생충 감염보다는 덜 혐오스럽게 들리지만, 사실 진주 씨앗을 심는 과정은 기생충 감염만큼이나 징그럽다.

핵 삽입이라 부르는 이 과정은 다음처럼 진행된다. 먼저 특별히 아름다운 진주를 생산하는 진주조개 하나를 골라 세포 공여 조개로 삼는다. 조개 가장자리에 있는 외투막 조직이라는 이름의 얇고 주름 진 조직에는 진주층을 분비하는 세포가 들어 있다. 공여 조개의 외 투막 조직 한 줄을 잘라내어 한 변이 2밀리미터인 작은 정사각형으 로 자른다. 그다음에는 살아 있는 이식받을 어미 조개들을 따뜻한 물에 넣거나 마취제에 담가 입을 벌리게 한다. 조개가 입을 벌리고 나면 핵을 심는 동안 입을 닫지 못하도록 분리대를 끼워 넣는다. 강 제로 입을 벌리고 있는 조개에 치과에서 흔히 쓰는 기구와 비슷한 도구를 써서 조개의 생식샘을 벌려 주머니를 만든다. 그다음 세포 공여를 위해 희생된 조개에서 얻은 작은 사각형 모양의 외투막 조직 을 광을 낸 조개껍데기 구슬 위에 놓은 뒤 구슬과 이 마법의 조직을 함께 절개된 조개의 생식기 사이로 밀어 넣는다. 분리대를 제거하면 조개는 입을 닫는다.

이 수술의 후유증으로 많은 조개가 죽는다. 죽지는 않아도 핵에 거부반응을 보이는 조개도 있다. 중환자실에서 몇 달을 보낸 후 살 아남은 조개들은 이동식 받침대에 놓여 진주 농장의 얕은 물에 놓인 다. 조개 체내의 면역반응이 핵 주변에 '진주낭'이라 불리는 물혹 같 은 주머니를 만든다. 시간이 흐르면서 주머니에서 진주층이 분비되어 핵을 균일하게 감싼다. 핵을 심은 후 몇 년이 지나면 조개의 입을 벌려 진주를 꺼낸다. 꺼낸 진주 가운데 5~10퍼센트 정도가 상품가치를 인정받아 품질이 비슷한 것끼리 분류되어 팔려나간다.

진주 양식에 매달린 사람들

돈이 열리는 나무는 없지만, 돈이 열리는 조개는 있다. 매우 희귀한 온도와 압력 조건에서 수백만 년 또는 수천만 년을 지내야 생성되는 다른 보석에 비하면 조개에서 생기는 진주는 엄청나게 빠르게 자란다. 이런 사실을 알아채고 경제적인 가치를 노려 진주를 양식하려고 시도한 사람은 미키모토가 처음이 아니었다. 사실 미키모토는 진주 양식에 최초로 성공한 사람도 아니었다. 연금술사들이 납을 금으로 만들기 위해 노력했듯이 수천 년 동안 많은 과학자와 마법사, 보물 사냥꾼들이 조개에서 진주를 기르기 위해 노력했다.

조개에서 인조진주를 얻는 방법에 대한 첫 번째 기록은 1세기에 티아나의 아폴로니우스Apollonius of Tyana가 남긴 글에서 찾아볼 수 있다. 아폴로니우스는 홍해의 아랍인들이 어떻게 진주를 '만드는지' 기록했다. 역사학자들에 따르면 아랍인들은 조개의 입을 벌린 다음 상처에서 액체가 흘러나올 때까지 뾰족한 도구로 조갯살을 찔렀다고 한다. 그다음에는 납으로 만든 틀에 조개의 상처에서 나온 액체를 흘려 넣어 구슬 모양으로 굳혔다.[12] 여러 문헌에 이런 방법이 실려 있지만, 이렇게 만들어진 진주 가운데 현재 남아 있는 게 없어서 이 방법이 실제로 가능했는지는 확인할 수 없다. 하지만 이 기록에서 고대인들의 진주를 가지고자 하는 욕망과 혁신에 대한 욕구를 확인할 수 있다. 또 아랍인들은 문제를 푸는 데 중요한 한 가지 단서를 제공했다. 바로 부드러운 조갯살에 상처를 낼 때 생기는 면역반응이 진주층을 만든다는 사실 말이다.

중국인들도 진주를 만들기 위해 노력했다. 중국에서는 주로 조개 껍데기 안쪽의 진주처럼 생긴 부분에 집중해 이것이 진주로 자랄 가능성에 초점을 맞췄다. 비록 마베 진주밖에 만들 수 없었지만, 중국인들은 수 세기 동안 진주 양식 기술을 전수했다. 마베 진주는 반구형 진주로 돔처럼 한 면은 둥글고 다른 면은 평평하며 조갯살 속에서 생기지 않고 조개껍데기 안쪽에 붙어서 자란다. 고대 중국인들은 조개껍데기 안쪽에 단추를 붙여 진주를 만들기도 했다. 하지만 일반적으로 살아 있는 조개의 조갯살과 조개껍데기 사이에 부처 모양의 납을 넣어 부처 모양 진주를 만드는 경우가 많았다. 부처의 얼굴을 새긴 납이 진주층으로 잘 둘러싸이면 진주를 껍데기에서 떼어 광택을 냈다. 이 부처 모양 진주는 중국에서 수천 년 동안 관광 상품이나 종교 물품으로 팔리며 귀중하게 다뤄졌다. 양식진주를 처음 만든 것은 아닐지도 모르지만, 가장 안정적으로 양식진주를 만든 나라는 중국이었다.

생물학도들 사이에서 라틴어 이름인 린나이우스Linnaeus로 더 잘 알려진 과학적 명명법의 아버지, 칼 폰 린네Carl von Linné 또한 1750년 대 내내 진주 양식에 사로잡혀 있었다. 린네는 자신이 만든 진화 계보보다 진주를 더 좋아했다. 심지어 생물 명명법보다 진주학으로 더 유명한 학자가 되고 싶다고 말한 적도 있다. 린네는 진주가 어떻게 형성되는지, 어떻게 진주를 양식할 수 있는지 밝히기 위해 많은 시간을 들였다.

린네가 시도한 방법 가운데 가장 성공적이었던 것은 조개껍데기에 구멍을 뚫어 석회암 구슬을 집어넣은 다음 T자 모양 은 핀으로 구슬을 고정해 조개 속에서 구슬이 떠 있도록 하여 둥근 진주를 만드는 방법이었다. 린네는 이 방법으로 괜찮은 품질의 둥근 담수 진주 몇 알을 만들 수 있었고 1762년 페테르 바게Peter Bagge에게 기술을 팔았다. 바게는 스웨덴 국왕에게 이 기술의 독점사용 권한을 인정받았지만, 이를 사용하지는 않았다.[13] 이 방식으로 진주를 만들기란 꽤 어렵고 돈이 많이 드는 일이었던 데다 양식진주를 진짜 진주로 여기는 사람이 없어서 진주를 만든다 해도 제값을 받을 수가 없었다. 린네는 둥근 양식진주를 만드는 데 최초로 성공하긴 했지만, 양식 기술을 후대에 전수하진 못했다. 린네의 비법은 144년 동안이나 숨겨져 있었다. 진주 양식에 대해 다룬 린네의 '사라진 논문'들은 현재 린네 협회 건물로 쓰이고 있는 한 빌딩에서 1901년에야 발견됐다.

그때까지 린네의 석회암 진주 기술을 독자적으로 발명한 사람은 아무도 없었다. 린네의 문서가 발견됐을 때 미키모토는 이미 자체적으로 기술을 개발해 진주 양식 기술에 대한 특허를 출원한 후였다. 최후의 승자는 미키모토였지만, 사실 19세기 후반에도 미키모토보다 먼저 양식진주를 생산해낸 사람들이 있었다. 적어도 두 명이 미키모토보다 앞서 진주를 만들었지만, 이들은 반구형 마베 진주만 만들 수 있었다. 미키모토는 자신과 특허권을 다투는 사람들이 있음을 알아채고 이들의 특허권을 사들였다. 어쨌든 완벽한 둥근 진주를 대량으로 양식하는 데 성공한 사람은 미키모토뿐이었다. 하지만 다른 과학자들과 차별화되는 미키모토만의 장점은 양식진주를 발명한 이후에 나타났다. 미키모토는 사람들이 양식진주를 진짜 진주로 받아들이게 하는 데 성공한 첫 번째 사업가였다.

완벽한 진주

에메랄드는 부를 연상시키는 색깔로 눈길을 끌고 다이아몬드는 반짝이는 빛으로 시선을 끄는 반면 진주는 속삭이듯 고급스러움을 발산한다. 왕족과의 연관성과 희귀하고 유일한 보석이라는 점도 진주를 매력적으로 보이게 하지만, 역시 진주의 가장 큰 매력은 완벽성의 추구에 있다. 오랫동안 진주 산업은 손에 넣기 불가능할 정도로 찾기 어렵고 희귀한 완벽한 진주 한 점에 대한 환상에 의해 지탱돼왔다.

잠수부들이 우연히 발견해 채취하는 천연진주는 언제나 완벽하지 않다. 완벽히 둥글지도 않고 모양이 균일하지도 않다. 다른 보석과 달리 진주는 광산이나 광맥에서 나지 않고 살아 있는 생물에게서 하나씩 발견되므로 한 진주와 모양이 비슷한 다른 진주를 찾기란 매우 어렵다. 진주층의 색 자체가 각 조개의 유전형질에 의해 결정되니 완전히 똑같은 두 진주는 똑같은 조개 두 개가 있어야만 얻을 수 있다. 유능한 전문 진주 잠수부 한 명이 평생 모은 조개를 모아도 알이 균일한 목걸이 한 줄 만들 수 없는 경우가 많다. 라 페레그리나처럼 커다란 천연진주에 대한 기록이 몇몇 남아 있긴 하지만 야생에서 8밀리미터가 넘는 진주를 찾기란 믿기 힘들 만큼 어렵다. 사실 천연진주는 아주 작아서 대개 3밀리미터가 채 되지 않는다. '연필 끝에 달린 고무지우개'의 반도 안 되는 크기다.

발견될 때까지 땅속에 가만히 묻혀 있는 다이아몬드 같은 보석과 달리 진주는 태어나서 자라고 죽는다. 그리고 재미있게도 문어 같은 동물에게 자주 잡아먹히곤 한다.(루비 같은 보석에는 절대 일어나지 않을 일이다.) 운 좋게 진주를 발견했다 해도 광맥이 계속 그 자리에 있는 광물 보석과 달리 진주와 진주를 품은 조개는 한곳에 계속 머물지 않는다. 진주는 살아 있는 생물 속에서 생화학적으로 만들어지므로 대부분의 조개에는 아예 진주가 없고 진주가 있다 하더라도 조개가 죽으면서 함께 사라지는 경우가 많다. 그래서 예로부터 다이아몬드 같은 보석은 가장 비싼 값을 제시하는 사람에게 팔았던 반면 진주는 워낙 희귀했기 때문에 왕족을 위해 남겼다.

게다가 조개의 수명 때문에 진주를 기를 수 있는 기간이 제한되어 있다. 아코야 조개의 경우 수명이 6~8년 정도인데 진주는 조개가 죽기 전까지만 자랄 수 있다. 조개는 꽤 맛있는 먹잇감인 데다 적조, 기생충, 스트레스, 따개비, 온도 변화 등 어떤 이유로든 죽을 수 있는 예민하고 작은 동물이다. 사실 진주조개는 난초보다도 더 기르기 어렵다. 하지만 미키모토는 조개껍데기를 감싸는 방식으로 조개를 더 튼튼하게 하고 환경 변화에 잘 적응하게 해 조개의 수명을 최대 10~11년까지 늘릴 수 있었다.

양식진주는 천연진주에 비해 처음부터 더 큰 크기로 시작한다는 장점도 갖고 있다. 핵은 조개를 자극해 진주를 만들게 할 뿐만 아니라 진주의 처음 크기를 키우는 역할도 한다. 껍데기를 뚫고 들어올 수 있는 아주 작은 침입자가 아닌, 수 밀리미터 지름의 구슬이 진주 핵이 되기 때문이다. 게다가 양식용 진주조개는 다른 가축이나 곡식처럼 최대한 크고 하얗고 무지갯빛으로 환하게 빛나는 진주를 만들도록 수십 년 동안 선별 교배된 종이다. 진주의 가치를 진주를 찾아내는 데 희생된 생명의 수에 따라 정하지 않는 한, 양식진주는 진짜 진주일 뿐만 아니라 천연진주보다 품질도 더 '낫다'. 여기서 더 '낫다'는 말은 일부 큐빅이 다이아몬드보다 더 나은 빛을 낸다고 말할 때 쓰는 그 의미가 아니다. 큐빅은 가짜지만, 양식진주는 바닷속에 사는 진짜 조개에서 생겨난 '진짜' 진주다. 그저 대다수 천연진주와 달리 둥글고 반짝이고 모양이 균일할 뿐이다.

완벽한 진주를 언제나 얻을 수 있다니 무척 좋은 얘기처럼 들린다. 하지만 가격은 희귀할수록 높아진다. 돈은 중요한 문제다. 1920년 미키모토가 자신이 만든 둥글고 완벽하고 균일한 진주를 서양에 소개하자 전 세계가 뒤집혔다.

동양에서 온 쓰나미

미키모토는 최초의 진주 전문 보석 브랜드다. 그전까지는 가게 하나를 채울 만큼 많은 진주를 가진 사람이 아무도 없었다. 하지만 미키모토가 단지 진주가 많아서 보석 소매업에 도전한 것은 아니었다. 그는 단순히 진주를 팔기 위한 매장이 아닌 진주의 이미지를 팔 매장을 원했다. 미키모토는 양식진주를 가짜가 아닌 진짜 보석이라고 사람들이 인식하게 하려면 '장신구' 형태로 내놓아야 한다는 사실을 알고 있었다.

충분한 양의 진주를 확보한 미키모토는 1919년부터 세계 시장으로 눈을 돌렸다. 미키모토는 도쿄에 본점을 두고 런던, 파리, 뉴욕, 시카고, 로스앤젤레스 등 전 세계 주요 도시에 지점을 냈다. 디자이너를 고용해 진주 목걸이와 서양식 현대 액세서리는 물론이고 '야구루마(축의 둘레에 화살 모양의 살을 방사상으로 박은 것_옮긴이)' 장식 핀 같은 멋진 예술작품도 만들어냈다. 야구루마는 다이아몬드, 사파이어, 에메랄드와 함께 균일한 크기의 눈부신 아코야 진주 41개를 사용해 만든 장신구였다. 야구루마의 디자인은 근대 유럽의 아르데코풍이지만 일본만의 독특한 분위기가 났다. 게다가 조립하는 방식에 따라 열두 가지 모양의 장신구로 변형할 수도 있었다.

지름이 6~8밀리미터에 달하는 미키모토의 완벽한 구형 진주를 본 전 세계 진주상들은 흥분을 감추지 못했다. 하지만 미키모토가 바라던 차원의 것은 아니었다.

수천 년 동안 진주 산업은 완벽한 진주는 없지만, 완벽에 가까운 진주일수록 좋다는 생각을 바탕으로 지속돼왔다. 그런데 미키모토가 선보인 진주는 '완벽'했다. 심지어 '천연진주'보다 훨씬 더 완벽했다. 미키모토의 진주는 눈부시게 아름답고 가격이 적당했을 뿐 아니라 특히 양이 많았다. 일본에서 거대한 파도처럼 밀려온 양식진주는 경쟁을 불가능하게 만들었다. 만일 미키모토가 내놓은 진주의 품질이 천연진주와 비슷했더라도 단순히 '물량'만으로 기존 진주 산업을 완전히 파괴할 수 있었을 것이다. 진주 양식이 정점에 달한 1938년에 일본은 350여 개 진주 농장에서 한 해 천만 개의 양식진주를 생산했다. 이에 반해 매년 발견되는 천연진주의 양은 몇 십에서 몇 백 개 정도에 불과했다.

미키모토는 원료 공급 시장에서뿐 아니라 소매 시장인 액세서리 시장에서도 경쟁을 불러일으켰다. 미키모토는 수직 통합의 선구자였다. 그는 진주를 양식했을 뿐만 아니라 직접 장신구를 만들고 전시하고 전 세계에 유통하기까지 했다.[14] 미키모토는 그간 변화 없이 경직되어 있던 진주 산업에 완전한 재앙을 몰고 왔다.

서양의 역습

유럽과 미국의 진주 판매상들은 물론 '구매자'들까지 감당하기 어려울 만큼 충격에 빠졌다. 1930년 진주의 시장가격이 폭락하면서 진주 산업은 완벽히 망가졌다. 진주 가격은 하루 만에 종전 가격의 85퍼센트나 하락했다. 당시 진주는 세계에서 가장 진귀한 보석 중 하나였기에 진주 시장의 붕괴는 경제 전체에 영향을 미쳤다.

사실 진주 시장이 붕괴한 진짜 이유는 대공황 때문이었고 양식진주는 아예 상관없다고 해도 좋을 만큼 아주 미묘한 영향을 미쳤을 뿐이었다. 하지만 천연진주를 가진 사람들은 미키모토와 양식진주 산업에 비난의 화살을 돌렸다. 지난 10년 동안 동양에서 쏟아져 들어온 질 좋은 진주의 맹습 때문에 서양의 진주 거래상들은 한계에 내몰린 상태였다. 진주 시장이 붕괴되자 이들은 빈털터리 신세가 됐다. 이제 이들에게 남은 방법은 경쟁자를 제거하는 것뿐이었다. 그러기 위해선 양식진주와 진짜 천연진주를 나누는 경계선을 활용해야 했다.

희소한 재화나 지위적 재화의 가치와 진위 여부에 대한 사람의 인식은 동요가 심해서 외부에 의해 무척 잘 흔들린다. 다른 물건도 마찬가지겠지만 아름다움을 파는 회사들은 언제나 우리의 이런 근본적인 약점을 이용해왔다. 기존의 진주 판매상들이 자리를 지키기 위해 할 수 있는 일은 단 하나뿐이었다. 바로 양식진주가 '진짜' 진주가 아니라는 인식을 소비자에게 주입하는 일이었다.

그해 유럽 진주 연합은 미키모토 고키치를 상대로 소송을 걸었다. 이들은 미키모토의 진주가 사기이므로 시장에서 사라져야 한다고 주장했다. 미키모토는 처음에는 과학적 증거를 들어가며 이들에 맞섰다. 옥스퍼드대학교의 헨리 제임슨Henry Lyster Jameson 교수가 증인으로 섰다. 스탠퍼드대학교 전 총장인 데이비드 조던David Starr Jordan 교수도 "양식진주는 천연진주와 완전히 똑같은 색을 가지고 있고 똑같은 물질로 만들어져 있으므로 양식진주가 천연진주와 같은 가치를 가져선 안 될 이유가 없다."15)라는 공식 답변을 제출했다. 물론 미키모토의 진주를 '진짜 진주'로 인정한 세기의 과학자 토머스 에디슨의 지지도 도움을 주었다.

미키모토는 소송에서 이겼고 양식진주를 시장에서 거둬들이지 않아도 되었으며 '천연진주'와 다른 방식으로 얻은 진주라는 사실을 표기할 의무도 없었다. 하지만 보석 회사들은 싸움을 멈추지 않았다. 이들은 미키모토의 양식진주에 원래 가격보다 더 높은 관세를 물리기 위해 시도했다. 심지어 양식진주를 천연진주와 구분하기 위한 과학적인 방법을 찾아내려 노력하기도 했지만, 무참히 실패했다. 결국 절박해진 유럽 보석상 몇몇은 미키모토의 진주에 양식이라든지 일본산이라든지 따위의 여러 라벨을 붙여 소비자들의 관심을 떨어뜨리자고 결의하기도 했다. 하지만 모두 소용없는 짓이었다.

1930년대 들어 경기가 나빠지면서 지갑이 얇아진 사람들은 진주의 가격이 낮아져 여러 '가격대'의 진주를 구할 수 있게 돼 기뻐했다. 일 년에 수백 수천 개가 아닌 수백만 개의 진주가 생산됐으므로 아무리 양식진주라도 품질이 모두 똑같을 순 없었다. 결국 양식진주도 다이아몬드처럼 품질에 따라 등급이 정해졌다. 액세서리에 많은 관심을 보였던 재즈 시대 신여성들 덕분에 이미 사람들 사이에 진주에 대한 수요 기반이 마련된 상태였다. 여기에 당시 떠오르고 있던 새로운 부유층은 부유층대로 자신의 위치에 걸맞은 귀족적인 진주를 원했다. 모든 계층에서 이미 진주를 사려는 수요가 형성돼 있었다.

양식진주를 가짜라고 증명할 방법을 찾지 못한 보석협회는 양식진주가 가짜라고 '암시'하는 수를 쓰기로 했다. 소비자의 마음에 아주 작은 의심의 씨앗을 심는 것은 진주에 핵을 심는 것과 별로 다르지 않았다. 일부 소비자의 마음속에서 의심의 씨앗이 자라났고 사람들은 양식진주는 진짜 진주가 아니라고 믿게 됐다.

미키모토는 선동에는 선동으로 맞서기로 했다. 그는 법원에서 양식진주라고 표시하라는 명령을 받지 않았음에도 마치 흠이 아니라 특별함의 표시인 양 자발적으로 양식이라는 표식을 달았다. 양식진주와 진주의 양식 과정에 대해 학술지에 논문을 싣거나 대중을 상대로 기사를 써서 양식진주가 어디서 자라는지, 왜 천연진주와 똑같은 진짜 진주인지, 어떻게 진짜 진주를 기를 수 있는지, 왜 양식진주가 천연진주보다 '더 좋은' 진주인지 널리 알렸다.

광고효과

가치와 마찬가지로 진실과 거짓도 우리의 인식에 따라 달라진다. 양식진주는 흥미로운 물건이다. '양식'이라는 말을 들으면 '가짜'라는 단어가 떠오른다. 하지만 과수원에서 딴 사과가 가짜가 아니듯 양식 진주도 가짜가 아니다. 씨앗이 자연스럽게 땅에 떨어져 모르는 사이에 열린 사과가 아니라 해서 과수원의 사과를 가짜 사과라고 말할 수는 없다.

'진위 여부'는 가치와 마찬가지로 유연한 개념이다. 미키모토는 자신의 이름을 더 널리 알리기 위해 거짓 수를 쓴 유명한 원예 장인의 이야기를 좋아해서 생전에 자주 입에 올리곤 했다. 이 원예가는 예쁘지만 평범한 관상용 나무의 붉은 열매를 흰색으로 칠했다. 이 원예가가 만든 순수한 하얀색 열매는 큰 인기를 끌었다. 원예가는 유명해졌고 성공해서 부자가 됐다. 그러던 어느 날 비가 내렸다. 하얀 페인트가 벗겨지고 원예가는 생업을 잃었으며 그 후 누구에게도 신뢰받지 못했다.

아름다운 하얀 열매를 판 원예가와 달리 미키모토는 모든 사람에게 자신의 진주가 양식이라는 사실을 꼭 알렸다. 미키모토는 계속 기사를 내고 인터뷰를 했다. 몇몇 기사에는 진주가 어떻게 양식되는지 설명하는 자세한 그림까지 실었다. 정보를 제공함으로써 미키모토는 선동의 힘을 약하게 만들었다. 정체를 숨기기 위해 색을 칠한 열매는 없었다. 아무도 미키모토에게 천연진주 시장에 인조진주를 끼워 넣으려 하는 사람이라고 손가락질할 수 없었다.

미키모토는 "마치 헨리 포드와 토머스 에디슨을 합친 듯한 일본의 위인"으로 일컬어지곤 한다.[16] 하지만 그는 타고난 쇼맨십을 지닌 인물로 적어도 이 부분에서는 미국의 공연가 바넘P.T. Barnum에 더 가까웠다. 미키모토는 자신이 만든 완벽한 진주를 선보이는 순간 사람들이 원하는 진주에 대한 기준 자체가 바뀌어 자신을 중상 모략하는 자들에게 망신을 줄 수 있을 것이라고 믿었다. 미키모토는 모든 사람에게 완벽한 진주가 어떻게 생겼는지 알리기 위해 여러 곳에서 많은 작품을 선보였다. 먼저 진주 24,328개로 조지 워싱턴의 저택인 마운트 버논Mount Vernon의 모형을 만들어 1933년 시카고 만국박람회에 전시했다. 그때까지 그토록 많은 진주를 한꺼번에 본 사람은 아무도 없었다. 게다가 모형에 쓰인 진주는 마지막 한 알까지 모두 완벽했다. 이 작품은 미국 대중 사이에서 인기를 끌며 양식진주에 대한 엄청난 호기심을 불러일으켰고 모두의 마음 한구석에 미키모토라는 이름을 새겼다. 미키모토는 진주 12,760개가 사용된 오층탑과 1939년 뉴욕 만국박람회에 전시된 자유의 종Liberty Bell 같은 다른 모형도 만들었다. 자유의 종 모형은 완벽한 흰 진주 12,250개와 다이아몬드 366개로 만들어졌는데 자유의 종에 가 있는 유명한 금을 표현하기 위해 전에는 거의 얻을 수 없었던 무척 희귀한 푸른 진주가 쓰였다.[1]

미키모토가 연 대중행사 가운데 가장 성대하고 효과적이었던 것은 창작이 아니라 파괴하는 행위였다. 1932년 외신 기자들은 고베 상공회의소에서 일어난 일을 사진으로 찍어 전 세계로 기사를 내보냈다. 기사의 내용은, 미키모토가 완벽하지 못한 진주가 시장을 더럽히고 있다면서 상공회의소 건물 바깥에 모닥불을 피웠다는 것이었다. 모닥불 앞에 사람이 충분히 모이자 미키모토는 진주를 태우기 시작했다. 미키모토는 놀란 대중 앞에서 진주를 양동이째로 가지고 와 삽으로 퍼서 화염 속에 던져 넣었다. 그는 고품질의 천연진주보다 훨씬 질이 좋은 이 진주들이 자신에겐 전혀 만족스럽지 않다고 말했다. 그리고 소비자가 타협하지 않는 한 완벽한 진주를 얻을 수 있다고 외쳤다. 그는 완벽에서 약간 모자란 이 진주들이 무가치하며 "뗄감으로나 쓸모 있을 뿐"이라고 주장했다. 미키모토는 이날 진주 72만 개를 태웠다. 그는 진주를 삽으로 푸고 또 퍼서 마치 낙엽을 태우듯 수백만 달러를 태워버렸다.

다이쇼렌

마술사가 미녀를 반으로 나누는 순간은 멋지지만, 미녀의 몸을 다시 합치기 전까지는 마술이 성공했다고 볼 수 없다. 진주를 만드는 기술은 그저 반쪽짜리 마술에 불과하다. 나머지 반쪽은 사람들이 양식진주를 '사고 싶어 하게' 만드는 일이었다.

양식진주의 진정성을 건 싸움 도중에 몇몇 보석 전문가들은 결국 양식진주를 천연진주와 구별할 수 없다고 공개적으로 인정했고 과학자들은 양식진주가 품질은 더 떨어지지만 천연인 다른 진주와 물리적으로 동일하다는 사실을 확인했다.

하지만 진주의 유일성에 가치를 부여하는 분위기 속에서 이런 발언은 아무런 소용이 없었다. 당시에도 물론 진주가 가진 흠을 높이 사는 분위기는 아니었지만, 진주의 가치는 최대한 완벽한 진주를 손에 넣었다는 성취감에 있었다. 유명한 보물 사냥꾼 멜 피셔Mel Fisher 는 진주 자체가 아니라 이상을 좇는 '사냥'이 진주를 가치 있게 만든다고 주장했다. 균일하고 완벽한 진주가 끊임없이 공급되자 이상 좇기에 기반을 둔 진주 시장은 완전히 무너졌다. 완벽한 진주는 더 이상 도달할 수 없는 이상이 아니었다. 이상이 사라진 상황에서 진주의 가치를 지키려면 어떻게 해야 할까?

미키모토는 회장의 진주 목걸이라는 뜻인 '다이쇼렌'이라는 이름이 붙은 목걸이를 제작해 이 문제를 해결했다. 그는 양식진주 가운데서도 다른 진주와 비교하는 게 불가능할 만큼 아름답고 품질이 좋은 진주만 모아 다이쇼렌을 만들었고 다이쇼렌을 가질 수 없는 진주로 만들어 진주의 이상과 가치를 '복원'했다.

미키모토는 가장 커다랗고 완벽하고 아름답고 균일한 진주 49개를 골라 가장자리로 갈수록 알이 조금씩 작아지는 형태의 목걸이를 만들었다.✦ 가장 큰 진주알은 지름이 14.5밀리미터로 양식진주 중에서도 비정상적으로 컸고 자연에서는 절대 발견하지 못할 크기였다. 한 해에 진주가 수백만 개씩 양식됐지만 다이쇼렌을 완성하는 데는 십 년이나 걸렸다. 다이쇼렌은 그때까지 누구도 보지 못했던 호화로운 진주 목걸이였다. 천연진주는 평균적으로 지름이 약 2밀리미터이며 크다고 해도 절대 8밀리미터를 넘지 않는다. 더욱이 '완벽한' 천연진주는 손에 꼽을 만큼 적다는 사실을 고려해보면 다이쇼렌은 현대 과학의 경이라 불릴 만했다.

이렇게 다시 진주의 이상이 복원됐다. 사람들은 이 이상을 '무척' 가지고 싶어 했다. 만일 다이쇼렌이 판매되는 상품이었다면 앞에서 나온 보석들처럼 전쟁이나 불화, 정치적인 긴장감을 조성했을 수도 있을 것이다. 하지만 다이쇼렌은 '판매용'이 아니었다. 미키모토는

✦ 다이쇼렌은 일본 도바의 진주섬에 있는 미키모토 기념관에 상설 전시돼 있다. 이 목걸이는 미키모토사가 너무 귀중하다고 판단해 팔지도 않고 섬 밖으로 내보내지도 않는 몇 안 되는 보석 가운데 하나다. 미키모토 관계자는 2013년부터 2014년까지 런던 빅토리아앨버트 미술관에서 열린 진주 전시회에 다이쇼렌이 전시되지 않은 이유가 바로 이 때문이라고 강조했다.

평생 쇄도한 엄청난 구매 요청을 모두 거절했다. 그는 정중하게 다이쇼렌은 자신의 목걸이라고 말했다. 자신은 그저 이 목걸이를 주머니에 넣고 돌아다니는 게 좋을 뿐이라고도 덧붙였다. 물론 그는 사람들에게 내보이는 것도 좋아했을 것이다.

사실 진주 태우기와 다이쇼렌은 짝을 이루는 한 쌍의 홍보 수단이었다. 진주를 태움으로써 미키모토는 불완전한 진주를 용납하지 않겠다는 신념을 보였다. 다이쇼렌을 통해서는 만들 수는 있지만 '가질 수는 없는' 완벽한 진주를 내보였다. 미키모토는 전 세계가 가장 탐내는 진주를 손에 쥐고 있으면서 판매 요청을 매번 거절했다.

그 결과 미키모토는 완벽과 동의어가 됐다. 미키모토는 백만 개 중에 그래도 한 개 정도는 나올 만한 그런 완벽함이 아니라, 달성이 불가능해서 값을 매길 수 없을 정도로 귀한 완벽함을 상징하는 존재가 됐다.

흠이 없는 진주

사실 완벽함이란 달성하기 불가능한 기준일 수밖에 없다. 대다수 보석의 가치는 완벽함이 아닌 결점에 따라 정해진다. 루비나 에메랄드처럼 보석으로 쓸 만한 품질의 원석이 너무 희귀한 경우에는 결함이 당연시되며 보석에 독특함과 개별성을 부여하는 특징으로 받아들여진다.

완벽한 보석이라는 개념은 사실 다이아몬드에만 존재했다. 탄소는 어디에나 있는 흔한 원소이므로 다이아몬드도 흔하며 특히 무색 다이아몬드는 정말로 흔해서 완벽한 다이아몬드를 찾아내는 일도 불가능하지 않다. 하지만 생명체가 만든 부산물인 진주가 완벽하다고? 이건 불가능하다. 목걸이 하나를 채울 수 있을 정도로 많은 완벽한 진주를 얻는다는 것은 상상 속에서나 가능했다.

적어도 인간이 둥글고 빛나는 진주를 수집하고 숭배하고 이를 두고 다투기까지 했던 과거 수천 년의 시간 동안 그런 일은 불가능했다. 미키모토가 양식진주를 선보이기 전까지 '원형' 진주는 그저 '거의 원형인' 진주를 의미할 뿐이었다. 박물관이나 개인 소장품 전시회에 가면 이런 진주를 볼 수 있다. 이 진주들은 대개 달걀 모양이거나 구형이라도 조금 울퉁불퉁하다. 물론 최상품은 아주 가까이서 들여다보지 않는 한 하얗고 둥그레 보인다. 셰익스피어는 진주의 흠을 '자연의 손이 남긴 얼룩'이라고 불렀다. 오늘날 우리는 이를 유전적 다양성이라고 부른다.

하지만 미키모토가 양식진주 생산기술을 고안하고 특정 색깔과 광택을 내는 진주를 만들기 위해 선별 교배한 조개를 사용하면서부터 진짜 둥그런 진주를 기르는 일이 울퉁불퉁한 천연진주를 채집하는 일보다 오히려 더 쉬워졌다. 어떻게 보면 미키모토는 보석계의 헨리 포드인 셈이다. 미키모토는 진주의 가치를 떨어뜨리지 않고도 진주를 표준화했다.

물론 천연진주의 가치는 조금 떨어졌다. 하지만 놀랍게도 보석상들이 두려워하던 이유 때문은 아니었다. 서양의 진주 중개인들은 미키모토가 저품질 진주를 너무 많이 공급해서 시장이 포화될까 봐 걱정했다. 하지만 미키모토는 시장에 너무 많은 '고품질' 진주를 내놓았고 더 비싸고 품질이 낮은 데다 힘들고 위험한 과정을 거쳐 채취해야 하는 '천연진주' 시장은 오랜 시간에 걸쳐 쇠퇴했다. 런던 보석상들의 결의와 소송, 중상모략은 모두 공포심에서 나온 반응이었다. 이들은 경쟁과 변화를 두려워했을 뿐 아니라 특히 미키모토의 진주가 '완벽한' 진주의 전례가 될까 봐 두려워했다.

근거 없는 두려움은 아니었다. 그때까지 진주는 다른 진주를 봐야 내 것이 더 낫다거나 나쁘다고 판단할 수 있는 지위적 재화의 성질을 가지고 있었다. 진주 시장에 완벽한 진주가 등장하는 것은 단순히 비교 대상이 하나 더 추가되는 의미가 아니었다. 사람은 날 때부터 비대칭보다 대칭을 '훨씬 더' 선호한다. 이 이유 하나만으로도 사람들은 다른 진주보다는 둥근 진주를, 하나라도 흠이 있는 진주보다는 흠이 아예 없는 진주를 선호할 게 분명하다.

런던대학교의 신경미학과 교수 세미르 제키Semir Zeki는 아름다움의 신경과학을 연구한다. 제키 교수의 말에 따르면 사람이 아름다운 것을 볼 때 유일하게 공통으로 나타나는 반응은 뇌의 보상 쾌락중추인 안와전두피질의 활성화라고 한다. 우리는 아름다운 것을 보면 쾌락을 느낀다. 하지만 아름다운지 아닌지는 보는 사람의 뇌에서 결정된다. 첫눈에 아름답다고 생각한 물건이라도 '물건의 결점이 보이기 시작하면' 우리가 느끼는 쾌락은 줄어든다. 제키 교수는 "아름답다는 인식은 우리가 결점을 인지하기 시작하면 약해지는 것 같다."[18]고 말했다. 진주를 예로 들어 말하자면 몇 안 되는 진주만 봤던 옛날 사람들의 눈에는 모든 진주가 아름답게 보였을 것이다. 하지만 매년 완벽한 진주가 몇 백만 개씩 생산되는 시대에 사는 우리의 눈에는 진주에 난 흠이 치명적인 단점처럼 보인다.

일부 수집가를 대상으로 한 작은 규모이긴 하지만 아직도 천연진주시장은 남아 있다. 우리는 한때 누군가가 손에 넣기 위해 목숨을 걸었을 만한 천연진주를 이제는 적당한 가격에 살 수 있다. 훨씬 더 아름다운 양식진주가 있는데 왜 아직도 천연진주를 사는 사람이 있는지 궁금할지도 몰라 설명을 덧붙이자면, 사실 한 해 동안 시장에 나오는 천연진주의 양은 매우 적고 그나마 거의 다 골동품이다. 요즘에 최고만을 취급하는 이름난 보석 회사와 보석상들이 거래하는 고급스럽고 정교하며 비싼 진주들은 모두 양식이다.

양식진주가 시장을 장악한 데는 여러 원인이 있다. 요즘 대다수 국가에서는 진주조개 채취를 위한 잠수 허가증을 쉽게 내주지 않으며 담수 진주 대량 생산국인 스코틀랜드를 포함한 여러 곳에서는 진주 채취를 위한 조개 채집 자체가 금지돼 있다. 20세기 들어 세계적으로 진주조개의 개체 수가 위험한 수준으로 줄어들었기 때문이다. 만일 미키모토가 진주 양식 기술을 발명하지 못했거나 완벽한 진주로 진주의 기준을 바꿔 시장이 양식진주를 받아들이도록 하는 데 실패했더라면 오늘날 진주조개는 아예 남아 있지 않을지도 모른다.

평범한 사람들의 진주

20세기 초반에 진주의 가격은 최고조에 달해 있었다. 진주를 사려는 수요가 너무 많았던 나머지 이 시대를 두 번째 대진주 시대라고 부르는 사람도 있을 정도다. 진주가 갑자기 많아져서가 아니라 진주의 인기가 치솟았기 때문에 수요가 늘어났다. 산업체 회장, 석유 귀족, 금광으로 돈을 번 백만장자 등 미국의 신흥 부자들은 모두 왕족의 상징인 진주를 손에 넣고 싶어 했다.

시장에는 이 수요를 만족시킬 만큼 충분한 양의 진주가 없었다. 수요는 많은데 새로 채집되는 진주의 양은 거의 없다시피 해서 진주의 가격이 전례 없이 치솟았다. 1916년 까르띠에는 모턴 플랜트 Morton Plant 부부에게 진주 목걸이 한 줄을 판 대가로 밴더빌트 저택 주변에 있는 그들의 뉴욕 5번가 타운하우스 가운데 한 동을 본사 건물로 쓰라고 받았다.

양식진주는 시장을 포화시키지도 않았고 모든 진주의 가격을 떨어뜨리지도 않았다. 그저 천연진주에 대한 '수요'가 사라졌을 뿐이었다. 양식진주의 품질이 더 좋았기 때문에 천연진주 시장은 자연히 줄어들었다. 양식진주는 진품이고 품질이 더 좋았으며 덜 비쌌다.

다이쇼렌을 살 수 있는 사람은 없었지만, 미키모토의 진주는 누구나 살 수 있었다. 정말이지 '누구든' 살 수 있었다. 미키모토는 진주 양식에 성공하기 훨씬 전에 쓴 편지에서 자신의 꿈은 전 세계 모든 여성의 목을 진주 목걸이로 장식하는 것이라고 말한 바 있다. 그는 이 꿈을 이루기 위해 다양한 크기, 품질, 가격대의 진주를 내놓았다. 결국 진주는 부자만 가질 수 있는 보석의 자리에서 물러나긴 했지만, 그 가치와 보석으로서의 위상은 흔들리지 않았다. 여기에는 미키모토의 타고난 쇼맨십과 세계에서 가장 완벽하지만 가질 수 없는 진주 목걸이인 다이쇼렌의 역할이 컸다.

결국 양식진주는 현대 경제와 산업을 향한 메이지 시대 일본의 질주에 빼놓을 수 없는 핵심 역량이 됐고 미키모토도 이 사실을 알고 있었다. 미키모토는 완벽주의자에 몽상가이면서 능숙한 상인이기도 했다. 그는 완벽을 추구하는 사무라이 정신과 시인의 감성을 동시에 지니고 있었다. 미키모토는 미국을 좋아했지만, 일본을 향한 애국심도 깊었다. 미키모토로 인해 세계 진주 무역의 75퍼센트가 고베항에서 이뤄지게 되었으니 어떻게 보면 조국에 진주 산업 전체를 바쳤다고도 할 수 있다.

미키모토는 '평범한 사람이 제약에서 벗어나 자유로워질 수 있게 된 시대를 대표하는 가장 빛나는 인물'[19]로 꼽힌다. 메이지 시대에 주어진 자유로 인해 미키모토는 사업가, 과학자, 세계 진주의 제왕이라는 큰 꿈을 꿀 수 있었다. 진주는 일본의 첫 번째이자 마지막 주요 수출 원자재가 됐다. 미키모토와 마찬가지로 미키모토의 조국 또한 20세기 들어 혁신과 과학이 이끄는 최신 기술의 선봉장이라는 새로운 정체성을 얻었다. 이를 얻기 위해 과거를 모두 지워버릴 필요는 없었다.

미키모토가 만든 완벽한 진주들은 일본이 정체성을 유지해 일본만의 경제적, 문화적 특징을 보존하면서도 식민 열강의 침입에 저항할 수 있도록 완벽하게 도왔다. 금전적인 측면에서도 마찬가지였다. 쇼맨십이 강했던 미키모토가 "패전으로 잃은 돈을 모두 [나의] 진주로 보상하겠다."[20]며 호언장담할 정도로 양식진주의 매출은 엄청났다.

1935년경 일본에는 매년 천만 개의 진주를 생산하는 350개의 진주 농장이 있었다. 현재도 일본은 세계에서 가장 큰 진주 수출국이다. 미키모토의 진주는 역사상 최초로 보석을 대중화하는 데 성공했다. 비록 진주의 가격은 공급이 늘어나면서 떨어졌지만, 아직도 진주는 귀중한 보석으로 여겨진다. 일본은 진주로 벌어들인 돈과 상업적 지위는 물론 진주가 떠올리게 하는 감정적인 가치에 힘입어 세계의 강대국과 어깨를 나란히 할 수 있었다.

새로운 기술은 그림이 아니라
그림의 틀 자체를 변화시킨다.

_마셜 매클루언Marshall McLuhan

시간은 나의 편.

_롤링 스톤스The Rolling Stones

chapter 08

역사는 타이밍

제1차 세계 대전과 첫 번째 손목시계

시계는 매우 신기한 보석이다. 대량생산품인데도 부와 지위를 상징하는 가치를 인정받는다. 장식과 실용적 기능을 동시에 갖춘 유일한 보석이기도 하다. 보통 귀금속과 보석을 사용해 만들기는 하지만, 시계의 가치는 사용된 귀금속이 아닌 제작 기술에 있다. 시계는 시간을 재고 알려주고 기록하는 장치지만, 신기하게도 여가로 시간을 보내는 '유한' 계급과 연관이 깊다. 산업 현장과 전쟁에서는 필수 도구로 쓰이기도 한다. 실제로 손목시계는 처음에는 여성만을 위한 장신구로 여겨졌지만, 전쟁 때 유용하게 쓰이면서 남성용 장신구로 변했다.

시계의 역사는 길지만, 손목시계는 무척 최근에 발명됐다. 놀랍게도 약 백 년 전까지만 해도 작은 시계에 줄을 매어 손목에 찰 생각을 한 사람은 아무도 없었다. 처음에 손목시계가 만들어진 계기도 단지 부유한 헝가리 백작 부인이 주목받고 싶어 했기 때문이다.

최초의 손목시계는 1868년 파테크 필리프Patek Philippe가 코스코비츠Koscowicz 백작 부인을 위해 만들었다.♦ 그저 장신구로 취급받았던 이 시계는 그 후 오랫동안 엄청나게 영향을 미치게 된다.

코스코비츠 백작 부인은 파테크 필리프에게 화려한 공작새 깃털처럼 자신의 부와 영향력을 뽐내게 해줄 최대한 비싸고 화려한 장신구를 만들어달라고 주문했다. 지금으로 치면 애플이라고 할 수 있는 19세기의 혁신 기업 파테크 필리프는 커다란 다이아몬드 대신 완벽히 작동하는 초소형 시계를 만들어 값비싼 다이아몬드 팔찌 중간에 박았다.

이 손목시계는 두꺼운 뱅글 형태의 금팔찌로 마치 세 폭 제단화처럼 생긴 금으로 된 사각형 장식이 달려 있다. 이 장식에 있는 세 사각형 중 가장 큰 가운데 사각형에는 금으로 만든 꽃잎들 속에 커다란 다이아몬드가 박혀 있다. 가운데 사각형 양쪽에 달린 작은 금 사각형 두 개는 검은 에나멜 바탕에 다이아몬드를 박아 만든 정교한 꽃으로 장식했다. 장식 전체에 화려한 금 꽃 덩굴이 둘러져 있으며 비슷한 벨에포크 양식의 구불구불한 금으로 팔찌에 고정돼 있다. 이 세 사각형 중에 가장 큰 중앙의 사각 장식은 사실 뚜껑이다. 이 뚜껑을 눌러 열면 손톱만 한 크기의 진짜 시계가 나온다. 시계의 바탕은 흰색과 검은색 에나멜이고 숫자는 팔찌의 디자인과 비슷한 벨에포크 양식으로 쓰여 있다. 시계태엽은 금으로 된 키를 사용해 감을 수 있다.

코스코비츠 백작 부인이 팔찌에 시계를 단 이유는 시간을 보기 위해서가 아니었다. 이 팔찌에 들어간 시계는 마치 르네상스 시대의 반지에 박힌 시계처럼 남들에게 보여주기 위한 장식이었다. 동시에 당시의 최신형 회중시계처럼 까다로운 공정을 통해 만든, 충격 보호를 위한 금 뚜껑까지 단 진짜 시계이기도 했다. 이 시계는 시계 모양 장신구와 제대로 작동하는 시계를 처음으로 합친 물건이었다.

이런 시계는 '리슬릿wristlet'이라고 불렸다. 이 시계는 작아도 잘 작동했지만, 적어도 백작 부인에게 이 시계의 주요 기능은 시간을 보여주는 게 아니라 신분을 상징하는 것이었다. 사실 리슬릿은 요즘 기준으로 봐도 시계보다 팔찌에 더 가깝게 생겼다. 최초의 손목시계는 눈에 즐거움을 주는 반짝이는 장신구에 약간의 기능성을 더한 물건이었다. 시계가 달려 있긴 했지만 장신구에 가까웠으므로 여성들 사이에서 인기를 끌었다. 백작 부인이 바라던 대로 리슬릿은 주목받았고 온 유럽 여성들이 리슬릿을 가지고 싶어 했다. 리슬릿은 부유한 왕족이나 귀족 부인들 사이에서 유행했다. 유행을 퍼뜨리려는 선전은 필요없었다. 그저 평범한 긍정적인 소비폭포 현상이 일어났을 뿐이다.

하지만 시간이 계속 앞으로 나아가듯 시계도 계속해서 발전했다. 20세기가 되어 전쟁이 현대식이 되면서 정밀하고 정확한 시간 측정이 중요해졌다. 특히 군인들은 양손을 자유롭게 쓰면서도 시간을 확인할 수 있어야만 했다.

20세기 초까지만 해도 사람들은 손목시계를 여성용 장신구로 여겼다. 하지만 당시 군인들 사이에서 손목시계는 필수품이었다. '모든

♦ 꼼꼼함은 모든 시계공에게 요구되는 덕목이긴 하지만, 파테크 필리프는 극단적으로 꼼꼼하다. 200년 가까운 전통의 시계회사 파테크 필리프는 지금까지 만든 시계에 대한 기록을 모두 보관하고 있다. 헝가리의 코스코비츠 백작 부인이 첫 손목시계의 주인이라는 사실을 밝히는 데는 이 기록이 큰 역할을 했다. 보넘 경매소Bonham's auction house는 최초의 손목시계에 대해 다음과 같이 설명하고 있다. "회중시계를 팔찌에 채우는 행동은 1868년 이전부터 존재했으며 어쩌면 1570년대까지 연대가 거슬러 올라갈지도 모른다. 하지만 이 사실을 뒷받침할 만한 구체적인 증거는 남아 있지 않으며 [1868년] 파테크 필리프가 코스코비츠 백작 부인을 위해 디자인한 손목시계가 현대적인 관점에서 생각하는 진정한 손목시계의 시초라 할 수 있다."

전쟁을 종식하기 위한 전쟁'이라 불린 제1차 세계 대전 기간 중에 코스코비츠 백작 부인의 리슬릿에서 발전한 형태의 '끈 시계'는 주요 기술 제품이자 군인의 가장 좋은 친구로 여겨졌다. 제1차 세계 대전이 확산되자 연합군은 손목시계를 대량생산해 전선에 있는 군인들에게 지급했다. 그때까지도 주머니에서 꺼내 회중시계를 감아야 했던 독일군과 연합군이 맞붙었을 때 누가 더 유리할지는 불 보듯 뻔했다.

제1차 세계 대전이 끝난 후 손목시계는 더 정교한 기계장치로 발전했고 보석이자 기술 제품, 패션 용품으로 자리를 굳혔다. 시계 제작 기술이 발전하면서 손목시계는 더 정확한 시간을 알려주었다. 손목시계가 더 정확해지면서 수요가 늘어났을 뿐 아니라 그 성격도 변했다. 손목시계를 차는 소비자 또한 달라졌다.

이제 한 허영심 많은 백작 부인의 패션 용품이 어떻게 전쟁의 모습과 현대인의 시간 경험을 바꾸었는지 알아보자.

시계의 간략한 역사

인류 문명의 태동기부터 원자시계가 발명된 현대에 이르기까지 인간의 삶은 언제나 시간의 지배 아래 놓여 있었다. 우리는 하루를 시간 단위로 나누고 사회적인 행사, 개인적인 만남, 계절별로 해야 할 일을 시간에 따라 정한다. 우리의 시간 인식은 너무 자연스러워서 시간의 단위와 시간의 진행을 기록하는 방식이 수 세기에 걸친 기술 발전의 결과라는 사실을 인지하기 힘들 정도다. 하지만 역사를 살펴보면 시간 측정 기술이 세상을 바꾸고 이렇게 바뀐 세상이 다시 시간 측정 기술을 바꾸는 일이 오랫동안 계속 반복되면서 우리의 시간 인식이 변해왔다는 사실을 알 수 있다.

처음에는 출생부터 사망까지의 여정을 관리하는 시간 할아버지 _(서양 신화에 등장하는 시간을 관장하는 커다란 낫을 든 노인)밖에 없었다. 물론 잠들고 일어나고 곡식을 수확하고 씨를 뿌릴 시간을 알려주는 대지도 있었다. 하지만 시와 분은 중요하지 않았다. 인간에게 시계는 해와 달뿐이었다. 시간은 필요에 따라 정해졌다. 시계를 기준으로 정해지는 현대의 시간과 그나마 가장 가까운 개념은 해의 위치에 따라 하루를 대강 나눈 아침, 점심, 저녁이라는 개념이었다.

그리 놀랍지 않게도 가장 먼저 발명된 시계는 해시계였다. 최고 오래된 해시계는 고대 이집트에서 기원전 15,000년에 만들어졌다. 그 후 여러 방식을 사용한 다양한 모양과 크기의 해시계가 제작됐다. 하지만 종류에 상관없이 정확한 주기는 아니지만 예측 가능한 경로를 따라 움직이는 천체의 회전 운동을 이용한다는 면에서 모든 해시계의 기본 원리는 같았다. 행성의 움직임에 대한 지식을 바탕으로 설계된 해시계들은 해의 궤적을 따라 그림자를 드리웠다. 그림자 하나를 드리우도록 설계된 해시계의 경우 주로 일정한 간격으로 눈금을 표시한 면 위에 막대나 못을 이용한 해시계 바늘을 수직으로 세우거나 수평으로 매달아서 만들었다. 하늘에 뜬 해가 동쪽에서 서쪽으로 이동하면 눈금이 그려진 표면 위를 따라 바늘 그림자가 드리웠다. 낮 동안 그림자는 해를 따라 가운데를 중심으로 돌아갔다.

해시계는 맑고 화창한 날에는 잘 작동했다. 하지만 당연히 해가 없으면 소용없었다. 사실 기원전 15,000년 전에 살던 사람들은 밤에는 잠을 잤으므로 보통은 해시계로도 충분했다. 하지만 해시계에는 흐린 날이나 실내에서 사용할 수 없다는 다른 단점도 있었다.

결국 해시계에 이어 스톱워치의 오래된 조상인 모래시계나 물시계 같은 정해진 시간을 재주는 타이머들이 발명됐다. 이런 모래시계나 물시계는 정해진 양의 물이나 모래를 한곳에서 다른 곳으로 등속도로 옮기는 것으로 모두 원리가 비슷했다. 모래시계와 물시계를 통해 사람들은 더 작은 단위의 시간을 측정할 수 있게 됐다. 이런 시계들은 대부분 염색 통에 옷감을 얼마나 담가놓아야 하는지, 모르타르가 굳을 때까지 얼마나 기다려야 하는지 등 일을 끝내는 데 걸리는 시간을 재는 데 사용했다.

이처럼 시간 측정에는 언제나 작업 속도를 '맞추는' 의미와 작업 속도를 '정하는' 의미가 동시에 들어 있었다. 인간이 농경지에서 도시로 삶의 무대를 옮기면서 시계도 점점 더 복잡해졌다. 해시계의 일종인 환상열석standing stone circle을 만들어 해와 계절의 변화를 추적하기 시작한 지 수천 년 만에 기계시계가 처음으로 만들어졌다. 그리 정확하지 않았던 당시의 커다란 기계시계에는 복잡한 기어, 스프링, 무게추, 지렛대 등이 쓰였다. 기계시계는 시 단위 시간만 알려준다는 점에서는 해시계와 비슷했지만, 해가 없어도 시간을 볼 수 있었다. 기계시계는 실내생활이 증가하고 해가 지고 나서도 깨어 있는 시간이 길어진 생활상을 반영한 시계였다.

당시 기계시계는 보통 사람이 사기에는 너무 낯설고 비싸고 희귀했다. 중세 시대에는 대개 교회에서 시간을 측정했고 사람들에게 종을 울려 일어날 시간, 일할 시간, 모일 시간을 알렸다.(당시 대다수 사람에게 중요한 시간은 이 세 가지뿐이었다.) 훗날 국가의 형태가 종교국가에서 세속국가로 바뀌면서 교회의 종은 공공장소에 놓인 시계로 대체

됐다. 하지만 권력을 갖고 있는 집단이 시간을 재고 관리하는 것에는 변함이 없었다.

르네상스 시대에는 기계시계보다 더 정확한 진자시계와 스프링시계가 등장하면서 시계 기술과 '시간 관리' 면에서 모두 작은 발전이 일어났다. 하지만 19세기에 산업혁명이 일어나기 전까지 작은 단위의 시간은 중요하지 않았다. 산업혁명이 일어나 도시가 커지고 공장 노동이 늘어나면서 사람들은 자연이 아닌 생산 설비에 따라 달라지는 더 정밀한 일과표에 맞춰 일해야 했다. 순식간에 열차가 생겼고 열차 시간표나 업무시간 기록카드 같은 모두가 따라야 하는 공식 시간표가 만들어졌다. 산업혁명은 정확한 시간 측정을 요구하기도 했지만, 다행히 시계를 더 널리 보급할 수 있게 했다. 동일한 부품의 대량생산이 가능해지면서 최초로 개인이 자신만의 시계를 가질 수 있게 됐다. 기술의 발전으로 사람들은 스스로 시간을 보고 지켜야 했을 뿐 아니라 시계를 비교적 괜찮은 가격에 구입할 수도 있게 됐다.

하지만 기술이 얼마나 발전하든지 간에 사실 시계의 기본 기능은 환상열석이 시계로 쓰이던 구석기 때와 별로 다를 바 없었다. 시계는 언제나 지구의 축을 중심으로 한 자전과 지구가 태양의 온기에서 얼마나 멀어지고 가까워지는지 기록하기 위해 존재하는 기계였다. 사실 오늘날 시곗바늘이 옛날 해시계의 그림자 궤적처럼 가운데에 있는 축을 중심으로 도는 이유도, 시계의 가장 윗부분에 해가 가장 높이 뜨는 시각인 12시, 즉 '정오'가 위치하는 이유도 모두 여기에 있다.

시계 공학

해 그림자가 아닌 '시계장치'를 이용한 최초의 기계시계는 725년 중국에서 만들어졌다. 초기에는 기계시계에조차 물이나 모래가 사용됐다. 하지만 정해진 시간 동안 모래가 떨어지는 모래시계보다는 훨씬 복잡한 시계였다. 이런 기계시계는 물레방아처럼 떨어지는 물의 힘을 이용해 시계의 기어를 돌렸다. 그러다 나중에는 습기가 덜하고 더 오래 쓸 수 있는 무게추와 도르래를 이용해 기어를 돌리는 시계가 나왔다. 하지만 해시계나 모래시계와 달리 진정한 기계시계에는 계속 에너지를 공급할 수 있는 에너지원이 필요했다. 그러나 당시는 전기가 발명되기 한참 전이었다.

그럼 어떻게 했을까? 물리법칙을 이용했다. 운동에너지는 움직일 때 발생하는 에너지다. 위치에너지는 물건이 놓인 위치에 따라 물건에 저장되어 있는, 앞으로 사용할 수 있는 에너지다. 활시위를 팽팽하게 당기면 활에 '위치'에너지가 저장되고 활시위를 푸는 순간 이 위치에너지가 움직이는 화살의 운동에너지로 전환된다. 폭포의 높은 곳에 있는 물도 '위치'에너지를 지니고 있다. 물이 떨어지면서 방출된 위치에너지를 물레방아를 돌리는 운동에너지로 전환할 수 있다.

위치에너지에는 두 종류가 있다. 하나는 중력 위치에너지고 나머지 하나는 탄성 위치에너지다. 떨어지는 물의 위치에너지를 이용해 물레방아를 돌리는 일은 '중력' 위치에너지를 활용한 사례다. 물체를 위에서 아래로 움직이는 중력의 힘을 이용하기 때문이다. 활시위나 팽팽하게 당긴 줄이 가진 위치에너지는 '탄성' 위치에너지다. 줄이나 스프링 등을 힘을 가해 늘이거나 줄이면 탄성 위치에너지를 만들 수 있다. 활의 경우 활시위를 뒤로 당기면 탄성 위치에너지가 저장되었다가 활시위를 놓으면 위치에너지가 운동에너지로 바뀐다.

중력 위치에너지를 사용하는 진자시계든 탄성 위치에너지를 사용하는 스프링 시계든 간에 기계시계를 만들려면 저장된 위치에너지를 운동에너지로 바꾸는 장치가 필요하다. 기계시계에서 이런 역할을 하는 장치를 '탈진기escapement'라고 부른다. 예를 들어 진자시계의 경우 진자가 왔다 갔다 할 때마다 진자에 달린 지렛대인 탈진기가 기어를 일정한 속도로 돌린다.

모든 진자 운동은 일정하다. 진자가 한 번 왕복할 때마다 탈진기가 주 기어를 딱 한 칸씩 움직이면 주 기어에 연결된 다른 기어들도 정해진 속도로 일정하게 움직여 시곗바늘을 일정한 간격으로 이동시킬 수 있다. 스프링 시계의 경우에도 스프링이 일정하게 풀리면서 진자 같은 역할을 수행한다. 다만 진자시계와 달리 스프링을 이용하면 휴대할 수 있는 작은 시계를 만들 수 있다.

손목시계의 전신인 휴대용 소형 스프링 시계는 15세기 유럽에서 나타났다. 스프링 시계는 들고 다닐 수 있고 크기가 작았지만, 한 가지 문제가 있었다. 스프링은 풀리면서 위치에너지를 잃는다. 물론 스프링이 풀리면서 에너지를 내놓아야 기어를 움직여 시계를 돌릴 수 있지만, 사실 스프링이 풀리는 것 자체가 스프링 시계의 주요 단점이기도 했다. 처음에 단단히 감긴 스프링의 에너지는 높지만, 스프링이 풀리면 에너지가 점점 낮아진다. 그래서 스프링이 느슨해질수록 시계도 점점 느려졌다. 즉 초기에 나온 스프링 시계들은 작고 휴대성도 좋았지만, 시간을 정확하게 알려주지는 못했다.

1657년 평형 스프링balance spring이 발명되면서 이 문제가 해결됐다. 평형 스프링은 아주 얇은 금속선을 코일처럼 감아놓은 스프링에 평형 바퀴를 단 스프링이다. 스프링이 풀릴 때마다 평형 바퀴가 공명 주파수로 흔들리면서 스프링과 바퀴의 움직임을 조화 진동자의 움직임으로 변환해 심장 박동처럼 일정한 간격으로 정확히 반복되는 맥박 같은 진동을 만들어낸다. 이 맥박 같은 진동은 스프링에서 얻은 힘을 장시간에 걸쳐 고르게 분산해 시계 속 바퀴와 기어들이 움직이는 속도를 일정하게 제어한다. 이 발명 하나를 해내는 데만 거의 500년이 걸렸다.

정리하자면 시계는 매우 오래된 기술이다. 지금도 마찬가지지만 어느 시대든 시계와 더 정확한 시계를 만들기 위한 최신 시계 제작 기술에는 당대의 수공예, 기계공학, 천문학 지식의 정수가 집약되어 있었다.

우월함의 상징

이쯤에서 역사 이야기는 잠시 내려놓자. 여기서는 휴대용 시계의 역사를 바꾼 17세기 평형 스프링의 발명에서 이야기를 건너뛰어 21세기 기술인 '시선추적eye tracking'에 대해 잠시 알아보고자 한다. '시선추적'은 주의력을 연구하는 심리학 분야에서 최근 떠오르고 있는 실험기법이다. 손목시계와는 전혀 상관없는 이야기처럼 들리겠지만, 시계 기술의 발전에 인간의 허영심과 경쟁심, 주목받고자 하는 욕망이 미친 영향을 고려해보면 전혀 그렇지 않다.(다른 보석도 마찬가지다. 아마 시계보다 더 크게 영향받았을 것이다.)

시선추적을 하는 방법은 꽤 복잡하다. 먼저 피험자의 눈 위쪽에 장치를 부착한다. 이 장치는 피험자의 눈이 어느 방향으로 움직이고 얼마나 오랫동안 어디서 머무는지를 말 그대로 '추적'한다. 이런 방식은 피험자에게 직접 무엇을 보고 있느냐고 묻는 것보다 훨씬 정확하다. 물론 피험자가 가끔 거짓말을 해서이기도 하지만, 그렇지 않더라도 사람들은 '자신이 무엇을 왜 보고 있는지 제대로 알지 못하는 것 같다.'

사람을 대상으로 한 시선추적 기술은 광고 전략을 세우는 데 필요한 자료를 얻거나 인간이 시각 데이터를 어떻게 해석하는지 연구하기 위해 사용된다. 이런 연구 결과는 대부분 우스울 정도로 당연하다. 예를 들어 비키니를 입은 여성이 등장하는 광고를 남성과 여성 피험자에게 보여줬을 때, 여성은 주로 광고 모델의 얼굴을 자주 오랫동안 보는 반면, 남성은 모델의 얼굴과 가슴 그리고 다른 신체 부위를 보는 데 시간을 거의 고르게 투자했다.(오해하진 말자. 여성들도 비키니를 입은 여성을 훑긴 했지만, 대부분의 시선이 얼굴에 쏠렸다는 뜻이다.) 재미있게도 남성과 여성에게 매력적인 '남성'의 사진을 보여줬을 때의 반응은 남녀가 뒤바뀌지 않고 똑같았다. 여성은 이 경우에도 남성의 몸은 조금 보고 얼굴을 주로 봤으며 남성은 이 경우에도 가상 경쟁자의 몸과 신체조건을 더 관심 있게 봤다.

사람들은 사진에서 무엇을 찾고 있는 것일까? 섹스라는 답은 너무 단순하다. 이성애자라고 해서 이성의 신체만 뚫어져라 쳐다보지는 않았다. 부러워서라는 답도 부족하다. 만일 이런 식으로 시선을 보내는 이유가 부러움 때문이라면 여성들은 경쟁자의 얼굴보다는 몸을 더 오랫동안 열심히 봤을 것이다.

우리가 다른 사람을 보며 무의식중에 찾고 있는 것은 공작새로 치면 꽁지깃에 해당하는 부위다. 저 사람이 나보다 무엇을 더 가지고 있나? 더 대칭적인, 유전학적으로 '옳은' 얼굴? 자손을 떠올리게 하는 몸? 아니면 잘 먹을 수 있는 부유함? 경쟁에 유리한 유전형질? 사람은 또래 집단을 객관적으로 평가함으로써 자신의 순위를 매긴다. 앞서 말한 지위적 재화를 기억하는가? 시선추적 기법을 이용하면 인간이 정확히 어떤 것을 비교기준으로 삼는지 알아낼 수 있다.

성이나 육체와 관련 없는 사진을 가지고 한 실험에서 나온 의외의 결과를 보면 사람들에게 이런 경향이 있음을 더 확실히 알 수 있다. 피험자에게 머리부터 어깨까지만 나오게 찍힌 남성과 여성의 사진을 보여주자 남성과 여성 집단의 시선추적 결과는 거의 같았다. 두 집단 모두 사진 속에 사람이 하고 있는 '보석 하나하나를 다' 살펴보는 데 비정상적으로 긴 시간을 할애했다. 대개는 사진 속 얼굴보다도 보석을 더 오래 봤다. 이들은 비교하기 위해 무의식적으로 지위와 신분을 나타내는 상징인 재산을 살펴본 것이다.

사람에게는 주변 사물이나 사람의 가치를 매겨서 자신의 위치를 파악하려는 보편적인 욕구가 있다. 경쟁하고 비교하고 순위를 매기는 행동은 자연스러운 동물적인 본능이다. 물론 무리 중에 가장 가치 있고 인기 많은 사람이 되고자 하는 욕망도 꽤 평범한 본능이다. 사실 이는 다윈의 진화론과 성 선택론의 기반이기도 하다.

그런데 인기를 얻으려면 먼저 눈에 띄어야 한다. 시선을 끌 수 있는 가장 빠른 방법은 반짝반짝 빛나는 파랑 나비나 넓게 펼치는 꽁지깃을 지닌 공작새처럼 독특한 외관을 갖추는 것이다. 속내를 파고들다 보면 결국 보석의 가장 본질적인 기능은 빛나고 눈에 띄는 외양으로 다른 사람의 시선을 끌고 이를 오랫동안 붙잡아두는 데 있다. 보석은 아름다움을 더해주기도 하고 부와 권력을 내보이기도 한다. 타고난 우월함이든 노력으로 성취한 우월함이든 보석이 이를 드러내주는 것은 마찬가지다.

이런 식으로 생각해보자. 21세기 기술을 총동원하더라도 유전적인 아름다움, 젊음, 생식능력을 가짜로 만들기란 꽤 어렵다. 하지만 물질을 이용하면 육체적인 우월성은 아니라도 돈, 권력, 영향력, 권한처럼 시간이 가도 변하지 않는 물질적인 우월성을 드러낼 수 있다. 어쩌면 여성은 얼굴을 더 많이 보고 남성은 신체를 많이 본다는 차이는 있지만, '둘 다' 보석을 가장 오래 보는 이유는 그래서인지도 모른다. 가장 빠르게 시선을 끌고 우월해 보이고 싶다면 지위를 상징하는 물건을 가지면 된다.

물론 반짝이는 물건이라면 금상첨화다.

시간을 사다

사람은 타고난 상태 그대로는 부나 우월성을 과시할 방법이 별로 없다. 반짝이는 깃털을 가진 새들과 달리 사람에겐 꽁지깃도 날개도 비늘도 없다. 그래서 사람들은 동물 가운데 사람만이 유일하게 가지고 있는 특별한 경쟁 우위를 이용해 우월함을 드러낸다. 바로 최신 기술 제품이다.

다시 수백 년 전으로 돌아가서 당시 주목받던 기술 제품인 주머니에 넣는 회중시계에 대해 살펴보자. 평형 바퀴와 평형 스프링이 개발된 해인 1657년보다 한참 전인 15세기의 어느 날, 전부터 있던 이동식 스프링 시계와 그리 다르진 않지만, 회중시계의 전신이라 부를 만한 시계가 최초로 등장했다. 이들 시계는 스프링을 안에 넣어야 했으므로 부피가 컸고 모양은 맥주통 같았다. 하루에도 몇 번씩 태엽을 감아야 했으며 시침밖에 달려 있지 않았고 무척 부정확해서 하루마다 '몇 시간씩' 느려지곤 했다.

실용성에 의심이 가는 조잡한 시계였지만, 몸에 지니도록 디자인되었다. 이런 시계는 너무 터무니없이 비싸고 구하기도 매우 힘들었기 때문에 부와 특권을 확연히 과시해주는 물건으로 여겼다. 이 시계는 16세기 엘리트 계층이 가장 선호하는 장신구가 되었다.

시간이 지나면서 유럽의 부자들은 시계 하나를 가지는 것만으론 만족하지 못하게 됐고 전형적인 소비폭포 현상을 보이며 점점 더 복잡하고 비싼 시계를 주문하기 시작했다. 한 세기 만에 유행은 옷에 장식으로 붙이거나 줄에 매달아 목에 걸 수 있는 기발한 모양의 작은 시계들로 넘어갔다. 이런 시계는 별이나 십자가 같은 기호 모양부터 꽃이나 동물처럼 장식적이고 섬세한 모양까지 다양한 형태로 만들었다. 심지어는 해골 모양 시계도 있었다. 이 해골 시계는 결국 모두에게 죽음이 온다는 사실을 상기해주는 음울한 시적 표현이었다.

17세기에는 기발한 모양을 한 작은 장식용 휴대시계에 대한 수요가 늘어나면서 평형 스프링이 선보이는 등 시계 기술의 발전이 이뤄졌다. 영국의 찰스 2세가 주머니가 달린 패션 의류인 조끼를 선보인 이후에는 비교적 시간이 잘 맞는 작고 납작한 시계를 조끼 주머니에 넣는 것이 유행이 됐다. '회중시계'가 탄생한 것이다.

20세기 초까지 시계는 당대 기술의 정점을 보여주는 제품이었다. 언제나 그렇듯 기술 제품은 크기가 작아질수록 더 신형이고 더 비싸다. 전통적으로 작은 시계는 엄청난 부자만이 누릴 수 있는 특권이었다. 백 년 전까지만 해도 작은 시계는 설사 시간이 잘 맞지 않더라도 희귀한 보석만큼 값이 나갔고 그만큼 얻기도 힘들었다.

회중시계를 처음 주문한 사람은 자랑할 기회는 절대 놓치지 않는 영국의 헨리 8세였다. 헨리 8세의 시계는 줄을 달아 목에 걸 수 있는 샐러드 접시만 한 크기의 시계였다. 참 세련된 취향이다. 그런가 하면 헨리 8세의 딸, 엘리자베스 1세는 팔뚝에 시계를 찼다. 테두리에 다이아몬드가 박힌 둥근 회중시계를 '암릿(armlet: 완장처럼 차는 팔찌)'에 매단 시계였는데 엘리자베스가 가장 총애한 사람이자 연인이었다고도 하는 레스터 경the earl of Leicester, 로버트 더들리Robert Dudley에게 받은 선물이었다.[1] 심지어 마리 앙투아네트조차 이 유행에 동참해서 시계 장치가 달린 다이아몬드 팔찌를 주문했다고 한다.[2]

오래전 르네상스 시대부터 만들어지기 시작한 반지시계도 꽤 인기를 끌었다. 보석 대신 시계(우습게도 동작하는 것도 있고 동작하지 않는 것도 있었다.)를 박은 이 반지는 주로 장식으로 만들었는데 시곗바늘은 시침 하나밖에 달려 있지 않았고 멈추거나 시간을 건너뛰기 일쑤였다. 반지시계는 전혀 쓸모없었지만, 수백 년 동안 보여주기용으로 각광받았다. 시간이 맞을 필요는 없었다. 사실 다이아몬드 왕관도 머리 모양을 유지하려고 쓰는 건 아니지 않은가.

18~19세기 무렵의 회중시계는 충격에 약해서 여전히 잘 부서지긴 했지만, 실용적으로 사용할 수 있을 만큼 시간이 잘 맞았다. 하지만 여전히 장신구로 여겼다. 시계의 몸체는 다른 사람의 눈길을 끌기 위해 금, 에나멜, 다이아몬드 같은 보석으로 만들었다. 하지만 시

계의 빛나는 외관은 사실 성자의 유골이나 토리노의 수의(예수의 시체를 썼다고 전해지는 수의)를 담은 보석 성물함과 마찬가지로 시계가 담고 있는 비범한 가치인 '시간'에 바치는 헌사에 불과했다.

다이아몬드를 세공하거나 금목걸이나 반지를 만드는 데도 대단한 기술이 필요하지만, 시계를 만드는 일은 이보다도 더 어렵다. 복잡하게 움직이는 세밀한 부품을 제작하는 시계공은 무척 신중해야 하며 시공간의 역학도 이해해야 한다. 인류는 낮과 밤의 주기와 행성과 별의 움직임을 먼저 이해하고 나서야 제대로 된 해시계를 만들수 있었다. 기계시계를 만들려면 금속공학과 기계공학에 대해서도 해박한 지식을 갖춰야만 한다. 여기에 진동자에 대한 지식과 고난도의 희귀한 기술을 더 익혀야만 작은 회중시계를 만들 수 있다.

우주의 움직임을 담은 시계를 금줄 끝에 달고 다니는 것보다 부와 특권을 더 잘 내보일 수 있는 방법이 어디 있겠는가?

첫 번째 소형시계

일부 여왕 등을 예외로 치면 돈과 권력은 오랫동안 남성의 전유물이었고 따라서 시계도 마찬가지였다. 19세기에 회중시계는 선풍적으로 인기를 끌었고 다양한 수요에 맞춰 여러 가격대의 상품과 디자인이 선보였다. 부유한 여성들이 과시용으로 쓸 만한 여성용 회중시계도 있었지만, 여성용 시계 시장은 일반적으로 시계가 아닌 값비싼 장난감 시장이었다.

파테크 차페크 주식회사Patek, Czapek & Co.는 휴대용 시계의 수요가 성장하면서 생겨난 여러 시계제작 회사 가운데 하나였다. 폴란드 디자이너 안토니 파테크Antoni Norbert Patek와 동업자 프란치셰크 차페크Franciszek Czapek가 1839년 설립한 파테크 차페크 주식회사는 전통 폴란드풍 디자인으로 화려하게 장식한 회중시계를 제작하는 데 특화된 회사였다.

파테크는 첫 매장을 연 지 약 10년 뒤인 1845년에 당시 파리에서 활동하며 '손으로 태엽을 감는stem-winding' 신기술을 막 발명한 뛰어난 시계공 장 아드리앵 필리프Jean Adrien Philippe를 만났다. 그때까지는 시계태엽을 감으려면 꼭 열쇠가 있어야 했지만, 필리프가 기발한 새 디자인을 적용하면 열쇠 없이도 태엽을 감을 수 있는 시계를 만들 수 있었다. 필리프는 기존 태엽 대신 마치 열쇠가 '내장'된 듯한 형태의 '손 태엽stem-winder'을 사용해 시계 꼭대기에 있는 태엽 끄트머리를 돌려 손으로 시계태엽을 감을 수 있게 했다. 파테크는 필리프에게 농업을 제안했고 공동대표이자 기술감독으로 그를 영입했다. 1851년 차페크가 해고됐고 파테크 필리프 주식회사가 설립됐다.

그 후 얼마 지나지 않아 빅토리아 여왕이 시계가 남성의 전유물이라는 고정관념을 깨고 파테크 필리프의 고객이 됐다. 여왕은 런던 수정궁에서 열린 만국박람회에 전시된 파테크 필리프의 기계식 시계에 마음을 빼앗겼다. 빅토리아 여왕은 열쇠 없이 감을 수 있게 만든 시계 가운데 초창기 모델인 담청색 에나멜에 다이아몬드가 꽃처럼 흩뿌려진 여성용 회중시계를 샀다.

첫 번째 '진짜' 손목시계는 런던 만국박람회 이후 17년이 지나서야 만들어졌다. 엘리자베스 1세와 마리 앙투아네트도 팔의 여러 부위에 시계를 즐겨 차긴 했지만, 이를 진짜 손목시계라 부를 수는 없다. 작동하지 않는 시계였기 때문이다. 손목시계를 만들 수 있을 정도로 시계를 작게 만드는 기술은 19세기가 되어서야 등장했다. 사실 그전까지 손목시계는 '시간을 보려고' 차는 물건이 아니었다. 마리 앙투아네트의 보석시계처럼 보석에 가려 시간은 잘 보이지도 않거나 엘리자베스 여왕의 시계처럼 정작 자신은 보기 힘든 팔뚝에 차고 다녔던 초기의 손목시계는 단순히 보석을 값비싼 기술로 대체한 새로운 형태의 장신구일 뿐이었다.

파테크 필리프가 만든 시계와 첫 번째 현대식 손목시계 자리를 두고 다툴 만한 시계로는 1810년 아브라함 루이스 브레게Abraham-Louis Breguet가 나폴리의 여왕 카롤린 뮈라Caroline Murat를 위해 만든 시계가 있다. 이 시계는 매우 얇은 직사각형 모양의 리피터 시계(소리로 시각을 알려주는 손목시계)였지만 정확한 시간을 알리려는 목적으로 만들어지지는 않았다. 금속 팔찌나 가죽끈이 아닌 "금실을 꼬아 만든 머리카락"같이 생긴 망가지기 쉬운 끈에 시계가 부착돼 있었기 때문에 이 시계가 장식용이었다는 의견이 대부분이다. 브레게가 만든 이 신기한 시계에는 심지어 온도계도 달려 있었는데 마치 19세기에 등장할 복잡한 '컴플리케이션complications'◆ 시계를 예견한 듯하다.[3]

손목시계는 여자가 차는 것

장신구로서는 특이하게도 리슬릿은 '작을수록 더 비쌌고' 더 인기가 많았다. 시계는 당시 컴퓨터 같은 존재였고 컴퓨터와 마찬가지로 크기를 줄이려면 돈이 들었다. 하지만 백작 부인의 제대로 작동하는 새끼손톱만 한 시계가 사람들의 상상을 자극하고 부러움을 사는 동안에도 손목시계가 실제로 시간을 정확하게 알려줄 수 있으리라고 믿는 사람은 거의 없었다.

남자들은 회중시계를 손목에 찬다는 생각 자체를 터무니없다고 여겼다. 손목시계는 그저 장신구라는 고정관념이 있었던 데다 손목시계 자체에 기술적인 한계가 있다는 인식까지 더해져 유럽의 남성 소비자들은 절대 손목시계를 사지 않았다. 게다가 충격이나 움직임, 습기, 온도 변화에 민감해 쉽게 고장 나는 정밀한 소형기계인 시계를 손목에 찬다는 생각도 잘 받아들이지 않았다.

하지만 백작 부인의 리슬릿이 등장하면서 완벽하게 작동하는 초소형 손목시계가 현실화됐다. 시계 업계는 리슬릿에 적대감을 넘어서는 부정적인 반응을 보였다. 유럽의 시계 회사들은 리슬릿이 여자들의 변덕에 따라 하루가 멀다고 변하는 유행을 좇는 상품으로, 시장에서 곧 사라질 잠깐 지나가는 유행일 뿐이라고 재단한 채 현실에 안주했다. 함부르크대학교의 볼크Bolk 교수는 제1차 세계 대전이 격해지면서 남성용 손목시계의 수요가 정점에 달했던 1917년까지도 "가장 움직임이 많고 온도 변화가 심한 팔목에 시계를 차는 것은 최근 나타난 어리석은 유행이다. 이 유행이 곧 지나가길 바란다."라고 말했다.[4]

남자들 사이에선 부정적인 인식이 팽배했지만, 부유한 여성들은

♦ '컴플리케이션'은 시계를 더 복잡하게 만드는 부가기능이다. 컴플리케이션 시계는 단순한 시, 분, 초뿐 아니라 다른 주기성 정보도 알려준다. 초기 컴플리케이션 시계에는 대부분 달력 기능이 있었다. 고급 컴플리케이션 시계에는 주로 태양과 달의 상을 보여주는 장식과 스톱워치, 밤하늘을 나타내는 도표 등의 기능이 포함돼 있다.

유행을 좇으려는 열망을 버리지 않았다. 하지만 여성 리슐릿 소비층이 상대적으로 부유했기 때문에 리슐릿이 바쁘고 중요한 일을 하는 '남성'을 위한 시계가 아니라 일을 하지 않아 시간을 맞출 필요가 없는 한가한 여성들만을 위한 시계라는 고정관념은 오히려 더 강해졌다. 여자들과 달리 남자들의 시간은 소중했으므로 남자의 삶에서 시계는 필수품이었다.

손목시계는 회중시계가 완성도와 인기 면에서 전성기를 누리고 있을 무렵에 처음 등장했다. 손목시계의 인기가 늘어나면 회중시계 제작자들은 틀림없이 많은 타격을 입을 터였다. 하지만 시계 제작자들은 사업상의 이유보다는 주로 감정적인 이유로 손목시계에 거부감을 가졌다. 이는 여성비하와 깊은 관련이 있었다. 노동계급과 유한계급을 가리지 않고 당시 남성들 사이에서는 '여자는 시간을 잴 필요가 없다'5)는 의견이 지배적이었다. 소형 손목시계는 여성스럽다고 생각됐기 때문에 남자들은 손목시계를 차느니 '치마를 입겠다'고 말하곤 했다.6)

하지만 그렇게 작은데 시간을 확실하게 알려줄 리 없다며 장식용으로 폄하되던 손목시계는 머지않아 우연한 계기로 시계 기술 혁명의 선봉장 역할을 하게 된다. 완벽히 작동하는 소형시계를 만들기 위해 노력하는 과정에서 시계 기술뿐 아니라 관련 산업이 발전했고 기술 수준도 전반적으로 높아졌다. 어쨌든 당시에 사람들은 파테크 필리프가 손목에 두를 수 있을 정도로 작고 충격에 강하면서도 정확한 시계를 만들었다는 사실을 믿지 못했다. 손목시계는 코스코비츠 백작 부인 같은 부유하고 한가한 서유럽 귀부인에게나 어울리는 제품으로 취급받았고 남성들은 계속 호주머니에 시계를 넣고 다녔다.

군인과 손목시계

처음에 유럽 남성은 전쟁에도 회중시계를 가져갔다. 하지만 전투 현장에서 회중시계는 도움이 되기보다는 거치적거리기만 했다. 전쟁터에서 일단 손에 쥔 다음 뚜껑을 열어 시간을 확인하고 태엽을 감아 조끼 주머니에 보관해야 하는 회중시계는 시간을 확인하기에 좋은 도구가 아니었다. 보어전쟁Bore war 이후 전투가 빠르게 현대화되면서 회중시계의 불편함은 더 부각됐다. 말과 총검이 사라지고 독가스와 기관총의 시대가 왔다. 현대 군인은 양손을 자유롭게 쓰면서도 정확히 시간에 맞춰 비행하고 폭격하고 이동하고 발포하고 엄호해야 했다. 결국 지극히 남성적인 집단인 군대는, 남자는 손목시계를 차지 않는다는 금기의 예외가 됐다.

1880년대에 스위스 시계회사 지라드 페르고Girard-Perregaux는 리슬릿의 디자인을 본떠 만든 첫 남성용 손목시계를 군사용으로 대량생산했다. 이 시계는 독일 황실 해군의 해상공격 시간 조율을 용이하게 할 목적으로 제작됐다. 이를 처음으로 생각해낸 사람은 회중시계를 사용해 폭격 시간을 재는 데 어려움을 겪었던 한 독일 포병이라고 한다. 이 포병은 회중시계를 끈으로 묶어 손목에 둘렀는데 상관이 이 아이디어를 "매우 마음에 들어 한 나머지 라쇼드퐁에 있는 시계공에게 베를린까지 와달라고 부탁해 손목 끈이 달린 작은 금시계를 여러 개 생산하는 방법을 논의했다."고 한다.[7]

지라드 페르고가 만든 손목시계는 조끼 주머니에 넣는 대신 손목에 찰 수 있도록 금줄이 달려 있긴 했지만, 여전히 회중시계에 더 가까운 엉성한 모양새를 하고 있었다. 하지만 이런 시계를 내놓은 것만으로도 큰 발전이었다. 전장의 병사에게는 여성용 장신구를 찼다는 데서 오는 부끄러움보다는 '끈 시계'의 편리성이 더 크게 다가왔다. 하지만 지라드 페르고의 당시 경영진들은 새로운 끈 시계를 필수 군용제품으로 생각하지는 않았다.

하지만 이런 사고방식은 제2차 보어전쟁을 치르면서 변화를 맞았다. 손목 끈을 단 새로운 회중시계는 수적으로 열세였던 영국군이 전쟁에서 승리하는 데 크게 기여했다는 평을 받았다.

보어전쟁과 끈 시계

보어전쟁은 남아프리카 공화국에서 영국 제국군과 남아프리카에 살고 있던 백인 개척자의 후손인 보어인이 두 차례에 걸쳐 맞붙은 전쟁이다. 보어인은 원주민은 아니지만, 네덜란드 혈통의 남아프리카 토착민이다. 1835년부터 1845년까지 보어인 사이에서 강압적인 대영제국에 의해 정치적으로 홀대받고 있다는 불만이 커졌고 특히 노예 소유를 금지하고 케이프 식민지 내 보어인이 이용할 수 있는 토지를 줄이는 정책을 편 영국 정부에 대한 반감이 일었다.

불만에 찬 보어인 약 15,000명은 살던 곳을 정리하고 당시 영국이 통치하던 케이프 식민지 밖으로 떠나는 무언의 반항을 했다. 이들은 오렌지 강을 가로지르며 트래킹해(보어인을 뜻하는 보어트래커 Voortrekker라는 이름은 여기서 왔다_옮긴이) 남아프리카 안쪽으로 들어가 트란스발Transvaal과 오렌지 자유주Orange Free State라는 두 개의 독립 공화국을 세웠다.

네덜란드어로 '농민'이라는 뜻의 이름을 가진 보어인은 영국의 간섭 없이 두 공화국을 직접 통치하며 10년 가까이 살았다. 당시 두 공화국의 땅은 대부분 근근이 먹고살 만한 농토로 덮여 있었다. 심지어 영국 정부도 비공식적으로는 트란스발과 오렌지 자유주를 자치국가로 취급했다. 하지만 불행하게도 보어인의 농장은 오렌지 강과 발 강Vaal River이 만나는 지점에 있었고 그 일대는 곧 남아프리카 다이아몬드 러시의 중심지가 됐다. 코스코비츠 백작 부인의 리슬릿이 만들어지기 일 년 전인 1867년에 남아프리카의 한 작은 소년이 오렌지 강에서 커다란 다이아몬드를 꺼내 올리면서 식민화와 다이아몬드 카르텔의 역사가 시작됐다.

보어인은 순순히 그 땅을 떠나거나 질 게 뻔한 싸움을 하는 수밖에 없었다. 보어전쟁은 중간에 평화 기간이 있긴 했지만, 1880년에 시작돼 1902년에 끝났다. 사실 보어전쟁은 전쟁이라기보다는 영국군에 의한 독단적인 영토 수복에 불과했다. 보어전쟁의 결과로 남아프리카 전역의 지형과 구조가 모두 바뀌었다.

영국군은 보어인보다 훨씬 좋은 장비를 갖추고 잘 훈련되어 있긴 했지만 자국에서 싸우는 보어인에 비해 수적으로 열세였다. 전쟁을 시작할 때부터 전통적인 전쟁 방식으로는 영국이 보어인을 이기지 못할 게 분명해 보였다. 하지만 산업혁명 덕분에 기술이 빠르게 발전하면서 연발총, 자동소총, 기관총, 무연화약 등 혁신적인 무기가 등장해 전쟁의 방식 자체가 바뀌고 있었다. 예전과 달리 새로운 군사 전략에서는 병사 개개인의 전투능력이 별로 영향을 미치지 못했다. 새로운 전투 환경에서 병사 개개인은 전체 군대를 이루는 정밀 부품처럼 움직여야 했다. 보어전쟁은 세계 최초로 현대전의 모습을 보였고 더 넓은 역사적인 맥락에서는 세계대전의 준비 무대라 불릴 만한 전쟁이었다.

새로운 기기와 장비로 인해 보어전쟁은 정확한 시간에 맞춰 진행되는 사상 최초의 대규모 전쟁이 됐다. 작전시간을 정확히 맞추려면 정확한 시간을 알아야 함은 물론이고 양손을 자유롭게 사용하면서 시계를 볼 수 있어야만 했다. 1880년대에 독일군이 먼저 도입했지만, 그 후 사용되지 않고 잊혔던 손목시계는 20세기 초 영국군에 의해 남아프리카 공화국에서 다시 모습을 드러냈다. 필요가 재발견의 어머니가 된 셈이다.

1900년에서 1902년 사이에 보어전쟁에 파병된 영국 군인은 아내의 리슬릿을 떠올리며 가죽끈을 대충 둥글게 파내어 회중시계를 달아 손목에 찼다. 영국군 장교들은 이렇게 만든 임시 전투용 손목시계로 병사 이동 시간을 맞추고 측면공격을 지휘하고 동시 집중 사격을 명령해 적군의 진열을 흐트러뜨렸다.♦

군사용 끈 시계가 좋은 아이디어로 밝혀지면서 갑자기 인기를 끌자 시계회사들도 처음으로 남성용 손목시계에 관심을 보이기 시작했다. 시계회사들은 손목시계를 신제품으로 내놓기 시작했고 주로 남아프리카공화국에서 거둔 영국군의 승리와 연관 지어 남성용 손목시계를 광고했다.

남자를 완성하는 시계

1901년 골드스미스Goldsmiths Company 카탈로그에 실린 한 '군인용

시계' 제품광고에는 1900년 6월 7일 한 군인이 '직접 보낸 추천의 말'이 쓰여 있다. 이 군인은 광고에 나온 시계를 가지고 있다면서 이렇게 썼다. "남아프리카에서 석 달 반 동안 이 시계를 팔목에 계속 차고 다녔습니다. 언제나 매우 정확한 시간을 알려주었으며 틀리는 법이 없었습니다. 노스 스태퍼드셔 연대장 올림"[8]

시계회사들은 끈 시계를 내놓기는 했지만, 20세기 초까지만 해도 여전히 회중시계를 주로 판매했다. 1906년 오메가Omega 시계 상품 안내서를 보면 손목시계 광고는 겨우 3쪽을 차지하고 있고 나머지 48쪽은 모두 회중시계로 채워져 있다. 하지만 어쨌든 이 무렵 손목시계는 군사용 시장을 넘어 '민간 시장'으로 진입하는 데 성공했다. 일례로 보어전쟁 참전 용사가 공개적으로 칭찬한 골드스미스의 군사용 시계 광고에도 "참전 군인이나 남자다운 복장을 하는 신사를 위한 세계에서 가장 믿을 만한 시계"라는 문구가 붙어 있다.

손목시계가 믿을 만하고 기능성이 뛰어난 데다 '남자다워' 보인다는 인식이 남성들 사이에서 받아들이기 시작하면서 여성용 손목시계의 명칭에 변화가 생겼다. 여성용 손목시계는 숙녀용 팔찌시계라는 이름으로 불리기 시작했고 '손목시계wristwatch'는 남성용 시계만을 의미하는 단어로 자리 잡았다. 하지만 일반 대중, 특히 평범한 남성이 손목시계를 받아들이기까지는 그 후로도 오랜 시간이 걸렸다.

♦ 시계뿐 아니라 영국군의 군장도 보어전쟁을 치르면서 바뀌었다. 제2차 보어전쟁이 발발하기 전에 영국군의 군복은 눈에 잘 띄는 주황색이었다. 남아프리카 공화국에서 보어군의 게릴라 전략에 무참히 패배한 이후 영국군은 1897년부터 원정군의 정식 군복 색깔을 카키색으로 바꿨다. 빠르게 변화하고 발전하는 세상의 속도에 맞춰 군대 패션 또한 급속하게 변화하고 있었다.

남성용 손목시계는 상업성이 없어서가 아니라 남성 소비자의 인식 때문에 널리 판매되지 못했다. 손목시계는 기능성 제품이긴 했지만, 여전히 보석처럼 여겨졌다. 앞에서도 보았듯 장신구의 가치는 가상 가치와 상징성에 따라 크게 달라진다. 남자들이 전장 밖에서도 손목시계를 차게 하려면 '손목시계가 남성을 완성하는 물건이 되어야 했다.'

요즘도 비행기는 남자아이들에게 무척 인기 있지만, 20세기 초에는 특히 인기가 높았다. 1904년 루이 까르띠에Louis Cartier는 자신의 친구인 브라질 출신 유명 비행기 조종사 아우베르투 산투스두몽Alberto Santos-Dumont을 위해 손목시계를 만들었다. 그 후 산투스두몽은 손목시계의 대중화에 많이 공헌했다. 당시 비행기 조종사들은 20세기가 되기 전에 나온 글라이더와 열기구는 물론 20세기 초에 나온 초창기 엔진 동력 비행기까지 맨눈에만 의존한 채 운전해야 했다. 하지만 눈으로 보면서 하는 이런 비행은 해안선과 지형지물을 볼 수 있는 아주 낮은 고도에서만 가능했다. 초창기 비행술의 개척자 중 한 명이었던 산투스두몽은 까르띠에에게 홀로 장시간 비행할 때 시력이 아닌 '기기'에 의존해 비행할 수 있도록 해주는 더 좋은 시계를 만들어 달라고 부탁했다.[9]

군사용 시계가 있긴 했지만, 남성을 위해 '특별히' 디자인된 손목시계는 까르띠에가 산투스두몽에게 만들어준 비행기 조종사용 시계가 처음이었다. 이 손목시계는 산투스두몽만큼이나 개척 정신이 강했다. 이 시계는 조종사가 시간을 쉽게 볼 수 있도록 팔목에 차게끔 만들었다. 매끈한 사각형인 까르띠에의 손목시계는 회중시계와는 전혀 달랐고 회중시계 대신 주머니에 넣기 위해 만든 것도 아니었다. 가느다란 끈이 아닌 두꺼운 밴드가 금속 고리로 시계에 연결되어 있었고 시계를 꽉 고정해주는 잠금 장치도 있었다.(비행기로 운하를 건너는 도중에 시계가 풀리는 상황을 겪고 싶은 사람은 없을 것이다.) 산투스두몽의 손목시계는 사실상 팔찌나 다름없는 외관을 감추려고 애쓰지 않은 최초의 남성용 손목시계였다. 이 손목시계가 나오면서 임시변통으로 만든 끈 시계나 회중시계를 개조한 모양의 시계는 사라졌다.

시간, 속력, 위치를 정확히 기록하고 계산할 수 있게 되자 비행기 운전은 훨씬 쉬워지고 보편화됐다. 산투스두몽은 활기차고 로맨틱한 인물이었고 까르띠에는 모두가 좋아하는 브랜드였다. 남성용 손목시계라는 개념을 만든 시계는 군용 끈 시계였지만, 남자들이 처음으로 손목시계를 '가지고 싶어 하게 만든' 것은 까르띠에가 만든 산투스두몽의 시계였다. 엘리자베스 1세가 아긴 진주를 비롯한 몇몇 보석이 여성의 미덕을 상징한다면 손목시계는 전사의 용맹함, 비행기 조종사의 모험심과 매력은 물론이고 값이 오른 이후에는 은행가나 사업가의 부와 특권 등 남성에게 기대되는 미덕과 남성성을 상징하는 보석이 됐다.

그리고 여성용 리슬릿은 거의 잊혔다. 새로운 남성용 손목시계는 특권을 나타내는 훈장이자 실용적인 기기로 군인 사이에서 선풍적으로 인기를 끌었다. 영국군은 제1차 세계 대전이 시작되고 1~2년이 지난 후에야 손목시계를 필수품으로 지정했지만, 제1차 세계 대전 중반쯤에는 이미 모든 영국 병사가 마치 코스코비츠 백작 부인의 패션 리슬릿을 투박하고 저렴하게 변형한 것 같은 형태의 손목시계를 차고 있었다. 미국 군인 또한 대부분 롤렉스Rolex나 제니스Zenith 같은 신생 회사들이 만든 최신형 손목시계를 찼다.

시한폭탄

모든 전쟁을 끝내는 전쟁이라고 불린 제1차 세계 대전은 그때까지 지구상에서 벌어졌던 전쟁 가운데 가장 파괴적이고 영향력이 컸다. 앞에서 보어전쟁을 제1차 세계 대전의 준비전이라 부르긴 했지만, 기관총과 맹폭격, 너무 끔찍한 나머지 이제는 불법이 된 독가스 공격, 그리고 세계대전의 특징인 수년에 걸친 참호전이 계속된 제1차 세계 대전의 규모는 보어전쟁과는 비교도 되지 않았다. 유럽 국가는 물론 미국과 일본 등 다른 대륙 국가까지 동맹국이나 적국으로 참전한 제1차 세계 대전은 '규모'만 큰 전쟁이 아니라 완전히 '새로운' 전쟁이기도 했다.

제1차 세계 대전을 치른 세대의 아버지나 할아버지들은 칼로 전쟁을 치르던 기사도의 시대를 살았다. 얼마 전까지만 해도 대포가 최첨단 군사기술로 꼽히던 시절이었다. 그런데 군인들은 갑자기 방독면을 써야 했고 비행기가 폭탄을 떨어뜨리기 시작했다. 근대화는 전장에서부터 시작되고 있었다.

가장 강력한 무기

손목시계는 제1차 세계 대전과 그 이후 근대를 이끄는 데 가장 핵심적인 역할을 했던 기술 제품임에도 쉽게 중요성이 간과되곤 한다. 당시 손목시계는 새로운 시대의 무기고에서 최고로 거대하고 시끄럽고 무섭지는 않았지만, 제일 강력한 무기이기는 했다. 현대전에서 개별 군사 수천 명의 시간을 정확히 맞추는 것이 필수적이라는 사실은 이미 증명됐다. 손목시계 없이는 최신 무기도 무용지물이었다. 예를 들어 공중에서 폭탄을 떨어뜨려 적군 한 소대를 날려버릴 수 있는 기능이 있는 전투기가 있어도 정확한 시계 없이는 미사일을 쏠 수 없었다. 당시 비행기기는 오늘날의 것보다 훨씬 기술이 뒤처졌다. GPS도 없고 미사일 경로 표시장치도 없었다. 옛날 선원과 조종사가 가지고 있던 가장 강력한 기기는 바로 시간을 정확하게 알려주는 시계였다. 조종사는 시간을 보고 거리와 속력, 위치, 고도를 계산할 수 있었다. 지금 어디쯤을 날고 있는지도 모르면서 폭탄을 떨어뜨릴 수는 없는 일이었다.(물론 떨어뜨릴 수는 있겠지만, 그래선 안 될 일이다.)

기관총으로 무장한 보병대는 단발 소총과 총검을 든 옛날식 군대보다 훨씬 강력했다.♦ 하지만 시대가 지나도 시간에 맞춰 공격을 지휘해야 하는 사실에는 변함이 없었다. 수십 년 전에는 지휘관이 명령 대기 상태의 군사를 향해 일정한 간격으로 큰 소리를 울려 진열을 가다듬고 진격하고 발포할 시간을 알렸다. 하지만 적이 아군의 소리를 듣자마자 참호 속으로 수류탄을 던질 수 있는 시절에 이런 전술을 쓸 수는 없었다. 파괴력이 큰 신무기를 사용하는 전투를 치

♦ '탄막barrage'은 방어 대열을 흐트러뜨리거나 아군을 엄호하기 위해 끊임없이 폭탄을 던지고 사격하는 공격을 뜻한다. 1915년 제1차 세계 대전을 대표하는 사격 전술인 이동 탄막 사격은 독일군에 큰 타격을 입히기 위해 사용됐다. 이동 탄막 사격에서 무장한 보병은 사격수로 구성된 탄막 바로 뒤에 위치한다. 적의 방어선이 한발 한발 멀어질 때마다 보병은 앞으로 나아간다. 포격수는 탄막을 계속 유지하고 병사는 적군과 싸우지 않고도 탄막의 엄호를 받으며 계속 앞으로 진격한다. 이때 탄막을 형성하는 포격수와 뒤에서 전진하는 보병 사이에 시간을 완벽히 맞춰야 했는데 이는 제1차 세계 대전의 기술 다툼에서 손목시계가 수행한 조용하고 잘 드러나지 않지만, 무엇과도 바꿀 수 없는 역할의 한 예다.

르기 위해서는 '조용히' 시간을 맞춰야 했다. 게다가 수류탄이나 미사일, 지뢰, 폭탄 등을 다룰 때는 자신이 설치한 무기에 다치지 않기 위해서라도 꼭 정밀한 시계를 써야 했다. 최루탄이나 머스터드 가스 mustard gas, 염소 가스 등 독가스를 살포할 때도 마찬가지였다.

인간이 서로를 죽이기 위해 이렇게나 많은 창의적이고 끔찍한 방법을 고안한 적은 이번이 처음이었다. 영국과 독일은 각자 폭격기를 개발한 것은 물론이고 영국은 드레드노트Dreadnought 같은 거대한 군함을, 독일은 작지만 무서운 잠수함과 체펠린zeppelin 비행선, 지대공미사일, 탱크, 화염방사기 등을 개발했다.

제1차 세계 대전이 끝나갈 때쯤 통제하기 힘든 20세기 기술의 무서움을 깨달은 주요국들은 점차 20세기 전쟁을 이해하고 결과를 예측할 수 있게 됐다. 이 과정에서 손목시계는 필수적인 역할을 했다. 손목시계는 언제 어디서나 각 개인이 보편적인 시간에 맞춰 행동할 수 있도록 해줬다. 흔히 하는 말처럼 중요한 건 타이밍이었다. 몇몇 기계가 단독으로 세상을 바꿨다고 여긴다면 이는 틀린 생각이다. '시계' 없이는 이런 기계를 사용할 수도 발전시킬 수도 없었다. 코스코비츠 백작 부인은 그저 주목받고자 하는 열망을 충족하기 위해 패션 용품을 주문했을 뿐이었지만, 자기도 모르는 사이 시간을 엄수해야 하는 현대 전투에 도움을 준 꼴이 됐다.

필수 군용품

1916년 영국 시계회사 윌리엄슨Williamson Ltd.은 연례 주주총회에서 이렇게 선언했다. "대중은 실용적인 물건을 삽니다. 시계가 사치품이라고 진심으로 주장할 수 있는 사람은 아무도 없습니다. 오늘날 시계는 모자만큼이나, 아니 사실 모자보다 더 중요한 필수품입니다. 군인 네 명 가운데 한 명이 리슬릿 시계를 가지고 있다고 하며 다른 세 명도 될 수 있는 한 빨리 시계를 사고 싶어 합니다. 결혼반지가 사치품이 아니듯 리슬릿 시계도 사치품이 아닙니다. 이미 오래전부터 리슬릿 시계와 결혼반지는 보석상에서 대량으로 팔리고 있습니다."[10]

제1차 세계 대전이 발발한 뒤 군인 사이에서 손목시계의 수요가 높아졌지만 그 후로도 몇 년 동안 손목시계는 군사 지급품에 포함되지 않았다. 병사들은 자비로 손목시계를 마련하거나 보어전쟁 때처럼 전장에서 임시로 회중시계에 끈을 달아 끈 시계로 개조하곤 했다. 다만 장교들은 영국 정부가 꾸물대고 있는 동안에도 모두 손목시계를 차고 있었는데 단순하게도 장교의 경우 손수 장비를 마련했기 때문이었다.

처음부터 국가에서 지급한 손목시계를 차고 제1차 세계 대전에 참가한 군대는 미군뿐이었다. 미군 장교는 대부분 신생 회사인 제니스에서 만든 손목시계를 지급받아 손목에 찬 채 전투에 참가했다. 다른 시계회사도 거의 다 군용 손목시계 시장에 뛰어들기 시작했다. 롤렉스는 방수 손목시계를 최초로 개발했고 오메가는 영국 육군 항공대용 손목시계와 미군용 스파이 시계를 만들었다. 독일군은 다른 군사기술은 뛰어났지만, 시간을 알리는 기술에는 서툴렀다. 반면에 연합군은 "고를 수 있는 다양한 최신형 [손목시계] 제품군"을 갖추고 있었다.[11]

사실 미국은 다른 국가보다 늦게 참전했기에 이런 이점을 누릴 수 있었다. 제1차 세계 대전에 처음 참전한 1914년에는 회중시계를 주로 배급했던 영국 조달청도 이미 전투 시 손목시계가 유용하지 않다고 생각해 내린 이전의 결정을 재고하고 있었다. 1917년이 되자 영국군에도 손목시계가 대량 지급되기 시작했다.[12]

표준 군용 손목시계는 모두 튼튼하고 비교적 물과 충격에 강했으며 시간을 보기 쉽고 안정감이 있었다. 물론 시간도 정확히 맞았다. 군용 손목시계의 외장은 모두 금속이었다. 숫자판은 검은색이나 흰색 바탕에 크고 선명한 아라비아 숫자가 쓰여 있었다. 숫자와 시곗바늘은 병사들이 어두운 참호, 탱크, 비행기, 잠수함 속에서도 시계를 읽을 수 있도록 라듐으로 마감돼 있었다. 대다수 모델에는 담금질한 쇠 그물이 달려 있어 폭탄 파편으로부터 유리를 보호해주었으며 조종사와 항해사가 사용하는 시계에는 비행과 항해를 도와주는 추가 기능이 있었다.[13]

이외에도 군용 손목시계가 공통으로 갖춘 중요한 기능이 있었는데 바로 '핵hack'이다. 핵 기능이 있는 시계에는 이전까지 선호되던 부드럽게 한 바퀴를 도는 초침이 아니라 튀듯이 움직이는 초침이 달려 있다. 이런 시계를 사용하면 가장 작은 시간 단위인 초를 명확히 구분할 수 있어 시간을 더 정확히 잴 수 있고 군사 행동을 제시간에 정확히 맞춰 수행할 수 있다.[14]

연합군에서는 1914년부터 1917년 사이에 손목시계가 군용시계 시장을 점령했던 반면, 독일 조달청은 손목시계 도입에 더 보수적이었다. 독일은 1880년 군사용 손목시계를 처음 발명한 국가임에도 불구하고 제1차 세계 대전이 끝날 때까지 손목시계의 유용성을 깨닫지 못했다. 전쟁 기간 동안 독일 정부는 계속 낡고 불편한 회중시계

15)를 제작해 병사들에게 보급했다. 남성용 손목시계의 정확성과 적절성에 의구심을 보이는 구식 사고방식이 남아 있던 탓이었다.

　제1차 세계 대전의 마지막 해에 독일과 회중시계는 싸움에서 졌다. 전에는 장신구로만 생각되던 손목시계는 이제 필수 군용품이자 새로운 발명품이 됐다.《국제 시계 매거진 *International Watch Magazine*》은 이렇게 썼다. "제1차 세계 대전을 기점으로 손목시계는 필수 군용품이 됐다."16) 전쟁에서 손목시계는 대체 불가능한 필수품이었다. 제1차 세계 대전 중에 발행돼 참호전에 임하는 병사에게 최고의 지침서 역할을 한《전투 지식, 전방의 모든 장교를 위한 핸드북 *Knowledge for War: Every Officer's Handbook for the Front*》에서도 손목시계를 가장 중요한 필수품으로 꼽고 있다. 이 책에는 표준 장교 전장을 갖추는 데 필요한 40개 품목의 목록이 언급돼 있는데 칼이나 구급처치 용품, 군화 같은 여러 필수품을 제치고 '강화유리를 단 야광 손목시계'가 목록 맨 윗자리를 차지하고 있다. 손목시계 다음에야 '소총'이 언급될 정도로 손목시계는 필수 품목이었다.17)

멋지게 충성

제1차 세계 대전에 참전했던 다양한 연령의 병사들이 집으로 복귀할 때 달고 온 것은 외상 후 스트레스 장애◆뿐만이 아니었다. 병사들은 전투 현장에서 필수로 사용하던 군용 손목시계도 집으로 가져갔다. 손목시계는 참전용사와 전쟁 영웅, 그리고 이들에게 감사를 표하는 모든 시민 사이에서 인기를 끌면서 단순한 군용 필수품이 아닌 남성성, 현대성, 선진성을 대표하는 새로운 상징으로 거듭났다.

　미군과 유럽 군인들은 일상생활로 복귀한 후에도 계속 군용 손목시계를 찼고 손목시계는 부자들뿐만 아니라 평범한 사람 사이에서도 인기를 끌었다. 군인들이 손목시계를 차고 다니며 내보이기 시작하면서 남성들 사이에서 손목시계는 그저 용인되는 수준을 넘어 광풍을 몰고 왔다. 한때 시선을 끌려는 팔찌에 불과했던 손목시계는 5년이 넘는 전쟁을 거치며 용맹을 상징하는 훈장으로 변신했고 '참호 시계'라는 적절한 별명까지 얻었다.

　1917년 《영국 시계학 저널the British Horological Journal》에는 다음과 같은 글이 실렸다. "리슬릿 시계는 전쟁 전까지 남성용으로는 거의 사용되지 않았으나 이제는 군복을 입은 거의 모든 남성의 손목 위에는 물론 사복을 입은 많은 남성의 손목에서도 볼 수 있다."[18] 10년이 채 지나기도 전에 손목시계와 회중시계의 비는 50대 1로 역전됐다. 볼크 교수가 들으면 분명 실망할 소리지만, 손목시계가 그냥 지나가는 유행이 아니라는 사실에는 이제 논쟁의 여지가 없어졌다.

　손목시계 수요의 증가는 인식의 대전환을 보여주는 사건이었다. 20년 전까지만 해도 손목시계를 차느니 치마를 입겠다고 했던 남성들이 제1차 세계 대전이 끝나자 손목시계 없인 죽고 못 사는 사람들이 됐다. 원래 여성용 패션 용품이던 손목시계는 군사용품이 되어 남성적인 이미지를 얻으면서 남자들의 사회경제적 필수품이자 심리적인 필수품이 됐다. 이로써 손목시계는 모든 곳에서 남성의 지위를 나타내는 상징으로 통용되었다.

　보석의 사치규제법과 마찬가지로 초기에는 손목시계를 가지거나 사용할 수 있는 사람을 비공식적으로 제한하는 사회적인 규범이 존재했다. 남성이 손목시계를 차기 시작한 지 얼마 안 되어 아직 많은 사람이 사용하지 않던 시절에 손목시계는 아무나 착용할 수 있는 물건이 아닌 특권을 나타내는 물건으로 여겨졌다. 놀랍게도 이전과는 정반대로 남자들은 남성성을 드러내기 위해 손목시계를 찼고 남성성을 과시해선 안 되는 상황에서 손목시계를 착용하는 행동이 '금기'시되기까지 했다.

프레드릭 J. 프리드버그Fredric J. Friedberg는 일리노이 시계 회사 Illinois Watch Company의 역사를 기록하며 한 불운한 변호사의 일화를 소개하고 있다. "제1차 세계 대전 직후 캐네소 랜디스Kenesaw Mountain Landis 판사는 법정에서 변론 중인 변호사가 팔목에 손목시계를 찬 모습을 봤다. 판사는 변호인의 변론을 중간에 끊은 뒤 참전한 적이 있느냐고 물었다. 변호인이 참전 경험이 없다고 답하자 판사는 손목시계를 풀라고 명하고는 참전 용사가 아닌 사람이 손목시계를 차선 안 된다고 훈계했다."19)

세상에! 가짜 다이아몬드를 두른 여성이 놀림감이 되듯 사회는 거짓 광고에 의해 굴러가면서도 이를 혐오한다. 가지지 못한 지위나 자산을 가진 것처럼 꾸미는 행동은 특히 더 미움을 산다. 허례허식을 즐기는 사람들은 대부분 사회적으로 불이익을 받는다. 하지만 결

♦ 실제로 제1차 세계 대전이 끝난 후 유례없이 많은 군인들이 외상 후 스트레스 장애를 겪었다. 이른바 전사의 마음soldier's heart이라 불리는 전쟁 후 스트레스는 이전부터 잘 알려져 있던 질병이었지만, 제1차 세계 대전에 참전하고 돌아온 엄청난 수의 군인이 새로운 형태의 전쟁으로 인한 여러 극단적인 스트레스 장애를 겪으면서 이전과는 다른 새로운 장애가 나타났다는 의견에 힘이 실렸다. 당시 전문가들은 이를 '전쟁 신경증shell-shock'으로 진단하고 귀가 멀어버릴 듯이 끊임없이 들리는 탄막의 총성과 폭발에 노출돼 나타나는 병이라고 주장했다.

국 일반 남성이 손목시계를 차는 행동을 금지하는 순수주의는 힘을 잃었다. 세계 대전이 끝나갈 무렵 여성의 진주처럼 남자의 손목시계는 남성성의 상징이자 남성과 남성적 덕목을 대표하는 보석이 됐다.

모던 타임스

갑자기 군대에 있었다는 사실을 나타내주는(또는 군대에 있었다고 거짓말 해주는) 찌그러진 군용시계든, 보는 사람에게 자신의 부와 성공을 내보이는 값비싼 금시계든 간에 남자라면 무조건 손목시계를 차야 하는 세상이 됐다. 시선추적 실험에서도 드러났듯 사람의 눈은 무의식적으로 신체보다 장신구를 먼저 좇지 않던가.

가파르게 성장한 손목시계 수요 덕분에 전 세계 시계회사가 활황을 맞았다. 제1차 세계 대전과 제2차 세계 대전에 참전한 군인에게 손목시계가 대량으로 지급되면서 제품 디자인이 개선되고 수수료 수익이 늘어난 데다 민간 소비자 사이에서도 인기를 끌면서 남성용 손목시계 산업은 대형산업으로 성장했다. 손목시계 산업이 커지자 겉보기에는 시계산업과 연관 없어 보이는 다른 관련 산업 분야에서도 기술혁신이 일어났다.

시계의 외장을 제작하는 회사들은 안에 든 복잡한 기계장치를 보호하기 위해 물과 먼지에 강한 더 튼튼한 재료를 개발했다. 1926년 롤렉스는 세계 최초의 완벽 방수 시계 오이스터Oyster를 내놓았고 얼마 후에는 자동으로 태엽이 감기는 시계인 오토 로터Auto Rotor를 선보였다. 이외에도 수많은 회사가 디자인을 개선하고 충격과 흠집에 강한 내구성이 좋은 시계를 제품화하며 손목시계를 발전시켰다. 시계회사들은 사용자가 마치 자기 팔의 일부인 것처럼 편하게 찰 수 있는 손목시계를 만들기 위해 노력했다.

시계의 유리가 잘 깨지는 문제는 최초의 인조 보석인 합성 사파이어 크리스털이 발명되면서 해결됐다. 이로써 손목시계에 군용시계처럼 쇠 그물을 두르거나 구식 회중시계처럼 뚜껑을 씌울 필요가 없어졌다. 1902년 프랑스 화학자 오귀스트 베르뇌유Auguste Verneuil가 개발한 합성 사파이어 크리스털은 어느 모로 보나 유리보다 월등히 나았다. 훨씬 강한 충격을 받아도 깨지지 않았을 뿐 아니라 흠집이 거의 나지 않았으며 특히 저렴한 비용으로 대량생산할 수 있었다.♦

시계 기술의 발전은 이후 수십 년 동안 이어졌다. 롤렉스가 방수시계 오이스터를 내놓은 뒤 곧 앙투안 르쿨트르Antoine LeCoultre가 세계에서 가장 작은 기계시계 무브먼트movement를 선보였다. 일 년 뒤인 1930년에는 브라이틀링Breitling Watch Company이 세계 최초로 스톱워치에 대한 특허를 취득했다. 뒤이어 해밀턴Hamilton Watch Company이 처음으로 전자시계를 출시하는 데 성공했고 몇 년 뒤 세이코Seiko가 배터리로 작동하는 쿼츠 시계를 선보였다. 1970년 해밀턴은 오늘날 디지털 손목시계의 시초가 된 세계 최초의 집적회로 시계 펄사Pulsar를 선보였다. 펄사의 LED 기술을 적용한 밝은 붉은색 화면은 디자인

♦ 손목시계 산업에 혁신을 가져온 합성 사파이어 크리스털은 오늘날에도 많은 기술제품에 중요한 소재로 쓰인다. 합성 사파이어 크리스털은 슈퍼마켓의 바코드 스캐너부터 휴대전화와 인공위성에 쓰이는 고주파 반도체 집적회로까지 여러 다양한 기계장치에 사용되고 있다. 2014년 애플이 스마트폰과 신제품인 스마트워치 화면에 사용할 새로운 합성 사파이어 크리스털을 제작하기 위해 투자한 비용만 7억 달러 이상에 달한다.

혁신이었으며 금속 스프링과 기어 대신 사용된 쿼츠 회로는 평형 스프링과 평형 바퀴, 조화진동자의 발명에 견줄 만한 엄청난 기술적인 혁신이었다.

제1차 세계 대전이 남긴 가장 중요한 두 가지 유산으로 무기를 개발하는 과정에서 나타난 여러 혁신적인 기술과 통신 기술의 발달을 꼽는 사람들이 많다. 이들 기술은 전후 수십 년 동안 일어난 급속한 과학기술 발전의 기반이 되어 세상을 바꾸고 사회적인 상호작용을 변화시키는 데 공헌했다. 마찬가지로 제1차 세계 대전 동안 다른 무기의 사용을 용이하게 만들며 조용하게 필살기 역할을 한 손목시계는 전후에 일어난 기술과 사회의 획기적인 진보에서도 섬세하지만 핵심적인 역할을 담당했다.

1983년 필사가 시장에 나온 지 13년 만에 스와치swatch는 최초의 '플라스틱' 스위스 쿼츠 시계를 만들어 시장에 선보였다. 스와치는 플라스틱 시계를 일회용품이 아닌 '적당한 가격'의 패션 액세서리로 마케팅 했다. 시계의 금속 케이스와 줄을 플라스틱으로 바꾼 이 시도는 패션 혁명이기도 했지만, 시계 제작비용을 아주 저렴하게 낮추며 경쟁의 법칙을 바꾼 사건이기도 했다.

시계 산업에 혁신이 일어나면서 신제품은 곧 구식이 되었고 최신식 시계를 제작하기 위해 개발한 획기적인 기술이 다른 산업에 활용되며 파급효과를 냈다. 동시에 대량생산 시계가 늘어나고 시계 제작 공정에 드는 비용과 부품 제작비용이 계속 낮아지면서 '역사상 최초로' 모든 사람이 손목시계를 살 수 있는 시대가 도래했다.

그러자 정말 마법 같은 일이 벌어졌다. 그전까지 시계는 너무 귀하고 특별해서 소수의 엘리트만 사서 쓸 수 있었다. 옛날에는 다른 사람들이 시간을 어떻게 쓸지도 시계를 가진 소수의 엘리트가 정했다. 우리의 생활은 언제나 시간에 따라 정해지므로 누가 시간을 관리하고 배분하느냐는 질문은 이 시간에 따라 움직이는 사람들의 가치와 신분을 누가 정하느냐는 물음과 직결될 수밖에 없다.

그때까지 모든 사람의 시간은 시간을 관리하는 다른 사람이나 기관, 직장의 '소유'였다. 시간을 관리하는 자들은 다른 이들에게 어떤 시간에 무엇을 할지, 어디에서 어떤 직위를 가질지 알려주는 것은 물론이고 심지어 어느 정도는 그들이 누구인지(농부인지, 군인인지, 신도인지, 국민인지, 노동자인지) 정해주기까지 했다. 교회의 종은 사람들을 기도하게 했을 뿐 아니라 사람들에게 기독교 신자이자 교회에 가는 사람이라는 정체성을 부여하는 역할도 했다. 산업혁명 이후 공장에서 쓰던 호루라기도 마찬가지였다. 주간 조와 야간 조를 나누고 교대시간, 휴식시간, 앉아야 할 때, 설 때를 알리는 호루라기는 사람들에게 그들이 노동자라는 정체성을 부여했다.

계절이 정하는 해시계의 그림자든 교회 시계가 정한 시간을 알려주는 종소리든 간에 시간을 '말해주는' 능력은 곧 시간관리 능력을 뜻했다. 모두가 손목시계를 살 수 있게 되자 손목시계뿐만 아니라 시간 자체가 사유화됐다. 사상 최초로 세계 모든 곳의 수많은 개인이 '자신의 시간을 소유'하게 된 것이다.

시간은 계절과 하루 단위에서 분과 초 단위로 점점 더 잘게 쪼개졌지만, 한편으로는 더 넓어지기도 했다. 우리의 시간은 아주 작은 단위까지 마치 바꿔 끼울 수 있는 표준 부품처럼 전 세계에서 동시에 통용된다. 우리는 모든 사람이 두루 쓰는 커다란 시간의 일부가 됐다. 세계 공통 시간에 동참하게 된 것이다.

요즘 사람들은 초 단위까지 정확히 똑같은 시간표에 따라 움직인다. 표준시간대와 그리니치 표준시가 도입된 이후부터는 개개인이 정확한 시간만 알 수만 있다면 전 세계가 물질적, 정신적으로 공조할 수 있게 됐다. 더 이상 교회 종소리를 기다리거나 회중시계를 꺼내서 보거나 공공장소에 있는 시계 앞에 붙어 있을 필요가 없어졌다. 마침내 백 퍼센트 정확하고 진정으로 사유화된 보편적인 시간이 나타난 것이다.

그 결과 현대 세계가 시작됐다 해도 과언이 아니다.

세상은 끊임없이 변한다

20세기 후반 50년 동안 손목시계는 필수품이 됐다. 손목시계는 진화했다. 여전히 계급과 사회적 지위를 드러내는 사치품으로 여겨지기도 했지만, 다른 한편으로는 모든 노동자의 필수품이기도 했다. 모두가 시간을 알아서 주관적으로 늦고 빠름을 판단할 수 없는 세상이 오자 손목시계는 모두의 필수품이 됐다. 손목시계는 글로벌 커뮤니케이션과 고속 운송 시대에 빠질 수 없는 필수품으로 자리를 굳혔다.

이렇게 되자 형편이 되는 사람들은 시계를 여러 개 구입하기 시작했다. 손목시계는 사회적 기능을 수행하기도 했지만 도구로서도 '실용적'이었다. 심해 다이빙, 고산 등반 등 여러 스포츠를 위한 튼튼한 아웃도어용 시계가 나왔다. 작업을 위한 정밀 시계도 나왔다. 차려입을 때 차는 값비싼 반짝이는 보석 시계부터 일회용 시계까지 시계라기보다는 패션 액세서리라고 할 만한 손목시계도 등장했다. 손목시계는 첨단기술 제품인 동시에 사회적 지위, 직장, 관심사, 스타일 등을 드러내는 보석의 자리를 지키는 데 성공했다.

오늘날 남성용 손목시계 시장의 규모는 다이아몬드 약혼반지 시장만큼이나 크다. 명품 손목시계는 남성의 지위를 보여주는 최고의 상징이다. 꼭 엄청나게 좋은 시계가 아니더라도 손목시계의 유무는 결혼반지와 마찬가지로 그 사람의 상태를 알려주는 하나의 요소다. 남성들은 대부분 손목시계를 필수품으로 생각한다. 하지만 다이아몬드 약혼반지와 달리 손목시계가 특별하거나 희귀하다고 주입하려는 독점기업은 없다. 단지 시간을 알려주기 위한 물건에 지나지 않는 손목시계에 감정적, 성적, 정신적 의의를 부여한 것은 우리 자신이다.

1868년 손목시계가 백작 부인의 손목 위에서 처음 선보였을 때 미래에 비행기나 잠수함, 장거리 통신 같은 기술이 나오리란 사실을 예상할 수 있었던 사람은 아무도 없었다. 이 놀라운 신기술은 손목시계의 예상치 못한 필수적인 능력과 결합되면서 세계 시각을 동기화하는 복잡한 일을 포함해 현대사회를 형성하기 위한 기본 뼈대를 만들어냈다.

그렇다면 오늘날의 손목시계는 어떨까? 아직 초기 단계를 벗어나지 못한 애플 시계와 다른 스마트 시계들의 운명이 어떻게 될지는 아직 확실히 알 수 없다. 몇몇 충성적인 소비자들은 열광하고 있지만, 대개는 애플 시계가 그저 손목에 찰 수 있는 작은 아이폰일 뿐이라며 고개를 젓는다. 사람들은 손목에 차면 컴퓨터가 망가지지는 않을지, 아이폰보다 작은 이 시계가 주머니에 넣고 다니던 아이폰보다 값어치가 없고 기능이 떨어지는 기기는 아닐지 의구심을 품는다. 비평가들은 대부분 애플 시계를 그저 지나가는 유행으로 취급한다.

어디선가 들어본 소리 같지 않은가? 애플 시계의 가치를 폄하하는 비평가들이 옳은지 아니면 옹호자들이 옳은지는 아직 판단할 수 없다. 하지만 첫 번째 손목시계 이야기는 우리에게 세상이 끊임없이 변한다는 사실을 말해주고 있다. 손목시계의 역사는 예상과 이를 빗나가는 반전을 보여준다. 백작 부인은 어디서도 본 적 없고 아무나 살 수 없는 신기한 제품이었기 때문에 손목시계를 가지고 싶어 했지만, 그로부터 단 몇십 년 후의 사람들은 모든 사람이 가진 제품이라서 손목시계를 사게 됐다. 우리의 삶이 과거와 달리 손목시계를 통해 관리되고 있는 까닭은 단지 우리가 손목시계에 의미와 가치를 부여했기 때문이다.

세상이 변하면서 시계도 변했고 새로운 시계가 나오면서 다시 세상이 변했다. 미래에 어떤 놀라운 일이 벌어질지, 이로 인해 어떤 기술이 발전할지는 아직 알 수 없지만, 스마트 시계를 손목에 차는 작은 행동이 기술을 변화시키고 다시 이 기술이 우리의 행동을 변화시키는 일은 충분히 일어날 수 있다. 과거는 서막에 불과하다. 미래의 가능성은 언제나 활짝 열려 있다.

후기
보석은 인간의 마음속에서 태어난다

1977년 아프리카의 독재자 장-베델 보카사Jean-Bédel Bokassa는 중앙아프리카공화국 정부를 전복하는 데 성공한 뒤 자신을 중앙아프리카제국의 황제로 선언했다. 중앙아프리카제국은 몇 년밖에 버티지 못했고 국제사회에서 국가 취급을 받지도 못했다. 하지만 보카사는 몇 년 동안은 독재자와 황제만이 누릴 수 있는 절대 권력을 누릴 수 있었다.

그런데 보카사에게는 자신이 황제란 사실을 상징적으로 뒷받침해 줄 만한 왕실 보물이 없었다. 왕실 보물도 없고 국민의 신뢰보다는 총을 기반으로 권력을 유지해나가던 보카사는 과연 독재자다운 해법을 찾았다. 돈으로 정당성을 사려고 시도했던 것이다. 보카사는 통치를 정당화하고 싶다는 열망으로 다이아몬드 디스트리뷰터스Diamond Distributors, Inc.의 회장 앨버트 졸리스Albert Jolis에게 왕실 보물 몇 점을 급하게 만들도록 지시했다. 보카사가 주문한 보석은 왕이나 교황이 주로 끼는 국가를 대표하는 반지였다. 반지를 주문하면서 다이아몬드가 "골프공보다 작아선 안 된다."는 조건도 달았다.

졸리스는 지시대로 반지를 만들어 목숨을 부지하고 싶었지만, 그런 반지를 만들 만큼 큰 다이아몬드를 살 돈이 없었다. 안절부절못하던 졸리스는 곧 매우 기발한 생각을 해냈다. 그는 보석으로 쓸 만한 품질의 검은 다이아몬드와는 비교도 안 되는 커다란 검은색 산업용 다이아몬드 원석을 샀다. 다이아몬드라기보다는 그저 아스팔트 조각처럼 생긴, 갈아서 기계의 연마제로나 쓸 만한 형편없는 다이아몬드였다. 졸리스는 이 원석을 자두 크기로 깎아 아프리카 대륙 모양으로 다듬었다. 그런 다음 아프리카를 상징하는 검은 다이아몬드 위에 '아주' 작고 완벽하게 세공된 투명한 다이아몬드를 중앙아프리카제국에 해당하는 위치에 박아 넣었다. 그리고 이를 반지로 만들었다.

이 반지의 실제 가치는 5천 달러 정도였지만, 졸리스는 긴장한 채 보카사에게 이 반지의 가치가 약 2천5백만 달러라고 말했다. 그러자 엄청난 일이 벌어졌다. 보카사는 이 못생기고 투박한 검은 다이아몬드가 얼마나 희귀하고 특별하고 진귀한 보석인지, '가격이 얼마인지' 듣고 나자 손에 반지를 끼더니 자랑스럽게 방 안을 돌아다니며 그곳에 있던 모든 사람에게 반지를 보여주기 시작했다.

몇 년 뒤, 보카사의 정부는 전복됐다. 보카사가 망명하며 몸에 지닌 물건은 평소 아끼던 이 반지 하나뿐이었다. 이 이야기를 전해 들은 졸리스는 이런 말을 남겼다. "그건 값을 매길 수 없는 다이아몬드지. 팔려고 하지만 않는다면 말이야."

사실 무엇이 진짜인지 판단할 방법은 없다. 이는 위험한 사고방식처럼 들린다. 우리가 세상을 살면서 무엇이 가치 있는가를 따질 때 판단의 기준으로 삼는 진실성의 본질을 공격하는 말이기 때문이다.

지금까지 우리는 보석의 가치가 얼마인지, 보석이 어떤 의미를 지닐 수 있는지 물었다. 보석이란 어떤 존재일까? 어떤 일을 할 수 있을까? 모두 좋은 질문이다. 그리고 모두 '같은' 질문이기도 하다.

무엇이 보석을 보석으로 만드는 걸까? 보석을 만드는 방법은 여러 가지다. 여러 곳에 묻혀 있는 다이아몬드는 부글부글 끓으며 휘몰아치는 지구 핵의 압력으로 생성된 뒤 폭발을 통해 지구 표면으로 올라온다. 에메랄드처럼 지각 대변동 때 대륙이 서로 부딪히는 과정에서 희귀한 광물들이 땅속에서 서로 만나 생길 수도 있다. 진주처럼 생체 부산물일 수도 있다. 심지어 시계처럼 인간이 만든 기발한 기계일 수도 있다. 하지만 아마도 보석을 만드는 데 가장 핵심적인 요소는 보석의 물리적 생성과정이 아니라 우리에게 소중한 존재로 자리 잡는 과정일 것이다.

진짜 '보석'은 땅속이나 실험실이 아닌 인간의 마음속에서 태어난다. 보석은 힘을 가진 것처럼 보인다. 실제로 보석의 힘으로 세상이 바뀌기도 했다. 하지만 사실 보석은 그저 물건일 뿐이다. 보석은 우리를 살릴 수도 없고 죽일 수도 없으며 무언가를 만들지도 상상해내지도 못한다. 보석이 지닌 단 한 가지 본질이자 목적은 상을 맺고 다시 반사하는 것이다. 보석의 반짝이는 표면과 마찬가지로 보석이 할 수 있는 일은 단 하나뿐이다. 바로 우리의 욕망을 반사해 다시 우리에게 보여줌으로써 우리가 누구인지 알려주는 것이다.

감사의 말

이 책의 목적 가운데 하나는 서로 관련 없어 보이는 신기한 일들이 합쳐져 역사적인 사건이 일어나는 과정을 보여주는 데 있다. 책에서 다룬 이야기와 마찬가지로 이 책도 많은 우연과 사건이 겹쳐 세상에 나오게 되었다.

가장 먼저 런던에서 나를 반갑게 맞아주고 이 책의 구상이 처음 시작된 도시인 파리로 초대해준 친구 알렉스 맥도널드에게 감사를 전하고 싶다. 넌 같이 있으면 즐거운 사람이야, 알렉스.

파리에 머무는 동안 나는 오랜 친구이자 대학시절 룸메이트였던 로라 쉑터와 며칠을 함께 보냈다. 며칠 동안 이어진 로라의 특별한 생일 파티 첫날 밤에 나는 우연히 내가 타코리Tacori에서 디자인한 약혼반지를 낀 여성의 옆자리에 앉게 되었다. 그녀는 내가 보석 디자이너라는 말을 들었다면서 어떤 보석을 디자인하냐고 물었고 나는 그녀의 약혼반지를 내가 디자인했다는 사실을 알려주었다. 이 사실을 들은 그 여성은 흥분해서 맞은편에 앉아 있던 남편 스티븐 바버라에게 나를 소개했다. 그날 밤 내내 약혼반지, 다이아몬드, 기묘한 역사, 상대 가치와 관련된 이야기가 이어지며 이 책에서 다룬 주제의 형태를 잡았다.

대학교 입학 첫 주에 별로 배고프지 않았던 나를 끌고 가 와플 집을 소개해주고 작년 파리에서 다른 약속이 있어도 자기 생일파티에는 꼭 와야 한다며 날 초대해준 로라에게 고마움을 전한다. 책을 쓰라는 제안에 너무 손이 많이 갈 것 같다며 손사래를 치던 나에게 로라는 꼭 써야 한다고 말해주었다. 이 책을 쓰던 지난 일 년 동안 그는 언제나 책을 잘 끝마칠 수 있을 거라며 격려했다. 로라 네 말은 자연의 섭리와도 같아. 와플이든 책이든 너에게 저항하는 건 아무 의미 없는 일이지. 네가 '따라오라'고 했을 땐 언제나 즐거운 일이 벌어졌어. 언제나 나를 초대해줘서 고마워.

이 책의 출판을 맡아준 나의 멋진 출판 중개인 스티븐 바버라에게 감사한다. 스티븐은 나의 첫 책이 나오는 데 커다랗게 공헌했다. 로라의 출판 중개인이었던 스티븐 바버라는 내 책의 출판도 중개해주었다. 로라와 스티븐은 이 책의 구상이 시작될 때 나와 함께했을 뿐 아니라, 이 책을 쓰는 동안 도와주고 믿어주고 용기를 북돋으며 책을 끝마칠 수 있게 해주었다. 스티븐은 나의 이상한 농담과 예술가적인 심한 기분 변화를 받아주었다. 또한 그와는 전혀 관련 없는 주제인 정부와 마약조직의 유착관계, 간헐적인 빙하기, 야한 옷을 입은 로봇 등에 대한 나의 불평불만을 들어주었다. 스티븐, 당신은 대인배예요. 당신은 내게 성공에 대한 믿음을 심어주었을 뿐만 아니라 실제로 이 책을 '성공시키는' 멋진 일을 해냈어요.

하퍼콜린스 출판사의 담당팀에게도 감사한다. 엠마 자나스키에게는 다른 일과 함께 특히 철자법 오류를 잡아준 데 대해 감사한다. 캐서린 베이트너, 소냐 추즈, 크레이그 영, 벤 토멕, 댄 핼펀에게도 감사를 전한다.

특히 편집자인 힐러리 리클레임에게 감사한다. 힐러리가 한 일은 단순히 편집에 그치지 않는다. 힐러리는 내 원고를 택해 출판하게 해주었을 뿐만 아니라 이 책의 구성부터 표지까지 모든 부분에 열성적으로 참여해주었다. 힐러리는 지칠 줄 모르는 열정적인 전사다. 그보다 더 좋은 편집자를 만날 순 없었을 것이다. 고마워요. 힐러리.

뒤에서 묵묵히 도와준 분들에게도 감사하다. 끈기와 솜씨를 발휘해 어려운 사진 저작권 문제를 해결해준 셰인 헌트에게 감사한다. 지난 몇 해를 거치며 나도 모르는 사이에 마치 스마트폰처럼 나와 떼어낼 수 없는 사이가 된 절친한 친구이자 동료, 태비시 라이언에게도 감사한다. 태비시는 어느 곳에 있는 누구도 대체할 수 없는 일을 해주었다.

무엇보다도 가족에게 감사한다. 내가 하고 싶은 일이라면 얼마나 이상한 일이든 다 할 수 있을 거라고 말하면서 이 말이 현실이 되도록 밀어준 엄마. 내가 한 일이라면 얼마나 이상한 일이든 모두에게 자랑스럽게 말해주는 아빠. 귀찮을 정도로 시끄럽게 나를 응원해주고 때로는 직접 나서서 도와주기까지 하는 형제자매.

내가 가장 좋아하는 사람들은 바로 우리 가족이다.

일당, 아니 때에 따라선 패거리라고 불러야 할 만큼 많은 가족이 있음에 감사한다. 수십 년 동안 사실이든 지어낸 이야기든 내 이야기를 들어주고 내 기분을 받아주고 이상한 나를 좋아해주고 하고 싶은 대로 하게 해줘서 고마워.

그리고 특히 엄마와 엄마의 모든 보석에 고마움을 전한다.

주

Part 1 귀하다

chapter 01 거스름돈은 가져요, 맨해튼과 바꾼 구슬

1) Robert O'Brien and Marc Williams, *Global Political Economy: Evolution and Dynamics* (New York: Palgrave Macmillan, 2014.), e-book.

2) Stephen Worchel, Jerry Lee, and Akanbi Adewole, "Effects of Supply and Demand on Ratings of Object Value," *Journal of Personality and Social Psychology* 32, no. 5 (1975): pp.906-914.

3) R. B. Cialdini et al., "Empathy-based Helping: Is It Selflessly or Selfishly Motivated?" *Journal of Personality and Social Psychology* 52 (1987): pp.749-758.

4) J. J. Inman, A. C. Peter, and P. Raghubir, "Framing the Deal: The Role of Restrictions in Accentuating Deal Value," *Journal of Consumer Research* 24 (1997): pp.68-79.

5) Frank J. McVeigh and Loreen Therese Wolfe, *Brief History of Social Problems: A Critical Thinking Approach* (New York: University Press of America, 2004).

6) Kathleen Wall, "No Innocent Spice", *NPR Morning Edition*, November 26, 2012

chapter 02 다이아몬드는 영원히, 첫 다이아몬드는 약혼반지

1) A. J. A. Janse, "Global Rough Diamond Production Since 1870," *Gems and Gemology* 43, no. 2 (2007).

2) Bain & Company and Antwerp World Diamond Centre, "The Global Diamond Industry: Portrait of Growth," 2012.

3) Victoria Finlay, *Jewels: A Secret History* (New York: Random House, 2007), p.343.

4) Edward Jay Epstein, "Have You Ever Tried to Sell a Diamond?" *Atlantic*, February 1, 1982, pp.23-34.

5) J. Courtney Sullivan, "How Diamonds Became Forever," *New York Times*, May 3, 2013, ST23.

6) A. Winecoff and others, "Ventromedial Prefrontal Cortex Encodes Emotional Value," *Journal of Neuroscience* 33, no. 27 (2013): pp.11032-11039.

chapter 03 돈의 색 에메랄드, 에스파냐 왕조의 시작과 끝

1) Victoria Finlay, *Jewels: A Secret History* (New York: Random House, 2007).

2) Adam D. Pazda, Andrew J. Elliot and Tobias Greitemeyer, "Sexy Red: Perceived Sexual Receptivity Mediates the Red-Attraction Relation in Men Viewing Woman," *Journal of Experimental Social Psychology* 48, no. 3 (2011): p.787.

3) Irene L. Plunket, *Isabel of Castile and the Making of the Spanish Nation: 1451–1504* (New York: G. P. Putnam's Sons, 1915), pp.216–220.

4) Willie Drye, "El Dorado Legend Snared Sir Walter Raleigh," *National Geographic*, October 16, 2012, http://science.nationalgeographic.com/science/archaeology/el-dorado/.

5) Kris Lane, *Colour of Paradise* (New Haven, CT: Yale University Press, 2010), p.26.

6) Ibid.

7) Ibid.

8) Ibid.

9) Ibid.

10) Ibid.

11) Ibid., p.43.

12) Ibid., pp.56–58.

13) Rubén Martínez and Carl Byker, *When Worlds Collide: The Untold Story of the Americas After Columbus*, PBS, September 27, 2010.

14) Ibid.

15) Finlay, *Jewels*, p.225.

16) Martínez and Byker, *When Worlds Collide*.

17) Jospeh F. Borzelleca, "Paracelsus: Herald of Modern Toxicology," *Toxicological Sciences* 53, no. 1 (2000): pp.2–4.

Part 2 탐하다

chapter 04 제물이 된 왕비, 프랑스혁명과 다이아몬드 목걸이

1) 안토니아 프레이저, 정영문 외 옮김, 《마리 앙투아네트》, 현대문학, 2006.

2) Casimir Stryienski, *The Eighteenth Century: Crowned,* reprint (London: Forgotten Books, 2013).

3) 안토니아 프레이저, 《마리 앙투아네트》.

4) Ibid.

5) David Grubin, *Marie Antoinette and the French Revolution*, PBS, September 13, 2006.

6) Ibid.

7) Jane Merrill and Chris Filstrup, *The Wedding Night: A Popular History* (Praeger Publishers, 2011).

8) 프레이저, 《마리 앙투아네트》.

9) Grubin, *Marie Antoinette and the French Revolution.*

10) Ibid.

11) Ibid.

12) Ibid.

13) Dan Ariely and Aline Grüneisen, "The Price of Greed," *Scientific American Mind,* November/December 2013, pp.38-42.

14) Ibid.

15) Grubin, *Marie Antoinette and the French Revolution.*

16) Ibid.

17) Ibid.

18) Ibid.

19) Mrs. Goddard Orpen, *Stories About Famous Precious Stones* (Boston: D. Lothrop, 1890).

20) Ibid.

21) Grubin, *Marie Antoinette and the French Revolution.*

22) Orpen, *Stories About Famous Precious Stones.*

23) Ibid.

24) Grubin, *Marie Antoinette and the French Revolution.*

25) Fraser, *Marie Antoinette.*

26) Grubin, *Marie Antoinette and the French Revolution.*

27) Orpen, *Stories About Famous Precious Stones.*

28) Fraser, *Marie Antoinette.*

29) *Guinness World Records,* 2015.

30) Anthony DeMarco, "The 'Incomparable' Sets Guinness Record for Most Expensive Necklace, Valued at $55 Million," *Forbes,* March 21, 2013.

31) *Guinness World Records,* 2015.

32) John Steele Gordon, "The Problem of Money and Time," *American Heritage Magazine,* May/June 1989.

33) L. P. Hartley, *The Go-Between* (New York: Knopf, 1953).

34) Ed Crews, "How Much Is That in Today's Money," *Colonial Williamsburg Journal*, Summer 2002.

35) Orpen, *Stories About Famous Precious Stones.*

36) Simon M. Laham, *The Science of Sin: The Psychology of the Seven Deadlies (and Why They Are So Good for You),* (New York: Three Rivers Press, 2012).

37) Mme. Campan(Jeanne-Louise-Henriette), François Barrière, and Mme. Maigne, *The Private Life of Marie Antoinette, Queen of France and Navarre,* vol. 1 (New York: Scribner and Welford, 1884).

38) Grubin, *Marie Antoinette and the French Revolution.*

39) Ibid.

40) Ibid.

41) Ibid.

42) Ibid.

43) Ibid.

44) Fraser, *Marie Antoinette.*

45) Victoria Finlay, *Jewels: A Secret History* (New York: Random House, 2007), p.319.

46) Ibid., p.320.

47) Ibid., p.321.

48) Orpen, *Stories About Famous Precious Stones.*

49) Finlay, *Jewels,* p.325.

chapter 05 안녕, 뱃사람들, 국가의 운명을 결정한 거대한 진주와 자매간 경쟁

1) Neil H. Landman et al., *Pearls: A Natural History* (New York: Harry N. Abrams, 2001).

2) George Frederick Kunz, *The Book of the Pearl* (New York: Century, 1908).

3) Michael Farquhar, *Behind the Palace Doors: Five Centuries of Sex, Adventure, Vice, Treachery, and Folly from Royal Britain* (New York: Random House, 2011).

4) Tracy Borman, *Elizabeth's Women: Friends, Rivals, and Foes Who Shaped the Virgin Queen* (New York: Random House, 2010).

5) Ibid.

6) Ibid.

7) Robert Lacey, *Great Tales from English History* (Boston: Back Bay Books/ Little Brown, 2007).

8) Ibid.

9) Susan Ronald, *Pirate Queen: Elizabeth I, Her Pirate Adventurers, and the Dawn of Empire*

(Stroud, UK: History Press, 2007).

10) Borman, *Elizabeth's Women*.

11) Ibid.

12) Ibid.

13) Ibid.

14) Ibid.

15) Ibid.

16) Ibid.

17) Ibid.

18) Victoria Finlay, *Jewels: A Secret History* (New York: Random House, 2007).

19) Landman et al., *Pearls*.

20) Ibid.

21) Peter Ackroyd, *Tudors: The History of England from Henry VIII to Elizabeth I*, vol. 2, *History of England* (New York: St. Martin's Press, 2013).

22) Ibid.

23) Ibid.

24) Lacey, *Great Tales*.

25) Ronald, *Pirate Queen*.

26) Ackroyd, *Tudors*.

27) Farquhar, *Behind the Palace Doors*.

28) Andrés Muñoz, *Viaje de Felipe Segundo à Inglaterra*, 1877.

29) Ki Hakney and Diana Edkins, *People and Pearls: The Magic Endures* (New York: HarperCollins, 2000).

30) Lacey, *Great Tales*.

31) Ibid.

32) John Guy, *Queen of Scots: The True Life of Mary Stuart* (Boston: Mariner Books, 2005).

33) Landman et al., *Pearls*.

34) Ronald, *Pirate Queen*.

35) Sally E. Mosher, *People and Their Contexts: A Chronology of the 16th Century World* (n.p., 2001).

36) Ronald, *Pirate Queen*.

37) Ibid.

38) Guy, *Queen of Scots*.

39) Lacey, *Great Tales*.

40) Finlay, *Jewels.*

chapter 06 달걀 껍데기 야바위, 소련의 설립 자금이 된 황금 달걀들

1) Toby Faber, *Fabergé's Eggs: The Extraordinary Story of the Masterpieces That Outlived an Empire* (New York: Random House, 2008).

2) Victoria Finlay, *Jewels: A Secret History* (New York: Random House, 2007).

3) John Andrew, Fabergé' Heritage Council member, in conversation with the author, London, 2013.

4) Faber, *Fabergé's Eggs.*

5) Ibid.

6) Ibid.

7) John Andrew, Fabergé Heritage Council member, in conversation with the author, London, 2013.

8) Faber, *Fabergé's Eggs.*

9) John Andrew, Fabergé Heritage Council member, in conversation with with author, London, 2013.

10) Nigel Kelly and Greg Lacey, *Modern World History for OCR Specification 1937: Core* (Oxford: Heinemann, 2001).

11) Faber, *Fabergé's Eggs.*

12) Ibid.

13) David R. Woodward, *World War I Almanac, Almanacs of American Wars, Facts on File Library of American History* (New York: Infobase, 2009).

14) Alain Dagher, "Shopping Centers in the Brain," *Neuron* 53, no. 1 (2007): pp.7-8.

15) Simon M. Laham, *The Science of Sin: The Psychology of the Seven Deadlies (and Why They Are So Good for You)* (New York: Random House, 2012).

16) Sean McMeekin, *History's Greatest Heist: The Looting of Russia by the Bolsheviks* (New Haven, CT: Yale University Press, 2009).

17) Faber, *Fabergé's Eggs.*

18) S. A. Smith, *The Russian Revolution: A Very Short Introduction* (New York: Oxford University Press, 2002).

19) Alan Howard, *Reform, Repression and Revolution in Russia: A Phased Historical Case Study in Problem Solving and Decision Making* (n.p., 1977).

20) Smith, *The Russian Revolution.*

21) Richard Pipes, *The Russian Revolution* (New York: Vintage, 1991), pp.411-412.

22) Susan Ratcliffe, ed., *Oxford Treasury of Sayings and Quotations* (New York: Oxford University Press, 2011), p.389.

23) Albert L. Weeks, *Assured Victory: How "Stalin the Great" Won the War, but Lost the Peace* (New York: Praeger, 2011), p.39.

24) Ibid.

25) Faber, *Fabergé's Eggs.*

26) McMeekin, *History's Greatest Heist.*

27) Faber, *Fabergé's Eggs.*

28) W. Bruce Lincoln, *Red Victory: A History of the Russian Civil War* (New York: Da Capo, 1989).

29) Edward J. Epstein, *Dossier: The Secret History of Armand Hammer* (New York: Carroll & Graf, 1999).

30) Ibid.

31) Ibid.

32) Ibid.

33) Ibid.

34) Ibid.

35) Armand Hammer with Neil Lyndon, *Armand Hammer: Witness to History* (New York: Perigee Books, 1988).

36) Faber, *Fabergé's Eggs.*

37) Epstein, *Dossier.*

38) Ibid.

39) McMeekin, *History's Greatest Heist.*

40) Faber, *Fabergé's Eggs.*

Part 3 가지다

chapter 07 회장님의 목걸이, 양식진주와 일본의 근대화

1) Letter from Thomas Edison to Mikimoto Kokichi, 1927, museum at Mikimoto Pearl Island.

2) Nick Foulks, *Mikimoto* (New York: Assouline, 2008).

3) Ibid.

4) Ibid.

5) Robert Eunson, *The Pearl King: The Story of the Fabulous Mikimoto* (Rutland, VT: Charles

E. Tuttle, 1955).

6) John W. Dower, project director, *Black Ships and Samurai: Commodore Perry and the Opening of Japan (1853–1854)* (Cambridge, MA: MIT Visualizing Cultures Project, 2010).

7) Rhoda Blumberg, *Commodore Perry in the Land of the Shogun* (New York: HarperCollins, 1985).

8) Dower, *Black Ships and Samurai*.

9) Emily Roxworthy, *The Spectacle of Japanese American Trauma: Racial Performativity and World War II* (Honolulu: University of Hawaii Press, 2008).

10) "Pearl Culture in Japan, the Process by Which Oysters Are Made to Produce Pearls, and Mr. K. Mikimoto, Its Discoverer," *New York Herald*, October 9, 1904.

11) Victoria Finlay, *Jewels: A Secret History* (New York: Random House, 2007).

12) George Frederick Kunz, *The Book of the Pearl* (New York: Century, 1908).

13) Neil H. Landman et al., *Pearls: A Natural History* (New York: Harry N. Abrams, 2001).

14) Ibid.

15) Ibid.

16) Stephen G. Bloom, *Tears of Mermaids: The Secret Story of Pearls* (New York: St.Martin's, 2009).

17) Mikimoto Archives, Pearl Island Museum, Japan, http://www.mikimoto-pearl-museum.co.jp/eng/collect/index.html.

18) Elizabeth Landau, "Beholding Beauty: How It's Been Studied," CNN, March 3, 2012.

19) Eunson, *The Pearl King*.

20) Ibid.

chapter 08 역사는 타이밍, 제1차 세계 대전과 첫 번째 손목시계

1) Dominique Fléchon, *The Mastery of Time: A History of Timekeeping, from the Sundial to the Wristwatch: Discoveries, Inventions, and Advances in Master Watchmaking* (Paris: Flammarion, 2012).

2) "The State of the Art in Women's Watches," *Chicago Tribune,* November 25, 2014.

3) Fléchon, *The Mastery of Time*.

4) Ibid.

5) Ibid.

6) Ibid.

7) Michael Friedberg, *Wristlets: Early Wristwatches and Coming of an Age in World War I*

(n.p., 2000), http://people.timezone.com/mfriedberg/articles/Wristlets.html.

8) Ibid.

9) Fléchon, *The Mastery of Time.*

10) Stephen Evans, "10 Inventions That Owe Their Success to World War One," BBC News, Berlin, April 13, 2014.

11) John E. Brozek, "The History and Evolution of the Wristwatch," *International Watch Magazine,* January 2004.

12) Z. M. Wesolowski, *A Concise Guide to Military Timepieces: 1880–1990* (Ramsbury, GB: Crowood Press, 1996).

13) "Vintage Military Wristwatches," *Collectors Weekly* (Market Street Media LLC, 2007–2015).

14) Ibid.

15) Brozek, "The History and Evolution of the Wristwatch."

16) Judith Price, *Lest We Forget: Masterpieces of Patriotic Jewelry and Military Decorations* (Lanham, MD: Taylor, 2011).

17) B. C. Lake, *Knowledge for War: Every Officer's Handbook for the Front* (repr., London: Forgotten Books, 2013).

18) Emily Mobbs, "Watches Are a Man's Best Friend," *Jeweller: Jewellery and Watch News, Trends and Forecasts,* January 8, 2014.

19) Fredric J. Friedberg, *The Illinois Watch: The Life and Times of a Great American Watch Company* (Atglen, PA: Schiffer, 2005).

그림 출처

Electric Studio/ Library and Archives Canada/ C-085137(4쪽, 위)

Shawish Genève, 2015(4쪽, 아래)

Victoria and Albert Museum, London(5쪽)

RMN-Grand Palais/ Art Resource, NY(6쪽)

Bibliothèque nationale de France(7쪽)

Prado, Madrid, Spain/ Bridgeman Images(8쪽)

Society of Apothecaries, London, UK/ Bridgeman Images(9쪽, 위)

Velikzhanin Viktor/ ITAR-TASS/ Corbis(10쪽, 위)

Royal Collection Trust/ © Her Majesty Queen Elizabeth II, 2015(10쪽, 아래)

Private Collection/ Photograph © Christie's Images/ Bridgeman Images(11쪽)

Mikimoto Pearl Island Co., Ltd.(12쪽, 위)

Mikimoto Pearl Island Co., Ltd.(12쪽, 아래)

K. Mikimoto & Co., Ltd.(13쪽)

Patek Philippe Museum(14쪽, 위)

QualityTyme.net, 2015(14쪽, 아래)

Courtesy of the Gallet Watch Company, 2015(15쪽)

지은이 에이자 레이든 Aja Raden

시카고대학교에서 고대사와 물리학을 전공했으며 유명 경매소, 하우스 오브 칸House of Kahn
에서 경매 담당 부서장으로 일하기도 했다. 로스앤젤레스에 본사를 둔 고급 보석 회사 타코리
Tacori의 수석 디자이너로 활동한다. 유능한 보석 제작자이자 박식한 역사가로 보석에 관한 학
문적인 소양과 산업 경험, 과학적인 지식을 모두 갖춘 전문가다.

옮긴이 이가영

한국과학기술원KAIST에서 전기 및 전자공학을 전공하고, 서울대학교 기술경영경제정책대학원
에서 경제학 석사 학위를 받았다. 평범하게 직장 생활을 하다가 책을 읽으며 글 쓰는 일이 하고
싶어져 회사를 그만두었고, 바른번역의 글밥아카데미에서 번역 공부를 시작했다. 현재 유럽과
한국을 오가며 바른번역 소속 번역가로 활동하고 있다.

세상이 탐한
보석의 역사

초판 1쇄   2016년 4월 20일
개정판 1쇄   2021년 6월 25일

지은이   에이자 레이든
옮긴이   이가영

펴낸이   김한청
기획편집   원경은 차언조 양희우
마케팅   최지애 설채린 권희
디자인   이성아
경영전략   최원준

펴낸곳 도서출판 다른
출판등록 2004년 9월 2일 제2013-000194호
주소 서울시 마포구 동교로27길 3-12 N빌딩 2층
전화 02-3143-6478 **팩스** 02-3143-6479 **이메일** khc15968@hanmail.net
블로그 blog.naver.com/darun_pub **페이스북** /darunpublishers

ISBN 979-11-5633-396-8 03900